Werner Jondral

Jenseits des großen Wassers

Originalausgabe – Erstdruck

Werner Jondral

Jenseits des großen Wassers

Auf längst verwehten Spuren

Roman

Schardt Verlag

Bibliographische Information der Deutschen Bibliothek:

Die Deutsche Bibliothek verzeichnet diese Publikation in *Der Deutschen Nationalbibliografie*; detaillierte bibliographische Daten sind im Internet über *http://dnb.d-nb.de* abrufbar.

Titelbild:

1. Auflage 2017

Schardt Verlag
Metzer Straße 10 A
26121 Oldenburg
Tel.: 0441-21 77 92 87
Fax: 0441-21 77 92 86
E-Mail: kontakt@schardtverlag.de
www.schardtverlag.de

ISBN 978-3-96152-102-9

Prolog

Dies ist die Geschichte einer schier unglaublichen Odyssee eines Bauernjungen, der im Jahre 1890 sein ärmliches Elternhaus in einem kleinen Dorf in Ostpreußen verlässt und sich auf den Weg in die damals noch wenig bekannte, weite Welt jenseits des großen Wassers begibt.

Nach kurzem Aufenthalt in den Hansestädten Danzig und Hamburg, wandert Waldemar mit einem Freund nach Amerika aus. Dort schuften sie in großen Fabriken, schlagen sich als Zeitungsverkäufer und Tellerwäscher durch und arbeiten als Cowboys auf einer riesigen Ranch in Wyoming. Als sie von sagenhaften Goldfunden im Norden Kanadas hören, schließen sie sich den Glücksrittern an und landen nach einer stürmischen Schiffsreise in Skagway, einer Hafenstadt in Alaska, die bereits mit Tausenden Abenteurern total überfüllt ist.

Auf unmenschlichen Gewaltmärschen quälen sich beide in fürchterlichen Schneestürmen und mörderischer Kälte über den berüchtigten Chilkoot Pass und überwintern an einem der Quellseen des Yukons. Dort bauen sie ein Floß und warten, bis das meterdicke Eis aufbricht. Nach einer gefahrvollen Flussfahrt auf dem gewaltigen Strom erreichen sie die legendäre Goldgräberstadt Dawson City. Doch das Glück ist nicht auf ihrer Seite. Als der Freund dem Alkohol verfällt, bei arktischer Kälte im Suff erfriert und am Klondike der größte Goldrausch aller Zeiten zu Ende geht, verlässt auch Waldemar die Goldgräberstadt. Auf dem Weg durch die kaum besiedelte Wildnis stößt er auf verschiedene Indianerstämme und lebt eine Zeit lang bei den Naturvölkern. Als ihm Trapper und Abenteurer von Goldfunden am Nahanni River berichten, erwacht in ihm wieder das Goldfieber. Doch der lange Weg durch menschenleere Wildnis bis zu dem geheimnisvollen Fluss in den zerklüfteten Bergen ist voller Gefahren.

Tatsächlich findet er dort eine vielversprechende Goldader, doch das Gold bringt ihm kein Glück. Als er auf einem reißenden Gebirgsfluss mit seinem Kanu in verheerende Stromschnellen gerät und kentert, kann er gerade noch sein Leben retten. Der Beutel mit den Goldnuggets und fast die gesamte Ausrüstung gehen jedoch im Wildwasserinferno verloren. Einige Jahre später verlieren sich auch Waldemars Spuren in den endlosen Weiten des kanadischen Nordens.

Wenn auch anhand von alten Briefen die geheimnisvollen Erzählungen des Großvaters lückenhaft sind und Rekonstruktionen von Gewesenem im geschichtlichen Dunkel bleiben, so müssen sich doch viele dramatische Ereignisse im Hohen Norden Kanadas so oder so ähnlich zugetragen haben.

Jahrzehntelang suchte der Autor in menschenleerer Wildnis und arktischem Land nach längst verwehten Spuren des Abenteurers, denn dieser wagemutige Mensch war sein Großonkel.

Werner Jondral, im Sommer 2017

Teil 1

Der Aufbruch

Bereits seit Stunden drang markerschütterndes Heulen der Wölfe aus den tiefverschneiten Wäldern in die kleine, abgelegene Ansiedlung am Waldpuschfluss. In dieser stockdunklen, gespenstigen Winternacht tobte ein heftiger Schneesturm über das frosterstarrte Land. Bei dieser Kälte wagte sich kaum jemand nach draußen. In einem ärmlichen Holzhaus warf die Flamme einer Petroleumlampe geisterhafte Schatten auf die verräucherten Wände der winzigen Stube. Nur der schaurige Ruf eines Waldkauzes aus einer nahen Feldscheune und das monotone Ticken einer alten Wanduhr unterbrachen die nächtliche Stille.

Tief im Süden Ostpreußens, in einer wenig besiedelten, einsamen Gegend, in einem urwaldähnlichen Gebiet mit riesigen undurchdringlichen Wäldern, wasserreichen Sümpfen und Mooren, durch das sich der Waldpuschfluss gemächlich windet, bevor er in der Nähe von Willenberg in den Omulef mündet, liegt der kleine Ort Jeschonowietz. Es ist die Wildnis Masurens.

In dieser abgeschiedenen Region lagen die wenigen Dörfer weit auseinander und waren nur auf sandigen, schmalen Wegen oder mit dem Kahn zu erreichen. Hart und entbehrungsreich war das Leben der Menschen auf den armseligen Bauernhöfen. Zu wenig gab er her, der masurische Sandboden, und nach so manch einer Missernte drohten die Bewohner zu verhungern.

An einem blankgescheuerten Holztisch, den krummen Rücken gegen den wärmenden Kachelofen gelehnt, kauerten tiefgebeugt zwei Gestalten.

„Er müsste längst hier sein“, unterbrach nach langem Schweigen gegen Mitternacht die alte Frau die angespannte Stille im Raum und legte die Bibel zur Seite. „Hoffentlich ist Waldemar bei diesem fürchterlichen Schneesturm nichts geschehen. So spät in der Nacht kam er noch nie nach Hause.“ Es folgte eine lange Pause.

„Wir werden vergeblich auf ihn warten“, entgegnete der alte Mann aus dem Dunkel. „Waldemar hat uns für immer verlassen, er konnte die bittere Not und unser Elend nicht mehr ertragen. Er kehrt nicht mehr zurück.“

Die Worte ihres Mannes bohrten sich wie scharfe Messerstiche in Mutter Kapteinas Herz. Sie trafen sie unverhofft. Ihre vom harten, entbehrungsreichen Leben gezeichneten Hände begannen zu zittern. Über ihre zerfurchten Wangen kullerten dicke Tränen. Nach einer langen Zeit unerträglichen Schweigens, folgten stammelnde Worte kalten Entsetzens: „Also, doch – er hat uns wirklich verlassen, hat es tatsächlich wahrgemacht, was er schon lange vorhatte. Warum hat er uns das nur angetan? Du warst eingeweiht und hast mir davon nie etwas verraten. Ich hätte ihn nicht fortgelassen“, schluchzte sie. „Ich hätte ihn im Haus eingesperrt. Bei dieser sibirischen Kälte wird er umkommen. Sag, dass er nicht für immer fortgegangen ist und bald wieder nach Hause kommt.“ Doch Vater Kapteina starrte nur unentwegt zu Boden und schwieg. „Dann hat die Kubiella doch recht gehabt – diese alte Hexe, dieses verlogene Weib, die Karten legt und wahrsagt und die Leute betrügt, als sie im letzten Sommer prophezeite, dass bald was ganz Schlimmes in unserer Familie geschehen würde.“ Weinend schlug die alte Frau die Hände über dem Kopf zusammen und sank auf den derbgezimmerten Tisch.

Ja, die Kubiella. Eines Tages war sie dagewesen. Niemand im Dorf wusste, woher sie kam. Keiner wollte sie in seinem Haus aufnehmen, bis sie dann doch mit ihrer Gesundbeterei bei einem alten und kranken Mann auf einem Abbau eine Bleibe fand. Sie hatte ihn mit ihrem dämonischen Blick verhext, so wurde im Ort gemunkelt, denn als der Arme dann nach einem Jahr ganz plötzlich verstarb, machten die Leute einen großen Bogen um das hässliche Weibsbild mit den stechenden Adleraugen. Schon ein Jahr vor dem mysteriösen Tod des alten Jabielski erzählte der Fischer Glonkas den Leuten im Dorf von einer seltsamen Beobachtung, die er am Schilfufer des kleinen Flusses gemacht haben wollte.

Als er an einem frühen Sommermorgen nicht weit vom Ort im dichten Nebel im hohen Uferschilf seine Aalreusen aus dem Fluss gezogen hatte und sich gerade seine Pfeife anzünden wollte, sei plötzlich auf dem schräggegenüberliegenden Flussufer die alte Kubiella erschienen. Daraufhin hätte er sich leise tiefer im Schilf zurückgezogen und mucksmäuschenstill verhalten. Die Alte hätte sich dann, nach allen Seiten umschauend, vergewissert, ob ihr jemand gefolgt wäre und sie heimlich beobachten würde. Danach hätte sie trockene Reiser gesammelt und zwischen zwei Steinen am Flussufer ein kleines Feuer angezündet, auf das sie einen Topf mit Wasser stellte. Hastig hätte sie dann die Blüten des Schierlings gesammelt, in das kochende Wasser geworfen und dabei seltsame Worte gemurmelt. Als der Nebel dichter geworden war, kurze Zeit später sich aber gelichtet hatte, sei sie wieder wie ein Spuk verschwunden gewesen.

Nicht alle im Dorf glaubten dem Fischer diese Geschichte, denn er war ein berüchtigter Trunkenbold, der den Menschen schon viele ähnliche Geschichten erzählt hatte. Aber bei der abergläubischen Bevölkerung fand er auch seine Anhänger, die ihm manche erfundenen, haarsträubenden Erzählungen abnahmen. Für diese Leichtgläubigen gab es nur eine Erklärung für den plötzlichen Tod des Bauern: Der alte Jabielski wurde mit dem tödlichen Extrakt des Schierlings langsam vergiftet!

Als man sie eines Morgens beinahe steifgefroren auf dem Friedhof fand, glaubte man sie endlich los zu sein, doch es kam plötzlich wieder Leben in das rappeldürre Knochengestell, nachdem man sie in einen warmen Raum gelegt hatte und sie aus ihrem Alkoholrausch wiedererwachte. Noch viele schauderhafte, mysteriöse Spukgeschichten hatte sie im Dorf und in der Umgebung verbreitet, bevor sie eines Tages spurlos verschwand. Erst Jahre später fand ein Jäger bei einer Treibjagd ihre sterblichen Überreste im dichten Unterholz. Man begrub das, was von ihr noch übrig war, an Ort und Stelle, denn auf dem Friedhof in Jeschonowietz wollte man sie nicht haben. Auch noch Jahre nach ihrem Tod sah man sie angeblich in bitterkalten Vollmondnächten auf einem Besen reitend über den dunklen Baumwipfeln.

Da saßen sie nun, die beiden alten Menschen, tief über dem Tisch gebeugt, die Augen rot und feucht. „Nun sind wir ganz allein auf unsere alten Tage“, schluchzte Mutter Kapteina. Ihr Mann nickte. Ja, sie hatten schon viel Leid in ihrem langen, harten Leben ertragen müssen. Wilhelm und Friedrich, die beiden ältesten Söhne, waren 1870/71 wenige Wochen vor der Unterzeichnung des Friedensvertrags von Versailles im Deutsch-Französischen Krieg gefallen. Karl und Gottlieb hatten geheiratet und lebten seither mit ihren Frauen weit weg von Jeschonowietz, irgendwo in Pommern, wo sie beide in jungen Jahren auf einem großen Gut Arbeit gefunden hatten. Eine Tochter starb kurz vor ihrem vierzehnten Geburtstag an Blinddarmentzündung, die man zu spät als solche erkannte. Berta wollte Hebamme werden, wollte heiraten, liebte Kinder und wollte selbst welche haben, doch der Tod raffte ihr junges Leben einfach weg. Tochter Auguste zog es vor ein paar Jahren in die Stadt Königsberg, wo sie seither als Haushälterin in einer vornehmen Kaufmannsfamilie arbeitet. Allein Tochter Martha und Waldemar, der allerjüngste, der gerade mal siebzehn Jahre alt geworden war, diese beiden Kinder waren noch im Elternhaus geblieben.

Doch jetzt war er einfach weggelaufen, hatte sich nicht einmal bei der Mutter verabschiedet. Gewiss, sie waren arm, bettelarm sogar, und hatten nach der letzten Missernte kaum etwas zu Essen, doch irgendwie wären sie schon über den kalten Winter gekommen. Irgendwie? – Das war es wohl, was ihren Jüngsten zu diesem Entschluss bewegte, dachte Mutter Kapteina. Aber warum nur hat mein Wilhelm, mein Mann, mir kein Sterbenswort von Waldemars Plänen gesagt, warum hat er mich nicht eingeweiht? Der Junge ist doch noch so unerfahren, noch ein Kind, mein geliebtes Kind.

„Mutter, Mutter“, unterbrach Wilhelm die Stille. „Ich konnte dir von Waldemars Absicht, das Elternhaus zu verlassen nichts erzählen, denn ich wusste selbst kaum etwas davon. Zwar haben wir im letzten Sommer beim Angeln am Paterschobensee über die Armut und über unser kärgliches Leben, über die häufigen Naturkatastrophen geredet, welche die Menschen immer wieder an den Rand des Verhungerns bringen, jedoch kein Wort darüber, dass er uns irgendwann verlassen würde. Ich habe niemals geglaubt, dass er so unverhofft mitten im kalten Winter von uns fortgehen würde. Erst, als er mir streng geheim vor drei Tagen seine Absicht mitteilte und mich beschwörend bat, dir nichts davon zu sagen, wusste ich, dass er gehen würde, dafür kannte ich Waldemars eisernen Willen zu gut. Mein Bitten und Betteln, mein väterlicher Rat, nichts konnte seinen Entschluss ändern, und ihn gewaltsam davon abzubringen, wäre nur ein kurzer Aufschub gewesen, bis er dann heimlich fortgegangen wäre. So konnte ich ihm wenigstens noch etwas zustecken, bevor er ging.“

Der Zeiger der Wanduhr zeigte mittlerweile auf vier Uhr morgens. Trotz der späten Stunde wollte Mutter Kapteina noch warten, darauf warten, dass Waldemar sein Vorhaben aufgab und umkehrt, nach Hause zurückkam, dorthin, wo er hingehörte, zu seinen Eltern an den wärmenden Kachelofen. Doch es geschah nichts. „Mit deinem schwachen Herzen konnte ich dir vorher nichts erzählen, du hättest den Schock nicht überlebt. Lass uns in die Kammer gehen und auf ein Wunder hoffend einschlafen."

„Geh du nur, ich kann jetzt sowieso nicht schlafen, aber sag mir, hast du dem armen Jungen was mitgegeben, was zu essen und seine warmen Wintersachen?"

„Ja, Mutter, ich habe ihm zwei Brote, ein Stück Speck und den frischgeräucherten Schinken in den Rucksack gepackt, er hat seine warmen Winterschuhe, die neue Russenmütze und die Fausthandschuhe aus Kaninchenfell angezogen und seine dicke Schafsfelljacke mitgenommen. Waldemar wird sich durchschlagen, er ist ein kräftiger, zäher, gesunder Junge. Mach dir keine Sorgen, er schafft es!"

Schon seit Stunden stemmte sich eine dickvermummte Gestalt in einem furchtbaren Schneesturm gegen den eiskalten Atem seiner Heimat, entfernte sich mit jedem Schritt von seinem Elternhaus, von Freunden und Nachbarn, von vertrautem heimatlichen Boden. Mit eisernem Willen kämpfte sich Waldemar Kapteina durch die dunkle Winternacht. Um nicht vor Müdigkeit einzuschlafen und dann zu erfrieren, gönnte sich der zu Tode erschöpfte einsame Wanderer kaum eine Pause. Langsam hörte es auf zu schneien, und auch der Wind blies nicht mehr so stark. Durch dahinjagende Wolkenfetzen brach hier und da fahles Mondlicht und erhellte gespenstig den tiefverschneiten Wald. Schon als Kind und Heranwachsender hatte er das harte Leben in einem einzigartigen Naturparadies seiner Heimat kennen- und lieben gelernt, diese geheimnisvolle, masurische Wildnis am Waldpuschfluss und Omulef.

Vor ein paar Stunden hätte er seinen Plan beinahe aufgeben, als ihn die nächtliche Kälte und der starke Schneesturm so gnadenlos zermürbt hatten, doch dann wäre er nicht er, ein junger Mann mit unbändigem Selbstvertrauen, einer, der schon in frühen Jahren harte Arbeit leisten musste. Es gibt kein Zurück mehr, sagte er sich und stapfte weiter durch den tiefen Schnee. Waldemar hatte sich entschieden.

Nein, mit seinen armen Eltern wollte er die bittere Not nicht mehr teilen, wollte ihnen nicht mehr zur Last fallen. Er musste einfach weg in die Fremde ziehen, ins feindliche Leben. Bis zuletzt hatte ihm der Vater von seinem wahnsinnigen Vorhaben abgeraten, hatte ihm seinen risikoreichen Plan ausreden wollen, als er ihm davon erzählte, doch Waldemar blieb dabei. Als Eingeweihter half er ihm schließlich heimlich, so gut er konnte, denn der Mutter wäre das Herz gebrochen, wenn sie vorher etwas davon erfahren hätte. Doch nun musste er unentwegt an seine Mutter denken, die sich sicher viele Sorgen um ihn machen würde.

Vor über zwei Jahren, nach Beendigung seiner Schulzeit, hatte er als kräftiger Junge auf dem Sägewerk Leyk und Brzezinski in Willenberg Arbeit und Brot gefunden, bei so manch schwierigen Holzabfuhr geschuftet und jeden Groschen gespart. Er kannte sich aus in seiner wald- und sumpfreichen Heimat, der Gegend zwischen Willenberg, Neidenburg und Ortelsburg, die nun unter einer tiefen Schneedecke lag und vor grimmiger Kälte erstarrt war.

Und während er so Stunde um Stunde dahinschritt, ging ihm so manches durch den Kopf. Er dachte an seine Kindheit auf dem Land, an seine Schulfreunde, besonders aber an seine Eltern, die er vielleicht niemals mehr wiedersehen würde, denn sie waren alt und gebrechlich. Überhaupt erinnerte er sich an so vieles, was er in seinem jungen Leben bereits erlebt hatte. Ja, Mut hatte er schon immer gehabt. Er war als heranwachsender Junge stets der Erste auf der noch dünnen Eisdecke des kleinen Flüsschens, brach oft ein, verkroch sich frierend im Heu und Stroh der elterlichen Scheune, um einer Tracht Prügel vom Vater zu entgehen, kletterte bis in die Wipfel der höchsten Bäume, ließ sich gern von den anderen Kindern bewundern und bestaunen. Wenn seine Altersgenossen im Dorf spielten, dann stromerte er lieber irgendwo in den sommerlichen Feldern und dunklen Wäldern umher, saß allein im mannshohen Schilf am Fluss, beobachtete im glasklaren Wasser die Stichlinge und unzähligen Frösche und träumte so vor sich hin. Oft hatte er den alten Förster im abgelegenen Forsthaus besucht, der immer so spannende Geschichten von der Jagd erzählen konnte und bei dem es hin und wieder auch ein Stück von einem leckeren Rehbraten gab.

In kaum einem anderen deutschen Land, hatte er in der Schule gelernt, gäbe es so viele Seen und Moore, so viele Störche, Fischadler, Kormorane, Reiher, seltene Vögel und endlose Wälder mit Pilzen, Blau-, Preisel- und Himbeeren im Überfluss. Weit mehr als dreitausend Seen sollte es in diesem Traumland Ostpreußen geben. Ja, die Sommer waren heiß und trocken, und der Winter brachte oft klirrende Kälte und viel Schnee, wie auch in diesem Jahr wieder. Doch in der kalten Jahreszeit hatten die Familien viel Zeit füreinander. Es war die Zeit der Geschichten, der wundersamen Begebenheiten und Geheimnisse. Wenn der Kachelofen mollige Wärme und Behaglichkeit spendete, die Weihnachtsgans in der Bratröhre schmorte und der Bratenduft den empfindlichen Geruchssinn stimulierte, dann saß man nach verrichteter Arbeit im Wohnzimmer zu einem gemütlichen Plausch zusammen. Es war mit die schönste Zeit, wenn die Bauern die Pferde vor die großen Schlitten spannten und die Kinder, eingehüllt in dicke Schafspelzmäntel, die Köpfe in Russenmützen und die Hände in warmen Fausthandschuhen, mit Glöckchengeläut durch den verzauberten Winterwald glitten, wenn in einer klaren Nacht das Weltall geheimnisvoll schimmerte, Sterne funkelten und der Vollmond über die Baumwipfel lief.

Aber die Schule, die machte ihm gar keinen Spaß. Immer nur lernen, lernen, und wenn er dann am nächsten Morgen was aufsagen sollte, dann hatte er die Hälfte wieder vergessen. Demzufolge waren auch die Noten – außer in Erdkunde und Leibesübungen, die konnten sich sehen lassen.

Der alte Lehrer Thutas war streng, sehr streng sogar und bestrafte jeden auch noch so kleinen Schabernack mit der Rute. Doch manchmal war er auch ganz anders, zum Beispiel, wenn sich ein Schüler für sein Lieblingsthema Erdkunde interessierte. Die Karten des Groß Deutschen Reichs hatten es ihm angetan. Dann ergoss er sich in patriotischen Betrachtungen und hielt es für die höchste Pflicht eines jeden Deutschen, dass er sich in seinem Vaterland auskannte.

Während Waldemar weiter und weiter durch den knietiefen Schnee stapfte, fiel ihm besonders noch ein Tag in seinem letzten Schuljahr ein. Lehrer Thutas hatte eine große Karte aus einem Schrank geholt und diese an der Wand entrollt und befestigt, vor der auch die Tafel stand. Sogleich erklärte er den Schülern der letzten Klasse, dass es wohl an der Zeit wäre über ein Land zu reden, das jenseits des großen Wassers liegt: Amerika, getrennt von Europa durch den Atlantischen Ozean, die „Neue Welt“, ein riesiges Land, in das in den letzten Jahren viele Deutsche ausgewandert wären. Er schloss mit den Worten: „Doch ein ostpreußischer Patriot bleibt in seinem Land und ernährt sich redlich.“ Aber wovon sollten sich kinderreiche Familien ernähren, wenn der sandige Boden im südlichen Teil Masurens nicht viel hergab und so manchem armen Kleinbauern eine Missernte bescherte? Und wen wunderte es, dass bereits viele Menschen nach Amerika ausgewandert waren, um der bitteren Hungersnot zu entgehen? Ja, das unvorstellbar große Land jenseits des großen Wassers beschäftigte ihn sehr und ging ihm nicht mehr aus dem Kopf.

Überhaupt erinnerte er sich jetzt an viele Erlebnisse, an die er in der letzten Zeit so oft gedacht hatte. Am liebsten verbrachte er seine Freizeit im stillen Kämmerlein seines Großvaters. Durch ihn lernte er in seiner Heimat die dunklen Wälder mit unzähligen, fischreichen Seen, die verträumte Heidelandschaft, die unzugänglichen Moore und Sümpfe kennen. Schon immer empfand er eine tiefe Zärtlichkeit für dieses karge Land. Wenn im Herbst die Obstbäume im Garten und die Ahornbäume im herrlichen Licht der aufgehenden Sonne in ihrem Rot und Gold erstrahlten, wenn am hohen ostpreußischen Himmel die Kraniche laut rufend in unverwechselbarer V-Form wieder nach Süden zogen, versank das Land in atemlose Stille und ergreifende Melancholie.

Sorglos lebte er als kleiner Junge in jenen Tagen in dem friedlichen Dorf am Waldpuschfluss. Ein Leben in fast völliger Einsamkeit. Ja, das war sie, die Welt seines jungen Lebens, die ihn für immer prägen sollte, wohin es ihn auch später verschlagen würde, eine Welt, nicht viel größer als ein Stück Erde, seine geliebte Heimat, sein Masuren, ein Land wie ein Lächeln durch Träume. Bis dann ein verregneter Sommer den Bewohnern wieder einmal eine katastrophale Missernte bescherte und eine große Hungersnot in der ganzen Region ausbrach. Es wurde noch schlimmer und dramatischer, als die Ernte im darauffolgenden Jahr nicht viel besser ausfiel. Nein, er wollte und konnte es nicht mit ansehen, wie sich seine Eltern zu Tode schufteten und doch bettelarm waren.

Nach mehr als zehnstündigem, mörderischem Fußmarsch konnte er seiner Einschätzung nach ganz in der Nähe von dem Dorf Kurken sein. Er war hungrig, innerlich ausgetrocknet, am Ende seiner Kräfte. In diesem Ort wollte er unbedingt an irgendeiner Haustüre klopfen und um etwas Wasser und ein Stück Brot bitten, denn im Rucksack war beides steinhart gefroren. Vielleicht könnte er dort auch ein paar Stunden schlafen und danach weitermarschieren. Bis zu seiner Tante Emma wollte er es schaffen, die einen Hof in der Nähe von Hohenstein bewirtschaftete. Aber, sollte er diesen Weg überhaupt nehmen? Würden seine Verwandten ihn nicht zurück zu seinen Eltern bringen, wenn er ihnen von seinem Vorhaben erzählen würde?

Der Morgen graute schon, als er zu Tode erschöpft die ersten Häuser von Kurken erblickte. Es hatte aufgehört zu schneien, und auch der

Wind wehte nicht mehr so heftig. Aber war es wirklich das Dorf, oder hatte er sich in diesem fürchterlichen Schneesturm verirrt? Die ganze Ansiedlung schien noch zu schlafen. Nur aus einem schiefen Schornstein einer ärmlichen Hütte stieg senkrecht weißer Rauch empor. Dort wollte an die Haustüre klopfen. Der lange Marsch und die grimmige Kälte hatten seinem Körper arg zugesetzt.

Mehrmals hatte er schon vergeblich an die Türe gepocht. Als er gerade im Begriff war weiterzugehen, öffnete jemand vorsichtig ein mit dicken Eisblumen zugefrorenes Fenster. Eine alte Frau winkte ihn heran und fragte nach seinem Begehren. Er stammelte etwas von Hunger und Müdigkeit, nachdem sie die Haustüre laut knarrend geöffnet hatte. Erst jetzt sah die gebrechliche Dame, in welchem erbärmlichen Zustand der Fremde war, der nun eintrat.

Waldemar hatte es tatsächlich bis Kurken geschafft, einer kleinen Ansiedlung an einem der vielen Seen dieser Gegend. Er entledigte sich seiner mit dickem Reif überzogenen, hartgefrorenen Wintersachen und durfte dann an einem wackeligen, derben Holztisch in einer Ecke am wärmenden Kachelofen Platz nehmen, während die Frau eiligst den Herd mit trockenem Reiser und Holz anzündete. Inzwischen betrat auch der Ehemann das kleine Zimmer.

Langsam kam wieder Leben in seine steifgefrorenen Glieder. Seine Familie würde nach zwei aufeinanderfolgenden Missernten großen Hunger leiden, erzählte er der den beiden. Um der bitteren Not zu entrinnen, hätte er sich entschlossen, sein Glück als Zimmermann in der großen Hafenstadt Danzig zu versuchen, denn dort gäbe es vielleicht Arbeit für ihn. Nachdem Herr und Frau Wieszorek, denn so hießen die Leute, dem Fremden heiße Milch mit Honig und eine gehörige Pfanne Eier mit Speck aufgetischt hatten, die er gierig verschlang, versuchte der Hausherr, Waldemar von seinen Plänen abzubringen. Er solle sich in ihrem Haus ausschlafen und danach zu seinen Eltern zurückkehren. Er würde alles noch mal überdenken, entgegnete er, schritt eilends in die ihm zugewiesene Kammer und fiel in einen tiefen Schlaf.

Als er am erst gegen Mittag erwachte, war er fest entschlossen, weiterzumarschieren und nicht zurück nach Hause zu gehen. Da es aber in wenigen Stunden dunkel werden würde, bat er darum, noch eine Nacht bleiben zu dürfen. Herzlich gerne erfüllte man seinen Wunsch, hoffte man doch, dass das gute Zureden ihn endgültig von seinem wahnwitzigen Vorhaben abbringen würde. Doch Waldemar hatte sich innerlich längst entschieden.

Nachdem er sich dann am frühen Morgen des nächsten Tages verabschiedet hatte, lief er auch anfangs den gleichen Weg wieder zurück, den er gekommen war, machte dann aber am Ende des kleinen Ortes einen weiten Bogen um die letzten Häuser und geriet so auf die Straße nach Schroedrich. In den tiefen Schneewehen, die der starke, eisige Nordostwind in der letzten Nacht auf den Weg geblasen hatte, kam er nur langsam voran. Spät am Nachmittag hatte er die Stadt Hohenstein hinter sich gelassen. Er musste unbedingt noch vor dem Dunkelwerden den Hof seiner Tante Emma in Schwenteinen erreichen.

Inzwischen war es wieder kälter geworden, so um die fünfundzwanzig Grad minus, schätzte er. Endlich stand er vor dem Haus seiner Verwandten. Tante Emma fütterte gerade die Schweine, als sie eine dickvermummte Gestalt auf das Haus zukommen sah. Neugierig beobachtete sie den Fremden durch einen breiten Spalt in der Türe des Schweinestalls und ging dann forsch auf ihn zu, als dieser bereits an der Haustüre stand. Nachdem Waldemar sie bemerkt hatte und sich zu ihr umdrehte, ließ sie den Eimer vor lauter Schreck auf die Pflastersteine im Hof fallen und rief entsetzt: „Waldemar!“ Sie hatte ihn im fahlen Licht erst spät erkannt.

„Wie zum Kuckuck kommst du so spät in der Dunkelheit bei dieser Hundekälte allein hierher? Was trieb dich dazu, so weit durch die tiefverschneite Heimat zu stapfen? Hast du dich verirrt, oder bist du wirklich von zu Hause weggelaufen und hast diesen verrückten Plan im Kopf, von dem mir andeutungsweise dein Vater im letzten Herbst bei unserem Besuch erzählt hat? Sei vernünftig Junge, das geht nicht gut. Schlag dir das aus der Birne. Du bleibst jetzt erst einmal bei uns, und am Wochenende bringen wir dich wieder nach Hause.“ Es musste so kommen, dachte er. Genau diese Reaktion seiner Tante hatte er eigentlich erwartet, denn dafür kannte er die Schwester seiner Mutter zu gut. Sie würde das Gesagte auch ohne Wenn und Aber in die Tat umsetzen. Es musste ihm ein überzeugendes Argument einfallen, aber was? Er hatte keine andere Wahl, er musste hier übernachten, um nicht bei dieser Kälte in der kommenden Nacht irgendwo draußen zu erfrieren.

Aber nun gingen beide zunächst in das warme Haus hinein. Onkel Wilhelm, eigentlich immer recht wortkarg, begrüßte den Eintretenden mit überaus herzlichen Worten und reichte ihm freundlich die Hand. Zwischen den beiden Männern entwickelte sich nach kurzer Zeit ein reges Gespräch über den verregneten Sommer und über den strengen Winter in diesem Jahr, über gemeinsame Familienerlebnisse, bis dann schließlich der Onkel die Frage stellte, warum er denn bei dieser sibirischen Kälte überhaupt zu ihnen gekommen wäre? Waldemar erzählte nun auch seinem Onkel von der Not im Elternhaus und warum er in Danzig Arbeit suchen wollte.

„Das ist keine gute Idee, mein Lieber", begann nach langem Schweigen während des Abendessens Onkel Wilhelm wieder das Gespräch. „Du bist noch zu jung und unerfahren. Du wirst in dieser großen Hafenstadt als unerfahrener Landjunge unter die Räder kommen und so schnell auch keine Arbeit finden. Wir bringen dich wieder zu deinen Eltern, die sich sicherlich große Sorgen um dich machen. Irgendwie werdet ihr auch diesen harten Winter überleben, und im nächsten Sommer wird es bestimmt wieder eine gute Ernte geben. Wir haben auch nicht viel, aber ein wenig können wir deinen Eltern abgeben und euch helfen so gut es geht."

Waldemar erwiderte kaum etwas darauf, denn er hatte seine Entscheidung längst getroffen.

Es war noch stockdunkel, als er still und leise die Tür hinter sich zuzog und sich langsam von dem Haus seiner Verwandten schlich. Er schaute noch einmal kurz zurück und entfernte sich dann eilenden Schrittes. Man hatte sein heimliches Weggehen nicht bemerkt, denn sonst wäre sicher der Schein einer Kerze in einem der Zimmer durch ein Fenster gedrungen. Er musste so fortgehen, hatte keine andere Wahl. Mit dem inzwischen aufgetauten Proviant aus seinem Elternhaus, würde er sicher eine Zeit lang auskommen, und Streichhölzer hatte er auch dabei, um ein Feuer zu entfachen. Das große Problem war jetzt, immer den richtigen Weg zum nächsten Ort zu finden, der ihn weiter Richtung Danzig führen würde, denn ab jetzt würde er unbekanntes Land betreten.

Als er dann im Morgengrauen den verharschten Schnee von einem schiefen Wegweiser kratzte, darauf „Osterode" zu lesen war, wusste er, dass er sich auf der richtigen Hauptstraße zu dieser größeren Stadt befand. Seit Stunden bereits blies ihm ein steifer Nordwest entgegen. Es war bitterkalt. Weit und breit keine Spuren menschlichen Lebens. Er führte Selbstgespräche, dachte unentwegt an seine Eltern und an seine kleine Freundin Erika, die nun sicher sehr traurig sein würde. Schreiben würde er ihr, sobald er in Danzig eine Bleibe gefunden hätte.

Im knietiefen Schnee fiel ihm das Gehen immer schwerer. Dann ging nichts mehr. Mit letzter Kraft schleppte er sich zu einer mächtigen Tanne am Wegesrand, unter deren Stamm fast kein Schnee lag. Er drohte vor Müdigkeit einzuschlafen, rieb seine eiskalten Hände, trat mit seinen Schuhen immer wieder gegen den Baumriesen, damit die Zehen nicht erfroren. Aber am Schlimmsten machte ihm der Durst zu schaffen. Mit großer Mühe würgte er ein hartes Stück Brot und eine dicke Scheibe Schinken herunter, schleckte an den hängenden Eiszapfen der Tanne und stopfte sich eine Handvoll Schnee in den Mund. Alles in seinem Rucksack war inzwischen wieder hart gefroren. Zweifel marterten seine Gedanken. War das bei dieser eisigen Witterung überhaupt durchführbar, was er sich vorgenommen hatte? Würde er den weiten Weg bis Danzig auf Schusters Rappen überhaupt schaffen? Und dann in dieser großen Stadt, wo sollte er als unerfahrener Landjunge Arbeit und Brot finden? Hart zu arbeiten auf dem Lande war er ja gewohnt, aber in einer so großen, fremden Stadt, was sollte er dort tun? Doch jetzt galt es erst einmal sich aufzurappeln und weiter durch die tiefverschneiten Wälder zu marschieren, denn vor Erschöpfung bei dieser barbarischen Kälte in einen gefährlichen Schlaf zu fallen, wäre der sichere Tod.

Er mochte wohl so einige Stunden nach der letzten Rast durch den Schnee gestapft sein, als er plötzlich stehen blieb und in die Richtung lauschte, aus der er gekommen war. War das nicht ein ihm vertrautes Glöckchengeläut, das von einem Pferdeschlitten herrührte und nun immer lauter wurde? Aufs Äußerste angespannt horchte er einige Zeit lang auf weitere Geräusche menschlichen Lebens, doch es blieb still in dieser endlosen Schneewüste. Waren das Ermüdungserscheinungen, hatte er Glockengebimmel vernommen, obwohl dieses überhaupt nicht von einem Schlitten kam? Hatte er bereits Halluzinationen? Bevor es dunkel würde, musste er in Osterode sein und ein Nachtquartier suchen. Gerade als er wieder weitermarschieren wollte, erblickte er in der Ferne in einer aufwirbelnden Schneewolke ein Schlittengespann. Erwartungsvoll blieb er am Rande der Straße vor einer Rechtskurve stehen und wartete nun der Dinge, die wie aus einer anderen Welt auf ihn zukamen.

Nach einem lauten „Prrrrh“ des Kutschers hielt der Schlitten, vor den eine starke Kaltblüterstute gespannt war, aus dem nun etwas schwerfällig ein in dicke Schafspelze eingehüllter Mann entstieg. Ungläubig starrte der Fremde den halberfrorenen Wanderer an, bevor er ihm die Hand reichte und zu reden begann. „Wohin soll's denn in diesem tiefen Schnee und bei der Saukälte noch gehen? Warum ist denn ein so junger Bursche auf Schusters Rappen allein unterwegs, wo doch jeder vernünftige Mensch jetzt am wärmenden Kachelofen sitzt, heißen Kamillen- oder Lindenblütentee trinkt und abwartet, bis es wieder milder wird? Bist wohl daheim ausgerissen, oder? Aber steig erst mal ein, dann reden wir weiter, denn wir müssen noch vor Einbruch der Nacht in Osterode sein."

Waldemar stieg in den Schlitten und wickelte seine kalten Füße und Beine bis hin zum Bauch in eine dicke Schafsfelldecke, die er von dem fremden Mann erhalten hatte.

„Nun erzähl mal, Jungchen, woher kommst du, und wohin willst du überhaupt?"

In schneller Fahrt glitt nun der Schlitten durch den endlosen Wald. Waldemar zog seine Russenmütze aus Kaninchenfell noch tiefer ins Gesicht und über die Ohren, um vor dem eisigen Fahrtwind geschützt zu sein, dankte für das Mitnehmen und erzählte dann dem Fremden die ganze traurige Geschichte seines jungen Lebens, und das er heute noch nach Osterode wollte, um dort in der Stadt irgendwo zu übernachten. Ohne ihn zu unterbrechen, hatte ihm der freundliche Mann aufmerksam zugehört und ihm noch einen dicken Schal aus Schafswolle gegeben, den er sich auch gleich über die noch freien Stellen im Gesicht und um den Hals wickelte. „Du Lorbas, da hast du dir ja was vorgenommen", begann der Fremde nach einer Pause wieder das Gespräch. „Mann o Mann, ob das so klappt, wie du dir das vorstellst, wage ich zu bezweifeln, aber Mut hast du, das muss man dir lassen. Deine arme Mutter. Ihr hast du großes Leid zugefügt. In dieser schweren Zeit des Darbens haben deine Eltern jetzt auch noch die Sorgen und den Kummer um ihren verlorenen Sohn."

Waldemar spürte bei diesen Worten, wie es ihm die Kehle zuschnürte. Er kämpfte mit den Tränen, sagte aber nichts darauf.

Inzwischen hatten sie in kurzer Zeit einige Kilometer hinter sich gelassen, ohne dass ihnen eine Menschenseele begegnet war. Hinter einer Straßenbiegung, mitten in einer weißen Hügellandschaft, tauchten vor ihnen die ersten Häuser eines Dorfes auf.

„Dieser kleine Ort heißt Schildeck. Bis Osterode sind es noch gut anderthalb Stunden mit unserem Schlitten. Zu Fuß hättest du es sowieso heute nicht mehr dorthin geschafft, hättest hier irgendwo übernachten müssen. Es wird morgen einen sonnigen Tag geben, aber es wird sehr kalt sein.“ Auf den Dächern der dunklen Holzhäuser, aus deren Schornsteinen weißer Rauch senkrecht in den blutroten Vorabendhimmel stieg, lastete meterdick der Schnee. Weit und breit war hier niemand auf der Straße. In dieser winterlichen Stille, in den Bergen von Schnee, wirkte die kleine Siedlung wie ausgestorben. Nur eine dick vermummte Gestalt trat an den Staketenzaun vor ihrem Haus, schüttelte ungläubig das Haupt und winkte den beiden Insassen im Schlitten zu, der nach kurzer Zeit im aufspritzenden Schneegestöber hinter der nächsten Straßenecke verschwand.

Als sie nach einer endlos erscheinenden Zeit schließlich die Stadt Osterode erreichten, war es schon dunkel. Unterwegs hatte Waldemar einiges über den fremden, hilfsbereiten Mann erfahren, der sich mit Otto Klimosseck vorgestellt hatte. Er stammte aus dieser Stadt, musste so um die fünfzig sein, war mindestens einmeterfünfundachtzig, trug einen leicht angegrauten Vollbart unter seinen stets wachen Augen und konnte mit der starken Kaltblüterstute und dem Schlitten äußerst geschickt umgehen. Als Holzhändler kaufte er im Umkreis von hundert Kilometern große Mengen Holz, das in seinem Sägewerk zu Brettern, Balken und Bohlen verarbeitet und in alle Lande verkauft würde. Besonders im Frühjahr und Sommer wäre die Nachfrage nach Bauholz so gewaltig, dass er in den kommenden Monaten die Produktion verdoppeln müsste, erzählte er Waldemar während der langen Schlittenfahrt. Man hatte sich inzwischen angefreundet und angeregt unterhalten. Er könne diese Nacht als Gast in seinem Haus bleiben, langsam auftauen, bot Herr Klimosseck an, und morgen dann frisch gestärkt weiterziehen. Das ist ein Geschenk des Himmels, dachte Waldemar, nahm das Angebot dankend an und freute sich nach all den Strapazen insgeheim auf eine warme Stube und ein kräftiges Essen, denn er war nicht nur todmüde, sondern auch hungrig wie ein Wolf.

Der Schlitten hielt nun vor einem ansehnlichen Anwesen. Man hatte den freundlichen Mann schon lange erwartet, denn nun stürmten zwei kleine wilde Burschen auf ihren Vater zu, küssten und herzten ihn und fragten sogleich danach, ob er ihnen was mitgebracht hätte. Er griff in seine großen Manteltaschen und übergab jedem der beiden eine Tüte. Erst jetzt umarmte er seine Frau, die sichtlich froh war, dass er nach einer harten, nicht ungefährlichen Winterreise wieder gesund heimgekehrt war.

Nachdem sie gemeinsam den Schlitten entladen hatten und die Stute im nahen Stall versorgt war, begab man sich in Richtung Hauseingang. Vor dem geräumigen Flur wurde der Schnee aus den Fellsachen geschüttelt. Danach reichte die Frau den Ankömmlingen warme Hausschuhe, ein Paar dicke Wollsocken und begab sich in die gut geheizte Stube. Welch eine Wohltat für die eiskalten Füße, dachte Waldemar, konnte es kaum so richtig begreifen, ein Wunder war geschehen. Was wäre wohl, wenn er diesem Mann nicht begegnet wäre? Wo hätte er diese kalte Nacht verbracht? Bis nach Osterode hätte er es niemals geschafft.

Man aß Königsberger Klopse und trank heißen Tee und Milch mit Honig. Herr Klimosseck plauderte bis fast um Mitternacht und stellte viele Fragen an Waldemar, während die Kinder längst zu Bett gegangen waren. Als er vor Müdigkeit einzuschlafen drohte, wies man ihm eine winzige Kammer zu, in der er sofort in einem weichen Daunenbett einschlief.

Am nächsten Morgen wollte er aus seinem warmen Federbett am liebsten nicht aufstehen, als ihn die Hausfrau mit einem „guten Morgen“ geweckt hatte. Wie sollte er nun weiterziehen, dachte er, als er durch ein Guckloch im zugefrorenen Kammerfenster feststellte, dass es draußen mächtig schneite. Beim Frühstück sprach man zunächst kaum. Doch danach ergriff mit ernster Miene der Hausherr das Wort. „Meine Frau und ich haben gestern Abend noch lange über dich gesprochen. Dabei kam uns der Gedanke, dich zu deinen Eltern zu bringen, sobald der Frost etwas nachlässt. Doch dann verwarf ich diese Idee wieder, weil ich während der Schlittenfahrt die wilde Entschlossenheit in dir spürte, den einmal beschlossenen Weg zu gehen komme, was da wolle. Nun, es wird nicht einfach sein, aber dir traue ich das zu. Du bist mit deinen siebzehn Jahren ein kräftiger, athletischer Bursche, der schon in Willenberg in einem Sägewerk gearbeitet hat, den ich hier bei mir in der Firma gut gebrauchen könnte, zumal wir durch die starke Nachfrage nach Bauholz die Produktion in diesem Jahr erhöhen und eine zweite Halle bauen werden. Du könntest bei uns wohnen, am Tisch mitessen, und ich würde dich für deine Arbeit ordentlich entlohnen. Was hältst du davon? Denk mal darüber nach, bevor du weiterziehst.“

Waldemar schaute durch das Fenster hinaus in den kalten Wintermorgen. Unaufhörlich heulte draußen der Schneesturm, während es in der Küche mollig warm war. Vielleicht war es das, was ihn bereits nach kurzer Zeit dazu bewog, das Angebot des Herrn Klimosseck anzunehmen, was man unmittelbar danach mit kräftigem Händeschütteln besiegelte. Doch es gab sicher noch einen anderen Grund. Er hatte gestern schon bemerkt, dass in der kinderreichen Familie auch eine etwa zwanzigjährige Tochter war, die ihn mit ihrer Natürlichkeit und ihrem geschmeidigen Gang beim Essenauftragen sehr beeindruckte. Sie war eine äußerst hübsche junge Frau, trug ihre blonden Haare als langen Zopf, hatte eine schlanke Figur und ein makellos geschnittenes Gesicht, aus dem zwei große, wasserblaue Augen wie funkelnde Sterne leuchteten.

„Also gut, mein Junge, darauf trinken wir einen Bärenfang, du wirst ja wohl nicht gleich umfallen."

Nun war das so vereinbart, doch so richtig wohl fühlte er sich dabei nicht. Es war wohl wirklich das hübsche Mädchen, für das er gerne seinen ursprünglichen Plan änderte. Waldemar hatte zugesagt und würde auch zu seinem Wort stehen. Seinen Eltern wollte er aber nicht sofort schreiben, denn der Vater würde alles versuchen, dass er wieder nach Hause käme. So tranken die beiden Männer ein Gläschen Fünfzigprozentigen und vielleicht noch einen, redeten lange über die Hauptsaison im Holzhandel im kommenden Frühjahr und Sommer, schmiedeten gemeinsame Arbeits- und Verkaufspläne, von denen er bisher noch keine Ahnung hatte, bis schließlich jeder in der guten Stube am warmen Kachelofen ins Reich der Träume hinüberdämmerte.

Als die Hausfrau zum gemeinsamen Mittagessen rief, fühlte sich Waldemar doch ziemlich elend, was er natürlich nicht zugab, als sich die hübsche Tochter ganz beiläufig nach seinem Befinden erkundigte. Einer der Zwillingsknaben bemerkte noch, dass er so weiß im Gesicht wie eine frisch gekalkte Wand wäre, worauf allgemeines Gelächter folgte. Er errötete bis über beide Ohren, stellte aber mit einem Blick in die leuchtenden Augen des älteren Mädchens fest, dass ihr das schadenfrohe Gelächter der anderen missfiel.

Bereits zwei Tage später, es war inzwischen nicht mehr ganz so kalt, spannte sein Arbeitgeber die Kaltblüterstute wieder vor den mit Pelzen und Wintersachen voll beladenen Schlitten, um auf die nächste Holzeinkaufsreise zu fahren. Waldemar sollte ihn auf einer Reise nach Allenstein, Bischofsburg und Sensburg bis in die riesigen Waldgebiete der Johannisburger Heide begleiten. Dorthin hatte er im letzten Schuljahr einmal einen Sommerausflug gemacht. Nun würde er also diese beeindruckenden, mächtigen Wälder mitten im kalten, ostpreußischen Winter tiefverschneit sehen. Darauf freute er sich.

Während der Schlitten Stunde um Stunde durch die stille Winterlandschaft glitt, hatte man viel Zeit für Gespräche über Gott und die Welt, aber auch über die zu erwartende harte Arbeit im Sägewerk, die in wenigen Wochen anstand. Man lernte sich auf der Reise näher kennen, so dass allmählich zwischen den beiden Männern eine freundschaftliche, vertraute Beziehung entstand. Es wurde auf dem Lande in einfachen Wirtshäusern in einem Raum übernachtet, man begnügte sich mit schmackhafter, gutbürgerlicher Kost und erreichte schließlich nach einigen Tagen das Forstamt in der Nähe von Schönfeld, wo man bereits erwartet wurde. Man kannte sich von früher. Das Wiedersehen nach einem Jahr mit dem Förster und seinen Gehilfen wurde entsprechend begossen, wobei auch Waldemar einen kräftigen Schluck aus der Pulle mittrinken musste, obwohl er sich vehement dagegen gewehrt hatte. Am nächsten Tag, man schlief im Forsthaus und ruhte sich nach diesem feuchtfröhlichen Abend erst einmal richtig aus, kaufte nach eingehender Besichtigung sein Chef gewaltige Festmeter Stammholz ein. Danach begab man sich am nächsten Morgen wieder auf die lange Heimreise.

Waldemar hatte in den letzten Tagen und Wochen, seit jener schicksalhaften Begegnung mit diesem hilfsbereiten Menschen, der nun sein Arbeitgeber war, viel gesehen, gelernt und über seine jetzige Situation und Zukunft nachgedacht. Verglichen damit, was er bisher als heranwachsender Junge in seinem kleinen, stillen Heimatdorf erlebt hatte, waren es gewaltige Eindrücke, die er zu verarbeiten hatte. Gewiss, er hatte in jeder Beziehung unerwartetes Glück und war darüber auch froh und dankbar. Er ist in der Familie freundlich aufgenommen worden, wurde gut entlohnt, und alle Kinder hatten ihn sofort liebgewonnen. Was aber sollte nun aus all den verwegenen Zukunftsträumen werden, wenn er hierbleiben würde und noch nicht einmal sein Land Ostpreußen verlassen hatte? Als er sein Elternhaus verließ, war er fest entschlossen, die große, weite Welt kennenzulernen. Nun gut, dazu brauchte er Geld, und das konnte er in diesem Sägewerk verdienen. In seinem Land gab es viele Arbeitslose, und in der Hansestadt Danzig würde die Situation nicht viel besser sein. Aber Geld brauchte er nun mal für die Durchführung seiner Pläne.

Doch da war noch die hübsche Tochter der Familie, in die er sich verliebt hatte. Anfangs versuchte er noch die ständigen Gedanken an das Mädchen zu verdrängen, aber schon während der Reise in die Johannisburger Heide musste er andauernd an sie denken. Er hatte sich Hals über Kopf verliebt. Katharina hieß dieses liebliche Wesen, das ihm nicht gekannte Seelenqualen bereitete. Wenn er den Blicken aus ihren wasserblauen Augen begegnete, verspürte er ein seltsames Verlangen. Es war jedenfalls anders als bei Erika, seiner Schulfreundin aus dem Heimatdorf. Sie muss mich auch mögen, dachte er, denn auch sie suchte öfter heimlichen Blickkontakt. Waldemar war einfach glücklich.

Bereits Anfang März begann die harte Arbeit im Sägewerk. Eingegliedert in eine Arbeitskolonne schuftete er nun täglich von Sonnenaufgang bis oft spät in dic Nacht. Schon nach kurzer Zeit wurde er von seinem Chef wegen seiner Tüchtigkeit vor allen Mitarbeitern gelobt und bereits im Frühsommer einer ihrer Vorarbeiter. Seinen Eltern hatte er inzwischen geschrieben. Beide waren überglücklich, dass er nicht bis Danzig gekommen war und nun nicht allzu weit von zu Hause Arbeit gefunden hätte. Die Mutter hätte sich große Sorgen um ihn gemacht, als er ohne sich von ihr zu verabschieden, einfach weggegangen wäre, schrieb ihm der Vater. Auch mit der Gesundheit wäre es um sie nicht gut bestellt. Sie würden ihn ja gerne im Sommer einmal besuchen, doch wäre es für sie in ihrem Alter sicherlich nicht mehr möglich. So blieb es vorerst nur bei einem gelegentlichen Briefwechsel.

Gewiss, unverhofft eine gutentlohnte Arbeit gefunden zu haben, war sein großes Glück. Im Hochsommer wurde er mit einigen Helfern von seinem Arbeitgeber mit dem Transport der Bretter und Bohlen in großen Kähnen über eine zusammenhängende Seenkette und durch den Oberländischen Kanal bis nach Elbing beauftragt, die dann weiter in flachen Lastprähmen über das Frische Haff nach Pillau und Königsberg verschifft wurden. Es war eine besonders harte, schweißtreibende Arbeit in trockener, ostpreußischer Sommerhitze, in einer herrlichen, einzigartigen Naturlandschaft.

Eines Tages, nachdem er planlos durch die große Stadt Elbing schlenderte, lernte er an der langen Theke einer Kneipe einen raubeinigen Seemann kennen, der diese riesigen Holzladungen über das Frische

Haff zu transportieren hatte. Dieser hünenhafte Mensch mit Händen, die wie gewaltige Pranken eines Raubtieres aussahen, der auch noch nach einer Flasche fünfzigprozentigem Rum wie eine alte, deutsche Eiche kerzengerade dastand und keinen Zentimeter wankte, machte mit seinen Erzählungen einen nachhaltigen Eindruck auf ihn. Was dieser Seefahrer so von seinen abenteuerlichen Erlebnissen in der weiten Welt jenseits des großen Wassers berichtete, übertraf seine kühnsten Vorstellungen. Waldemar konnte diesem riesenhaften Kerl, der aussah wie ein leibhaftiger Seeräuber, stundenlang fasziniert zuhören. Die Gespräche in den nächsten Tagen, die oft bis in den frühen Morgen in einem Hotelzimmer weitergeführt wurden, beschäftigten ihn noch Wochen danach. Beim Abschied versprach man sich zu schreiben.

Am Ende des langen, heißen Sommers kehrte Waldemar wieder zurück in das Sägewerk nach Osterode. Sein Arbeitgeber lobte die gute Arbeit, die reibungslos und ohne Unfall verlaufen war, und zahlte zusätzlich zum Lohn eine Prämie an alle Mitarbeiter aus.

Am letzten Sonntag im August wanderte er am frühen Morgen zum nahegelegenen Drewenz See. Dort kannte er eine besonders sandige Bucht, die von hohem Schilf an beiden Seiten beinahe ganz zugewachsen war, an der er schon einmal vor einigen Wochen gebadet hatte. Als er sich der Stelle näherte und durch das wogende Schilf späte, bemerkte er eine weibliche Gestalt, die gerade triefend den Fluten entstieg. War es eine Halluzination, oder war alles Wirklichkeit? Er schüttelte ungläubig seinen Kopf, schaute immer wieder auf die dem Wasser Entstiegene, erkannte sie dann, denn es war Katharina, nackt, so wie Gott sie erschuf. Es war das wohlgeformte Mädchen seiner Träume, in das er sich vom ersten Tag an, unsterblich verliebt hatte. Sein Kopf stand in Flammen, sein Herz bebte vor Glück. Was sollte er nun tun? Der Anblick hatte ihn völlig verwirrt. Unschlüssig starrte er unentwegt auf die üppigen Körperformen des Mädchens, das sich schnell auf ein Handtuch zu bewegte, auf dem die abgelegten Kleider lagen. In seinem jungen Leben hatte er noch nie zuvor eine erwachsene Frau nackt gesehen. Unschlüssig, was er in dieser Situation tun sollte, zögerte er eine Weile, doch dann nahm er seinen ganzen Mut zusammen und trat langsam und vorsichtig aus seinem Versteck im Schilf.

Als Katharina ihn bemerkte, erschrak sie sichtlich, hob eilends ihr Handtuch auf und bedeckte damit ihre Blöße. Waldemar drehte sich sofort höflich um, bis das Mädchen in aller Eile ihre Kleider angezogen hatte. Noch etwas schüchtern, setzte er sich dann zu ihr auf das ausgebreitete Handtuch. Anfangs redeten sie über alltägliche Dinge, über seine Arbeit im väterlichen Sägewerk, über die Schufterei auf dem Oberländischen Kanal und die Tage in Elbing. Er erzählte ihr von der Hungersnot, von dem kargem Leben seiner Familie in einem Dorf in der Wildnis Masurens, aus dem er einfach weggelaufen wäre, um der Armut zu entgehen. Er sprach von seinem Jugendtraum, wollte die weite Welt kennenlernen, um dort irgendwo sein Glück zu versuchen.

Aufmerksam, gerade andächtig hatte sie ihm lange zugehört. Plötzlich schlang sie beide Arme um seinen Hals und flüsterte: „Bleib hier, geh nicht weg, denn ich habe mich in dich verliebt. Du bist so ganz anders als die anderen jungen Männer, die ich kennenlernte, du bist für mich ein besonderer Mensch, mit dem ich zusammen sein möchte, vielleicht für immer, das wird die Zeit zeigen." Dabei schmiegte sie sich ganz fest an ihn und streichelte zärtlich seine Haare.

„Ich habe mich auch in dich verliebt, vom ersten Augenblick an, als ich dich sah", erwiderte Waldemar noch etwas schüchtern.

So saßen sie lange da, Zeit und Raum vergessend, eng aneinandergeschmiegt, er schüchtern, unbeholfen und unerfahren, sie, die Zwanzigjährige, die genau wusste, was sie in dieser Situation zu tun hatte. Nachdem sie ihre Bluse ausgezogen hatte, beugte sie sich über ihn und küsste ihn zum ersten Mal. Er sah ihre prallen Brüste vor seinen Augen und spürte die Warzen an seinen Lippen. Es kam, wie es kommen musste, wie es zwischen zwei Menschen meistens geschieht, wenn die Begierde siegt, und die anfänglichen Hemmungen fallen. Sie schmusten, herzten, schworen sich ewige Liebe und Treue, lagen noch lange im wärmenden Sand nebeneinander und begaben sich vor Einbruch der Dunkelheit getrennt auf den Heimweg.

An dem Tag war das Glück auf seiner Seite. Nach diesem Erlebnis lag er noch lange wach. Plötzlich sah die Welt ganz anders aus. Er hatte jetzt jemand, der sein junges Leben völlig auf den Kopf gestellt hatte, der ihm sehr viel bedeutete. Die explosivartig entfachte Liebe zu diesem Mädchen brannte tief und heiß in seinem Herzen, das erste körperliche Erlebnis zwischen zwei Liebenden verwirrte seine Sinne. All das, was er sich fest vorgenommen hatte, seine verwegenen Pläne und Träume, rückten nun in den Hintergrund, verloren an Wichtigkeit. Jetzt zählte nur noch eins: Katharina! Für sie wollte er alles tun, nur für sie allein leben.

Es wurde Herbst. In der Zwischenzeit hatten sich beide so oft es nur ging heimlich in einem stillgelegten Schuppen auf dem weiten Sägewerksgelände oder irgendwo in Osterode getroffen. Als sein Arbeitgeber eines Tages von ihrem Verhältnis hörte, bestellte er beide zu einem Gespräch in die gute Stube. Mit wackeligen Knien betrat Waldemar das Zimmer, in dem bereits Herr und Frau Klimossek mit ernsten Gesichtern an einem runden Tisch Platz genommen hatten. Kurz danach erschien Katharina mit gesenktem Haupt und blassem Gesicht.

Ohne viel Umschweife kam Herr Klimossek sofort zur Sache. Erst ließ er ein gewaltiges Donnerwetter über seine Tochter niedergehen, endete schließlich doch wieder versöhnlich mit den Worten: „Na, alt genug wärst du ja zum Heiraten, aber der Waldemar muss ja noch erst ein richtiger ausgewachsener Mann werden, um eine Familie zu ernähren."

Waldemar wurde puterrot im Gesicht, blickte kaum auf, während sein Arbeitgeber weiter schimpfte und polterte und danach wütend aus dem Zimmer stürmte. Richtig leid tat ihm jetzt seine Katharina, als sie schluchzend in die Arme der Mutter fiel und gar nicht aufhören wollte zu heulen.

„Liebe bringt oft auch Leid mit sich", ergriff nach einer Weile Mutter Klimossek das Wort. „Ihr müsst warten können, Waldemar ist ja noch so jung und du auch. Ihr beide passt gut zusammen, das hat auch der Vater zu mir gesagt, aber für eine ernste Beziehung ist es noch zu früh." Sie drückte und herzte ihre älteste Tochter noch einmal. Dann ging man aus dem Zimmer.

Nach diesem Gespräch trafen sie sich vorerst nicht mehr heimlich. Doch in beiden brannte lichterloh das einmal entfachte Feuer der ersten Liebe. Als man sich dann wieder an einem geheimen Ort traf und rettungslos in unbändige Leidenschaft versank, war die väterliche Schelte schnell vergessen. Sie war Vaters Lieblingstochter, die gegenüber den Geschwistern einige Privilegien hatte. So verriet sie ihm eines Tages, dass ihr Vater ihn als Schwiegersohn akzeptieren würde, und auch gegen eine Hochzeit in zwei, drei Jahren gäbe es dann keine Einwände. Doch es sollte alles anders kommen.

Wie aus dem Boden gestampft, stand im Frühjahr 1891 plötzlich Gustav Grigoleit vor den Toren des Sägewerks, jener hünenhafte Seemann, den er im vergangenen Sommer in Elbing kennenlernte, mit dem er den Winter über öfterf korrespondiert hatte. Er hätte im letzten Jahr gut verdient und wolle jetzt nach Danzig, um im Sommer auf einem der Handelsschiffe anzuheuern, die über die Ostsee nach Kiel und Lübeck fahren würden, erzählte er. Von da an traf man sich jeden Abend in der gleichen Kneipe in der Stadt. Was Gustav so alles von der Seefahrerei, von Amerika, dem Land der unbegrenzten Möglichkeiten, von der weiten Welt voller Abenteuer zu erzählen wusste, begeisterte Waldemar ungeheuerlich. „Wenn du deine Träume der plötzlich entflammten Liebe opfern willst, na gut, dann ist es nicht zu ändern, doch wenn du diese noch nicht endgültig begraben hast, dann kannst du es mir innerhalb der nächsten Wochen brieflich mitteilen, denn so ein Kerl wie du es bist, der gehört hinaus in die weite Welt, bevor er hier auf dem Lande endgültig versauert.“ Wumm, das saß, was Gustav beim Abschied gesagt hatte. Das erweckte wieder die Neugier nach dem Unbekannten, entfachte unbändiges Verlangen nach Freiheit und Abenteuer.

Von diesem Tag an marterte ihn unaufhörlich sein Gewissen. Auf der einen Seite hatte er Gustav versprochen, über gemeinsame Pläne nachzudenken, andererseits stand nun die junge Beziehung auf dem Spiel, die ohne Zweifel Schaden erleiden würde, wenigstens vorerst. Denn sobald er in der Fremde was erreicht hätte, würde er seine Katharina nachholen und heiraten. Nur wie sollte er ihr jetzt, wo die Flamme der jungen Liebe heiße Begierden entfachte, wie sollte er ihr das erklären? Wenn er nun fortginge, wären die zarten Bande der Liebe zerrissen, es würde seine Katharina in tiefes Leid stürzen, sie todunglücklich machen und ihr junges Herz brechen. Nein, das wollte er nicht, das konnte er nicht verantworten. Er musste mit ihr darüber reden, steckte aber in einem fürchterlichen Dilemma.

So eilten die Tage rasch dahin. Es musste etwas geschehen, es musste eine Entscheidung getroffen werden, er drohte mehr und mehr dem Lockruf des Abenteuers in unbekannter Fremde zu erliegen. Wiederholt hatte er versucht, Katharina zu erklären, dass er sie ganz bestimmt sofort zu sich holen würde, sobald er in irgendeiner Stadt gut bezahlte Arbeit gefunden hätte. Immer wieder versicherte er ihr seine Liebe, dass er nur für sie da wäre und ihr ewig treu bleiben würde. Es half nichts. Jedes Mal, wenn sie dann traurig auseinandergingen, hörte er stets die gleichen Worte: „Geh nicht fort, wenn du mich wirklich liebst, bleib hier, ich will dich nicht verlieren, ich kann ohne dich nicht sein, denn ich liebe dich."

Es war zum Verzweifeln. Von seinen Gefühlen hin und her gerissen, fand er nachts keine Ruhe. Der Liebesschmerz saß tief in seinem Herzen, quälte und folterte ihn unaufhörlich. Gleichzeitig wühlte aber in ihm mit aller Macht der verlockende Reiz der Ferne. Was sollte er nur tun? Es musste eine Entscheidung getroffen werden, so oder so, die Zeit drängte. Die weite Welt wartete auf entschlossene, harte Männer, auf Pioniere, auf wagemutige Entdecker. Das hatte ihm Gustav beim Abschied damals noch winkend zugerufen.

Gustav Grigoleit war ein Mann des schnellen Handelns, war einer, der nicht lange fackelte. So schrieb er auch nach einigen Wochen einen langen Brief, in dem am Schluss die unwiderrufliche Aufforderung einer Entscheidung zu lesen war: „Wenn Du Dich für einen gemeinsamen Weg in die neue, abenteuerliche, weite Welt entschlossen hast, dann warte ich in der gleichen Kneipe in Elbing auf Dich, in der wir im vorigen Jahr verwegene Pläne schmiedeten. Drei Tage werde ich dort sein, vom 20. bis zum 22. Juni, danach werden sich unsere Wege trennen, wenn Du nicht kommen solltest. Wenn Deine Katharina Dich wirklich liebt, wird sie auf Dich warten!"

Waldemar las diesen Brief immer wieder. Tagelang verwahrte er ihn in seiner Hosentasche. Was sollte er nur tun? Doch dann nahm er seinen ganzen Mut zusammen und bat seinen Arbeitgeber um eine vertrauliche Unterredung. Ende Mai, an einem milden, sonnigen Frühjahrsabend, ließ er seinen Chef wissen, dass er noch drei Wochen für ihn arbeiten würde. „Warum willst du fort von hier, es geht dir gut bei uns, und die Entlohnung ist doch auch ganz ordentlich? Außerdem gibt es da noch meine Tochter, die dich sehr gern hat, und auch wir als Eltern hätten dich liebend gern als Schwiegersohn. Wie hat Katharina denn reagiert?" Natürlich war sie sehr traurig, als er ihr das erste Mal von seinem Fortgehen erzählte, entgegnete er, aber er wolle sie ganz sicher heiraten und zu sich holen, sobald er gute Arbeit gefunden hätte. „Überlege dir alles noch einmal reiflich, denn was du hast, das weißt du, aber was auf dich zukommt nicht. Die Zeiten sind überall nicht gerade rosig, du wirst es vielleicht schon bald bereuen."

Doch Waldemar entschied sich für den Aufbruch in die Fremde. Es fiel ihm schwer, er war sehr traurig, als er Katharina einen Brief schrieb, in dem er ihr seine Liebe und Treue immer wieder beteuerte. Er bat sie, diesen erst am nächsten Tag zu öffnen und war sich bewusst, dass er einen harten Weg vor sich hatte. Beim Abschied flossen bittere Tränen. Mutter Klimossek stopfte seinen Rucksack bis oben hin voll Proviant und rief ihm noch einmal zu, dass er jederzeit wieder zurückkommen dürfte. Waldemar winkte allen noch einmal und stieg in die Postkutsche nach Liebemühl. Er hatte sich für das Abenteuer in der Fremde entschieden.

In der damaligen Zeit war es gar nicht einfach, in Ostpreußen zu reisen. Schließlich erreichte er Elbing am 21. Juni 1891. Wie verabredet wartete dort Gustav Grigoleit auf ihn und begrüßte ihn mit den Worten: „Aus dir ist ja ein richtiger Mann geworden, ein ganzer Kerl, der eine risikoreiche Entscheidung getroffen hat, der weiß, was er will. Die Tür zur fernen, fremden Welt steht für uns weit offen. Schon morgen schippern wir mit einem Lastkahn über das Frische Haff in den Hafen nach Pillau. Dort wartet der Kapitän der ‚Silbermöwe' auf uns, der uns mit seinem alten Dampfer in den nächsten Tagen nach Danzig mitnimmt. In dieser ehrwürdigen Hansestadt hat man mir in einer Schiffswerft eine Arbeitsstelle angeboten, und für so einen kräftigen Burschen wie dich finden wir bestimmt auch was. Aber lass uns jetzt erst einmal einen guten Schluck zur Brust nehmen und auf die gemeinsame Zukunft anstoßen."

Die Überfahrt auf dem schwerbeladenen Lastkahn war alles andere als ein Vergnügen. Mitten auf dem Haff gerieten sie in einen heftigen Gewittersturm. Meterhohe Wellen warfen den alten Kahn auf und nieder, ließen ihn in seinen Planken ächzen und stöhnen und überspülten häufig sogar Bug und Heck. Gustav schielte hin und wieder verstohlen zu seinem Freund und Partner hinüber, bemerkte aber keinerlei Anzeichen einer Seekrankheit. So plötzlich wie das Sommergewitter kam, war es auch wieder vorüber. Der Hüne legte seine mächtige Pranke auf Waldemars Schulter, schaute grinsend zum Kapitän hinter dem Ruder und rief laut in den abflauenden Sturm: „Den ersten Seegang hat der Junge ja ohne die Fische zu füttern gut überstanden. So ein Bursche gehört nun mal hinaus in die weite Welt, bevor er in diesem verschlafenen Land versauert."

Etwas verdattert sah Waldemar die beiden Seeleute an und meinte nur, dass die Seefahrerei bestimmt nichts für verweichlichte Stubenhocker wäre. Mit einem unvergesslichen, fantastischen Sonnenuntergang über dem gerade noch sichtbaren Kamm der Dünen auf der Frischen Nehrung, verabschiedete sich der lange Tag. Erst mitten in der Nacht machte der schwerbeladene Lastkahn im Hafen von Pillau fest.

Schon am nächsten Abend traf man sich mit dem Kapitän der „Silbermöwe“ und handelte den Preis für die Überfahrt nach Danzig aus. Als sie gegen Morgen mit dem alten Seebärn sturzbesoffen die verräucherte Seemannskneipe verlassen hatten, war ein Teil des gezahlten Geldes für die Überfahrt bereits versoffen. Waldemar hielt sich beim Trinken zurück und kippte unbemerkt zu vorgerückter Stunde so manches Gläschen unter den Tisch.

Es dauerte lange, bis Gustav und auch der Kapitän ihren Rausch ausgeschlafen hatten. Ohnehin konnte die „Silbermöwe“ wegen Sturm und heftigem Seegang nicht in See stechen. Waldemar nutzte die Zeit, um sich im Hafen umzusehen. Diese vielen Schiffe und Boote, die Ladekräne und Landungsbrücken, die riesigen Werfthallen und Speicher beeindruckten ihn sehr. So etwas hatte er bisher in seinem jungen Leben noch nie gesehen. Wie hatte Gustav noch am letzten Abend in Elbing zu ihm gesagt: „Bevor du einundzwanzig bist, hast du mehr gesehen, wie die meisten deiner Landsleute mit siebzig.“

Dann war es so weit. Die „Silbermöwe“ stach in See. Die aufgehende Morgensonne spiegelte sich in verschwenderischem Gold auf der glatten Wasseroberfläche hinter der Hafenausfahrt. Ein leichter Windhauch wehte über die silbrigen Wellen. Langsam wurden auch die Hafenanlagen von Pillau hinter dem Schiff kleiner und waren dann gar nicht mehr zu sehen. Sie hatten die offene See erreicht. Welch ein großes Gewässer die Ostsee ist, dachte Waldemar. Aber noch viel, viel größer wäre der Atlantische Ozean, hatte ihm Gustav einmal erzählt, hinter dem Amerika, der riesige, unbekannte Kontinent liegen würde. Doch dieses Land lag weit weg von Europa, unerreichbar weit weg. Es jemals zu betreten, würde für ihn, den armen Jungen aus Masuren, wohl eine Utopie bleiben. Aber träumen konnte er doch, träumen von einem Land mit gewaltigen Ausmaßen, unendlichen Prärien, in denen riesige Büffelherden grasen, Indianer leben, die auf dem Rücken wilder Mustangs jagen würden. Und in Kalifornien wurde 1849 Gold gefunden. Doch das Gold, erzählte Gustav, hätte damals im Wilden Westen Amerikas vielen Goldsuchern kaum Glück gebracht, die von San Francisco bis Los Angeles, von der Küste bis zum Fuß der Sierra Nevada dem gierigen Schrei „Gold! Gold!“ gefolgt waren.

Waldemar lehnte sich über die Reling der „Silbermöwe“, ließ sich am Bug den Fahrtwind um die Ohren blasen, dachte an seine Eltern in Jeschonowietz am Waldpuschfluss, vermisste Katharina. Soweit das Auge reicht, nur Wasser. Und irgendwo hinter dem Horizont müsste Amerika liegen. „Hör nicht auf die Vernunft, wenn du deinen Traum verwirklichen willst“, hatte Gustav gesagt, als er ihn zu dieser Reise ermuntert hatte. Nun, er war fest entschlossen, mit ihm in die Fremde zu gehen. Er vertraute diesem Mann, der schon viel in seinem Leben von der Welt gesehen und erlebt hatte. Doch jetzt galt es erst einmal, in Danzig Arbeit zu finden und Geld zu verdienen. In dieser schlechten Zeit würde es sicher nicht einfach sein.

Danzig

Als sie nach einigen Stunden endlich im Hafen der Hansestadt vor Anker gingen, war der erste Eindruck überwältigend. So viele Menschen, meistens Seeleute, hatte er in seinem jungen Leben noch nie gesehen. Alle hatten es irgendwie eilig. „Wir müssen erst einmal unsere Kehlen befeuchten, die sind ja vom Salzwasser völlig ausgetrocknet“, murmelte Gustav in seinen Bart, klopfte ihm freundschaftlich auf die Schulter und schritt zielbewusst auf eine der Hafenkneipen zu.

Unmittelbar nachdem sie den dunklen, verräucherten Raum des Wirtshauses betreten hatten, brüllte jemand aus einer dunklen Ecke: „Gustav, du alter Schurke, wo zum räudigen Klabautermann kommst du denn plötzlich her? Kommt, setzt euch zu uns, das muss gefeiert werden. Mariechen, bring uns noch eine Runde.“

Sie setzten sich zu den Seeleuten an den runden, schweren Holztisch, an dem zünftig gebechert wurde. Gustav und Hans, der Seemann, der ihn so lautstark beim Eintreten begrüßt hatte, kannten sich schon viele Jahre. Sie hatten in einer Bootswerft in Pillau gearbeitet und waren später auch gemeinsam auf dem gleichen Dampfer zur See gefahren, erfuhr Waldemar im Laufe der Gespräche. Erst als die beiden den Kanal so richtig voll hatten, verließ man laut grölend und schwankend die nach Alkohol, Rauch, Schweiß und Fisch stinkende Seemannskneipe.

In der Innenstadt, in der Nähe der Mottlau, hatte Hans eine Bleibe. Da man in diesem Zustand ohnehin nicht noch lang nach einer Unterkunft suchen konnte, einigten sie sich darauf bei ihm zu übernachten. Noch Jahre später erinnerte sich Waldemar an diese furchtbare Nacht in einer engen Bude, in welcher der Gastgeber und Gustav ganze Wälder ostpreußischer Eichen zersägten und er kaum ein Auge zugemacht hatte.

Schwieriger als geglaubt gestaltete sich in den nächsten Tagen die Arbeitssuche. Selbst für Gustav, den erfahrenen Seemann, gab es keine Arbeit auf einem der Handelsschiffe oder auf einem Dampfer und wenn, dann war die Heuer so schlecht, dass er das Angebot ausschlug. Endlich, nach langer Suche fand er eine Beschäftigung als Werftarbeiter. Waldemar dagegen erhielt nur Absagen. So konnte es nicht mehr lange weitergehen, denn seine Ersparnisse schmolzen langsam dahin.

Er hatte viel Zeit, Zeit zum Nachdenken, zum Schreiben an seine Eltern und an Katharina, die er vermisste. Sie schrieb ihm, wie schön es doch wäre, wenn er wieder zurück zu ihr nach Osterode kommen und im Sägewerk arbeiten würde. Auch sein Vater bat ihn wiederholt, dass er heimkehren soll, da es der Mutter gesundheitlich gar nicht gut gehen würde. Was sollte er nur tun? Die Zukunftspläne aufgeben? Nein, das konnte er nicht. Es war zum Verzweifeln, und fast hätte er sich auch dazu entschlossen, wenn ihm da nicht eines Tages Gustav die freudige Nachricht überbracht hätte, dass er eine Stelle für ihn in einer der vornehmsten und berühmtesten Gaststätte Danzigs gefunden hätte. Erleichtert, vielleicht eine Arbeit zu finden, eilte er voll freudiger Erwartung dorthin. Hausverwalter und Küchenmeister führten lange Gespräche über dieses und jenes mit ihm, erwähnten mehrmals die schlechte Zeit, in der man leben würde und eisern sparen müsste, und stellten Waldemar schließlich nach langer Beratung als Mundschenk und Gehilfe der Hausverwaltung ein.

Der Artushof am „Langen Markt“ in der Hansestadt war Treffpunkt Danziger Großbürger, besonders in den Jahren, als der Handel rund um die Ostsee blühte. 1348 erbaut, war dieses ehrwürdige Gebäude Jahrhunderte lang „das Haus“ der bürgerlichen Oberschicht, der Danziger Bruderschaft. Man pflegte die ritterliche Geselligkeit, obwohl es keine Ritter waren, die hier verkehrten, sondern Patrizier aus ritterlicher Abstammung. Ende des achtzehnten Jahrhunderts aber war der ursprüngliche Glanz erloschen. Durch wüste Gelage und ausschweifende Orgien heruntergekommen, erhielt das Haus den entwürdigenden Spottnamen „Saufhaus Europas".

Waldemar hatte sich schnell an seine Arbeit und die neue Umgebung gewöhnt. Allein mit dem ungehobelten, raubeinigen Koch, der ihn oft grundlos schikanierte, stand er häufig auf Kriegsfuß. Schließlich kam es bei einer der vielen Provokationen sogar zu einer unausweichlichen Handgreiflichkeit, die in einer wüsten Schlägerei endete. Obwohl er einer Konfrontation mehrmals vorher ausgewichen war, ließ sie sich diesmal nicht vermeiden. Dabei hatte er dem kräftigen, aber träge reagierenden Koch das Gesicht dermaßen demoliert, dass dieser mehrere Tage in der Küche ausfiel.

Dieser Vorfall brachte ihm beim Verwalter eine saftige Rüge ein. Erst die Zeugenaussage eines Lehrjungen, der glaubhaft bestätigte, dass Waldemar immer wieder provoziert wurde und die Rauferei nicht angefangen hätte, bewahrte ihn vor dem Rausschmiss. Von diesem Zeitpunkt an ging ihm der Küchenbulle respektvoll aus dem Wege. Als er Gustav davon erzählte, der ihn daraufhin genauestens prüfend anschaute, jedoch an seinem Freund keinerlei Blessuren feststellen konnte, sagte der nur kurz: „Das war richtig so. Es wird nicht das letzte Mal in deinem Leben sein, dass du dir Respekt verschaffen und dich wehren musst. Ein kräftiger Mann wie du wird sich überall zu helfen wissen."

Innerhalb kurzer Zeit wurde Waldemar in diesem Haus der Liebling der trinkfesten Gesellschaft. Das Wohlwollen der reichen Herren der Bruderschaft, die ihm fast immer ein großzügiges Trinkgeld gaben, aber noch mehr die Gunst und offensichtliche Zuneigung von einigen eleganten frustrierten Damen, entschädigte ihn reichlich für den langen Arbeitstag von meistens mehr als zwölf Stunden. Die feurigen Blicke der holden Weiblichkeit entgingen ihm natürlich kaum, wenn er, der athletische, gutaussehende Bursche in seiner historischen, enganliegenden Mundschenkuniform, die Damen verzückte. Selbst als einige der wohlhabenden Damen zu einem erotischen Schäferstündchen bereit waren, blieb er standhaft. Nur ein einziges Mal ließ er sich nach einem überfallartigen Angriff von einer jungen, drallen Gattin eines alternden Reeders verführen, die ihn unter einem scheinheiligen Vorwand in ihr feudales Schlafzimmer lockte und nach allen Regeln einer lüsternen Furie verführte.

Von diesem delikaten Erlebnis erzählte er selbst seinem Freund Gustav kein Wort. Er hatte der Dame sein Ehrenwort gegeben und schwieg. Ja, Waldemar genoss die schöne, lebhafte Hansestadt an der Ostsee mit dem bunten Treiben in den Straßen, dem Krantor, dem Zeughaus und der herrlichen Marienkirche, den einladenden Geschäften, dem mittelalterlichen Stadtkern am linken Ufer der Mottlau oberhalb der Mündung in die Tote Weichsel, dem regen Schiffsverkehr in den weiträumigen Hafenanlagen. Die Stadt hatte eine wechselhafte Geschichte, kam 1878 wieder an Preußen und erlebte seitdem neuen Aufschwung im Handel und Industrie, der Hafen wurde erweitert und der Schiffbau blühte auf. Dort verbrachte er jede freie Minute, redete mit den Fischern, staunte über manch großen Fang und träumte von fernen Ländern, die hinter dem weiten Horizont irgendwo liegen würden.

Er geriet immer mehr mit seinen Gefühlen in einen marternden Gewissenskonflikt. Sicher, er liebte das Mädchen Katharina, die auf ihn wartete und die er heiraten wollte. Doch das in ihm nun einmal erweckte Fernweh nach fremden Ländern und Kulturen, nach der abenteuerlichen Welt, war täglich da und ließ ihm keine Ruhe mehr. Irgendwann wird schon ein Dampfer kommen, der ihn und Gustav mitnehmen würde, tröstete er sich, wenn er gerade zusehen musste, wie wieder ein großes Schiff den Hafen verließ. „Man muss eben auf seine Chance warten, jede ‚Kopeke' zur Seite legen und dann aber schnell entschlossen handeln, wenn eines Tages die Gelegenheit dazu kommen sollte, westwärts zu schippern", sagte Gustav oft, wenn sie über diese Dinge sprachen.

Und sie kam, schneller als gedacht, diese unerwartete Gelegenheit zum Aufbruch in die Fremde. Sie hieß Anastasia Karlowa, war die reiche Witwe eines russischen Reeders aus St. Petersburg und in den besten Jahren. Eines Tages ankerte ein Dampfschiff dieser Reederei, die „Aleksej Gorkij", im Hafen von Danzig. Frau Karlowa sah sich nicht nur in der schönen Stadt um, sondern besuchte auch mit einigen trinkfesten Seemännern den Artushof am Langen Markt. Man aß und trank in diesem ehrwürdigen Haus bis spät in die Nacht. Bei diesem ungezügelten Gelage flossen Bier, Wein und Hochprozentiger in Strömen.

Zu vorgerückter Stunde bestand Frau Karlowa darauf, dass der Verwalter, aber auch der junge Bedienstete – sie deutete mit ausgestreckter Hand auf Waldemar –, sich zu ihnen an den großen Tisch setzen sollten. Die meisten Russen waren zu diesem Zeitpunkt schon sturzbesoffen.

Zwischen der resoluten russischen Witwe und dem geschäftstüchtigen Verwalter des Artushofs entwickelte sich nach und nach in lustigem Kauderwelsch ein angeregtes Gespräch, über die Seefahrt und den Handel mit der Hanse. Waldemar verstand nicht viel von diesen Dingen, über die laut und lebhaft diskutiert wurde. Es war ihm natürlich nicht entgangen, dass ihm Frau Karlowa vielsagende Blicke zuwarf und mit schwärmerischen Komplimenten überhäufte. Nach reichlichem Alkoholkonsum wurde die verliebte Russin immer aufdringlicher. Ihren verführerischen Reizen vermochte Waldemar kaum zu widerstehen, als er spät in dieser Nacht gemeinsam mit ihr den Artushof verließ.

Es graute bereits der Morgen, als Waldemar ziemlich betrunken auf dem Schiff der Karlowa landete und irgendwann neben der liebestollen Russin in einer nach Seewasser und Wodka stinkenden Koje erst am späten Vormittag erwachte. Er musste schnellstens zum Dienst in den Artushof, stürmte an einem grinsenden Seemann die Gangway hinunter und raste zu seiner Arbeitsstelle.

An diesem Abend ging es ganz schön hoch her im Artushof. Die bürgerliche Oberschicht der Danziger Bruderschaft feierte mit einem gigantischen Festmahl und einem großen Saufgelage irgendein Jubiläum. Aufgetakelt in feinster Abendrobe erschien die Danziger Damenwelt mit ihren Töchtern und die wohlhabenden Herren im steifen Gehrock zu diesem Fest, das für die damalige Zeit jeglichen Rahmen zu sprengen schien. Der große Festsaal war zum Bersten voll, als einer der hohen Herren in einer langen Rede die Historie der Bruderschaft Revue passieren ließ, jedoch bereits leicht angeheitert den Faden verlor und dann mit den Worten: „Lang lebe der Kaiser und die Danziger Bruderschaft“, sein Geschwafel endlich abrupt beendete. Man applaudierte kräftig, prostete sich immer wieder zu und nahm schließlich an einer langen Tafel Platz. Waldemar hatte alle Hände voll zu tun, sorgte in seiner historischen, enganliegenden Kleidung besonders bei den Damen für vielbeachtetes Aufsehen, war gut aufgelegt und durfte sogar mit Erlaubnis seines Chefs den ersten Tanz mit der wohlgeformten Tochter eines reichen Tuchhändlers tanzen. Mit einem tiefen Diener bedankte er sich artig bei seiner jungen, recht hübschen Partnerin, wurde rot bis über beide Ohren, stammelte noch verlegen, dass er ein schlechter Tänzer wäre und übernahm wieder seine Arbeit, das Bedienen der Gäste.

Wie aus dem Erdboden gestampft stand sie plötzlich da, mitten im geschmückten, ehrwürdigen Eingangsgewölbe, Anastasia Karlowa, auffallend offenherzig gekleidet, Aufsehen erregend und neben ihr eine etwas füllige, gleichaltrige Dame. Als wäre er von einer Tarantel gestochen worden, sprang sein Chef, Herr Gassmann, von seinem Stuhl auf und eilte den Neuankömmlingen mit weit ausgestreckten Armen zur Begrüßung entgegen. Mit schmeichelnden Worten und einladender Geste führte er die beiden Damen an eine Tafel, an der überwiegend noble Herren Platz genommen hatten. Man rückte zusammen, wurde, sofern man sich noch nicht kannte, einander vorgestellt und prostete sich höflich und galant zu. Wie sich später herausstellen sollte, wurde Frau Karlowa von der aufgetakelten Gattin des Präsidenten der Bruderschaft begleitet, die sie als Ehrengast zu diesem Fest eingeladen hatte.

Es wurde bis spät in die Nacht getanzt, gefeiert und natürlich tüchtig gezecht. Während der ganzen Zeit hatte die feurige Witwe nur Augen für Waldemar, was der Tischgesellschaft natürlich nicht entgangen war. Als sich gegen Morgen die illustere Gesellschaft langsam auflöste, flüsterte das russische Vollblutweib ihm zu, er möge mit ihr auf das Schiff kommen, denn sie hätte ihm noch was ganz Wichtiges zu sagen. Es ginge nicht, da er noch ab- und aufräumen müsste, antwortete er ihr, versprach aber, im Laufe des Tages in ein bestimmtes Hafenlokal zu kommen, wo sie in Ruhe miteinander reden könnten.

Frau Karlowa hatte bereits eine Weile auf ihn gewartet. Er entschuldigte sich ziemlich unbeholfen für sein Zuspätkommen und nahm ihr gegenüber an einem Tisch in der äußersten Ecke der Kneipe Platz. Sie vergab mit einer wohlwollenden Geste, bestellte bei der Kellnerin zwei Bier, strahlte ihn siegesgewiss mit ihren wasserblauen Augen an. Man redete über dies und das, über die Liebe und kam endlich auf den eigentlichen Grund zu sprechen. Längst hatte die Russin erkannt, dass ihr Gegenüber die weite Welt kennenlernen wollte, hatte in vielen Gesprächen seine unbändige Sehnsucht nach der Ferne, nach fremden Ländern bemerkt.

So machte sie nun dem unerfahrenen, aber abenteuerlustigen jungen Mann ein verlockendes Angebot, denn inzwischen wollte sie mehr von ihm als gelegentliches Zusammensein. In ein paar Tagen hätte ihr Schiff eine große Ladung für Kiel bebunkert und würde dann auslaufen. Sie könnte ihn ohne viel Umstände in ihrer Mannschaft unterbringen. Von

Kiel ginge es dann über die ganze Ostsee zurück nach St. Petersburg. Die Heuer würde über der üblichen liegen, und auch in ihrer Heimat würde er gut entlohnt. Danach setzte sie sich erwartungsvoll lächelnd zu ihm auf die Bank, schmiegte sich eng an ihn und flüsterte ihm zu, wie sehr sie ihn mögen, ja lieben würde. Für ihn, in dessen Adern träge, schwerfälliges Masurenblut floss, kam dieses Angebot zu plötzlich, zu überraschend, obwohl er vorher schon ahnte, dass diese heißblütige Russin mit ihm was Unerwartetes vorhatte.

Er müsste ihr Angebot überdenken, brauche ein wenig Zeit, und dann wäre ja auch noch sein Freund, von dem er sich auf keinen Fall trennen wollte, denn gemeinsam hätte man beschlossen, durch dick und dünn zu gehen. Auch dafür würde sich eine Lösung finden, denn Arbeit gäbe es satt und genug auf den Schiffen ihrer Reederei, war ihre Antwort auf seine Einwände.

Als er Gustav am nächsten Tag traf und ihm gleich von dem verlockenden Angebot der Russin berichtete, schüttelte sich dieser vor lauter Lachen. Zunächst sagte er gar nichts. Dann aber holte er tief Luft, packte Waldemar mit beiden Händen an den breiten Schultern und schrie ihn an: „Du geiler, verknallter Idiot! Hast du den Verstand verloren, bist du plötzlich verrückt geworden? Willst du alles wegen so einem liebestollen Weib über den Haufen werfen, was wir uns beide ernsthaft vorgenommen und versprochen haben? Willst du deine Katharina wegen dieser unersättlichen, alternden Furie aufgeben, die sicher in jedem Hafen einen Liebhaber hat und dich eines Tages einfach leid ist und dann eiskalt ganz tief fallen lässt? Komm wieder zu dir, sieh der Realität in die Augen und werde wach. Diese Frau ist einfach viel zu alt für dich, der du in der Blüte deines Lebens stehst, und für sie bist du nur eines ihrer vielen, delikaten Liebesabenteuer."

Es entstand eine ziemlich lange Pause. Waldemar blickte betroffen zu Boden, war völlig irritiert und fand keine Antwort auf diese heftigen Worte seines Freundes. Auch Gustav starrte nur in die inzwischen abgestandene, schaumlose Brühe in seinem vollen Bierkrug.

Nach einem endlos langen Schweigen ergriff Gustav wieder als Erster das Wort. „Hör gut zu! Es ist mir da so eine verwegene Idee gekommen. Wir wollen ja beide in den Westen und nicht nach Russland in den verdammten kalten Osten. Die Zukunft dort sieht überhaupt nicht so rosig aus. Russland ist arm, es gibt dort viele Menschen ohne Arbeit und

Brot. Die Russin gaukelt dir was vor, denn sie ist verliebt in dich, und das ist unsere Chance. Versuch, dass wir beide nach Kiel angeheuert werden. Nachdem wir dort unsere Heuer erhalten haben, setzen wir uns einfach geschickt ab und verschwinden. Es ist zwar nicht die feine Art, sich zu verabschieden, aber uns bleibt keine andere Wahl. Du musst das Ganze klug und sehr vorsichtig einfädeln, damit deine raffinierte Anastasia unsere zugegeben etwas gemeinen Pläne, nicht schon vorher durchschaut hat. Aber bekanntlich macht Liebe ja blind. Du musst jetzt richtig handeln, du kannst dich bewähren, denn diese Gelegenheit wird so schnell nicht wiederkommen. Von deinem Geschick hängt nun alles ab. Glaubst du, dass du es schaffen wirst?“

Waldemar schwieg. Das alles war auf einmal zu viel. Sein Kopf drohte zu platzen, sein Hirn auszulaufen. Was sollte er seinem Freund nur darauf antworten? Er hatte noch nie in seinem Leben derart Unrechtes getan, und so blickte er zu Boden, sein Haupt in beide Hände gestützt und murmelte immer wieder kaum wahrnehmbare Worte wie „gemein“, „unehrlich“, „hinterlistig“, und – und – und. Doch Gustav ließ nicht locker. „Wenn wir diese Gelegenheit nicht nutzen, dann werden wir hier in Danzig wohl versauern.“ Nein – das wollte er aber auf keinen Fall. So nahm das Schicksal seinen Lauf.

Es lag eine gewisse Spannung in der Luft, als er Anastasia traf. Sie wirkte irgendwie gereizt und fragte ihn auch ohne lange zu zögern, ob er sich entschieden hätte, denn die Zeit würde ja drängen. Er fühlte sich von dieser plötzlichen und direkt gestellten Frage überrumpelt und gab ihr zu verstehen, dass er noch etwas Zeit bräuchte. Er müsste noch einmal mit seinem Freund darüber reden, dem er vieles zu verdanken hätte. Er solle möglichst bald mit ihm auf ihr Schiff kommen. Dort würde dann alles Weitere geregelt, entgegnete sie.

Darüber folgte nun eine ziemlich heftige Auseinandersetzung. Am Ende stürmte sie erregt mit hochrotem Kopf aus dem Lokal und ließ Waldemar mit seinem halbleeren Bierkrug einfach sitzen. Was hatte er Falsches gesagt, warum hat sie so unbeherrscht reagiert, als er um noch ein wenig Bedenkzeit bat und ihr detailliert die Sache mit seinem Freund erklären wollte. Er ist nun mal Masure, und Masuren sind manchmal etwas schwerfällig, besonders bei so wichtigen Entscheidungen. Nachdenklich verließ er die Kneipe.

Am Abend hatte er wieder Dienst im Artushof. Als einer der ersten Gäste betrat Gustav den Schankraum. Sichtlich neugierig fragte er Waldemar unmittelbar nach der Begrüßung, wie das Gespräch denn mit der Russin gelaufen wäre. Man setzte sich an einen der vorderen Tische und begann ausführlich darüber zu reden. Ohne Umschweife schilderte er Gustav den gesamten Ablauf des Gesprächs, erwähnte auch, dass Anastasia ihn schon nach kurzer Zeit völlig erregt und wutentbrannt hatte sitzen lassen. „Die lässt nicht locker, du wirst es sehen, die kommt wieder, du musst nur hart bleiben und deine Forderungen durchsetzen, denn diese Frau ist verrückt nach dir." Es war ein ruhiger Abend mit nur wenigen Gästen. So konnten beide zwischendurch noch über viele Dinge reden, kamen aber immer wieder auf die Karlowa zu sprechen.

Gerade als sich Gustav zu vorgerückter Stunde verabschieden wollte, stand plötzlich Anastasia mit einer Begleiterin im ehrwürdigen Flurgewölbe, suchte mit ihren Blicken nach Waldemar und steuerte dann auf eine gemütliche kleine Nische zu, in der ein achteckiger, blankgescheuerter Holztisch, aber nur vier Stühle standen. Die andere Dame war eine dunkelhaarige, attraktive Mittvierzigerin mit einer gewaltigen, offenherzigen Oberweite, einem verführerischen, aufreizenden Gang und einer vollschlanken Figur. „Donnerwetter, die gefällt mir, bei der ist alles an der richtigen Stelle", brummte Gustav. Die Damen waren in allerbester Stimmung und schon ziemlich beschwipst. Als wolle er seinem Freund signalisieren, dass er mit seiner Prognose richtiglag, schaute er mit einem breiten, zufriedenen Grinsen hinüber zu ihm, der gerade hinter der Theke einen Gast bediente. Waldemar hatte verstanden. Er musste noch an diesem Abend eine Entscheidung treffen, so oder so, dachte er.

Und es wurde auch eine Entscheidung getroffen. Nach einer langen Diskussion mit reichlich Bier und Schnaps war man sich schließlich einig. Die beiden Männer heuerten auf der „Aleksej Gorkij" an. Man vereinbarte einen recht guten Lohn, der wöchentlich an sie zu zahlen war. Morgen in genau einer Woche würde das Schiff auslaufen. Nicht viel Zeit für Gustav in der Werft und für Waldemar bei Herrn Gassmann zu kündigen. Anastasia hatte ihren Willen auf Biegen und Brechen durchgesetzt, die Männer eine bezahlte Arbeit auf dem Schiff, eine Überfahrt nach Kiel und einen verwegenen Plan in der Tasche, der Waldemar tagelang viel Kopfzerbrechen bereiten sollte, denn irgendwie mochte er die hübsche Russin.

Als dann nach einer Woche bei strahlendem Sonnenschein die voll unter Dampf stehende „Aleksej Gorki“ den Hafen verließ, sah man am Kai in der Menge der Schaulustigen gutgekleidete, winkende, junge Damen, die weißen, tränenbenetzten Taschentücher hin und her schwingend. Und zwischen der russischen Mannschaft standen mit ernster Miene Gustav und Waldemar an der Reling. Der Abschied von dieser lebendigen Hansestadt, in der beide turbulente, aber auch schöne Tage erlebt hatten, fiel ihnen sichtlich schwer. Triumphierend, beide Hände in die Hüfte gestemmt, verächtlich auf die trauernde Damenwelt herunterschauend, stand Anastasia wie eine Siegerin auf dem Vorschiff und lächelte nur. Sie hatte das erreicht, was sie wollte.

Mit zunehmender Fahrt entschwand das Schiff den Blicken der Menge im Hafen, pflügte durch die Danziger Bucht in Richtung Hela und erreichte schließlich die offene See. Für die Überfahrt nach Kiel waren drei Tage vorgesehen, doch das Wetter machte alle Vorausberechnungen zunichte. Noch östlich vor Bornholm geriet die „Aleksej Gorkij“ am späten Nachmittag des zweiten Tages in einen schweren Sturm, der aus westlicher Richtung über die Ostsee fegte. Nur langsam stampfte und ächzte der schwerbeladene Dampfer durch die aufgewühlte See mit meterhohen Wellen. Als hätte der Himmel alle Schleusen geöffnet, peitschten orkanartige Böen den Regen über das schwankende und schlingernde Schiff. Alle mussten zupacken, jeder Mann hatte in einer solchen Situation seine Aufgabe zu erfüllen, allein Waldemar war unfähig, etwas zu tun, denn er wurde seekrank. Seine Arbeitskraft fiel nun aus, was ihn nur noch kranker machte. Anfangs amüsierten sich noch die seeerfahrenen, raubeinigen, russischen Seeleute über das Elend des „Leichtmatrosen“, später gab man ihm in ihrer Landessprache viele gute Ratschläge, wie er sich bei Seekrankheit verhalten soll, davon er natürlich kein einziges Wort verstand. Dann versuchte es Gustav mit einem Wodka, doch es wurde nur noch schlimmer. Als überhaupt nichts mehr ging, holte ihn Anastasia in ihre kleine Kajüte, die er ja schon kannte, legte ihn in ihre Koje, flößte ihm irgendein scheußlich schmeckendes Zeug ein, worauf er innerhalb kurzer Zeit in einen tiefen Schlaf fiel.

Als er am nächsten Tag erwachte, war es schon fast Mittag. Neben seiner Koje stand jemand, den er, noch ganz benommen, zunächst nicht erkannte. Doch die Stimme, die kannte er. „Na, du Hosenscheißer. Seemann willst du spielen? Eine elende Landratte bist du, die bei dem ersten bisschen Geschaukel aus den Latschen kippt und sich ängstlich hier in dieser dunklen Höhle verkriecht. Aber du hast ja noch deinen alten Freund Gustav, der auch noch nach einer Tasse Rum bei schwerem Seegang die Stellung hält, der deine Arbeit mitgemacht hat. Kriech aus den Federn, du Pfeife, und lass dir den frischen Wind um die Ohren blasen, wir schippern gerade durch den Fehmarn Belt. Hier, trink den starken Kaffee, dann wird es dir gleich besser gehen, ich hab ein wenig von deiner Rumration beigemischt. Nichts für ungut, alter Junge, ich muss wieder gehen, die russische Sklaventreiberin naht."

Waldemar konnte ihm noch nicht einmal darauf antworten, denn kaum hatte Gustav den letzten Satz zu Ende gesprochen, verließ er hastig, laut schimpfend die Kajüte, in die nun lächelnd Anastasia eintrat. Sie hatte ihm eine kleine Schüssel mit heißer Suppe aus der Kombüse mitgebracht, doch er winkte nur ab und gab ihr zu verstehen, dass er vorerst nichts essen und trinken könne. Als er mit ihr darauf wieder an Deck ging, vorbei an den mit Aufräumarbeiten beschäftigten, breitgrinsenden Seemännern, hätte er sich vor Scham am liebsten in die äußerste, dunkle Ecke des immer noch schwankenden Schiffes verkrochen. Der Sturm war vorüber, es wehte eine steife Brise aus Südwest. Der kalte Wind tat ihm gut.

Tag darauf legte die „Aleksej Gorkij" im Kieler Hafen an. Als er wieder festen Boden unter den Füßen hatte, erholte sich der Seekranke langsam. Nein, Seemann wollte er nun doch nicht unbedingt werden, das war nichts für ihn, für einen Landjungen aus Masuren. Am Abend löschte die gesamte Mannschaft erst einmal tüchtig den mächtigen Durst, und erst am nächsten Morgen begann man mit der Löschung der Schiffsladung, die dann auch ganze fünf Tage dauern sollte. Am sechsten Tag im Hafen wurde die Heuer ausgezahlt. Während dieser Zeit verhandelte Frau Karlowa in einem der Hafenbüros wegen der nächsten Fracht für die „Aleksej Gorkij" nach St. Petersburg. Es schien damit einige Schwierigkeiten zu geben, denn das Auslaufen verzögerte sich auf unbestimmte Zeit.

Längst war die Ladung der „Aleksej Gorkij" gelöscht, aber noch war kein neuer Auftrag in Sicht. Frau Karlowa sprach zwar von einem Geschäft in ein bis zwei Wochen, doch Gustav hielt das für ein Hinhaltemanöver, damit die Mannschaft nicht weglaufen würde. Jetzt war der Zeitpunkt für eine Aussprache günstig. Waldemar trug schon seit Wochen eine schwere Last mit sich herum. Einfach so heimlich verschwinden konnte er nicht. Das war nicht seine Art. Er wollte sich von Anastasia anständig verabschieden, auch wenn Gustav ihm davon abriet. Aber wie sollte er das nur machen? Hatte ihm doch Anastasia wiederholt versichert, dass sie ihn lieben und sogar später heiraten würde. Auch bei ihm war es mittlerweile mehr, als nur eine gewisse Beziehung. Doch dann erinnerte er sich wieder an das gegenseitige Versprechen, an den Lockruf des Abenteuers hinter dem unendlich weiten Ozean, jenseits des großen Wassers. Er musste Anastasia mit der harten Wahrheit konfrontieren, früher oder später, am besten recht bald.

Die Gelegenheit dazu schien günstig zu sein, als man sich kurze Zeit später in einer der Hafenkneipen traf. Anastasia setzte sich gut gelaunt an den Tisch, an dem vorher schon Waldemar und Gustav Platz genommen hatten. Man unterhielt sich lustig in einem wirren Kauderwelsch, scherzte und lachte, würfelte um Runden, kurzum, es war eine ausgelassene Stimmung. Mehrere Male stieß Gustav unterm Tisch seinen Nachbarn an, was eine Erinnerung an ihre Abmachung bedeutete, dass er nun endlich das Gespräch über die Kündigung von ihnen beiden anfangen sollte. Doch Waldemar brachte es einfach nicht übers Herz, es gerade jetzt zu sagen, wo die Stimmung ausgesprochen gut war.

So kam es an diesem Tag noch nicht zu der Katastrophe. Die sollte sich erst später ereignen. Gustav wurde immer ungehaltener, drängte, schimpfte, fluchte und sprach sogar davon, morgen allein zu verschwinden. Jetzt gab es nur eins: Waldemar musste mit ihr reden! Einen guten Anlass dazu gab es dann einen Tag später im gleichen Lokal, in dem ihm tags zuvor der Mut dazu gefehlt hatte. Anastasia fragte ihn plötzlich, warum er schon seit Tagen so bedrückt wäre. Ja – und dann erzählte er ihr von der Verabredung, die weite Welt kennenzulernen, die sich Gustav und er schon damals in Ostpreußen gegeben hatten. Dieses Versprechen wäre für sie beide ein heiliger Schwur.

Anastasia wurde leichenblass und schaute zu Boden. Lange Zeit sagte sie kein einziges Wort. Als sie wieder zu ihm aufblickte, liefen über ihre bleichen Wangen dicke Tränen. „Das kannst du unserer Liebe nicht antun. Du solltest mit mir in St. Petersburg die Reederei führen, ich wollte dich heiraten und zu einem wohlhabenden Mann machen, dir eine gesicherte Zukunft aufbauen. Du bist noch so jung und unerfahren. Wohin willst du denn überhaupt hin, mit diesem Gustav, diesem mit allen

Wassern gewaschenen, versoffenen Seemann, der eines Tages irgendwo in der Gosse landet? Wie willst du in einem fremden, unbekannten Land ohne Arbeit und Geld überhaupt bestehen?“ Sie beugte sich zu ihm und strich ihm liebevoll über sein Haar. „Wir sind füreinander bestimmt. Wir lieben uns und werden gemeinsam viele schöne Dinge erleben. Ich beschwöre dich, bleib bei mir.“ Sie schmiegte sich noch fester an ihn. Er spürte ihr heißes Blut wallen und war unfähig, etwas zu sagen. Ungeduldig erwartete sie jetzt eine Antwort, sah ihn mit festem Blick fragend an und verlangte schließlich hier und heute eine Entscheidung.

Für eine lange Rede und eine endlose Auseinandersetzung war er jetzt nicht in der Lage. So antwortete er nur stockend, er würde sich alles noch mal überlegen. „Du hast dich längst entschieden“, schrie sie ihn an, „du wirst es einmal bereuen, du zerstörst mein und dein Leben. Komm zu dir und begreif endlich, was du alles verlierst.“

An den Nebentischen war man bereits auf die laute Diskussion aufmerksam geworden. Anastasia bestellte nach einer Pause noch zwei Bier und zwei Korn. Der anfänglich noch heiteren Stimmung folgte endloses Schweigen.

„Scher dich zum Teufel, du hast meine Liebe zu dir missbraucht“, schrie sie ihn plötzlich an. Unterdessen war sie ziemlich angetrunken, verlor völlig die Beherrschung, warf die leeren Gläser gegen die Wand, trank ein volles in einem Zug aus und ließ sich danach mit starrem Blick auf ihren Stuhl fallen. Erschrocken eilte nun der Wirt herbei, redete beruhigend auf sie ein, schaute zu Waldemar, doch der zuckte nur mit den Schultern. Es war eine unangenehme, ja peinliche Situation. Alle Gäste im Lokal schauten hinüber zu ihnen. Danach zahlte sie die Zeche und begab sich wortlos zum Schiff. „Lass uns morgen noch einmal über alles reden“, flüsterte Waldemar ihr ins Ohr, begleitete sie zu ihrer Kajüte, legte sie in die Koje und deckte sie mit einer leichten Decke zu.

Tags darauf traf er Gustav und erzählte im von der harten Auseinandersetzung am vorherigen Abend. „Hol dein Bündel, hol deine Sachen, ich habe das erwartet und auch schon davon in der Kneipe gehört. Wir verschwinden! Auf dem Bahnhof steht ein Güterzug, beladen mit Holzfässern nach Hamburg. Wir schleichen uns an, verstecken uns dazwischen und sparen so das Geld für zwei Billets, einverstanden?“ Waldemar nickte.

Auf dem Schiff schienen noch alle zu schlafen. Die wenigen Sachen, die er besaß, waren schnell zusammengerafft. Noch einmal drehte er sich am Kai um, nahm Abschied von der „Aleksej Gorkij“, von Anastasia, der feurigen Russin, die ihm mit ihrem Temperament, mit ihrem heißen Blut den Kopf verdrehte, mit der er eine kurze, heftige Liebesromanze erlebt hatte. Aber so, wie er sich jetzt davonschlich, so wollte er sich eigentlich nicht von ihr trennen. Es war nicht anständig, es war einfach feige. Schuldbewusst, mit gesenktem Haupt und traurigem Blick eilte er durch die Gassen zum Bahnhof, in dem Gustav bereits auf ihn wartete. „Geschafft“, brummte der nur und klopfte ihm auf die Schulter. „Beinah hätte ich mich allein davongemacht. Es war die richtige Entscheidung. Der Güterzug nach Hamburg wird jetzt beladen. Ich denke, dass er nicht vor der Dunkelheit abfährt. Lass uns in der Bahnhofsgaststätte ein Bier trinken, damit du auf andere Gedanken kommst, du machst ja ein Gesicht wie drei Tage Regenwetter. Hoffentlich ist uns die liebestolle Russin nicht auf die Schliche gekommen und sucht uns ausgerechnet hier.“

Waldemar hätte losheulen können. Dieser heimtückische, hinterhältige Abschied von Anastasia, seiner heißblütigen Geliebten aus dem fernen, kalten Russland, folterte und quälte seine junge Seele. Nein, so wie er sich nun davonschlich, das war gemein, ja unanständig und gewissenlos. Wenn Gustav jetzt nicht ohne Unterlass auf ihn einreden und immer wieder von der abenteuerlichen Zukunft im Land jenseits des großen Wassers schwärmen würde, dann wäre er vielleicht doch wieder zum Schiff zurückgelaufen. So aber erwachte in ihm erneut das einmal vorhandene Fernweh, die Neugierde nach dem unbekannten Land. Den Kummer vertrieb langsam der Alkohol. „Du bist viel zu jung und zu schade für eine ernste Beziehung mit sicher tragischem Ausgang“, waren Gustavs beruhigende Worte, als sie benommen und wankend bei Einbruch der Dunkelheit die Bahnhofsgaststätte in Richtung Güterbahnhof verließen.

Hinter einem alten Holzschuppen lauernd, warteten nun beide auf eine günstige Gelegenheit, um auf den Güterwagen zu klettern, auf dem die vielen, großen Holzfässer standen. Endlich war es so weit. Als der Uniformierte seine Kelle erhob und das Zeichen zur Abfahrt gab, verließen beide ihr Versteck und sprangen auf den Waggon auf. Langsam setzte sich der Güterzug in Bewegung. Die Lichter von Kiel hinter sich lassend, dampfte und stampfte der lange Zug durch die finstere Herbstnacht. Beide hatten ihre Bündel in die Lücken zwischen die runden Fässer geklemmt und versuchten nun zu schlafen. Als es wieder hell wurde, ratterte der Zug im gemächlichen Tempo durch eine unbekannte, ländliche Gegend im bunten Herbstkleid. Hier und da hielt der Zug auf Bahnhöfen, mit deren Namen auch Gustav nichts anfangen konnte. „Irgendwann werden wir am Horizont die Häuser der großen Stadt Hamburg, dem Tor zur weiten Welt sehen", schrie Gustav, um das höllische Poltern und Rattern der Eisenbahnwagons zu übertönen, legte sich wieder auf sein Bündel und döste vor sich hin.

Hamburg

Es war wieder dunkel geworden, als der Zug langsam durch das nächtliche Hamburg rollte und schließlich hielt. „Los, runter", flüsterte Gustav, „wir sind entdeckt worden", denn schon näherten sich in der Ferne zwei Bedienstete dem Zug und fuchtelten wild mit den Armen. „Das gilt uns. Ab über die Gleise, dort in die schmale Gasse zwischen den dunklen Häusern." Eine Weile versuchten die Eisenbahner die beiden zu erwischen, doch dann gaben sie auf. „Wir haben unser Ziel erreicht. Wir sind in der Hansestadt Hamburg", frohlockte Gustav und umarmte den immer noch traurigen Freund. „Wir müssen uns zum Hafen durchfragen, um dort in einem Seemannsheim für wenig Geld zu übernachten."

Sie hatten Glück und fanden noch am späten Abend direkt am Hafen eine Bleibe in einem Heim. Bereits am nächsten Morgen begann die Suche nach einer Arbeit. Tagelang blieb diese aber ohne Erfolg. Dann erzählte ihnen ein Seemann von einer Werft, die noch mehrere Arbeiter einstellen würde, weil man aus Skandinavien einen größeren Auftrag für einen neuen Dampfer erhalten hatte. Dort fanden beide tatsächlich Arbeit und auch eine Schlafstelle in einer großen Werksunterkunft.

Man arbeitete im Akkord, oft mehr als zwölf Stunden am Tag. Der Lohn war höher als allgemein, denn das Schiff musste zu einem bestimmten Termin an den Auftraggeber ausgeliefert werden. An Freizeit war vorerst nicht zu denken. So lernte man zunächst von Hamburg auch kaum mehr als die Hafengegend kennen. Besonders Waldemar hatte anfangs mit der harten Arbeit Schwierigkeiten, schrieb herzergreifende, reuevolle Briefe an Katharina in der Heimat und versuchte die wilde

Zeit mit Anastasia zu verdrängen und zu vergessen. Sie würde immer und ewig auf ihn warten, antwortete Katharina, er möge doch wieder zurück zu ihr kommen, denn sie würde ihn schmerzvoll vermissen.

Weihnachten feierte man mit einigen Freunden im großen Saal des Seemannsheims und empfing in der Neujahrsnacht voller Träume und Hoffnung das Jahr 1892. „Spätestens im Sommer, wenn wir gut gespart haben, sollten wir uns nach einer günstigen Überfahrt nach Amerika umsehen. Ich habe im Hafen mit einem Kapitän eines Dampfers gesprochen, der uns vielleicht dabei helfen könnte. Hamburg ist zwar eine schöne Stadt, es lässt sich hier auch gut leben, wir haben Arbeit und verdienen nicht schlecht, aber unser Traum ist doch nach wie vor Amerika, das riesige Land der unbegrenzten Möglichkeiten, das unbekannte Land wartet auf uns, oder?“

Waldemar nickte. Ja, dort wollten sie hin. Über diese Neue Welt hatten sie schon viele Berichte gelesen und viel Abenteuerliches gehört. Erst vor wenigen Tagen trafen sie einen vierschrötigen Seefahrer, der schon einmal in Amerika gewesen war und noch in diesem Jahr auswandern wollte. „Nichts wie hin“, hatte der gesagt, „ihr werdet harte Dollar verdienen, mit denen lässt sich gut was anfangen.“

So sollte dann auch die Zeit in Hamburg nicht allzu lange sein. Man hatte von einem Schiff gehört, das irgendwann im Herbst nach New York auslaufen würde, ein Dampfer, der Emigranten über den Atlantik schipperte. Zu der Zeit verließen viele Menschen nicht nur aus ganz Deutschland, sondern auch aus anderen Ländern Europas ihre Heimat. Eine Schiffskarte nach Amerika war daher nicht so einfach zu bekommen, zu viele Auswanderer wollten in jenen Tagen nach Übersee, aber Gustav schaffte es trotzdem. Stolz hielt er eines Tages zwei Passagierscheine für die Überfahrt in der Hand, fuchtelte damit vor Waldemars Augen herum und frohlockte: „Es ist so weit, wir sind dabei, Amerika wartet auf uns. Ende Oktober werden wir die Heimat und Deutschland verlassen.“

Waldemars Begeisterung hielt sich diesmal in Grenzen. Jetzt, wo es ernst wurde, marterten ihn Zweifel. So richtig freuen konnte er sich über diese Nachricht nicht. Erstens erinnerte er sich noch gut an die Dampferfahrt auf der Ostsee, bei der er fürchterlich seekrank wurde, und zweitens war er sich bewusst, dass er Katharina lange nicht wiedersehen würde. Auch die turbulenten Ereignisse in Danzig, diese für einen blutjungen Masuren überwältigenden Erlebnisse, konnte er nicht einfach vergessen und so reagieren, als ob nichts geschehen wäre. Ein gefühlsloser Mensch war er nicht. Zwar hatte ihn die harte Akkordarbeit täglich so beansprucht, dass er kaum Zeit zum Grübeln und Nachdenken fand, aber dieser gemeine, feige Abschied von Anastasia, den hatte er noch lange nicht überwunden. Doch wie so oft, redete ihm Gustav wieder gut zu, machte ihm Mut und half ihm so über die schwere Zeit bis zum Tag der Abreise.

Am Kai stand eine unüberschaubare Menschenmenge, als die Schiffssirene der „Atlantic“ das unmittelbare Auslaufen ankündigte. Es war Ende Oktober, und ein kräftiger Südwester mit heftigen Regenschauern blies aus wolkenverhangenem Himmel den beiden Auswanderern ins Gesicht. Gedankenverloren lehnte Waldemar über die Reling, schaute noch lange zurück auf die vielen winkenden Menschen im Hafenbecken, bis dann mit zunehmender Fahrt das Bild des Abschieds allmählich verschwamm. Es sollte ein Aufbruch ohne Wiederkehr werden.

Langsam erreichte das große Schiff das offene Wasser der Nordsee. Sie hatten nur die einfachste Klasse gebucht, denn beide wollten nicht völlig mittellos in einem fremden Land ein neues Leben beginnen. Kaum einer der Emigranten wusste ja, was ihn in Amerika wirklich erwartet. Die Passagiere dieser Reise konnten nicht unterschiedlicher sein. Da war der Bauer aus Ostfriesland mit Frau und Kind, der sein Hof, sein gesamtes Anwesen verkauft hatte, der von einer großen Ranch mitten in der Prärie im mittleren Westen träumte, der Bäckermeister aus Berlin und seine quirlige junge Braut, die jedem in dem großen Aufenthaltsraum erzählten, dass sie zuerst in der Großbäckerei ihres Onkels in Chicago arbeiten würden, der schon vor zwanzig Jahren ausgewandert war, um danach selbst ein deutsches Café in einer Stadt zu eröffnen. Da war das Pärchen aus Frankreich, das nach Amerika wollte, weil es ihm in Paris zu eng geworden war, die der Wilde Westen und das Abenteuer lockte. Und da war noch eine vollschlanke, vollbusige Dame in den besten Jahren aus dem Schwarzwald, die hatte es wohl auf Gustav abgesehen. Wo immer es eine Gelegenheit gab, in seiner Nähe zu sein, nutzte sie diese zu einem Flirt. Ihrem Gatten schien es gar nicht gut zu gehen, er hatte sich zurückgezogen, denn ihn ereilte schon am dritten Tag bei nicht mal so starkem Seegang das Schicksal so mancher Passagiere; er wurde seekrank.

Doch nicht die üppigen Reize dieser Dame beeindruckten Gustav wirklich, nein, sein Interesse galt mehr dem Umstand, dass diese Lady noch etwas hatte, was ihm schon nach wenigen Tagen auf Hoher See fehlte: In ihrem Besitz befanden sich noch ein paar Flaschen Schwarzwälder Kirschwasser. Da nun der arme seekranke Ehemann als Mittrinker ausfiel, rückte der eigentliche Grund seiner Begierde wie ein Geschenk des Himmels in greifbare Nähe. So kam es wieder einmal, wie es in einem solchen Fall zwangsläufig kommen musste: Gustav überhäufte das irritierte Mädchen aus dem schwarzen Wald mit faulen Komplimenten und haarsträubenden Geschichten und suchte später nicht mehr ihre Nähe, als der letzte Tropfen ausgetrunken war. „Halt mir das aufdringliche Weib vom Leib“, sagte er und rammte Waldemar an der Reling den Ellenbogen in die Rippen, als die flotte Schwarzwälderin auf sie zusteuerte. „Sieh zu, wie du aus dieser Geschichte wieder herauskommst. Ihr habt gemeinsam alles leergesoffen, jetzt musst du ein höflicher und galanter Kavalier sein, wenigstens bis New York. Nimm dich zusammen, du ungehobelter Mensch, wir sind ja bald da.“

Das hatte gesessen. Verwundert über diese ungewohnten Worte seines jungen Freundes schaute er nur betroffen zu Boden und sagte kein Wort. Doch Waldemar nutzte diese Gelegenheit und setzte noch einen drauf. „Wenn du so weiter säufst, kommst du in Amerika unter die Räder, dann wird nichts aus all den gemeinsamen Plänen.“

Die ungewöhnlich deutliche Ansprache war Gustav von seinem Partner nicht gewohnt. Nach dieser scharfen Rüge schlich er mit gesenktem Haupt wie ein begossener Pudel unter Deck.

In einem fremden Land

Als die „Atlantic“ im Hafen von New York einlief, heulten viele Schiffssirenen. Eine unübersehbare Menschenansammlung begrüßte die Auswanderer. Unmittelbar am Landungssteg empfing man die Immigranten mit lautem Gejohle und herzlichem Applaus. Eine Blaskapelle in bunten Uniformen spielte zackig die amerikanische Nationalhymne. Danach hielt der Gouverneur des Staates New York eine Willkommensrede und endete mit den Worten: „Welcome in America. God save our land.“ Es folgten endlos lange Wartezeiten vor den vielen Einwanderungsbüros der Hafenbehörden, bevor die Neuankömmlinge verpflegt wurden und man ihnen eine Bleibe für die nächsten Tage zuteilte.

In dieser ersten Nacht konnte Waldemar nicht einschlafen. Zu überwältigend waren die neuen Eindrücke. Er hatte Europa nach einer langen Schiffsreise hinter sich gelassen und Amerika, das unbekannte, riesige Land jenseits des großen Wassers betreten. Eine völlig andere Welt. Was nun? Er sprach kein Englisch, wie sollte er auch. Im fernen Masuren sprach das kaum jemand, höchstens Masurisch, ein wirres deutsch-polnisches Kauderwelsch, denn von Jeschonowietz bis zur Grenze Polens waren es ja nur zehn Kilometer. Doch er hatte Gustav, der zwar auch nicht der englischen Sprache mächtig war, aber eben viel älter und mit allerhand Erfahrung auf dem Buckel. Als hätte dieser seine Gedanken erraten, er hatte sich inzwischen einen Bart wachsen lassen, brummte er nur: „Wir werden es beide schon schaffen, wenn wir sparsam sind und zusammenhalten. Dieses Land will erobert werden, es hat noch viel Platz für Menschen wie wir, die arbeiten wollen und arbeiten können. Nur Mut, alter Junge!“ Diese zuversichtlichen Worte taten ihm gut.

Nach der ersten Nacht in einem fremden Land, nach den ersten Träumen unter dem grauen Himmel von New York, kam schon bald das böse Erwachen. Es war die Zeit der großen Auswanderungen nach Amerika. Aus ganz Europa kamen jährlich Hunderttausende in dieser überfüllten Hafenstadt an. Nur wer die strengen, langwierigen und schleppenden Einwanderungsbestimmungen hinter sich gebracht hatte, konnte in das neue Land immigrieren. In New York selbst herrschten katastrophale Zustände. Es blühten Prostitution, illegaler Alkoholhandel und dunkle Schiebergeschäfte. Erpressung, Diebstahl, Korruption, Schlägereien und Mord waren an der Tagesordnung, und so mancher gesuchte Verbrecher aus der „alten Welt“ tauchte hier einfach unter. Die Behörden waren völlig überfordert.

Ausgerüstet mit viel Gottvertrauen und einer gehörigen Portion Mut zogen sie dann auch los. „Go West“, hieß die Parole der meisten Immigranten, denn das riesige Land hatte viel Platz für Menschen, die zupacken können. Beide hätten vielleicht auch in New York oder einer anderen Hafenstadt des Ostens Arbeit auf einer Werft gefunden, doch der Lockruf des damals noch kaum bekannten Landesinnern und des Westens Amerikas war stärker. Auf diesem beschwerlichen, langen Weg lernten sie in den nächsten Monaten und Jahren nicht nur die große Vielfalt des weiten

Landes kennen, sondern auch den „American Way of Life“. Beide waren fleißige „Germans“, die jede Arbeit annahmen und eisern sparten. Sie arbeiteten in großen Fabriken und kleinen Handwerksbetrieben, schlugen sich als Zeitungsverkäufer und Tellerwäscher durch, arbeiteten in Detroit und Chicago, in Cedar Rapids in Iowa und Kansas City und gelangten nach vielen Strapazen und manchem Abenteuer mit der im Jahre 1869 fertiggestellten transkontinentalen Eisenbahn über Lincoln im Staate Nebraska und Rapid City in South Dakota in das kaum besiedelte, weite Farmland Wyoming.

Dieses riesige Gebiet, das bis dahin von verschiedenen Indianerstämmen bewohnt wurde, wurde 1807 erstmals von Weißen betreten. Anfangs kamen Pelzjäger und -händler, dann Missionare und ab 1840 nach Westen ziehende Siedler, was natürlich zu Auseinandersetzungen mit den Indianern führte. Erst nach der Schlacht am Little Bighorn River im Jahre 1876 fiel das Gebiet ganz unter die Kontrolle der Weißen. Viehzüchter und Farmer besiedelten nun die Great Plains am Fuße der Black Hills. Die Viehhaltung auf offener Weide führte in jenen Tagen zunehmend zu schweren Auseinandersetzungen mit den Farmern, die oft auch blutig ausgetragen wurden.

Gustav und Waldemar entschlossen sich, hier zu bleiben, in dem unendlich weiten Land, in dem nur die Hochlagen bewaldet sind, in der riesigen Hochebene zwischen gewaltigen Gebirgsketten der Rocky Mountains, der Wind River Range mit dem 4.207 Meter hohen Gannett Peak, der Absaroka Range, den Bighorn Mountains und der weiten Grassteppe im Osten am Fuße der Ausläufer der Black Hills. Trockene, heiße Sommer und winterkaltes Kontinentalklima mit geringen Niederschlägen, fast genau so wie in der fernen Heimat, das gefiel den beiden Neuankömmlingen, die sich hier zunächst nach einer gutbezahlten Arbeit umsehen mussten.

Kurz vor der Jahrhundertwende hatte die noch nicht vor langer Zeit gegründete Ansiedlung Cheyenne kaum etwas zu bieten, außer einigen Geschäften und Saloons, in denen die Cowboys nach monatelanger harter Arbeit in der Prärie ihren Lohn versoffen, verspielten und mit lebenslustigen „Dancing Hall Girls“ verprassten. Diese Kneipen im Westernstil waren die einzige Abwechslung in dem sonst eher puritanischen Leben dieses Staates.

Es hatte sich schnell überall unter den Farmern und Ranchern herumgesprochen, dass neue Immigranten aus Germany in der Stadt angekommen waren, die Arbeit suchen würden, und Arbeit gab es in dieser Zeit auf den riesengroßen Farmen und Ranches mehr als genug. Mit einigen der Cowboys, die sich nach der Sommersaison Abend für Abend im Silverstone Saloon volllaufen ließen, hatte Gustav auch rasch Freundschaft geschlossen. Oft trank er mit denen Runde auf Runde um die Wette. Ja, er konnte schon eine Menge vertragen, dieser stämmige, hartgesottene Zecher aus Germany, der sie meistens alle unter den Tisch trank. Waldemar dagegen hielt sich lieber zurück, schaute sich die hübschen Dancing Hall Girls auf der Bühne an und versuchte immer wieder vergeblich seinen Freund vom sinnlosen Saufen abzuhalten. Aber selbst wenn dieser wieder nüchtern war und seinen Rausch ausgeschlafen hatte, war die Einsicht und Reue immer nur von kurzer Dauer. Gustav verfiel immer mehr dem Alkohol. Es konnte so nicht weitergehen. So würde er früher oder später einmal in der Gosse landen. Waldemar fühlte sich verpflichtet zu handeln, seinem Freund zu helfen, denn jetzt standen alle guten Vorsätze auf dem Spiel. In dieser riesengroßen neuen Heimat, im Land der unbegrenzten Möglichkeiten konnte man es zu etwas zu bringen. Die gesparten Rücklagen, die harten Dollars, schmolzen rasch dahin. Jetzt galt es, schnell Arbeit zu finden. Sollte dieses nicht bald gelingen, dann hatte er sich fest entschlossen, dieses verdammte Cheyenne wieder zu verlassen, schlimmstenfalls auch allein.

Einige Tage später – Gustav hatte nach einer ordentlichen Standpauke und Auseinandersetzung hoch und heilig versprochen, dem Alkohol zu entsagen –, als man gerade im ältesten Wirtshaus „Old Cheyenne“ beim abendlichen Dinner zusammensaß, traten zwei gut gekleidete Herren mit breiten Cowboyhüten an ihren Tisch und fragten höflich, ob sie sich zu ihnen setzen dürften.

„Sehr gerne“, antwortete Waldemar und wies mit einer einladenden Geste auf die beiden freien Plätze.

„Fred Ettelsburg“, stellte sich der ältere vor, „und das ist mein Bruder John. Unser Vater war einer der ersten Auswanderer aus Deutschland. Wir haben die deutsche Sprache in unserer Familie neben dem Englisch beibehalten und haben gehört, dass ihr einen Job sucht.“

„Das ist richtig“, entgegnete wiederum Waldemar und blickte dabei Gustav an, der nur zustimmend nickte. Überhaupt war dieser wohl überrascht, wie sein sonst eher ruhiger Partner so selbstbewusst nun das Gespräch weiterführte.

„Wir haben mehrere zehntausend Rinder und ein riesiges Stück Land in den Great Plains im Süden der Bighorn Mountains und der Wind River Range und beschäftigen auf unserer Ranch mehr als zwei Dutzend Cowboys. Damit Teile von diesen gewaltigen Herden nicht in den Weiten der Prärie abhandenkommen oder von anderen Ranchern einfach einverleibt werden, müssen wir unbedingt die Anzahl der Viehhirten vergrößern. Wenn ihr harte, aber gut entlohnte Arbeit sucht, seid ihr bei uns willkommen."

„Das Angebot ist sehr verlockend, den Job als Cowboy aber müssen wir dankend ablehnen, da keiner von uns jemals auf einem Pferd gesessen hat", antwortete Gustav, und diesmal gab ihm Waldemar durch Kopfnicken seine Zustimmung.

John Ettelsburg, der jüngere, grinste übers ganze Gesicht: „Das ist nun ganz und gar kein Problem. Auf unserer Ranch haben sogar diejenigen das Reiten schnell gelernt, die vorher jahrelang in einer Stadt als Sesselfurzer arbeiteten. Wir haben geduldige, lammfromme Reitpferde, extra für Anfänger zugeritten. Kerlen wie ihr zwei es seid, wird die Arbeit als Cowboy im weiten Grasland sicher viel Freude bereiten."

Die beiden Männer aus dem fernen Ostpreußen schauten sich kurz an und nickten sich zu. „Okay!"

Mit kräftigem Handschlag besiegelte man die Zustimmung. „Ihr werdet diese Entscheidung nicht bereuen. Die Prärie braucht solche Männer, die zupacken können, denn sie ist ein wunderschönes, herbes Paradies."

Alles in Wyoming war unendlich viel größer, als in der Heimat. Die Reise durch weites Farmland und endlose Prärie mit der Pferdekutsche dauerte mehr als zwei Tage. Übernachtet wurde unterwegs in freier Natur. Die Abenteuerromantik beeindruckte Waldemar gewaltig. Wenn er am wärmenden Lagerfeuer in den nun schon recht kühlen Nächten nicht schlafen konnte, wenn der Präriewolf, der nachtaktive Kojote, bei Vollmond heulte, dann weilten seine Gedanken in der fernen Heimat bei seinen Lieben. Aus diesen Tagen stammt auch einer der Briefe von ihm an seine große Liebe, seine Katharina, in dem er am Schluss schrieb: „Ich sehne mich so sehr nach dir und vermisse deine Zärtlichkeit und Wärme. Es wird eine Zeit kommen, wo ich dich nachhole und wir ein glückliches Paar werden. Hab Geduld und warte auf mich, denn ich liebe dich und habe schreckliches Heimweh nach dir."

Auf einer Anhöhe einer Hügellandschaft, von der man einen fantastischen Rundblick hatte, ließ Fred Ettelsburg das Pferdegespann halten. Mitten im Grasland, in der unendlichen Weite der Prärie, waren in einem Tal am Horizont die schwachen Umrisse einer Siedlung mit einem deutlich erkennbaren Windrad auszumachen. „Dort liegt die Sweetwater Ranch, unser Anwesen. Das ganze Gebiet, bis zu den Bighorn Mountains, so weit man auch sehen kann, gehört dazu, in jede Richtung sicher mehr als fünfzig Meilen, so genau weiß man das nicht." Fred ließ sein Blick in die Ferne schweifen. „Die dunklen Punkte im Tal und auf den Hügeln sind ein Teil unserer Rinderherden, gutes Fleisch für Amerikas Großstädte. Sie vermehren sich von selbst. Wir müssen sie nur zusammenhalten, markieren, und vor Viehdieben schützen. Abnehmer für unsere Rinder sind die großen Fleischfabriken. Und für diese harte und raue Arbeit brauchen wir tüchtige, zuverlässige Cowboys, Männer die zupacken können. Ihr werdet sie nacheinander bald kennenlernen, in einer Stunde etwa sind wir am Ziel." Fred gab dem Kutscher ein Zeichen zur Weiterfahrt.

Die Ranch am Sweetwater River, am Fuße der Wind River Range, auf einem weiträumigen Gelände errichtet, war ein beträchtliches Anwesen mit einer großen Anzahl von rustikalen Blockhausgebäuden, Ställen, Schuppen, Gattern und Pferchen. Der erste Anblick war überwältigend. „Herzlich willkommen auf unserer Ranch. Macht euch frisch an dem langen Bottich, oder an dem Strahl einer nahen Quelle, wascht euch den Staub von der langen Reise aus dem Gesicht und ruht euch dort drüben im Gebäude erst einmal aus. Im großen Blockhaus, dort auf der gegenüberliegenden Seite, gibt es gegen sechs Uhr abends ein kräftiges Rancherdinner, und dort werdet ihr auch unseren Vormann und einige Cowboys kennen lernen. Ich bin Fred, und das ist John. Hier duzt man sich, das passt besser zu dieser einsamen Landschaft, zu der rauen Schönheit der Prärie."

Diese neuen, gewaltigen Eindrücke mussten erst einmal verarbeitet werden. Allein die Vorstellung, dass in den unendlichen Weiten der Prärie Tausende und Abertausende Rinder der Ranch grasten, die die Cowboys einen Sommer lang hüteten und im Herbst zum Verkauf an die Fleischfabriken in die Gatter treiben mussten, war beeindruckend. Und diese harte Arbeit sollten nun auch die beiden Männer aus Ostpreußen verrichten, obwohl keiner von ihnen je auf einem Reitpferd gesessen hatte. Aber wie hatte John Ettelsburg noch vor wenigen Tagen bei ihrem Gespräch im Old Cheyenne behauptet: „Sogar manch ein Sesselfurzer aus der Stadt hat das Reiten auf unseren gezähmten Pferden gelernt."

„Wir schaffen es", davon war Waldemar überzeugt. „Lass uns zum Dinner gehen, ich habe mächtigen Kohldampf."

Beim Eintritt in den großen, rustikalen Speiseraum, in dessen Mitte in einem grobgemauerten, offenen Kamin ein knisterndes Feuer brannte, saßen an einem langen Holztisch am Kopfende bereits Fred und John. Kurz darauf traten noch einige Männer ein, die ihre verbeulten und verschwitzten Cowboyhüte auf Holzstifte hängten, die überall an den Wänden angebracht waren. Danach nahmen sie gegenüber den beiden Neuen am Tisch Platz. Als Letzter trat noch ein hochgewachsener, breitschultriger Cowboy ein.

„Ihr müsst die beiden Deutschen sein, die Cowboys werden wollen, die der Boss und sein Bruder aus dem stinkenden, gottverlassenen Cheyenne mitbrachten. Und die noch nie im Leben mit ihren Hintern auf dem Rücken eines wilden Pferdes gesessen haben." Die bis dahin mit finsterer Miene gegenübersitzenden Männer grinsten verächtlich. „Ich bin August, der Vormann, der Verwalter", stellte sich nun der Hüne in sächsischem Dialekt vor, „nicht zu verwechseln mit dem Kurfürsten August dem Starken aus meiner Heimat, der längst verblichen ist. Seit mehr als zehn Jahren arbeite ich nun schon auf der riesigen Ranch der Gebrüder Ettelsburg und werde wohl auch noch hierbleiben, solange wie man mich braucht." Fred und John nickten zustimmend. „Seid willkommen im Tal des Sweetwater Rivers, auf der besten Ranch in Wyoming. Schlaft euch erst richtig aus. Morgen früh reiten wir zusammen aus. Wenn ihr noch Fragen habt, dann fragt jetzt, denn beim Essen will ich nicht gestört werden, das ist schlecht für die Verdauung."

Nein, Fragen wollten sie jetzt nicht stellen, denn sie merkten, dass die hungrigen Cowboys immer ungeduldiger wurden, da mittlerweile zwei dampfende Suppenschüsseln auf dem Tisch standen. Es gab deftigen Bohneneintopf mit Speck und mit viel Rindfleisch. Gustav schmeckte es sichtlich gut, denn er schöpfte sich zweimal den großen Blechnapf bis oben hin voll und holte sich auch noch den Rest aus einer Schüssel, als alle gesättigt waren: „Der hat ja einen Appetit wie ein hungriger Präriewolf", grinste der Vormann, und alle am Tisch taten das Gleiche.

„Wie man isst, so arbeitet man auch", erwiderte schlagfertig der Angesprochene.

Jetzt erst erhob sich Fred und stellte die beiden Neuankömmlinge und jeden der anwesenden Cowboys mit Vornamen vor. „Gustav und Waldemar sind Männer, die zu euch passen, die hartes Arbeiten in ihrer Heimat gelernt haben, die uns eine glückliche Fügung des Himmels bescherte. Sie müssen nur noch den Umgang mit unseren Pferden lernen, um richtige Cowboys zu werden. Alle anderen Cowboys sind den ganzen Sommer bei den Viehherden in der Prärie. Irgendwann werdet ihr sie auch kennenlernen. Unser Vormann wird alle demnächst für das Große Treiben einteilen. Seine Anweisungen müssen unbedingt befolgt werden, wenn wir kein Fiasko wie im letzten Jahr erleben wollen, als ein paar eigensinnige Sturköpfe und Trunkenbolde während des Treibens einen kürzeren Weg durch die Teufelsschlucht eingeschlagen hatten und dadurch viele Rinder verloren gegangen waren. Achtet auf die Markierungen der vor drei Jahren festgelegten neuen Grenzen und vermeidet jeden blutigen Streit mit den Männern der Nachbarranch. Denkt daran, ein toter Cowboy ist kein guter Cowboy. Das war's für heute."

Kurz danach führte John Gustav und Waldemar zu ihrer Schlafstelle in ein einfaches Blockhaus und gab jedem noch eine Wolldecke für die Nacht.

Sie waren schon drei Stunden durch breite Täler, über Hügel und trockenes Weideland der endlosen Prärie geritten, als August von seinem schwarzen Hengst abstieg und die beiden Neulinge das Gleiche taten. „Von diesem Berg habt ihr einen guten Fernblick über die Great Plains bis hin zu den Bighorn Mountains. Das ganze Land bis zum Horizont gehört zu unserer Ranch. Dort unten im Grasland, in dem breiten Tal am Sweetwater River, weidet eine unserer Rinderherden, schätzungsweise um die achttausend, die genaue Anzahl wissen wir erst, wenn die Tiere im Frühjahr und im Herbst von den Cowboys zum Roundup zusammengetrieben werden, wo man sie dann zählt und kennzeichnet. In der heutigen Zeit werden sie danach von den Ranchern überwiegend mit der Eisenbahn zu den großen Viehmärkten im Mittleren Westen gebracht. Unsere Cowboys aber sind noch vom alten Schlag. Als hervorragende Reiter, Schützen und Kenner der weiten Prärie bringen sie die Rinder der Sweetwater Ranch nach alter Sitte und Tradition und als Erinnerung an die Besiedlung des Wilden Westens, in einem Großen Treiben zu den Märkten. Wer jemals in grenzenloser Freiheit im Einklang mit der Natur das romantische Leben der Cowboys erlebt hat, wer je in der Einsamkeit in kalten Vollmondnächten mit harten Burschen bei Wind und Wetter am Lagerfeuer saß, mit Männern, auf die man sich verlassen kann, der wird niemals mehr aus diesem Land wegwollen."

Der ungewohnte Ritt bis zu dieser Stelle war nicht allzu anstrengend gewesen. Zwar klagte Gustav beim Wiederaufsitzen nach der kurzen Pause über erste Schmerzen im Gesäß, wie sie meistens bei Reitanfängern auftreten, doch waren diese schnell wieder verschwunden, als der Vormann die Richtung zu der großen Rinderherde im Tal einschlug und so ganz nebenbei erwähnte, dass die Cowboys dort sicher ein saftiges Steak braten und vielleicht auch einen Schluck Whisky für die trockenen, verstaubten Kehlen hätten.

Schon lang vor dem Eintreffen im Camp hatten die Viehhirten die drei Reiter in der baumlosen Prärie ausgemacht. Die Begrüßung war kurz, aber freundlich. Auf einem Grill schmorten wirklich dicke Fleischbrocken, die von einem frisch geschlachteten Rind stammten. August stellte die Neuen vor, schöpfte mit einer Kelle aus einem Bottich kristallklares Wasser in mehrere Becher und reichte zwei davon an seine beiden Mitankömmlinge. „Sauberes, klares Gebirgswasser aus dem Sweetwater River. Dabei deutete er mit ausgestrecktem Arm in eine Richtung, wo sich im klaren Wasser an einer Stelle im Fluss die Strahlen der Mittagssonne weithin sichtbar spiegelten. Und tatsächlich gab es für jeden nach einer wahren Fleischorgie den guten Schluck Whisky aus einer übergroßen Pulle, um den verdammten Staub herunterzuspülen, wie einer der Männer scherzend bemerkte. Harte Burschen, diese Cowboys, dachte Waldemar, ganze Kerle, die hier in der Grassteppe unter der heißen Präriesonne monatelang die Rinder hüten und ein abenteuerliches Leben in freier Natur führen.

Dunkle Wolken am Himmel kündigten ein nahendes Gewitter an, als die drei Reiter mehr als die Hälfte der Strecke zur Ranch auf dem Heimritt hinter sich hatten. „Wenn wir Glück haben", August blickte in Richtung des drohenden Unwetters, „zieht es nach Süden und an uns vorbei. Der auffrischende Wind müsste sich aber drehen. Wir versuchen es einfach mit leichtem Trab, vielleicht können wir so dem Sommergewitter entrinnen, das meistens nur kurz, aber heftig ist.“ Sprach’s und gab seinem Hengst die Sporen. Waldemar und Gustav versuchten dicht hinter dem Vormann zu bleiben, was ihnen aber mit den dürftigen Reitkünsten kaum gelang. Trotzdem klappte es eine ganze Weile erstaunlich gut, ja, bis man am Horizont immer deutlicher die Umrisse der Ranch erkennen konnte. „Noch knapp drei Meilen, dann haben wir es vor dem Regen geschafft“, rief August den beiden zu und ritt im schnellen Galopp in das Tal des Sweetwater Rivers.

Dieser Fluss musste noch an einer seichten Furt überquert werden, um dann entlang dem anderen Ufer durch dichtes Buschwerk auf einem Trampelpfad weiter zu reiten. Der Wind frischte inzwischen immer mehr auf, und die ersten Regentropfen fielen, als man die flache, aber doch ziemlich breite Stelle am Sweetwater erreicht hatte.

„Auf der anderen Flussseite geht es dort hinter den Büschen scharf nach links und kurz danach wieder rechts die Böschung hoch. Ihr müsst dann die Zügel anfangs etwas lockern, euch nach vorn beugen und den Pferden leicht die Sporen geben, aber erst, wenn der Pfad ziemlich steil nach oben geht. Es wird schon gut gehen.“

Gustav und Waldemar blickten sich eher skeptisch, ja unentschlossen an, als der Vormann mit seinem Hengst schon mitten im Fluss stand.

Zunächst machte der Ritt im flachen Wasser richtig Spaß. Als der Fluss aber an dem Steilhang des anderen Ufers tiefer und tiefer wurde, die Pferde keinen Boden unter den Hufen mehr hatten und samt Reiter schwimmend das letzte Stück zurücklegten, wurde es kritisch. Waldemar erreichte als Erster das Ufer und schaffte es auch mit seinem Pferd die steile Böschung hoch. Gustav dagegen hatte weniger Glück. Als sein Pferd sich plötzlich hoch aufbäumte, um aus dem tieferen Wasser auf den an dieser Stelle erhöhten Uferrand zu springen, flog er rücklings in hohem Bogen aus dem Sattel in den Fluss. Dabei hatte er noch unverschämten Dusel, denn wäre er mit einem Fuß im Steigbügel hängen geblieben, hätte es böse für ihn enden können.

Mit einer ganzen Tirade von Flüchen entstieg der Abgeworfene dem nassen Element. Waldemar wendete sofort sein Pferd und eilte dem unglücklichen Reiter entgegen, der bereits triefend und vor sich hin fluchend im hohen Gras der Uferböschung saß und gerade dabei war, seine nassen Socken auszuwringen. Kurz darauf erschien auch der Vormann mit dem wieder eingefangenen Pferd. „Das ist schon so manch einem ungeübten Reiter passiert. Du hättest dich mehr nach vorne beugen und die Zügel straffen müssen, dann wäre das nicht geschehen. Steig auf dein Pferd und reite die nassen Klamotten im Sattel bis zur Ranch wieder trocken, oder bist du verletzt?“

Nein, er hätte sich bei dem Sturz ins Wasser nicht verletzt, aber einen nassen, kalten Arsch bekommen, antwortete er ziemlich zerknirscht. „Als Seemann hattest du bestimmt schon öfter den Allerwertesten nass, oder?“ Nach dieser Bemerkung hätte Gustav seinen jungen Freund umbringen können.

Dann traf auch Waldemar die gerechte Strafe für seinen provokativen Spruch unten am Fluss, so jedenfalls kommentierte Gustav später spöttisch den Vorfall beim abendlichen Dinner. Als nämlich sein angeblich zahmes, gutmütiges Pferd ganz plötzlich und ohne Vorwarnung das Futter auf der nahen Farm witterte, preschte es urplötzlich im wilden Galopp in die gewohnte Richtung los. Vergeblich bemühte sich der unerfahrene Reiter den Gaul zu halten. Schließlich stürzte er kopfüber in eine Reihe kleiner Büsche, die den Aufprall erheblich minderten. Zwar rappelte sich er schnell wieder auf, klopfte den Staub aus seiner ramponierten Cowboyausrüstung, doch sein Pferd galoppierte bereits in weiter Ferne zielstrebig dem lockenden Futter entgegen. „Das passiert schon mal, dass so ein Gaul durchgeht, wenn es heim zu seiner gewohnten Futterstelle geht. Sitz bei mir mit auf, das Gewitter wird uns doch noch einholen, wenn wir uns nicht beeilen, denn der Wind bläst es genau auf uns zu“, ermunterte der Vormann die beiden Unglücksreiter.

Es regnete in Strömen, blitzte und donnerte, als sie durch das hohe Tor der Sweetwater Ranch ritten. Jonas, der Wallach, der Waldemar abgeworfen hatte, stand festgebunden, brav an einem Baum und schaute die durchnässten Ankömmlinge mit seinen großen Augen unschuldig an. Anscheinend war er schon von einem der Cowboys gefüttert worden. August nahm ihn an die Kandare, blickte ihn scharf an und redete mit ernsten Worten auf ihn ein. Es musste wohl eine Strafpredigt gewesen sein, denn das Pferd schritt danach mit gesengtem Kopf neben ihm in seinen Pferch, als hätte es die Worte verstanden.

Da standen sie nun, die beiden zukünftigen Viehhirten, mit schmerzenden Gliedern, wundem Gesäß und klatschnass. Der erste Ausritt in die Grassteppe, der lange Tag auf dem Rücken der Pferde, hatte Spuren hinterlassen, aber sie nicht entmutigt.

„Schau uns an! Man müsste unbedingt ein Foto machen und es nach Hause schicken. Die würden staunen, wenn die uns in dieser Ausrüstung sehen würden, in Stiefeln mit hohen Absätzen und großen Sporen, dem breitkrempigen Cowboyhut, mit der ledernen Weste und den ledernen Beinschützern.“ Gustav lachte laut auf, als er sich und seinen jungen Freund betrachtete.

Den Umgang mit Pferden und den mächtigen Viehherden, das raue Cowboyleben im weiten Grasland lernten sie in den nächsten Wochen kennen. Es war harte Arbeit, die den beiden immer besser gefiel, je sicherer sie das Reiten beherrschten. Der Vormann hatte sie einer kleinen Gruppe Cowboys zugeteilt, die dringend Hilfe brauchte, deren Herde im äußersten Südwesten mit mehr als zehntausend Rindern wohl die größte der Sweetwater Ranch war.

„Dort unten im Tal des Wind Rivers, wo der weiße Rauch am Horizont aufsteigt, ist das derzeitige Basislager der Cowboys. In einer guten Stunde sind wir am Ziel.“ August deutete in jene Richtung. „Es sind anspruchslose, wilde Burschen, die einen heißen, staubigen Sommer hinter sich haben und jetzt auf den nahenden Herbst und das jährliche Große Treiben warten, denn danach werden die harten Dollars ausgezahlt. Nach dem Roundup verschwinden die meisten eine Zeit lang und versaufen ihren Lohn mit leichten Mädchen in den Saloons von Cheyenne oder in einer Kneipe einer anderen Stadt des Mittleren Westens. Der Mann da unten, der beinahe im vergangenen Jahr eine wilde Schießerei mit dem Vormann unserer Nachbarranch angefangen hatte, ist ein unbeherrschter Draufgänger und Hitzkopf, der schnell seinen Revolver zieht. Lasst euch nicht provozieren, und geht ihm aus dem Wege, wenn es nötig sein sollte.“

Waldemar griff instinktiv an seinen schweren Smith & Wesson Colt, der am rechten Oberschenkel in einem ledernen Halfter steckte, so, wie ihn hier alle echten Cowboys im Wilden Westen eben trugen.

Nach einem langen, beschwerlichen Weg war das Camp in der Prärie schließlich erreicht. Kurz nach dem Eintreffen der drei müden Neuankömmlinge, konnte man in der Ferne vier oder fünf Reiter erkennen, die sich in einer dichten Staubwolke dem Lager rasch näherten. „Die Burschen haben uns schon dort oben auf den Hügeln erspäht. Ich freue mich auf das Wiedersehen nach Wochen und Monaten mit meinen Männern." Als die vom langen Ritt völlig erschöpften Pferde versorgt waren, blieb für die gerade Eingetroffenen noch genügend Zeit, um sich ein wenig im Basislager umzuschauen, in dem sie die nächsten Wochen bis zum Großen Treiben verbringen werden.

Mit lautem Gejohle, wild in die Luft schießend, kamen in halsbrecherischen Tempo fünf finstere Gesellen angeritten, ließen sich elegant aus den Sätteln gleiten und schritten danach wortlos langsam auf sie zu. Während nun August von den raubeinigen Kerlen überschwänglich begrüßt wurde, richteten sich misstrauische Blicke auf die beiden Fremden. „Hier sind Gustav und Waldemar, neue Männer für euch, die Cowboys werden wollen. Auf der Ranch haben sie das Reiten gelernt. Es sind echte Kerle, die bewiesen haben, dass sie zupacken können." Nach diesen Worten des Vormanns reichten vier der Rinderhirten nacheinander Waldemar und Gustav mit einem „welcome" lässig die Hand und stellten sich mit Glenn, Jack, Tom und Kevin vor. Der Letzte von ihnen aber, ein schlaksiger Bursche mit einem ausdruckslosen Bleichgesicht, langen, affenartigen Armen und einem kalten Adlerblick, grüßte nur kurz mit einem „hi" und wandte sich gleich danach wieder dem Vormann zu. „Nichts für ungut, Kumpels", übernahm Jack die Vorstellung des fünften der Cowboys, „Chuck lebte jahrelang einsam als Fallensteller und Trapper in den Bergen von Montana. Er ist ein sturer Bursche, unser bester Schütze und Reiter, der seinen wilden Mustang wie kein anderer beherrscht. Er braucht ein wenig Zeit."

Das ist also der, vor dem der Vormann uns gewarnt hat, der wilde Cowboy, dem der Colt ziemlich locker im Halfter sitzen soll, dachte Waldemar.

An diesem Abend wurde noch bis spät in die Nacht am wärmenden Lagerfeuer geredet, über die vielseitigen Aufgaben der Cowboys, die gewaltige Rinderherden in endloser Prärie zu hüten hatten. Nach und nach beteiligte sich sogar Chuck an der Unterhaltung. Warum die beiden Neuen denn aus dem fernen Germany ausgewandert wären, und wieso sie denn gerade Cowboys werden wollten, fragte er.

„Nun, wir möchten das riesige Land Amerika kennenlernen und finden die Arbeit in der Prärie recht abenteuerlich und gut bezahlt", entgegnete Waldemar.

„Wenn wir unsere gewaltige Herde ohne nennbare Verluste ans Ziel bringen, gibt es eine zusätzliche, dicke Prämie." Chuck drehte sich nach dieser Aussage auf die andere Seite und schnarchte schon kurz danach wie ein satter, nordamerikanischer Grizzly, der gerade ein halbes Rind verschlungen hatte.

Als die ersten Sonnenstrahlen über die Hügel krochen, sattelte der Vormann sein Pferd für den langen Ritt zur Ranch. „Okay, Jungs, bis zum Herbst. Haltet die Herde zusammen und zeigt den beiden Neuen, wie man mit den Rindern richtig umgeht und alles andere, was zu einem geschickten Cowboy gehört. Reitet den langen Zaun im Norden zu den Weidegebieten unserer Nachbarranch ab und schaut, ob er nicht schon wieder an einigen Stellen niedergerissen wurde. Meidet jegliche Konfrontation mit den Männern der Silverstone Ranch, lasst eure Colts in den Gürteltaschen stecken und denkt immer daran, ein toter Cowboy ist kein guter Cowboy. Good bye, Männer.

In den nächsten Tagen und Wochen lernten Waldemar und Gustav eine ganze Menge. Bald standen sie mit ihren Reitkünsten den anderen Cowboys kaum nach. Der Umgang mit dem Lasso klappte zusehends perfekter. Vor allem aber wurde ihre Arbeitsleistung anerkannt. Man akzeptierte sie schnell in der ganzen Gruppe. Selbst Chuck fand ab und zu ein paar aufmunternde Worte und sogar manches Lob für einen guten Job und kameradschaftliches Verhalten. Schon nach einigen Tagen nannten sie Waldemar kurz „Wald" und Gustav einfach nur „Gus".

„Unter Wind und Wetter erprobten Männern, die aufeinander angewiesen sind, duzt man sich", lachte Gus und klopfte seinem Partner Wald freundschaftlich auf die Schulter.

Chuck, der wirklich in der Gruppe der Erfahrenste und zweifellos der geschickteste Reiter war, hatte natürlich eine gewisse Vormannfunktion, die von allen anderen akzeptiert wurde. So teilte er die Männer auch ein, die mit ihm den Gatterzaun, die viele Meilen lange Weidegrenze zur Silverstone Ranch, abreiten und kontrollieren sollten. Dazu gehörten außer ihm noch Jack, Tom und Wald. „Das nächste Mal bist du dabei, Gus", tröstete er Gustav, und zu den anderen gewandt: „Wir brechen morgen noch vor Sonnenaufgang in aller Frühe auf, denn es liegt ein langer, harter Tag vor uns."

Sie ritten eine ganze Zeit am Rande der eigenen Herde, durch abgegrastes Steppenland, überquerten danach eine ziemlich kahle Hügellandschaft mit einzelnen Dornenbüschen und kamen dann in das Tal des Wind Rivers. „Da unten liegt die Weidegrenze unserer Ranch. Wenn wir uns beeilen, können wir unser Nachtlager an einer schönen Stelle am Fluss noch vor Einbruch der Dunkelheit errichten." Chuck schob sein abgelutschtes Zigarillo in den anderen Mundwinkel. Er saß auf einem gefleckten Mustanghengst, den er mit seinem Lasso eingefangen und zugeritten hatte.

So weit das Auge reicht, nichts als Einsamkeit und Stille. Überall flogen aus dem Dornengebüsch und trockenen Gras Präriehühner auf, schwirrten in alle Richtungen auseinander, um sich nach kurzem Tiefflug wieder in der Steppe niederzulassen. In der Ferne graste eine Herde Mustangs, einst von den Spaniern nach Amerika eingeführte Andalusier und Lusitanos. Diese genügsamen, verwilderten, herrenlosen Pferde in freier Wildbahn, wurden einst von den Siedlern als ausdauernde Reittiere sehr geschätzt.

„Früher gab es hier gewaltige Bisonherden, die für die Prärieindianer wichtigstes Jagdwild waren. Dafür benutzten die Jäger die gezähmten Mustangs, auf denen sie meist ohne Sattel ritten. Als die weißen Siedler kamen, entstanden riesige Farmen, die für ihre Rinderherden Weideland brauchten. Durch gezielten Abschuss ganzer Büffelherden, wurden die Bisons fast ausgerottet. Das gleiche Schicksal traf auch die Wildpferde, die damals hauptsächlich zu Fleischmehl und Hundefutter verarbeitet wurden. Der einstige Millionenbestand der Mustangs schrumpfte bis auf wenige Tausend zusammen", erzählte Tom.

Sie hatten ihr Lager für die Nacht auf einem Hügel am Ufer des Wind Rivers und an der Einmündung eines kleinen Bachs mit glasklarem Wasser gewählt. Im Schein der untergehenden Sonne kreisten Geier in der Nähe einer grasenden Herde. „Die Rinder dort in der Ferne hinter der Abzäunung gehören der Nachbarranch. Sicher ist ein krankes Tier eingegangen, das nun von den Geiern entsorgt wird. Diese Aasfresser sind die Gesundheitspolizei der Steppe. Sie helfen die Viehseuche einzudämmen und teilen sich diese Arbeit mit den Kojoten", berichtete Jack, während er und alle anderen die Pferde absattelten.

In dieser sternenklaren Nacht lag Waldemar noch lange am wärmenden Lagerfeuer wach. Seine Gedanken weilten in der fernen Heimat. Er dachte sehnsuchtsvoll an Katharina, der er schon vor einigen Monaten einen Liebesbrief mit neuer Anschrift aus Amerika schickte.

Auch seinen Eltern hatte er geschrieben, dass es ihm gut ginge, er inzwischen Reiten gelernt hätte, und als Cowboy harte Dollars verdienen würde. Man muss eben geduldig warten können, sagte er sich, denn die Briefe von Europa nach Amerika waren damals lange unterwegs. Auch an das kurze, aber wilde Liebesabenteuer mit Anastasia in Danzig dachte er unter sternklarem Wüstenhimmel. Diese Russin hatte ihn, den braven Bauernjungen aus Masuren, fast um den Verstand gebracht. Es war eine unruhige Nacht. Irgendwo in den Bergen heulten Kojoten. Das Heulen der nachtaktiven Präriewölfe, hatte ihm Tom erzählt, diene zum Wiederfinden untereinander. Besonders in klaren Vollmondnächten könnte man es weit hören. Schließlich übermannte ihn doch der Schlaf.

Stundenlang ritten sie bereits entlang der Abzäunung, ohne eine mutwillige Beschädigung daran zu entdecken, als ihnen am späten Morgen mehrere Reiter entgegenkamen. „So wie das aussieht, bekommen wir Besuch von der Nachbarranch. Bin gespannt, ob auch der Vormann dabei ist, mit dem ich im letzten Jahr bösen Ärger hatte“, knurrte Chuck.

„Bleib ruhig, alter Junge, und lass dich nicht herausfordern. Wir brauchen dich noch für das Große Treiben, oder sollen wir etwa deinen Lohn unter uns aufteilen?“ Tom, ein erfahrener, kräftiger, aber eher ruhiger Bursche, blickte mit ernster Miene Chuck an.

Es waren tatsächlich vier Cowboys der Silverstone Ranch. Gut, dass ihr Vormann diesmal nicht dabei war, aber auch diese Burschen sahen nicht gerade freundlich aus. Einer von ihnen, ein schmieriger, undurchschaubarer Typ, fragte dann auch Chuck, warum sie denn hier an der Grenze reiten würden, die Abzäunung wäre doch unbeschädigt, und Leute seiner Ranch würden sich strikt an die Anweisungen des Bosses halten, keine Rinder auf dem Gelände des Nachbarn weiden zu lassen.

„Okay, daran halten wir uns auch“, entgegnete Chuck, „wir haben aber den Auftrag von unserem Boss zu kontrollieren, ob alles in Ordnung ist, und das machen wir.“

Verächtlich spuckte der Verwahrloste seinen abgekauten Zigarillostummel auf den Boden und drehte sich grinsend um.

„Gut, dass die Situation nicht eskalierte“, rief Jack, als die vier sich knapp verabschiedeten, „es sind üble Burschen, diese Cowboys der Silverstone Ranch.“

Sie ritten danach weiter, immer der Abzäunung entlang, fanden aber keine Spuren, die auf eine Grenzverletzung oder einen Viehdiebstahl hinweisen würden. So kehrten sie ins Basislager zurück.

Die nächsten Tage vergingen rasch. Gus und Wald beherrschten jetzt ihre Arbeit zu Pferd fast genauso gut wie ihre Kameraden. Auch das Einfangen verstreuter Rinder und sogar der wilden Mustangs mit dem Lasso klappte immer besser. Sie hatten sich an das raue Leben unter freiem Himmel gewöhnt. Nur das Heimweh, ja, wenn das nicht gewesen wäre. Beide litten darunter, doch am meisten quälte es Waldemar. Er zählte die Tage und Stunden, bis man wieder in der Ranch war, denn dort würde sicher die lang ersehnte Post aus der Heimat auf ihn warten.

An einem sonnigen Herbsttag war es dann so weit. Sie hatten die riesige Herde U-förmig eingekreist und trieben sie lärmend und Staub aufwirbelnd vor sich her. Vorn ritt abwechselnd einer der erfahrenen Männer. Es war nicht immer einfach, die Tiere zusammenzuhalten. Dauernd brachen Rinder aus, mussten wieder eingefangen und zur Herde gebracht werden. Eine Arbeit, die viel Kraft und Können erforderte. Es gab nur eine seichte Stelle im Fluss, an der die Herde den breiten Wind Rivers überqueren konnte. Genau dorthin musste das Vieh getrieben werden. Ein beeindruckendes Bild, als dann viele tausend Rinder, von den Reitern durch Schüsse in die Luft und mit dem Lasso getrieben, streckenweise schwimmend dem gegenüberliegenden Ufer zustrebten, hinter denen noch eine große Anzahl Tiere am Ufer nachdrängte. Kranke Tiere, die den Anschluss an die Herde verloren, mussten zurückgelassen werden. Von diesen Rindern, würde man im nächsten Jahr nur noch das blanke Gerippe im Steppengras finden, wenn Präriewölfe, Geier und Raben die Kadaver entsorgt hatten.

Auf der Ranch erwartete man schon die einzelnen Herden, die aus allen Richtungen kommend, nacheinander eintrafen. Chuck und seine Männer waren die Ersten und wurden dafür, aber auch für die wenigen Verluste und die überdurchschnittliche Zunahme der Herde, von Fred und John besonders erwähnt. Auch Waldemar und Gustav wurden gelobt, als Chuck den beiden Farmern von ihrer zuverlässigen Arbeit berichtete. Auf Waldemar warteten gleich zwei Briefe aus der Heimat, die ganze drei Monate unterwegs gewesen waren, einer von Katharina und einer von den Eltern. Der Mutter ginge es miserabel, schrieb sein Vater, ihr Herz wäre sehr schwach und krank, hätte ihm der Arzt aus Willenberg bei seinem letzten Besuch gesagt. Vor lauter Gram und Sorgen um ihn würde sie wohl nicht mehr lange leben. Auch seine Katharina schrieb, dass sie vor Sehnsucht und Heimweh nach ihm vergehen würde. Einziger Trost für sie wäre die Hoffnung, dass er eines Tages wieder zu ihr und in seine Heimat zurückkehren würde. Nein, daran dachte er jetzt nicht. Er wollte sie nach Amerika holen, sobald er genug verdient und gespart hätte.

Eine Woche später als erwartet traf die letzte Herde der Sweetwater Ranch aus dem Gebiet der Table Mountains ein. Weil zur gleichen Zeit auch andere Cowboys ihr Vieh aus dem Great Devide Basin trieben, waren sie nur langsam vorangekommen. Auch hätten sie diesmal bei der Überquerung von fast ausgetrockneten kleinen Bächen, die durch wolkenbruchartige Regenfälle plötzlich zu reißenden Flüssen anschwollen, viele Probleme gehabt. Doch nun gab es auf der Ranch eine Menge Arbeit. Rinder, so weit das Auge reichte, ein unüberschaubares Rindermeer, rund um die große Farm verteilt, die nun in den Gattern gezählt, mit dem Brandeisen markiert, zur Zucht und zum Verkauf auf den großen Rindermärkten aussortiert wurden.

Als diese Arbeiten getan waren, gab es ein mächtiges Fest, ein Barbecue, zu dem auch die Töchter von Fred und John im Westernlook, in hohen Stiefeln und mit breitem Cowboyhut erschienen. Sie spielten auf ihren Banjos, sangen mit den Männern romantische Cowboylieder von Einsamkeit, Glück, Liebe und sorgten ständig für genügend Feuerwasser. Gustav war in seinem Element. Er soff mit den stärksten Viehhirten um die Wette, schaffte sie alle beim Armdrücken, was ihm besonders gehörigen Respekt bei Chuck einbrachte, denn der hatte bei den Wetten immer auf ihn gesetzt. Erst bei Sonnenaufgang schlich er sternhagelvoll in seine Koje. Waldemar dagegen unterhielt sich lieber mit Elise, der hübschen Tochter Freds, die sich erst gegen Morgen mit einem zarten Kuss auf die Wange von ihm verabschiedete.

Schon am kommenden Tag wurden alle bereits an eine Fleischfabrik verkauften Rinder zur Bahnstation nach Rawlins getrieben und in Viehwagons der Union Pacific Railway verladen. Auf einen blankgescheuerten Holztisch im Bahnhofsgebäude legten die Käufer der vielen tausend Rinder mehrere dicke Dollarbündel. Fred und John zählten den Verkaufserlös, steckten die Scheine in zwei Satteltaschen und bestätigten mit einem „Okay" den korrekten Empfang der ganzen Verkaufssumme. So viel Geld auf einem Haufen hatte Waldemar noch nie zuvor gesehen.

Am folgenden Tag, sie hatten auf dem Rückweg noch einen kurzen Aufenthalt in einem Westernlokal in Jeffrey City gemacht, fand der große Zahltag, die Entlohnung für gute Cowboyarbeit in Freds Büro statt. Jeder Cowboy erhielt den gleichen Lohn für die harten Monate in der Prärie, für die Farmarbeit im Herbst, bis das Vieh gezählt und verkauft war. Es gab aber noch eine Zusatzprämie, wenn die Herde sich durch besonderen Einsatz der tüchtigen Viehhirten überdurchschnittlich vermehrt hatte, die Verluste durch Viehdiebstahl und Ausbruch gering waren, und wenn nur wenige Tiere beim Großen Treiben verlorengegangen waren.

Als Erster wurden Chuck und seine Mannschaft ins Büro bestellt. Hinter einem langen Tisch saßen die Gebrüder Ettelsburg in schweren Ledersesseln. Als die Cowboys eintraten, erhoben sich beide, gaben jedem von ihnen die Hand und baten sie, Platz zu nehmen. Vor ihnen lagen sieben prallgefüllte Briefumschläge, auf denen jeweils der kurze Vorname jedes Einzelnen mit roter Tinte geschrieben stand.

„Ihr Männer", Fred erhob sich von seinem Sessel, „ihr Männer habt besonders gute Arbeit geleistet. Eure Leistung verdient Dank, Lob und Anerkennung zugleich. Deshalb erhält jeder von euch zu seinem wohlverdienten Lohn noch eine Prämie von einhundert Dollar."

Überraschung und sichtbare Freude spiegelten sich in den Gesichtern der Belohnten. „Als bestes Team seid ihr für vier Monate von allen Winterarbeiten befreit und könnt mit euren Pferden nach Cheyenne oder sonst wo hinreiten." Fred war mit seiner Rede noch nicht am Ende. Er wandte sich jetzt Gus und Wald zu, denn mittlerweile kannte auch er ihre beiden Kurznamen. „Chuck berichtete uns sofort nach eurem Eintreffen auf der Ranch, dass ihr vorbildlich gearbeitet habt und gute, zuverlässige Cowboys und Kameraden geworden seid. Das hat mich und mein Bruder John natürlich sehr gefreut." Fred und John reichten beiden nochmals die Hand und verabschiedeten die Männer mit freundlichen Worten und kräftigem Schulterklopfen, denn vor dem Büro warteten schon die Nächsten auf ihren Lohn.

„Eigentlich war die Zeit von Frühjahr bis zum Herbst recht schnell vergangen", meinte Gustav, „wir sollten uns jetzt ein paar schöne Tage in einer Stadt gönnen, wo es nicht nur Kühe zu sehen gibt. Die Präriesonne hat unser Hirn leergebrannt, und der Staub der Steppe hat unsere Kehlen ausgetrocknet."

Waldemar wollte lieber sparen, dachte an den hartverdienten Lohn, der oft von den Cowboys leichtsinnig versoffen wurde oder im Strumpfband so mancher Schönen landete. Doch die Verlockungen waren eben zu groß. Er gab schließlich nach.

Bepackt mit einigen Habseligkeiten, jeder mit einer dicken Wolldecke für die Übernachtungen am romantischen Lagerfeuer unter freiem Himmel, denn es war inzwischen spätherbstlich kühl geworden, ritten sie los, Chuck, Tom, Wald und Gus, ausgerüstet mit schweren Satteltaschen, mit Colt und Winchester. Es sollten unvergessliche Tage in der weiten Steppenlandschaft werden, wie Waldemar später an seine Eltern und Katharina in der Heimat schrieb. Glenn, Jack und Kevin zog es heim zu ihren Familien in Wyoming, North Dakota und Montana.

Vier vom harten Leben in der Prärie gezeichnete, furchtlose Kerle, Männer, die wie Pech und Schwefel zusammenhielten, genossen jetzt ihre freie Zeit, bauten ihr Nachtlager immer an den schönsten Plätzen im hügligen Grasland oder an Bächen und Flüssen mit glasklarem Wasser. Wenn die Bohnen im Topf und das Fleisch am Spieß am Lagerfeuer dufteten, der Vollmond die dunkle Prärienacht in ein eigenartiges, atemberaubendes Licht tauchte, die Kojoten in der Ferne heulten, Prärieeulen auf Beutefang lautlos über das hohe Gras strichen, Tom auf seinem Banjo spielte und wehmütige Cowboylieder von Sehnsucht, Liebe und Glück sang, ja, dann waren das Abende und Nächte voller Romantik, die besonderen Erlebnisse, an die sich Waldemar später gerne erinnerte.

An einem sonnigen, aber recht kalten Herbsttag näherten sie sich Laramie, einer kleinen im Westerstil erbauten Ansiedlung, einem ehemaligen Fort, in dem im Frühjahr 1868 ein Vertrag zwischen der amerikanischen Armee und den Sioux ausgehandelt wurde, der den Indianern die Souveränität über die Black Hills und das Tal des Platte Rivers zugestand. Leider hielten sich die Weißen nicht daran. Als in den Jagdgebieten der Rothäute am Big Horn River Gold gefunden wurde, stürzten sich die Abenteurer nach dem Goldrausch in Kalifornien auf dieses neue Eldorado. Es kam schon bald zu neuen Konfrontationen mit den Sioux. Deshalb beauftragte die Regierung Lt. Colonel George A. Custer, der mit einem Kavallerieregiment für Ordnung sorgen sollte. Custer jedoch missachtete die Rechte der Indianer, verhöhnte sie öffentlich in Zeitungsartikeln und hielt sich nicht an die Abmachungen. Auf Ratschlag von Sitting Bull, dem legendären Häuptling der Sioux, und Crazy Horse, dem Häuptling der Cheyenne, schlossen sich ihre mehr als dreitausend Krieger zusammen und vernichteten am 25. Juni 1876 fünf Kompanien des 7. Regiments der Kavallerie. General Custer und 285 Soldaten fielen in der Schlacht am Little Big Horn River. Noch bevor sie in Laramie eintrafen, hatte Tom am Lagerfeuer von diesem blutigen Massaker berichtet.

In diesem Ort findet alljährlich um die gleiche Zeit ein Cowboyrodeo, ein Reiterwettkampf statt. Bei diesem Wettkampf, der besonders in den Staaten Wyoming, Arizona, Montana und Texas sehr beliebt ist, gilt es Pferde und Stiere mit dem Lasso einzufangen, sie zu reiten und sich möglichst lange auf dem Tier zu halten. Auch Wettrennen mit ungesattelten Pferden wurden hier ausgetragen.

„Wenn man in eine fremde Stadt kommt, weiß man nie, wer einem begegnet", hatte der wortkarge Chuck den Männern zugerufen, als sie langsam durch Laramie ritten.

Tom blickte vielsagend hinüber zu Wald. „Der hat hier noch eine Rechnung vom letzten Jahr zu begleichen. Betrüger, Banditen, Falschspieler haben ihn beim Pokern um eine Menge Geld gebracht. Es gab damals im Red Rock Saloon eine handfeste, blutige Schlägerei, an der sich viele betrunkene Cowboys beteiligten. Ein großer Teil der Lokaleinrichtung wurde dabei demoliert. Vier oder fünf der Raufbolde, darunter auch Chuck, sperrte der Sheriff kurzerhand ein. Alle Hauptbeteiligten wurden erst nach Tagen wieder freigelassen, als sie den angerichteten Schaden im Saloon in harten Dollars bezahlt hatten. Wir müssen gut auf unseren Revolverhelden achten, er wollte nicht ohne Grund in dieses verdammte Laramie."

Schon am nächsten Tag begann das große Rodeospektakel. Die Stadt wimmelte von Menschen, Frauen in bunten Röcken und Hüten, plärrenden Kindern in Sonntagskleidern, stolzen Cowboys zu Pferd und Siedlerfamilien in herausgeputzten Vierspännern. Alles strömte zu einer großen Grasebene, auf der die Wettkämpfe schon immer ausgetragen wurden. Jeder, der sein Können unter Beweis stellen wollte, wurde an einem Stand registriert, zahlte sein Startgeld und wartete auf seinen Aufruf. Chuck meldete sich gleich für mehrere Disziplinen, und auch Tom trug sich auf der langen Liste der Wettkämpfer ein.

Es war schon sehr beeindruckend, was den staunenden Zuschauern an diesem Tag geboten wurde. Halsbrecherische, gefährliche Reitkünste auf wilden Mustangs und störrischen Stieren, Wettrennen auf ungesattelten Pferden, waren die Höhepunkte, welche die Zuschauer immer wieder zu begeisterndem, langanhaltendem Beifall mitrissen. Chuck hielt sich am längsten auf einem wilden Mustang und erhielt für diese Leistung zweihundertfünfzig Dollar. Auch Tom kam beim Wettrennen mit ungesattelten Pferden unter die ersten vier. Am Ende dann, wie in jedem Jahr, die ernüchternde Bilanz: ein Dutzend leichte und schwere Knochenbrüche, kleinere und größere Blessuren und ein totes Pferd, das sich nach einem schweren Sturz das Genick gebrochen hatte.

Es dämmerte bereits, als man nach diesem Turnier die Pferde vor dem Red Rock Saloon festband und in das überfüllte, verräucherte Westernlokal eintrat. Alle Tische waren bereits besetzt. Also, an die Theke, an der aber auch kaum noch Platz war. Schließlich landete man in einem Nebenraum, in dem an mehreren Tischen finstere Typen pokerten. Chuck bestellte eine Runde für seine Leute. „Na, dann cheers Jungs, es war ein guter Sommer mit euch!" Plötzlich brachte er mehr als nur drei Worte raus.

„Du hast ja einen mörderischen Ritt hingelegt, auf dieser ungezähmten Bestie. Eine so lange Zeit hat sich noch niemand hier auf einem wilden Mustang gehalten." Tom erhob sein Glas und prostete Chuck zu.

Gus und Wald taten das Gleiche. Chucks Narbengesicht verzog sich grinsend zu einer Grimasse, ohne dass er auch nur ein Wort erwiderte. So war er eben, der Mann aus den Bergen.

Kurz vor Mitternacht, die Vier standen mittlerweile leicht beschwipst an der langen Theke, verstummte plötzlich das laute Gerede und Gegröle im Lokal. Alle Blicke richteten sich auf die schwere, hölzerne Schwenktüre am Eingang, durch die gerade drei übel aussehende, betrunkene Männer mit speckigen, verbeulten Cowboyhüten eintraten, denen man besser aus dem Weg gehen sollte. Sich nach allen Seiten umschauend, verharrten sie dort einige Momente, um danach langsamen Schrittes zur Theke zu schreiten, an der ihnen respektvoll Platz gemacht wurde.

Die beiden Barleute hinter dem Tresen wurden kreidebleich im Gesicht. Sie stellten dem, der sich rempelnd mit seinen schmutzigen Armen brutal vordrängte, eine ganze Flasche Whisky vor die Nase, aus der er einen kräftigen Schluck nahm und sie dann höhnisch lachend an seine beiden Kumpane weiterreichte. Es waren wirklich finstere Gesellen, diese Burschen, denen man ansah, dass sie Streit suchten. Sie waren in dieser Gegend wohl bekannte Krawallmacher, denen jeder lieber aus dem Weg ging.

Alle, nur nicht Gustav. Denn als der dreckigste und übelriechendste der Truppe ihn wiederholt provoziert hatte, mehrmals bewusst angerempelte und vor ihn hinspuckte, drehte er sich blitzschnell um und verpasste ihm mit seiner mächtigen Faust einen derart harten Schlag, dass dieser wie ein gefällter Baum zu Boden stürzte. Ein lauter Aufschrei der Zuschauer und vereinzelte Bravorufe unterbrachen jetzt die vorher eher gedämpfte Stimmung im Saal. Das hatte wohl noch niemand vorher gewagt. Tom und Chuck waren ebenso schnell hinter die beiden anderen gesprungen und drückten ihnen den Lauf ihres Colts in die Rippen. „Lasst eure Pfoten unten, ihr Hurensöhne, sonst blasen wir euch das Hirn aus dem Schädel“, fauchte Chuck die Burschen an, als diese nach ihren Schießeisen greifen wollten. „Das macht unser Freund und euer Sohn einer räudigen Hündin unter sich aus.“ Aber der lag aus der Nase blutend am Boden und versuchte vergeblich wieder auf die Beine zu kommen. Gustav packte ihn am Kragen, schleifte ihn wie einen nassen Sack durch das Lokal und warf ihn einfach vor die Tür in den Staub und Dreck. Alle klatschten Beifall, als der ostpreußische Hüne seelenruhig wieder an die Theke trat, nur die beiden inzwischen Entwaffneten fluchten und schworen Rache für diese Niederlage. Als der Sheriff mit einem Hilfspolizisten eintraf – „Schon wieder die Gebrüder McCallings“, rief –, sich kurz bei einigen Leuten über den Vorfall informierte, die Unruhestifter ohne zu zögern festnahm und abführte, kehrte wieder normales Leben im Saloon ein. Das ist also der Wilde Westen, dachte Waldemar.

Am nächsten Morgen mussten sich die Cowboys der Sweetwater Ranch und einige Augenzeugen beim Sheriff melden. Alle durften nach kurzer Aussage wieder gehen. Wie sich schnell herausstellte, waren die Gebrüder McCallings kein unbeschriebenes Blatt, sondern gefürchtete Halunken und berüchtigte Viehdiebe, die nicht nur in Wyoming, sondern weit über die Grenzen auch in den Staaten Nebraska, South Dakota, Montana, Idaho und Colorado für Angst und Schrecken sorgten. So war es auch nicht verwunderlich, wenn die Leute hier in Laramie respektvoll Gustav und die anderen Cowboys wie Helden feierten, wo immer sie sich sehen ließen.

„Es wäre ratsam, die Stadt zu verlassen, um weiterem Ärger aus dem Weg zu gehen, denn der Sheriff wird sie höchstens ein paar Tage inhaftieren, wenn kein weiterer Haftbefehl gegen sie vorliegt. Wisst ihr, wer die Kerle überhaupt sind?“ Tom blickte Gus uns Wald fragend an. „Nein, das könnt ihr natürlich nicht wissen. Es sind ganz üble Burschen, berüchtigte Banditen und Falschspieler, die im letzten Jahr Chuck betrogen hatten. Ich bin froh, dass er so ruhig blieb, aber das haben wir der Hammerfaust Gustavs zu verdanken, die alles erledigte, bevor die Sache eskalierte. Ich möchte einer Schießerei mit ungewissem Ausgang lieber aus dem Wege gehen, denn diese Banditen haben nichts zu verlieren, die haben sowieso eine Menge auf dem Kerbholz. Sie kommen bald wieder aus dem Knast und denken nach erlittener Schmach in ihren Hohlköpfen an nichts anderes als an Rache.“ Tom machte eine Pause. „Chuck, wenn du auch mit dem Colt umgehen kannst, wie kein anderer von uns, solltest du doch nicht auf Rache für die Gaunerei im letzten Jahr sinnen und diese dreckige Schweinerei einfach vergessen. Denk immer daran: Ein toter Cowboy ist kein guter Cowboy!“ Alle schwiegen nach diesen ermahnenden Worten.

In ganz Laramie hatte sich anscheinend Gustavs vernichtender k.o.-Schlag herumgesprochen, denn am nächsten Abend war das Lokal restlos überfüllt. Als die Cowboys der Sweetwater Ranch durch die knarrende Schwenktüre den Saloon betreten hatten, klatschten die Gäste Beifall, rückten eng zusammen und bildeten ein Spalier, durch das die Helden vom Vorabend langsam, nach allen Seiten grüßend, zur Theke schritten. Ein etwas mickriger Kerl, den die Gäste „Bug“ nannten, der, wie sich später herausstelle, der Besitzer des Saloons war, beugte sich über den Tresen, klopfte Gustav auf die Schulter, ergoss sich in überschwänglichen, anerkennenden Dankesworten und stellte danach eine Flasche Whisky vor die Männer auf die rustikale Theke. Sicher war er heilfroh, dass seine komplette Einrichtung nicht zertrümmert wurde. Ein einziger Schlag durch Gustavs Eisenfaust hatte die Gefahr einer wüsten Schlägerei, vielleicht auch einer wilden Schießerei verhindert. Kaum war der Whiskey leergetrunken, da standen schon die nächsten vollen Gläser vor den Männern der Sweetwater Ranch auf dem Tresen, die von irgendeinem Cowboy spendiert wurden.

„So ist das hier im Mittleren Westen wohl üblich, eine durchaus lobenswerte Sitte, die mir gefällt. Wenn man für Ruhe und Ordnung sorgt, lassen sie auch echte Germanen nicht verdursten." Gustav fühlte sich richtig wohl in diesem Saloon und wollte spät in der Nacht noch nicht gehen, als er bereits sichtlich schwankte. Waldemar dagegen hielt sich wie meistens beim Trinken ein wenig zurück.

Gegen heftigen Widerstand von Chuck und fadenscheinige Einwände von Gus, dem der Whisky täglich die Sinne benebelte und die Mädchen im Saloon immer besser gefielen, setzten sich schließlich nach einigen Tagen Tom und Wald mit dem Vorschlag durch, die Stadt wieder zu verlassen. Es war mittlerweile bitterkalt geworden. Der Winter hatte das ganze Land mit einer dicken Schneedecke überzogen. Es war die Jahreszeit, die man besser mit Freunden am offenen Feuer in einer Blockhütte verbringen sollte, als in der Kälte durch die Gegend zu reiten.

Aber Tom hatte eine ziemlich verrückte Idee und schlug vor, irgendwelche Verwandten im nördlichen Teil der Laramie Mountains, nicht weit von der Stadt Casper, zu besuchen. Er wäre bei diesen Einsiedlern, die in einem Tal an den Ausläufern einer Gebirgskette leben würden, schon seit vielen Jahren nicht mehr gewesen. Mit diesem Vorschlag waren alle einverstanden.

Seit mehr als einer Woche ritten sie bereits durch das Tal des Laramie Rivers, ohne einer Menschenseele zu begegnen. Sie hatten sich vorher noch zwei Packpferde besorgt, diese mit allen möglichen Gegenständen, mit einer Menge Proviant und Hafer für den gewagten Ritt im Winter beladen. Voller Zuversicht machte man sich auf den weiten Weg über die Laramie Mountains. Doch schon nach einigen Tagen nahm die Kälte täglich zu, bis plötzlich heftige Schneestürme über das weite Land fegten. Der tiefe Schnee, die schwere Last und die tiefen Minustemperaturen hatten den Pferden arg zugesetzt. Ross und Reiter waren erschöpft und brauchten unbedingt eine Pause. Trotz wärmendem Lagerfeuer hatte man bei diesem grausamen Frost schon seit mehreren Tagen kaum noch ausreichend schlafen können.

Von grimmiger Kälte gezeichnet, entdeckten sie endlich eine verlassene Trapperhütte an der Mündung des Laramie in den North Platte River. In dieser Lage ein wahres Geschenk des Himmels. Hier wollten sie erst einmal bleiben, bis es vielleicht etwas wärmer werden würde. Für die nächsten Tage hatten sie ein Dach über dem Kopf mit einem einfachen Ofen aus einer alten Blechtonne, der genügend wohlige Wärme spendete. Auch die erschöpften Tiere fanden einen geschützten Unterstand, den vermutlich vor einiger Zeit ein Trapper mit einer Plane überzogen hatte, die inzwischen stark verwittert war. So hart hatte sich Gustav, der hünenhafte, ostpreußische Seebär, den abenteuerlichen Winterritt in den Laramie Mountains nicht vorgestellt, denn selbst diesen starken Kerl verließen jetzt die Kräfte. Waldemar dagegen kam mit Schnee und Kälte besser zurecht, hatte er doch einst bei eisigem Frost und heftigem Schneesturm sein Elternhaus verlassen und einen langen, mörderischen Marsch durch die Wildnis Masurens hinter sich. Auch während seiner Lehrzeit beim Sägewerk Leyk in Willenberg, musste er oft im tiefsten Winter bei sibirischer Kälte in den Wäldern seiner Heimat Bäume fällen.

Bereits zwei Tage später wurde es spürbar wärmer. Sie hatten den Oregon-Mormon Trail, einen staatenüberquerenden Wander- und Reiterpfad der Indianer erreicht, und ritten nun auf der Ostseite der Laramie Gebirgskette über die Hügellandschaft oberhalb des North Platte Rivers nach Nordwesten in Richtung Casper. Noch vor dem Ort Glenrock ging es dann wieder durch das Tal eines kleinen, namenlosen Flüsschens hoch in die bewaldeten Berge. Nirgends eine Spur menschlichen Lebens. Tom ritt voran. Er allein kannte nur die Gegend, in der die Menschen seiner Sippe leben würden. Doch das letzte Mal war er hier vor vielen Jahren gewesen. Damals war es im Frühherbst, es lag noch kein Schnee, und es sah alles ganz anders aus. Würde er jetzt die abgelegene, einsame Blockhütte überhaupt wiederfinden?

Endlich, nach langem Suchen im tiefverschneiten Winterwald, entdeckten sie kaum noch sichtbare Schlittenspuren im Schnee. Aber war das auch der richtige Weg, dem sie nun schon eine ganze Zeit lang gefolgt waren, oder lag die Hütte in entgegengesetzter Richtung? Inzwischen dämmerte es. Zum Glück war Vollmond, der die Schneelandschaft in ein seltsames, überirdisches Licht tauchte. Plötzlich erhob Tom die rechte Hand als Zeichen zum Anhalten. Alle lauschten gespannt in eine Richtung. Da! Schon wieder. Jetzt hatte es jeder deutlich gehört – Hunde! Oder waren es Kojoten, deren Geheul sich genauso anhört? Nur langsam ritten sie jetzt weiter. Das Geheule wurde immer lauter und kam aus einer ganz bestimmten Richtung. Erleichterung und Freude zugleich spiegelte sich in den Gesichtern der Männer. Noch einige hundert

Meter, dann öffnete sich vor ihnen eine Lichtung mit einem steilen Abhang zu einem kleinen Bach. Und genau auf dem Hügel stand sie, die Blockhütte, nach der sie stundenlang gesucht hatten.

Die Fremden empfingen die angepflockten Huskys mit lautem Gebell, fletschenden Zähnen und zerrten unbändig an ihren Ketten. Fast gleichzeitig sprangen vier erschöpfte Männer vom Rücken der vor Anstrengung dampfenden Pferde, umarmten sich und brüllten einen lauten Freudenschrei in das endlose Schweigen des Waldes. Sie hatten nach einem langen Ritt bei bitterster Kälte und tiefem Schnee das schier Unmögliche geschafft.

Schweigend näherten sie sich langsamen Schrittes der Hütte. „Wieso kommt niemand aus dem Haus, wie damals bei meinem letzten Besuch vor einigen Jahren, und warum brennt kein Licht? Seltsam!“ Tom machte ein besorgtes Gesicht.

Doch plötzlich wurde die rustikale Holztür wie von Geisterhand geöffnet. Im fahlen Licht des Vollmonds trat ihnen aus dem Halbdunkel eine bärtige Person in einem langen Fellmantel entgegen, die wie ein gruseliger, uralter Waldgeist aussah. Waldemar erschrak. Von Geistern und Kobolden, die so ähnlich aussehen mussten, die in den dunklen Wäldern Masurens ihr Unwesen treiben, hatte die Großmutter an kalten Winterabenden oft schaurige Geschichten erzählt. Es dauerte einige Augenblicke, bis jemand etwas sagte. Dann trat der alte Mann einen Schritt nach vorn und umarmte Tom. „Welch eine Freude!“ Er schüttelte ungläubig den Kopf. „Wo kommt ihr denn her, mitten im Winter, bei dieser Hundskälte, die noch bis vor ein paar Tagen herrschte. Kommt rein an den warmen Ofen, ihr seid ja halb erfroren.“ Er drehte sich zu den anderen um. „Diese verrückte Idee kann nur von Tom stammen.“

Wie recht er hat, schoss es Waldemar durch den Kopf.

Nacheinander traten sie nun in einen rauchgeschwärzten, düsteren Raum, den nur das flackernde Licht eines Kaminfeuers ein wenig erhellte. Mittendrin ein grober Holztisch, zwei wacklige Schemel und ein Stuhl mit Armlehnen. In einer dunklen Ecke gab es so etwas wie ein Bett, aber mehr eine Pritsche mit vielen Fellen. „Holt dort aus der anderen Ecke noch die kleine Bank und stellt sie in die Nähe des Feuers.“ Er drehte sich zu Tom um: „Es hat sich hier vieles verändert, seit Martha nicht mehr da ist.“

„Meine Freunde und ich“, Tom hatte die Männer mittlerweile dem alten Mann vorgestellt, „arbeiten als Cowboys auf einer großen Ranch. Wir haben von unserem Boss drei Monate frei bekommen, weil wir das beste Team mit dem niedrigsten Verlust an Rindern waren. Die Idee hierher zu kommen, stammt natürlich von mir. Ich wollte euch nach langer Zeit mal wiedersehen, und den Jungs Wyoming zeigen, wie es kaum einer kennt.“

Sie versorgten die erschöpften Pferde, brachten sie in einem nahen Bretterschuppen unter und verschlangen gierig eine warme Mahlzeit, als Tom schließlich dann mehr und mehr über diesen seltsamen alten Mann zu erzählen anfing, der hier in der Abgeschiedenheit, in dieser einsamen Wildnis, seit vielen Jahren lebte: „Mein Onkel Samuel ist Goldsucher und Trapper und haust hier in den Bergen schon mehr als sechzig Jahre. Vor drei Jahren verstarb seine Frau Martha, meine Tante. Sam ist über neunzig, so genau weiß er das nicht, denn er besitzt keine Urkunde oder irgendein anderes Dokument, das darüber zuverlässig Auskunft geben könnte.“

Der alte Mann nickte. „Noch bevor die ersten Siedler in diese Gegend kamen, hatte ich als junger Bursche mehr oder weniger erfolgreich in den Black Hills nach Gold gesucht. Die wenigen Nuggets, die ich nach schwerer Schufterei fand, tauschte ich in einer Bank in Fort Pierre am Missouri einmal im Jahr gegen harte Dollars um. Wo ich das Gold gefunden hatte, verriet ich niemandem. Es blieb mein Geheimnis. Es reichte gerade zum Überleben. Vom 12. April 1861 bis zum 9. April 1865 tobte der Bürgerkrieg in Amerika. In der Abgeschiedenheit des Mittleren Westens erfuhr ich davon erst Jahre danach, als er längst vorüber war. Erst später in den siebziger Jahren, als man den Sioux das Land weggenommen hatte, entdeckte man tatsächlich die reichen Goldadern in den schwarzen Bergen. Nachdem der Goldrausch so richtig losging, wurde 1876 Rapid City gegründet. Eines Tages lief mir in einem kleinen Ort ein hübsches Mädchen über den Weg, die ich seit dieser schicksalhaften, ersten Begegnung nicht mehr vergessen konnte. Ja, und dann ging eigentlich alles seinen Weg. Wir verliebten uns sofort ineinander und entschieden uns für das einfache Leben in der Wildnis. Martha hatte nichts, ich hatte nichts, aber wir hatten uns.

Bevor wir in das unbekannte Landesinnere loszogen, besorgte ich noch schnell eine Säge, eine Axt, eine Zange, ein Hammer, zwei Dutzend Fallen, Draht, Nägel, Seile, ein Gewehr, einen Colt, dazu einiges an Munition. Von einem alten Farmer kauften wir noch zwei Mustangs einschließlich Sättel und Zaumzeug. So machten wir uns, getrieben von unbändiger Abenteuerlust, erlebnishungrig auf den unbekannten Weg. Gott sei Dank war Sommer. Zunächst ritten wir nach Westen und lebten eine Zeit lang im Tal des Powder Rivers am Fuße der Bighorn Mountains. Eines denkwürdigen Tages, es fegte gerade ein schlimmes Unwetter mit starkem Hagelsturm über das Land, begegneten wir einem Trapper, der genau wie wir in einer Felshöhle Schutz gefunden hatte. Der erzählte uns von dem Wildreichtum in den Laramie Mountains, einer bewaldeten, langgezogenen Gebirgskette, die sich von Casper im Norden bis weit hinter den Ort Laramie im Süden erstreckt. Ja, und so kamen wir hier in diese Gegend.

„Wir suchten uns einen Platz auf einer Anhöhe in der Nähe eines Bachs mit kristallklarem Wasser, von der wir weit ins Land blicken konnten. Zunächst fällten wir am Hang die Bäume. Danach errichteten wir an dieser Stelle ein einfaches Blockhaus, eigentlich eine primitive Trapperhütte, die wir nach und nach weiter ausbauten. Sie hat uns sechzig Jahre Sommer wie Winter gute Dienste geleistet.“ Er unterbrach die spannende Erzählung, als Tom eine von unseren mitgebrachten Flaschen Whisky entkorkte und diese seinem Onkel hinüberreichte. Der Alte nahm einen kräftigen Schluck und reichte sie danach weiter an Gustav. „Es ist schon lange her, seit ich mir in Casper einen guten Whisky gönnte.“ Sam trank noch einen guten Schluck und sank in seinem selbstgezimmerten Lehnstuhl ins Reich der Träume. Daraufhin bauten die Männer aus Fellen und Decken ein Nachtlager auf dem Fußboden der warmen Blockhütte und rückten eng zusammen.

Während die anderen am nächsten Morgen auf die Jagd gingen, erfuhr Waldemar noch mehr über das Leben dieses seltsamen Trappers, dessen schneeweißer, verwilderter Vollbart die Furchen des Alters in seinem verwitterten Gesicht bedeckte. Seine Eltern stammten aus Irland. Um 1800 wanderten sie nach Amerika aus. Einige Jahre danach kam er in Boston zur Welt. Mit den ersten Siedlern, die sich damals auf den großen Treck nach Westen aufmachten, zog auch seine Familie mit. Da der Westen Amerikas damals hauptsächlich Indianergebiet und noch vollkommen unbekannt war und es zu jener Zeit weder Straßen noch eine Eisenbahn gab, kamen die Siedler mit ihren schwerbeladenen Planwagen nur langsam weiter. Sie mussten jederzeit auf plötzliche Überfälle durch die Indianer vorbereitet sein. Als sie in St. Paul im Staat Minnesota den Mississippi überquert hatten, wurde man im Tal des Minnesota Rivers in der Nähe von Granite Falls sesshaft.

Sam fühlte sich mit seiner Familie in dieser Gegend recht wohl, besuchte mit seiner Schwester Amanda die Schule in Marshall, war fleißig und stets ordentlich gekleidet, denn dafür sorgte immer seine Mutter, die sich in der Gegend als Schneiderin damit ein Zubrot zum Lohn des Vaters verdiente, der in Marshall in einer Schmiede und Sattlerei Arbeit gefunden hatte. Aber am liebsten weilte er mit seinem Freund Jerry unten am Fluss bei den Wasserfällen. Wenn sie nicht gerade angelten, dann saßen sie einfach nur so da, schmiedeten verwegene Pläne und beobachteten, wie sich die Wassermassen über die gewaltigen Granitblöcke tosend und donnernd in die Tiefe stürzten. Nach Westen wollten sie, auch wenn es noch so gefährlich wäre, durch Indianerland zu reiten. Doch als es eines Tages kurz nach seinem zwanzigsten Geburtstag so weit war, verließ seinen Freund der Mut. Samuel jedoch blieb bei dem einmal gefassten Entschluss und zog allein westwärts.

Viele junge Männer suchten in jener Zeit das große Glück in dem noch fremden und menschenfeindlichen Westen des neuen Amerikas. Sein Weg führte ihn zunächst nach North Dakota in die Stadt Bismarck am Missouri. Dort fand er Arbeit in einer großen Bäckerei, die ihm aber wenig gefiel. Als er etwas gespart hatte, zog er auf einem alten Kahn, der Waren und Passagiere auf dem Missouri beförderte, weiter nach Pierre in South Dakota. Dort kaufte er sich ein Pferd. Ohne Arbeit und ohne Geld verließ er kurz nach seinem Eintreffen die Stadt wieder und schloss sich einem Kavallerieregiment der United States Army an, das auf dem Weg zum Fort Meade war und den Befehl hatte, im Indianerland in der Region der Black Hills für Recht und Ordnung zu sorgen. Auf dem langen Marsch durch das Land der Cheyenne und Sioux, die sich selbst Dakotas nennen, kam es kaum zu einem ernsthaften Zwischenfall mit den Ureinwohnern.

Dieses Regiment der U.S. Army wurde von einem Scout begleitet, der sich als Kundschafter und Pfadfinder im wegelosen Mittleren Westens bestens auskannte. Vor allem aber kannte er einige Stammeshäuptlinge, mit denen er im Laufe der Jahre eine friedliche Freundschaft geschlossen hatte. Bill Smith war ein Trapper, ein Weißer, dem sie vertrauten. Er mochte so um die vierzig sein, war stark wie ein Bär, groß gewachsen, trug einen mächtigen Schnurrbart und ritt einen stolzen, schwarzen Mustanghengst. Wo immer eine Möglichkeit dazu bestand, suchte Samuel seine Nähe. Zwischen den Soldaten in Uniform, fiel er schon allein dadurch auf, dass seine Kleidung größtenteils aus Büffelleder bestand und er eine rotbraune Fellmütze trug, die hinten einen Fuchsschwanz hatte. Er baute in der typischen Wagenburg der Army sein tägliches Nachtlager immer so, dass er einen freien Überblick auf das dahinterliegende Gelände behielt und legte seine Büchse stets griffbereit neben sich. Samuel bewunderte diesen verwegenen Scout, der das Regiment ohne Verluste an Mensch und Material sicher durch allerlei Gefahren im Indianerland führte und staunte noch mehr, als sie nach Wochen wohlbehalten im Fort Meade am Fuße der Black Hills eintrafen. Während des langen Ritts hatte er vieles von diesem furchtlosen Trapper über das Leben in der Wildnis gehört und gelernt. Als Bill nach einigen Tagen Sam so ganz nebenbei fragte, ob er Lust hätte mit ihm mitzureiten, zögerte er keinen Augenblick.

Nach einem kurzen Verabschiedungszeremoniell ritten Bill und Sam schon am nächsten Morgen durch das Tor des Forts hinaus in das feindliche Indianerland. Zunächst führte der Weg sie entlang eines namenlosen Baches, der durch den östlichen Teil der Black Hills fließt und dann irgendwo in den Cheyenne River mündet. Danach ritten sie auf einem Pfad entlang der Gebirgskette in südliche Richtung, dann wieder nach Westen durch das Tal eines Flusses zu einem einsamen Bergsee am Fuße des Harney Peaks, des höchsten Berges der Black Hills. An diesem See hatte Bill eine einfache Hütte gebaut, in der er auch wohnte, wenn er während seinen weiten Streifzügen durch das Land der Sioux, Dakota und Cheyenne wieder hier in der Gegend war.

Eines Tages, erzählte er Sam, als er gerade am Ausfluss des Sees auf Forellen angelte, entdeckte er im klaren Wasser zwischen den Steinen etwas Glitzerndes. Wie der Blitz schoss es ihm durch den Kopf: Gold! Und tatsächlich – er hatte Gold gefunden, zwar nur wenig, aber es war zweifellos das begehrte Edelmetall. Er sprach mit niemandem über seine sensationelle Entdeckung, kaufte in einer kleinen Stadt alles, was ein Goldgräber braucht, wie Hacke, Schaufel und Goldpfanne, ritt zurück zu seinem Gebirgssee und namenlosen Bach und fing an, wie besessen nach Gold zu schürfen. Doch so sehr er auch die Ufer durchwühlte, war die Ausbeute nur gering. Schließlich gab er die Suche ganz auf. Er wurde Pelztier- und Büffeljäger, verkaufte die Felle an weiße Händler und lebte in dieser Gegend von dem, was die Natur ihm kostenlos zum Leben schenkte.

Bill und Sam übernachteten an diesem Tag am See. Bevor die Sonne hinter den Bergen versank, saßen sie lange vor der versteckten Hütte am Lagerfeuer, grillten auf langen Weidenruten aufgespießte Forellen und tranken dazu einen Schluck Whisky aus einer ledernen Feldflasche. Um sich nicht durch aufsteigenden Rauch zu verraten, verbrannten sie nur dürres, trockenes Holz. Zwei Männer, die nun gemeinsam den noch ziemlich unbekannten Mittleren Westen erkundschaften wollten, die sich auf dem wochenlangen Ritt zum Fort Meade näherkamen, der eine ein erfahrener Scout, der andere ein unerfahrenes Greenhorn. Aber Sam steckte voller Tatendrang, war wissbegierig und erlebnishungrig.

Bisher waren sie noch keinen Indianern begegnet, doch das sollte sich schnell ändern. Eines Tages, sie ritten irgendwo durch die zerklüfteten Berge, umzingelten sie mit lautem Kriegsgeheul eine Gruppe Indianer auf ihren wilden Mustangs. Sam rutschte vor lauter Schreck das Herz in die Hose. Blitzartig fiel ihm in dieser heiklen Situation ein, was ihm Bill unterwegs ein paar Mal gesagt hatte: Greife nie zur Waffe, wenn wir Indianern begegnen. Bill erhob ganz ruhig die rechte Hand zum Gruß und gab den Wilden durch eine Geste zu verstehen, dass sie in friedlicher Absicht unterwegs wären. Man wechselte danach einige Worte in der Sprache der Indianer, die Sam aber nicht verstand.

Es waren Stammesbrüder der Cheyenne. Bill hatte sie an ihren auffälligen Stammeszeichen und an ihrer Bemalung erkannt, erzählte er ihm später. Plötzlich stieg Bill von seinem Pferd und ging danach unbewaffnet auf einen der Rothäute zu, der wohl der Anführer sein musste. Fast gleichzeitig sprang auch der Indianer von seinem Mustang. Eine ungeheuerliche Anspannung herrschte nun in dieser bedrohlichen Situation. Was würde geschehen, überlegte Sam, wenn die Rothäute auf ein Zeichen ihres Anführers plötzlich angreifen würden? Bill war unbewaffnet, und er hätte sowieso keine Chance, denn sein Gewehr steckte noch neben seinem rechten Bein in einem Schaft. Aber dann, was war geschehen? Sam war völlig überrascht. Auf ein Handzeichen des Anführers senkten die anderen ihre Waffen. Begleitet von einem Freudenschrei begrüßten sich jetzt Bill und der vom Pferd gestiegene Indianer wie alte Freunde. Es musste in der Vergangenheit etwas geschehen sein, was die beiden Männer zu diesem Gefühlsausbruch veranlasste, dachte Sam. Man verständigte sich so gut es eben ging, tauschte nach Indianersitte kleine Geschenke und rauchte gemeinsam die Friedenspfeife. So plötzlich wie die Wilden vor ihnen aufgetaucht waren, verschwanden sie auch wieder.

Auch Bill und Sam ritten weiter. Als sie nach einiger Zeit an einem kleinen See Rast machten, erzählte Bill ihm die Geschichte: „Vor Jahren, ich jagte gerade im weiten Tal des Platte Rivers im Land der Shiennes, fand ich einen schwerverletzten Wilden, der sich mit allerletzter Kraft zu einem Gebüsch am Fluss geschleppt hatte und sich dort versteckte. Die feindlichen Rothäute hielten ihn wohl für tot. Sicherlich kam es hier wieder einmal zu blutigen Stammesfehden zwischen den verfeindeten Dakota und den Cheyenne, denn überall deuteten Spuren eines erbitterten Kampfes darauf hin. An der Bemalung des Kriegers erkannte ich sofort, dass er ein Cheyenne war, denn ich tauschte oft Pelze gegen viele andere Gegenstände des weißen Mannes mit diesem Stamm. So gut es eben ging, versorgte ich die tiefen Wunden des Indianers, die ihm wohl durch eine Streitaxt zugefügt wurden, lud ihn auf mein Packpferd und ritt danach tagelang auf der Suche nach seiner Sippe durch das Tal des Platte Rivers. Seine Wunden heilten erstaunlich schnell. Als es ihm dann besser ging, er wieder aufrecht reiten konnte und mir vertraute, fanden wir seinen Stamm an der Mündung des Laramie in den Platte.

Erst jetzt erfuhr ich, dass der verwundete Krieger der Sohn des Häuptlings Newatheka war und Wathanabe hieß. Sein Vater bedankte sich auf die Art der Indianer, indem er mich mit kleinen Gaben beschenkte und einlud, an der Zeremonie teilzunehmen, die als großes Fest der Freude und des Wiedersehens mit seinem Sohn ausgiebig gefeiert werden sollte. Ich sagte sofort zu, denn eine Absage wäre als Beleidigung und Vertrauensmissbrauch aufgefasst worden. Wir rauchten gemeinsam die Friedenspfeife und wurden Blutsbrüder, als die Sonne nur noch wie ein blutroter Ball über den Bergen stand. Danach war ich als Freund und friedlicher Weißer ein stets gern gesehener Gast bei diesem Stamm. Ja, und als wir heute der Gruppe begegneten, die sich auf der Jagd befand, erkannte mich deren Anführer erst, nachdem ich mit ihm redete und von meinem Pferd gestiegen war.“

Die heikle Begegnung mit den Kriegern der Cheyenne und die spannende Geschichte, die Bill am See erzählt hatte, beeindruckten Sam sehr. Im Laufe der nächsten Monate lernte er viel von diesem erfahrenen Scout über die Büffeljagd, das Trappen und Fallenstellen, aber vor allem über das Leben der Indianer. Es waren die vielen unvergesslichen Erlebnisse Sams an der Seite eines erfahrenen, mutigen Mannes, der den Mittleren Westen in jener Zeit kannte wie kaum ein anderer, die ihn bis zu seinem Lebensende nachhaltig prägen sollten.

Als Bill einen Auftrag erhielt, ein Regiment der U.S. Army zum Fort Clark am Missouri in North Dakota zu führen, sagte er sofort zu. Ihn reizte das Abenteuer, der weite, beschwerliche Weg durch kaum bekanntes Indianerland, obwohl er wusste, dass sie diesmal Rothäuten begegnen werden, deren Verhalten gegenüber fremden Eindringlingen alles andere als freundlich bekannt war. Aber gerade das suchte er, der mutige, furchtlose Scout, der die Sprache der meisten Stämme sprach. So trennten sich eines Tages ihre Wege. Als Bill, der zuverlässige Kamerad, mit dem er so manche Freundschaft mit den Rothäuten geschlossen hatte, auf seinem schwarzen Mustanghengst in die aufgehende Morgensonne ritt, sich noch einmal zu ihm umdrehte und danach hinter den Hügeln im Tal verschwand, ahnte Sam, dass sie sich wohl niemals mehr wiedersehen würden.

Nun allein auf sich gestellt, ritt er zunächst zu Bills Hütte und überwinterte dort am kleinen See in den Black Hills. Es war eine verdammt harte Zeit, dieser kalte Winter in den Bergen, aber er hielt durch, kämpfte ums Überleben und war froh, als die immer stärker werdende Frühjahrsonne das Eis auf dem See und den meterhohen Schnee endlich zum Schmelzen brachte, denn nun konnte er nach dem Gold suchen, von dem ihm die Indianer im letzten Sommer erzählt hatten.

Über ein Jahr hielt er sich in diesem Gebiet auf, durchwühlte unermüdlich die kleinen Hügel und Uferbänke an dem namenlosen Bach, der aus dem See durch tiefe Schluchten zu Tal donnert, ohne auf eine wirklich gute Goldader zu treffen. Schließlich gab er die Suche in dieser Gegend auf und zog weiter. Mehr Glück hatte er im Deadwood Gulch, einer tiefen Schlucht im Nordosten der Black Hills. Als er an einem Wasserfall seinen Durst stillen wollte, entdeckte er plötzlich zwischen den ausgewaschenen Steinen zwei kleine Nuggets. Nun glaubte er fest daran, ein größeres Goldvorkommen gefunden zu haben. Doch auch an dieser Stelle blieb es dabei, so sehr er die Erde und den Kies auch durchsiebte. Also, vermutete er, musste das herabstürzende Wasser die Nuggets von irgendwo oberhalb der Schlucht hierher gespült haben, stieg in die Berge auf und suchte dort fieberhaft weiter. Und tatsächlich: An den Ufern des Baches, der zum Wasserfall führte, fand er mehr von diesem begehrten Edelmetall. Er glaubte fest daran, eine Goldader entdeckt zu haben. Doch als nach wochenlanger harter Arbeit der Erfolg immer weniger wurde, gab er die Suche in dieser Gegend auch wieder auf und beschloss nun, die gefundenen Nuggets in Fort Pierre gegen harte Dollars zu tauschen.

„Ja, und dann lief mir Martha über den Weg, die Frau, die mein Leben veränderte.“ Der alte Mann geriet ins Schwärmen. „Ohne auch nur einen Augenblick zu zögern, war sie sofort bereit, an meiner Seite ein einfaches Leben in der Wildnis des damals noch völlig unbekannten Mittleren Westens zu führen. Die Suche nach dem Gold in den Black Hills hatte ich aufgegeben. In diesem riesigen Gebiet schürfte ich sicherlich nicht dort, wo dann Jahre später wirklich eine Menge Gold gefunden wurde. So ritten wir weiter nach Westen, lebten einige Jahre östlich der Bighorn Mountains und im Quellgebiet des Powder Rivers, bis wir jenem Trapper begegneten, der uns eine ganze Menge über die Laramie Gebirgskette erzählte. Als wir dann diesen wunderschönen Platz fanden, bauten wir unsere Hütte und blieben hier.

Der Anfang war hart und entbehrungsreich. Zu dieser Zeit gab es hier noch gewaltige Bisonherden, ein Wildrind, das in den weiten Prärien und lichten Wäldern Nordamerikas lebt. Die Tiere waren wichtigstes Jagdwild der Prärie- und Plains-Indianer. Als die weißen Siedler nach Westen zogen und die Büffel stark bejagten, fühlten sich die Rothäute in ihrem Land in ihrer Existenzgrundlage bedroht. Es kam zu häufigen Konflikten und kriegerischen Auseinandersetzungen. 1890 waren die Büffel durch Massenabschuss nahezu ausgerottet.

Als wir Anfang der dreißiger Jahre hier siedelten, blühte der Pelzhandel. Es gab in der Gegend eine Menge Marder, Füchse, Dachse, Vielfraße, Kojoten, Skunks und sogar Otter, die im nahen Tal des oberen Platte River lebten. So wurde ich Pelztierjäger und Trapper, verkaufte die Felle an Pelzhändler und kaufte mir einmal im Jahr von dem Geld in den Handelsstationen eben die Dinge, die man zum Leben in der Wildnis braucht.

Doch das Leben veränderte sich, als 1874 das Gold gefunden wurde, als man die Indianer aus ihrem Jahrhunderte alten Land und aus ihren Jagdgründen vertrieb."

Der alte Mann stützte sein müdes Haupt in beide Hände. Nachdenklich und sehr beeindruckt hatte Waldemar seinen Worten gelauscht. Welch ein einsames und doch glückliches Leben in den menschenleeren Laramie Mountains, nur auf sich gestellt, lag nun hinter Samuel und Martha, die einst bereitwillig mit ihm in die kaum bekannte Wildnis zog und nun ihre letzte Ruhe hier in einer überwältigenden Naturkulisse gefunden hat. Seine große Liebe hat ihn verlassen, mit der er mehr als sechzig Jahre Freud und Leid teilte, mit der er so manche Gefahr im Land der Indianer überlebt hatte.

Als hätte er die Gedanken der aufmerksamen Zuhörer erraten, huschte nun ein seltsam zufriedenes Lächeln über sein zerfurchtes Antlitz: „Martha hat mich nicht verlassen, sie schläft nur dort unter der weißen Bettdecke auf dem Hügel, auf dem im Frühjahr die schönsten Wildblumen blühen. Vielleicht schon in diesem, aber bestimmt im nächsten Sommer werde ich zu einem Freund in die Nähe von Rapid City ziehen und dort die noch verbleibenden Jahre bis zu meinem Lebensende verbringen. Joseph ist ein Halbblut, ein Mestize, mit dem ich eine Zeit lang Büffel jagte und Pelzhandel betrieb. Er wird nach meinem Tode meinen Leichnam verbrennen und die Asche über dem Grab meiner Martha verstreuen, damit ich wieder bei ihr bin. Das hat er mir versprochen. Ihm schenke ich dann auch mein Pferd, meine Hunde, mein Gewehr, meine ganze Habe. Niemand wird uns vermissen, keiner wird nach uns fragen. So wie wir einst die grenzenlose Freiheit und das einfache Leben in und von der Natur wählten, und nur der Tod uns trennen konnte, so bin ich sicher, dass uns der himmlische Vater wieder zusammenführt, denn wir sind beide gläubige Christen."

Welch ein unerschütterlicher Glaube. Der flackernde Feuerschein der brennenden, knisternden Holzscheite im Kamin, warf geisterhafte Schatten auf die Wände der primitiven Holzhütte und huschte über die nachdenklichen Gesichter der schweigsamen Männer. Der Tag verabschiedete sich mit einem glutroten Feuerball, der langsam hinter den Baumspitzen verschwand. Als Erster unterbrach Waldemar das lange Schweigen: „Ich bin froh, dass ich einem Menschen begegnet bin, dessen langes, zufriedenes Leben mich nachhaltig beeindruckt und fasziniert hat. Alles, was Sam uns erzählte, werde ich niemals mehr vergessen."

Sam erhob sich von seinem alten Schemel, ging langsam auf Waldemar zu und ergriff seine Hand: „Du bist ein kräftiger, ehrlicher Bursche, aber noch jung und unerfahren. Traue kaum einem Fremden, der dir begegnet, denn nicht jeder wird es gut mit dir meinen." Später erinnerte sich Waldemar noch einige Male an diese Worte.

Draußen vor der Hütte tat sich was. Tom und Chuck kamen von der Jagd zurück. Chuck hatte mit einem einzigen, gut gezielten Schuss einen Wapiti erlegt. Sie hatten den Hirsch in viele Stücke zerlegt und dann die Last auf zwei Packpferde verteilt. „Der Weg zurück zur Hütte war nicht so einfach zu finden", berichtete Tom. „Starker Schneefall hatte die alten Spuren inzwischen zugedeckt, aber Chuck war ja bei uns, der Trapper und Fährtenleser aus Montanas Bergen." Natürlich gab es an diesem Abend noch über offenem Kaminfeuer gegrillten Hirschbraten, ein richtiges Festessen, zu dem Tom für jeden einen guten Schluck Whisky spendierte.

Danach deponierten die Männer den größten Teil des gefrorenen Fleisches „bärensicher" in Sams Vorratslager, einem Bretterhaus, das nicht weit von der Blockhütte auf vier fünf Meter hohen glatten Pfählen stand. Damit kein Bär oder Vielfraß an den Stämmen zu den Vorräten hochklettern kann, ummantelte Sam das Holz in zwei Meter Höhe mit anderthalb Meter breiten Blechen. „Seht ihr die tiefen Kratzspuren an den Stämmen vor dem Blech? Das sind die gescheiterten Versuche der Schwarzbären an meine erlegte Beute zu gelangen. Sobald es wärmer wird, kommen sie aus ihrem Winterlager und folgen den unwiderstehlichen Gerüchen, denn die Burschen haben eine ganz feine Nase und im Frühjahr einen Bärenhunger. Meine Hunde, meine treuen Freunde, geraten förmlich aus dem Häuschen, wenn Meister Petz in der Nähe herumschleicht. Dann hole ich mein Gewehr und feuere ein- oder zweimal in die Luft, worauf die ungebetenen Gäste fast immer schleunigst flüchten. Meistens trauen sie sich aber nur hierher, wenn ich mit den Hunden irgendwo in den Bergen meine Fallen absuche." Chuck nickte. Er kannte das ja noch aus seiner Trapperzeit.

In den Tagen und Wochen in Sams Wildniscamp hatte Waldemar viel von dem alten Mann gelernt, von dem eigenartigen Eremiten, der mit seiner Frau fast sein ganzes Leben in der Wildnis, im Land der Indianer verbrachte. Die Männer wären noch gerne geblieben, aber die Zeit drängte, der Tag des Abschieds nahte. Als es deutlich wärmer wurde, der Schnee langsam zu schmelzen begann, war es so weit. Die Pferde hatten sich von den Strapazen nach Wochen der Ruhe wieder prächtig erholt. Über die Wipfel der schneebedeckten Bäume fielen erste Strahlen der aufgehenden Morgensonne und tauchten den Hügel mit dem schlichten Holzkreuz auf Marthas Grab in ein überirdisches Licht.

Eine seltsame Stimmung, ein eigenartiges Gefühl beschlich die Männer nun vor dem Aufbruch. Niemand redete ein Wort. Samuel trat erst vor die Hütte, als die Pferde gesattelt und bepackt waren. „Es war eine schöne Zeit mit euch." Er wollte noch etwas sagen, aber seine Stimme versagte, seine Worte gingen in einem Schwall dicker Tränen unter. Tom nahm ihn in seinen Arm. Jedem der Männer war bewusst, dass es ein Abschied für immer war, dass man sich niemals mehr wiedersehen würde. Als Letzter umarmte ihn Waldemar, brachte aber nur noch „God bless you" über die Lippen, drehte sich gerührt um und stieg auf sein Pferd. Noch einmal hielten die Reiter am Fuße des Hügels, auf dem nun Sam und Martha allein zurückblieben. Und oben auf der Anhöhe stand winkend der alte Mann, erhob sein Gewehr und feuerte vier Schüsse in die Luft. „Das war Samuels letzter Gruß an jeden von uns", rief Tom. Danach verschwanden die Reiter in einem Tal im dichten Unterholz der abfallenden Laramie Mountains. Viele Meilen von hier, irgendwo im Westen, musste die Sweetwater Ranch liegen. Ein langer, harter Weg durch unbekannte Wildnis lag nun vor ihnen.

Es war inzwischen milder geworden, so dass nun durch die Schneeschmelze die anschwellenden Bäche und Wasserläufe das schnelle Vorwärtskommen erheblich behinderten. Sie hatten keine andere Wahl, mussten es bis zur Ranch in einer Woche schaffen, denn dann fingen die harten Frühjahrsarbeiten an. So waren die Männer heilfroh, als sie endlich das Tal des Sweetwater Rivers gefunden hatten. Nun brauchten sie dem Fluss nur bis zum Oberlauf zu folgen, denn dort lag die Farm. Als sie eine tiefe Schlucht, das „Devils Gate", das Tor zur Hölle erreichten, mussten sie wieder umkehren und auf den Höhen eines Bergrückens den Canyon umgehen. Dadurch verloren sie wertvolle Stunden, denn der Ritt durch den Canyon wäre viel kürzer, aber äußerst gefährlich gewesen. Endlich hatten sie es geschafft. Auf der Ranch erwartete man sie längst. Besonders die Pferde hatten auf diesem äußerst schwierigen, abenteuerlichen Weg durch unbekanntes Land gelitten.

Die Rancher und die anderen Cowboys begrüßten die Männer mit lautem Gejohle. „Na endlich“, rief Fred, „wir glaubten schon alle, euch wäre etwas zugestoßen, denn wir erwarteten euch bereits vor vierzehn Tagen. Aber wie ich sehe, habt ihr harte Zeiten hinter euch.“ Sein erleichterter Blick wanderte von einem zum anderen. Als er dann Chuck fragte, wo sie die Monate verbracht hätten, er wäre ja nur noch ein Knochengerüst, antwortete dieser, wortkarg wie immer: „Im Osten, irgendwo bei einem Trapper in den Bergen.“ Alle lachten.

Während Tom nun von den gewaltigen, unmenschlichen Strapazen durch die unwegsamen, zerklüfteten Laramie Mountains, von eisiger Kälte und meterhohem Schnee und von Samuel, dem Eremiten berichtete, hatten Waldemar und Gustav bereits ein Auge auf die hübschen, gutentwickelten Farmertöchter Elise und Lousiana geworfen. Wenn Waldemar von Masuren, von seiner harten Kindheit in der Heimat erzählte, hörte ihm besonders Elise aufmerksam zu. Sie war ein durchaus sympathisches, junges Mädchen, geschaffen für das Leben in der rauen Prärie. Lousiana, die älteste von beiden dagegen war ganz anders. Sie hatte gerade in Denver in Colorado ihren Hochschulabschluss absolviert und schwärmte in höchsten Tönen von dem abwechslungsreichen Leben in einer großen Stadt. So war Gustav, der englischen Sprache immer nur wenig mächtig, auch nicht der ideale Gesprächspartner für sie. Er zog es daher vor, mit Chuck und weiteren Kumpanen etwas für die trockene Kehle zu tun, da ihm Toms Whiskyrationierung in Sams Blockhaus ganz und gar nicht gefallen hatte.

Als die Frühjahrsonne die Hügel und endlosen Ebenen vom Schnee befreit hatte, begann der alljährliche Austrieb der Herde in die endlose Steppenlandschaft der Prärie. Jeder Gruppe wurden die gleichen Männer wie im Vorjahr durch den Vormann zugeteilt. Chucks Mannschaft erhielt noch einen Cowboy, der zuletzt in Montana gearbeitet hatte. Er war ein junger, drahtiger Bursche, ein ausgezeichneter Reiter, der sich gut in die Mannschaft einfügte. In diesem Jahr wurde die riesige Herde von Alt- und Jungtieren zunächst in das weite Hochlandbecken des Great Devide getrieben, eine wüstenähnliche Region aus rotem Sand im Südwesten Wyomings, in der es selten regnet. Chuck und Tom hatten sich vorgenommen, die Herde weiter bis in die Gegend des Green Rivers zu treiben, um neues Weideland zu erkundschaften. Doch der Weg durch die trockene, ausgedörrte Grassteppe war schwierig. Als man endlich das große Becken hinter sich gelassen hatte, gelangten die Männer mit ihrer gewaltigen Herde in eine einzigartige Landschaft. Es war nicht das beste Weideland für die Rinder, aber eine spektakuläre Steppenregion in den Flusstälern zwischen Green River und einem seiner linken Nebenflüsse. Der weite, harte Weg hatte sich gelohnt. Hier waren die Cowboys mit ihrer Herde allein, hier gab es weder eine Ranch noch eine Farm.

Zwischen zwei Felsblöcken aus rotem Sandstein, von denen man einen weiten Blick über ein langgestrecktes Tal hatte, wurde das Basislager errichtet, das nun bis zum Großen Treiben im Herbst auch Hauptaufenthalt und Nachtlager war. Der mittlerweile gewohnte Rhythmus eines Cowboyalltags bestimmte nun das Leben in der Prärie. Waldemar und Gustav waren inzwischen geübte Viehhirten, die ihre Aufgaben genauso meisterten, wie alle Kameraden im Team. Hier gab es keine Gebietsansprüche, keine Einzäunung und wohl auch keine Viehdiebe. Die riesige Herde war gut zu hüten, da sie über die beiden Flüsse nicht so leicht ausbrechen konnte.

Der Sommer 1897 war ungewöhnlich heiß und trocken. Es regnete selten, und wenn, dann gab es heftige Wärmegewitter mit wolkenbruchartigen Regenfällen. In diesem einsamen, abgelegenen Gebiet lebten große Gabelbockherden und unzählige Präriehunde, in deren Bau sich oft Klapperschlangen versteckten, die auf Beute lauerten. Auch war die Grassteppe idealer Lebensraum für verschiedene Arten von Krötenechsen und Skorpionen, die in warmen Sommernächten in den Stiefeln der Viehhirten oft Unterschlupf suchten. Unvergesslich für jeden der Männer aber blieben die Abende und lauen Nächte am knisternden Lagerfeuer. Wenn der Vollmond sein bleiches Licht auf den roten Sandstein des nahen Green Rivers warf und das Wasser wie pures Silber erstrahlen ließ, wenn die Cowboys ihre romantischen Lieder von Liebe, Glück und Heimweh zu den leisen Klängen einer Mundharmonika sangen, wenn in der Ferne die Kojoten heulten und die Prärieeulen lautlos über die Grassteppe schwebten – dann erfüllte eine seltsame Stimmung die Herzen der Männer. In einem der wenigen Briefe an seine Eltern schwärmte Waldemar ausgiebig davon. Und an Katharina schrieb er: „Ich habe das Geld für deine Überfahrt nach Amerika gespart und hole dich bald zu mir.“ Doch es sollte alles anders kommen.

Es waren herrliche Tage in den einsamen Weiten der Prärie, es war eine unvergessliche Zeit am Green River. Der Zuwachs von Kälbern in der Herde war außergewöhnlich gut, es gab keine nennenswerten Verluste bei den Jungtieren durch Braunbären, Präriewölfe oder Krankheiten. Lediglich einmal verlor man sechs Rinder durch Blitzeinschlag. Auch in diesem Herbst brachten Chucks Männer die Tiere in gutem Allgemeinzustand wieder zur Sweetwater Ranch.

Erst im Spätsommer nach dem Großen Treiben, erfuhren die Männer was in der Welt so alles geschehen war. Für Waldemar und Gustav war natürlich die Post aus der fernen Heimat das Wichtigste. Doch die Freude über die neuen Nachrichten währte nicht lange. Waldemars Vater schrieb, dass die Mutter im Frühjahr an ihrem schweren Herzleiden verstorben war. Sie kam wohl nie darüber hinweg, dass er damals das Elternhaus verlassen hatte, ohne sich bei ihr zu verabschieden. Auch auf Gustav wartete keine gute Nachricht. Hochbetagt war sein Vater friedlich in seiner Kammer eingeschlafen, schrieb die Mutter. Niederschmetternd für Waldemar waren die Zeilen in Katharinas Brief. Was dort stand, wollte er anfangs nicht glauben, einfach nicht begreifen. Immer wieder las er den Brief. Mit allem hatte er gerechnet, nicht aber damit:

„Jahrelang habe ich darauf gewartet, dass du zu mir in die Heimat zurückkehren würdest“, schrieb sie. „Nach dieser langen Zeit bin ich schweren Herzens zu der Erkenntnis gekommen, dass ich dich verloren habe, denn ich kann dir nicht nach Amerika folgen, weil ich meine Familie hier nicht im Stich lassen möchte.“ Doch was dann folgte, war wie ein Dolchstoß mitten ins Herz. „Noch in diesem Jahr werde ich Herbert, einen jungen Mann aus der Nachbarschaft heiraten, der im Sägewerk meines Vaters arbeitet. Die lange Trennung ist unser Schicksal geworden. Ich werde immer an dich denken und wünsche dir viel Glück in einem fremden Land. Es sollte wohl nicht sein! Deine Katharina.“

Dem ersten Schock folgte tiefe Traurigkeit. Auch Gustavs tröstende Worte halfen kaum. „Es kam, wie es eigentlich kommen musste, denn welche junge Frau wartet schon so viele Jahre auf einen Mann, der nach Amerika auswandert und hier und da mal an sie schreibt. Das konnte auf Dauer nicht gut gehen. Auch eine große Liebe geht zugrunde, wenn man sich solange nicht sieht. Du musst dich damit abfinden, mein Junge.“ Gustav umarmte seinen traurigen Freund.

Von dieser Stunde an änderte sich Waldemars Einstellung zum Leben. Tagelang saß er nur da und grübelte vor sich hin. Aber so schnell wollte er Katharina nicht aufgeben. Er trug sich sogar mit dem Gedanken, von New York wieder mit einem Schiff nach Deutschland zu reisen. Doch dann verwarf er diesen Plan wieder, da es einfach zu lange dauern würde, bis er in Masuren angekommen wäre. Stattdessen schrieb er einen langen Brief an sie, in dem er ihr versicherte, dass er ihr in Kürze eine Schiffskarte für die Überfahrt nach Amerika schicken und sie sofort heiraten würde. „Es ist zu spät, mein Freund“, redete ihm Gustav zu. „Katharinas Brief war monatelang unterwegs, wir waren einen Sommer lang ohne Nachricht in der Prärie. Deinen Brief wird sie erst erhalten, wenn sie längst verheiratet ist.“ Er hatte recht.

Auf der Ranch wurden nun die Rinder wieder wie in jedem Jahr gezählt, mit Brandzeichen versehen und danach in verschiedene, riesige Gatter getrieben. Den größten Teil der Herde verkauften die Gebrüder Ettelsburg direkt vor Ort gegen Cash auf die Hand an Aufkäufer der großen Fleischfabriken. Schon zwei Tage nach dem Handel mussten die Rinder zur Bahnstation nach Rawlins getrieben werden. Als besonderen Anreiz gab es für diese Arbeit noch eine zusätzliche Prämie. Chucks Mannschaft meldete sich gemeinsam für diesen Job. Unmittelbar nach der Verladung der Rinder, zahlten die Gebrüder Ettelsburg den Lohn und die zusätzliche Prämie an die Cowboys diesmal direkt vor Ort aus. Mit dem Einverständnis der Rancher beschlossen Chucks Männer noch ein paar Tage in Rawlins zu bleiben, denn in diesem gottverlassenen Nest sollte es inzwischen einen Saloon mit tollen Girls geben.

Es gab tatsächlich eine üble Kneipe im Westernstil und auch ein paar hübsche Mädchen, die den Cowboys nicht nur Gesellschaft leisteten und die Zeit vertrieben, sondern auch ihre Liebesdienste gegen harte Dollars anboten. Was die Männer beim Eintritt in den überfüllten Saloon sofort bemerkten, waren die neuen Spieltische in der äußersten Ecke des Lokals, an denen aber keine Spieler saßen. Niemand beachtete die Neuankömmlinge, die durch das Gedränge weiter nach vorn an eine lange Theke strebten, zu der es aber kaum ein Durchkommen gab.

Als ein vierschrötiger, ungeheuerlich schmutziger, bärtiger Bursche, mit dem listig-verschlagenen Blick eines Viehdiebs auf die Bühne sprang und mit erhobenem Arm um Ruhe bat, tobte der ganze Saal. „Freunde“, schrie er in die Menge, ballte seine rechte Hand zu einer

Faust, worauf die von Wind und Wetter gezeichneten Kerle mucksmäuschenstill wurden, „es wird Zeit, dass wir in den Hohen Norden nach Kanada aufbrechen, bevor die meisten Halunken, Banditen und Hurensöhne das ganze Gold aus der Erde gebuddelt haben. In einem stinkenden Indianernest am Yukon ist der größte Goldrausch aller Zeiten in vollem Gange. Dawson City heißt dieser magische Ort, der bereits für viele Strolche und Glücksritter ein Sprungbrett zu einem neuen Leben geworden ist. Lasst uns losziehen zu Reichtum und Wohlstand." Während der Schmierige unter Applaus und den gierigen Rufen „Gold! Gold! Gold!" die Bühne verließ, erkämpften sich Chucks Männer, die bisher von einem neuen Goldrausch nicht das Geringste gehört hatten, weiter zur Theke durch.

Es gab keinen Zweifel: Das Goldfieber hat epidemieartig jeden im Saloon befallen. An diesem Tag gab es nur noch ein Thema: „Gold!" Viele waren bereit, sofort alles stehen und liegen zu lassen, um dem Lockruf des Goldes zu folgen, obwohl kaum einer wusste, wo Dawson City am Yukon überhaupt liegt, wie unendlich weit und beschwerlich der Weg zu Glück und Reichtum sein würde. Auch die Männer der Sweetwater Ranch verspürten ein eigenartiges Gefühl, einen prickelnden Reiz, dem sie sich nicht so einfach entziehen konnten, je mehr sie davon erfuhren, je mehr sie sich darüber mit den zum schnellen Handeln und Aufbruch Entschlossenen unterhielten. Als sich dann gegen Mitternacht der widerliche Kerl zu ihnen gesellte und mehr über den Goldrausch erzählte, hatte das Goldfieber auch Gustav und Waldemar befallen.

Chuck und seine Männer blieben fast eine Woche in diesem dreckigen Nest. Mehr als die Hälfte der grölenden Meute, die sie vor wenigen Tagen im Saloon getroffen hatten, war über Nacht verschwunden. Niemand hatte je zuvor etwas von einem Indianernest im äußersten Nordwesten Kanadas am mächtigen Yukonstrom gehört, das nun Dawson City genannt wurde. Die noch unentschlossenen Übriggebliebenen stecken ihre Köpfe in eine Zeitung, die auf der ersten Seite in riesigen Lettern von den größten Goldfunden aller Zeiten berichtete. Irgendeiner hatte sie in das Lokal mitgebracht.

Und da stand es schwarz auf weiß: Ein Golddigger namens Robert Henderson, der schon fast dreißig Jahre auf allen Goldfeldern Amerikas, zuletzt auch am Indian River, vergeblich nach Gold gegraben hatte, findet hinter den Bergen im Sand an einem bis dahin unbekannten Nebenfluss des Yukons im Juli 1896, eine Goldwäscherpfanne voll Nuggets. Als er sich kurz danach in Sixty Mile wieder mit Proviant versorgt, trifft er auf dem Rückweg George Washington Carmack, einen „weißen Indianer", der die Tochter eines Häuptlings geheiratet hat, und seitdem mit den Rothäuten zusammenlebt. Henderson erzählt ihm von seiner Entdeckung. Kurz danach suchen George Washington Carmack, und seine beiden Schwäger Skookum Jim und Tagish Charlie, am Rabbit Creek – der später in Bonanza Creek umbenannt wird – und stoßen dort auf eine Goldader. Vom Goldfieber gepackt, graben sie weiter in dieser Gegend und machen am 16. August 1896 einen sagenhaften Goldfund am Thorndiuk River, der wenig später Klondike genannt wird.

Noch am gleichen Tag betraten die beiden Bill McPhee's Saloon und erzählten freudig von ihrem Glück. Kaum jemand hörte ihnen zu, hielt man hier doch George Carmack für einen der größten Lügner des Nordens. Als dann aber Skookum Jim eine Patronenhülse aus seiner Hosentasche zog und die blanken Nuggets über die Theke kullern ließ, wurde es plötzlich ganz still in Bill McPhee's Saloon. Alle hatten es auf einmal eilig und machten sich auf zum Thorndiuk. Es war ein historischer Tag, der den größten Goldrausch aller Zeiten entfachte, ein Ereignis, das eine bis dahin noch nie dagewesene Stampede, eine wilde Flucht, auslöste.

Alle im Lokal starrten wie gebannt auf den sensationellen Zeitungsbericht, lasen ihn wieder und wieder, brüllten vom Goldfieber befallen wild durcheinander, schlossen sich zu Gruppen zusammen, schmiedeten verwegene Pläne, diskutierten endlos, wollten möglichst schnell zu den Goldfeldern. Einer der hartgesottensten Kerle, der vorgab, sich im Nordwesten Amerikas bestens auszukennen, schlug vor, mit Packpferden über Land nach Norden aufzubrechen. Dieser Plan wurde aber schnell wieder verworfen. Zu weit und zu schwierig, viele tausend Meilen bis zum Yukon sei die Strecke über Gebirge, reißende Flüsse und wegeloses Gelände, zu lange würde es dauern, bis man nach unendlichen Strapazen in Dawson City wäre. Es war bereits Herbst, der Winter stand vor der Tür. Wer diesen Weg zu den fernen Goldfeldern nehmen würde, sei ein Selbstmörder.

Nachdem die lauten Diskussionen ein wenig abgeebbt waren, meldete sich ein kleiner, unscheinbarer Mann zu Wort, den man wegen seiner Größe einfach auf einen Holzschemel stellte. „Wir müssen nach Westen zu einem Hafen an der Pazifikküste, nach San Francisco oder Seattle, auf ein Dampfschiff, das uns nach Norden bringt."

Der Mann hatte recht. Die sensationellen Zeitungsnachrichten von den schier unerschöpflichen Goldfunden am Yukon versetzten halb Amerika in Aufbruchstimmung. In jener Zeit verließen Tausende und Abertausende fluchtartig die Dörfer und Städte. Nichts schien die frenetisch Begeisterten aufzuhalten: Auf zu den unermesslichen Goldminen am Klondike, auf nach Dawson City! Innerhalb kürzester Zeit verloren die alten Goldminen in Kalifornien zwei Drittel ihrer Arbeiter, in Seattle kündigten die Hälfte der Journalisten der „Seattle Times" ihren Job, Pfarrer schlossen ihre Kirchen, Händler machten ihre Läden dicht, und Polizisten quittierten ihren Dienst.

Als die „Excelsior" am 15. Juli 1897 im Hafen von San Francisco anlegte, stand das Volk am Kai und bemerkte, dass hier etwas Außergewöhnliches geschah. Fünfzehn zerlumpte Gestalten, die unter der Last der Nuggets beinah zusammenbrachen, verließen das Schiff. Eine riesige Menschenschar folgte den Goldgräbern vom Klondike, drängte sich um sie, als diese ihre Kisten und Säcke voller Nuggets auf den Ladentischen in den Saloons entleerten. Wenige Tage später spielte sich das Gleiche im Hafen von Seattle ab, als die „Portland" mit siebzig Abenteurern und bis zu zwei Tonnen Gold einlief und von einer unübersehbaren Menschenmenge empfangen wurde. Innerhalb kurzer Zeit verbreiteten sich diese Nachrichten im ganzen Land. Seattle wurde zur Drehscheibe zum Yukon.

Die Schiffe konnten die Masse der Goldgierigen kaum noch aufnehmen. Im Hafen stapelten sich Ausrüstungsgegenstände und Tonnen von Waren, mit denen die Menschen auf die nächste Chance warteten, um zum Yukon zu kommen. Zum Abwracken reife alte Seelenverkäufer wurden wieder notdürftig repariert, Schoner, Barken und Schaluppen instandgesetzt, jeder Kutter, der noch irgendwie schwimmfähig war, wurde gestürmt. Alle Eisenbahnzüge nach Seattle waren hoffnungslos überfüllt. Tausende aus allen Staaten Amerikas suchten das große Glück im Hohen Norden.

Tagelang hatten die Cowboys der Sweetwater Ranch die fieberhafte Aufbruchstimmung miterlebt, in allen alten und neuen Zeitungen herumgestöbert und mit einigen der vom Goldfieber infizierten diskutiert. Zu guter Letzt standen sie nur noch mit ein paar Unentschlossenen an der Theke im Saloon. Chucks Leute beschlossen, am nächsten Morgen wieder zur Ranch zu reiten.

In einer kurzen, schlaflosen Nacht entschieden sich Gustav und Waldemar für das Abenteuer, für den gewagten Aufbruch zum Klondike. Als sie ihren Entschluss am Morgen den Freunden mitteilten, sagte zunächst niemand etwas. Der sonst so schweigsame Chuck unterbrach als Erster die angespannte Stille: „Schade!" Alle anderen nickten zustimmend. Nach all den unvergesslichen Jahren, nach so manchem abenteuerlichen Erlebnis in den endlosen Weiten der Prärie, fiel der Abschied von guten Kameraden schwer. „Es soll wohl so sein. Passt gut auf euch auf, und wenn ihr stinkreich seid, dann vergesst eure armen Freunde von der Sweetwater Ranch nicht. Wir hatten gemeinsam eine wahnsinnig gute Zeit." Nach dieser kurzen Rede Toms, bestiegen die Cowboys ihre Mustangs und kehrten zur Sweetwater Ranch zurück.

Lockruf des Goldes

Stampfend und schnaubend, eine schwarze Rauchfahne hinter sich schleppend, quälte sich die Lokomotive der Union Pacific Railway über einen Pass der Rocky Mountains. In einem offenen, hoffnungslos überfüllten Viehwaggon kauerten dickvermummte Gestalten auf einfachen Holzbänken und Bergen von Packsäcken. Eisiger Wind pfiff unbarmherzig vom schneebedeckten Gebirge, der durch die Kleidung drang, alle Glieder erstarren ließ und in den Gesichtern beißende Schmerzen verursachte. Schon seit zwei Tagen gönnte die Kälte den Männern kaum Schlaf.

Hier reiste eine Gesellschaft, wie sie unterschiedlicher nicht sein konnte. Männer, die der herrschenden Armut entrinnen wollten, ihr Hab und Gut und ihre Häuser verkauft, die Schulden gemacht hatten, um die teure Zug- und Schiffsreise zu den sagenhaften Goldfeldern am Klondike zu finanzieren, Kaufleute, Handwerker, Fabrikarbeiter, Bergleute, Matrosen, Polizisten, Pfarrer und zwielichtige, dunkle Gestalten. Jeder hatte nur ein Ziel: Seattle, die Hafenstadt am Pazifik. Alle wollten noch vor dem Winter ein Schiff ergattern, das sie nach Skagway in Alaska, zu Reichtum und Glück bringen sollte.

Kurz vor der Abfahrt der Eisenbahn in Boise in Idaho, dem Nachbarstaat Wyomings, hatten Gustav und Waldemar noch eine Fahrkarte nach Seattle erstanden. Müde und erschöpft waren sie nach einem tagelangen Gewaltritt in dieser Stadt angekommen. Danach verkauften sie die Pferde und erwarben zu Wucherpreisen in einem bereits gähnend leeren Kramladen die letzten Schürfwerkzeuge, Schaufeln, Hacken, Stiefel und Munition für die Handfeuerwaffen, für ihre Colts. „Das ist die beste und sicherste Lebensversicherung", meinte Gustav und sollte später damit recht behalten.

Die Eisenbahnfahrt nach Seattle war der erste Härtetest. Seit Mitte 1897 war die restlos überfüllte Stadt am Pazifik die Drehscheibe zum Glück, zu den Goldfeldern am Klondike. Im Hafen stapelten sich riesige Berge von Kisten, Koffern und Packsäcken. Die Preise für eine Schiffspassage nach Skagway im Süden Alaskas stiegen von Tag zu Tag, je mehr vom Ruf des Goldes Besessene eintrafen. Viele warteten hier schon wochenlang auf ein Schiff, ertränkten in üblen Spelunken ihren Verstand in billigem Fusel und verprassten ihr Geld mit leichten Mädchen.

Endlich erhielten Gustav und Waldemar zwei Schiffskarten für das Steamship „City of Seattle", allerdings zu horrenden Preisen und nur durch Vermittlung eines zwielichtigen Bootmanns. Nach einer abenteuerlichen Dampfschiffreise, auf einem vollkommen überfüllten, in die Jahre gekommenen Pott, durch den von schweren Herbstürmen heimgesuchten Pazifik, vorbei an Vancouver Island und Queen Charlotte Islands und durch die grandiose, wildzerklüftete Fjordlandschaft des Christian Sounds, der Chatham Strait, des Lynn Canals und Chilkoot Inlets, lief das Schiff bei strahlendem Sonnenschein am äußersten Ende des Taiya Inlets im Hafen von Skagway ein.

Von dem hohen, schneebedeckten Küstengebirge, den Coast Mountains, blies ein eisiger Sturm. Der harte, nordische Winter stand vor der Tür. Der kleine Ort Skagway am Lynn Fjord, war restlos überfüllt. Tausende saßen hier und in der Bucht von Dyea in einer Falle. Es kursierte das Gerücht, dass die North West Mounted Police, den Chilkoot und den White Pass gesperrt hätten. Die an der kanadischen Grenze kontrollierende, berittene Polizei befürchtete im nahen Winter eine Hungersnot. In Dawson am Yukon gab es keine Lebensmittel mehr. Wer nach Kanada wollte, musste alles zum Überleben Notwendige ab sofort über die Pässe schleppen. Ebenso Schürfwerkzeug und Nahrungsmittel, zusammen fast eine Tonne.

An den Stränden von Dyea und Skagway lagerten Tausende von Goldschürfern in einem chaotischen Durcheinander von Zelten und primitiven Holzhütten, von Schiffswracks und Kanistern, zwischen ununterbrochen kläffenden Hunden und aufgeschreckten Pferden. Die meisten Goldsucher hatten keine Ahnung vom Überleben im Norden Kanadas, in dem das Thermometer im arktischen Winter nicht selten minus fünfzig Grad anzeigt.

Der White Pass oberhalb von Skagway, etwa zweihundert Meter niedriger als der Chilkoot Pass und angeblich leichter zu begehen, war bereits ab Ende September nicht mehr passierbar. Die es trotzdem mit ihren Packpferden versuchten, bezahlten es oft mit ihrem Leben. Der schmale Pfad zum Pass folgte zunächst dem Skagway River. Danach mussten viele tiefe Schluchten und reißende Gebirgsbäche durchquert werden. In den Devil Hills genügten kleine Fehler, um gewaltige Lawinen auszulösen, die alles mit sich rissen, und in den Porcupine Hills brachen sich die Pferde im lockeren Geröll die Beine. Jedoch das Schlimmste war der Aufstieg von über tausend Fuß zu den Summit Hills. Dieser Steilhang wurde durch metertiefen Schlamm zur tödlichen Falle. Von den über viertausend Männern, die es im ersten Jahr des Goldfiebers versucht haben, überlebten weniger als ein Viertel. Die in diesem Herbst aufgaben und umkehrten, brachten erschreckende Nachrichten, die sich rasend schnell in Skagway herumsprachen. Von den mehr als dreitausend Pferden, die während des Passanstiegs im tiefen Schlamm völlig entkräftet stecken blieben, überlebte nicht ein einziges. Sie wurden von den Männern so lange getreten und geschlagen, bis sie nur noch ein blutiger, mit Schlamm vermischter Brei waren und ihre Knochen von den Nachfolgenden als Trittstufen benutzt oder in eine tiefe Felsschlucht hinabgestürzt wurden, die später als „Dead Horse Gulch“ an das schaurige Geschehen während des Goldrauschs erinnern wird. Am „Dead Horse Trail“ wurden die Menschen zu grausamen Bestien.

Trotz des nahen Winters wollten noch Zigtausende über den Chilkoot Pass, der nicht nur höher als der White Pass ist, sondern auch berüchtigt für langanhaltende Schneestürme, eisige Kälte und permanente Lawinengefahr. Beide Routen über die Pässe im zerklüfteten Küstengebirge sind altbekannte Handelswege der Chilkat Indianer. Der letzte Anstieg zum Chilkoot Pass ist so steil, dass er mit Schlittenhunden und Pferden überhaupt nicht zu bewältigen ist. So musste jeder Mann fast eine Tonne an Goldsucherausrüstung und Proviant über den Pass schleppen, das verlangte und kontrollierte dahinter die North West Mounted Police. Den Männern erlaubte man bei jedem mörderischen Aufstieg nicht mehr als fünfzig Pfund zu tragen, um eine rasche Überquerung zu verhindern, denn man befürchtete im nahen Winter eine Hungersnot im überfüllten Dawson City am Yukon. Das bedeutete wochenlanger, kräftezehrender Auf- und Abstieg. Im Sheep Camp, in einem aus Kisten, Kästen und Zelten notdürftig errichteten Lager zwischen gewaltigen Bergen von Material, drängten sich die Abenteurer in eisiger Kälte und heftigen Schneestürmen vor dem brutalen Anstieg zum Gipfelpass. Pferde und Hunde verhungerten. Ein Menschenleben zählte nicht viel.

Skagway, an einem traumhaften Fjord Alaskas, Ausgangsort zu den Goldfeldern am Klondike, noch ein Jahr zuvor eine kleine Indianersiedlung, entwickelte sich in Windeseile zu einer Grenz- und Pionierstadt und platzte im Spätsommer 1897 mit 15.000 Einwohnern bereits aus allen Nähten. Auch Dyea, eine an einer schmalen Bucht quasi über Nacht entstandene Hütten- und Zeltstadt, Startplatz zum Chilkoot Pass, war restlos überfüllt. Es herrschten katastrophale Zustände. Spiel- und Tanzhallen, Saloons mit leichten Mädchen ruinierten so manchen Glücksritter, noch bevor er Dawson City erreichte. Und es kamen immer mehr Fremde in die Stadt, darunter viele Halunken und dunkle Gestalten. Einer der Übelsten war William Randolf „Soapy“ Smith, der mit seiner Bande in der Hafenstadt Skagway die Menschen in Angst und Schrecken versetzte. Diese Gesetzlosen stahlen, raubten und verlangten vor dem Anstieg zu den Pässen von den Goldsuchern ein Passiergeld. Fast in jeder Nacht hörte man Hilferufe aus Bordellen, Saloons, Tanzlokalen und lautes Stöhnen der Verwundeten und zu Tode Getroffenen. Samuel B. Steele, der einzige im Ort stationierte Polizist der North-West Mounted Police, konnte nicht eingreifen, war machtlos gegen den Terror der brutalen, skrupellosen Banditen.

Gustav und Waldemar waren in einer zusammengefallenen, fensterlosen Bruchbude untergekommen, in der bereits einige Männer hausten. Man schlief eng zusammengepfercht in feuchten Räumen auf dem Boden und bewachte die mitgebrachten Lebensmittel, denn im Ort konnte man kaum noch welche kaufen. Die Nächte waren mittlerweile empfindlich kühl geworden. Von der Küste wehten kräftige Winde, die mit heftigen Regen- und Schneeschauern die Schotterstraßen in wahre Schlammpisten verwandelten. Trotz eindringlicher Warnungen der zurückkehrenden Männer, die aufgegeben hatten, die an Kälte und Schneestürmen, an den mörderischen Pässen scheiterten, zogen doch einige los. Sie wollten nicht tatenlos hinnehmen, wie andere am Klondike das Gold aus den Flüssen und Bächen wuschen.

Und eines Nachts standen sie sich unerwartet im „Red Onion Saloon" an der Theke gegenüber, die berüchtigte Bande Soapy Smiths und die beiden Cowboys der Sweetwater Ranch, die Männer aus Germany. Im Saal herrschte angespannte Stille. Einer der Gangster musterte mit abschätzendem, verächtlichem Blick die beiden, drehte sich dann zu seinen Leuten um und bestellte eine Runde. Das konnte nur Soapy sein. Man merkte sofort, dass er in dieser Stadt der uneingeschränkte Herrscher war, dem jeder besser aus dem Wege gehen sollte. Um die knisternde Spannung etwas abzuschwächen, hämmerte auf ein Zeichen des Barkeepers ein bärtiger Greis wie wild in die Tasten eines uralten Klaviers und sang dazu altbekannte Goldgräberlieder. Die Bande soff sich innerhalb kurzer Zeit richtig voll, provozierte mit obszönen Gesten und beleidigenden Worten die Männer in ihrer Nähe, die eilends zahlten und aus dem Saloon verschwanden.

Als auch die Letzten von den Tischen aufstanden und das Lokal verließen, wurde es plötzlich beängstigend still an der Theke. Einer der Bande, ein langer, schmächtiger Bursche mit einem hinterhältigen, durchtriebenen Ganovenblick, fixierte Gustav und Waldemar eine ganze Weile, bevor er schwankend auf sie zuging und sich herausfordernd vor sie stellte. „He, wohl neu hier in der Stadt?", fragte er verächtlich grinsend. „Wir verstehen eure verdammte Sprache nicht. Wo kommt ihr denn her? Könnt ihr kein Englisch? Ihr seht ja nicht gerade aus wie Missionare oder Wanderprediger, die das gottlose Volk der Goldgräber bekehren möchten."

Auf seine provozierenden Fragen folgte schallendes Gelächter der Kumpane. Gustav kochte vor Wut, doch er blieb ruhig, als Waldemar ihm unter der Theke vors Schienbein trat. Er hatte mal wieder gut einen in der Birne. In diesem Zustand reagierte er meistens unberechenbar.

„Wir sind Deutsche, sprechen auch Englisch, denn wir haben jahrelang auf einer Ranch in Wyoming gearbeitet, sind weder Prediger noch Missionare und möchten wie fast jeder hier in dieser Stadt irgendwann zum Klondike aufbrechen.“ Waldemar beantwortete ruhig, aber innerlich angespannt die herausfordernden Fragen und beobachtete dabei genau die Reaktion des Halunken.

„Die Jungs kommen aus Germany“, brüllte der lauthals in den Saal, „hatten wohl die Schnauze voll, ein Leben lang als Cowboys, als Kuhjungens in Wyoming mit den stinkenden Viechern zu arbeiten. Sind wohl mit dem ganzen Lohn vom letzten Sommer hierhergekommen und wollen jetzt richtig reich werden.“

Die Meute der Banditen, dieser Ausbund an Niedertracht, antwortete mit schallendem Hohngelächter. Gustav wollte den unverschämten Kerl am liebsten angespitzt in den Boden rammen, doch er beherrschte sich, als Waldemar ihm wieder gegen das Bein trat.

Soapy, ein bärtiger Mann mit einem breitkrempigen, nach hinten ins Genick zurückgezogenen Hut, ignorierte die beiden Fremden zunächst. Auf ein Zeichen von ihm begab sich der schamlose Schurke wieder zu seinen Leuten. Das ist also der Boss der Bande, das ist also Soapy Smith, der brutalste Halunke von allen, der skrupelloseste Bandit von Skagway, der so gefürchtet wird und hier lässig an der Bar steht, ging es Waldemar durch den Kopf. Als der verbliebene Rest aus dem Schankraum sich im Nebenraum an die Tische setzte und pokerte, wollte Waldemar am liebsten den Saloon verlassen, bevor die angespannte Situation eskalieren würde. Doch Gustav bestellte seelenruhig noch zwei doppelte Whisky. Da half auch gutes Zureden nicht.

„He Cowboys, hier in diesem gottverlassenen Nest spendieren die Neuankömmlinge alle eine Runde. Wie wär’s mit euch? Ihr werdet euch doch nicht lumpen lassen? Meine Männer haben eine völlig ausgetrocknete Kehle. Ihr werdet uns doch nicht verdursten lassen, oder? Was haltet ihr davon? Wäre doch sicher eine noble Geste zur Begrüßung. Ein kleines Fläschchen Feuerwasser oder zwei für meine Brüder, ist doch wohl nicht zu viel verlangt, oder? Wir könnten Freunde fürs Leben werden, ehrlich, ganz im Ernst.“

Die Bande grölte und tobte nach diesen provozierenden Worten Soapys, der sich nun in einiger Entfernung demonstrativ breitbeinig vor die Angesprochenen stellte und auf eine Antwort wartete. Aber die drehten sich zur Seite, taten so, als hätten sie nichts gehört und schwiegen. Außer sich vor Wut wiederholte Soapy noch mal seine unverschämten Worte und ging dabei einen Schritt näher auf die beiden Neulinge zu. Um seiner frechen Forderung Nachdruck zu verleihen, öffnete er den Knopf seiner verschlissenen Jacke, so dass jeder nun einen großkalibrigen Revolver sehen konnte, der in einem ledernen Halfter steckte.

Atemlose, kaum erträgliche Spannung lag in der Luft, als Gustav von der Theke plötzlich einen Schritt zur Seite machte und seinen langen Ledermantel öffnete. An seinem rechten Bein bammelte ein schwerer Colt, mit dem er einst das treffsichere Schießen gelernt hatte. Waldemar war wie erstarrt. Es ging alles so blitzschnell, dass er vorher in keiner Weise eingreifen konnte. Nun rechnete er mit dem Allerschlimmsten. Sollte sich die Situation weiter zuspitzen, würde er seinem Freund zur Seite stehen müssen.

Doch es geschah nichts. Später sollte man sich unter den Goldgräbern darüber streiten, ob es die hünenhafte Gestalt Gustavs oder die abschreckende Erkenntnis war, dass Cowboys aus dem Wilden Westen gute Schützen waren, die Soapy zum schmachvollen Rückzug veranlassten. Jedenfalls schritt dieser voller Wut, mit hochrotem Kopf nun wieder zu den anderen, drehte sich noch mal um, spuckte verächtlich auf den Boden und brüllte lauthals: „Zum Teufel mit euch, ihr verdammten Tagediebe, zur Hölle mit euch, ihr Hurensöhne, ihr werdet noch lange an diese Nacht zurückdenken, in der ihr durstigen, friedliebenden Ehrenmännern einen Drink versagt habt. Verlasst euch drauf, wir sehen uns wieder!“

Waldemar atmete ein wenig auf, als die Bande kurz danach unter übelsten Flüchen und Verwünschungen laut grölend das Lokal verließ.

Aber nicht nur er fühlte sich wohler. Der aufgeregte Barmann spendierte noch einen Drink und versicherte den beiden, dass er so etwas noch nicht erlebt hätte. Fast immer würde so eine Geschichte mit einer wüsten Schlägerei und manchmal auch einer wilden Schießerei enden. Und der alte Klavierspieler, der ununterbrochen auf seinem ramponierten Instrument herumgehämmert hatte, kam nun sichtlich erleichtert an die Theke, um Gustav ehrfurchtsvoll zu betrachten. „Big, strong man“, musste er anerkennend noch loswerden, bevor er sich wieder setzte. Unaufhaltsam rückte der Zeiger der alten Wanduhr in jener denkwürdigen

Nacht der Vier entgegen. Schwankend verließen als Letzte Gustav und Waldemar das Lokal.

Nur wenige Tage später war es beschlossene Sache. Trotz der vielen Warnungen, trotz herbstlicher Stürme, Kälte und Schnee, nahmen Gustav und Waldemar die winterliche Herausforderung an und brachen zum Chilkoot Pass auf. Zum Glück war es bei der einen heiklen Begegnung mit Soapy Smith geblieben, der fast ein Jahr später im Juli 1898 von einem mutigen Goldsucher namens Frank Reid erschossen wurde. Doch bei diesem Schusswechsel wurde auch er schwer verwundet. Frank starb nur einige Tage später und ging als Held von Skagway in die Geschichte ein. Aber auch von dem mutigen Cowboy aus Wyoming, der sich von Soapy Smith in jener spannungsgeladenen Nacht im Red Onion Saloon nicht einschüchtern ließ, sprach man noch Jahre danach.

Ende September war es allerhöchste Zeit, aufzubrechen, denn in den Küstenbergen schneite es bereits, und es wurde von Tag zu Tag kälter. Gustav und Waldemar mussten so schnell wie möglich über den Chilkoot Pass. In wenigen Tagen schleppten sie die umfangreiche Ausrüstung vierzehn Kilometer weiter bis nach Dyea, dem Ausgangspunkt zum Chilkoot. Dort trafen sie „Chilkoot Jack“, den Häuptling der Chilkat Indianer. Nach gutem Zureden war er bereit, zwei starke Männer seiner Sippe gegen harte Dollar als Träger zu vermitteln. Nur wer Geld hatte, konnte sich das erlauben, doch die meisten waren dazu nicht in der Lage. Man verhandelte über den Lohn und einigte sich schnell auf einen akzeptablen Betrag, von dem die Hälfte sofort und der Rest unmittelbar hinter dem Pass vor der kanadischen Grenze ausgezahlt werden sollte. Außerdem tauschten sie nach anfänglichem Widerstand Gustavs noch eine Gallone Whisky gegen je eine Pelzjacke und je ein Paar Fellstiefel ein. „Unnötiges Gewicht!“ Waldemars Argumente überzeugten Gustav.

Allein der Anmarsch mit umfangreichen, schweren Gepäck durch die unwegsame Wildnis des küstennahen Regenwalds, entlang des Taiya Rivers und den tiefverschneiten Bergen, war eine brutale, kräftezehrende Qual. Nach Canyon City, einer Ansammlung von Zelten und Hütten, war der Trail fast bis zum Sheep Camp ein einziger sumpfiger Morast, in dem die Träger mit ihren schweren Lasten bis über die Knöchel versanken. Er führte durch mehrere tiefe Canyons, danach hoch über matsch- und schneebedeckte, glatte Geröllfelder und vom Sturm und Wetter blankgefegte Felsen. Mehr als sechzig Mal mussten noch nicht zugefrorene, reißende Gebirgsbäche überquert werden. Nicht ungefährlich, denn erst vor ein paar Tagen ertranken drei Männer, als sie einen hochwasserführenden Bach zu überqueren versuchten.

Nachdem diese kaum vorstellbaren Schwierigkeiten hinter den Männern lagen, beluden sie nach dem Ende der Waldzone die mitgeschleppten Schlitten, mit denen sie aber im Tiefschnee kaum schneller vorwärtskamen. Die Qualen in diesem unwegsamen Gelände nahmen kein Ende. Jeden Tag kam es auf dem Trail zwischen einigen Männern zu Schlägereien, zu Gewalt und heftigem Streit, bei dem oft auch Schüsse fielen. Im Sheep Camp, einem Sammelplatz und Zeltlager vor dem Anstieg zum Pass, dem grausamen Vorraum zur Hölle, verhungerten zurückgelassene Hunde und Pferde. Selbst ein Menschenleben zählte hier nicht viel. Um den entsetzlichen Qualen ein Ende zu bereiten, begingen einige Selbstmord. Die durch Kälte, Erschöpfung und Krankheiten starben, deckte der über Nacht gefallene Neuschnee zu. Kaum jemand kümmerte sich um sie. Doch das Schlimmste stand noch bevor.

Vor ihnen lag nun der bis zu vierzig Prozent steile Anstieg zum Gipfel, zum Chilkoot Pass. Es war der einzige Pfad über mehr als tausendfünfhundert ins Eis geschlagenen Stufen den felsigen, tiefverschneiten Berg hinauf. Vom Sheep Camp bis hoch zum Gipfel quälten sich die Glücksritter Stufe für Stufe, Tag und Nacht mit ihren schweren Lasten in einer endlosen Menschenkette aufwärts. Ein dunkler Faden im unendlichen Weiß aus menschlichen Packtieren, nie weniger als tausend Leute am Berg. Kaum einer ließ eine Lücke zum Vordermann. Wer zum Ausruhen aus der Reihe trat, musste oft stundenlang warten, bevor er wieder in diesen endlosen, menschlichen Lindwurm hereingelassen wurde. Es mussten Besessene sein, die sich dicht aneinandergereiht diesen unmenschlichen Qualen mit schlechter Ausrüstung und Verpflegung aussetzten. Die Gier nach dem Gold trieb alle weiter.

Von Stunde zu Stunde sanken die Temperaturen. Nachts war es inzwischen minus fünfundzwanzig Grad. Mit schwerer Last reihten sich Gustav, Waldemar und die beiden indianischen Träger in die endlose Kette der Verdammten. Unter den Lasten schwankend, oft auf allen vieren übers Eis kriechend, mit schmerzenden Schultern und Gliedern erreichten sie nach mehr als sechs Stunden vollkommen erschöpft das erste Mal die Passhöhe. Nach dem Abladen und markieren der Stelle mit einem langen Stab, damit man die Ausrüstung auch nach den häufigen

Schneestürmen wiederfand, begann der Abstieg zum Basislager. Bevor aber die Schinderei abermals begann, forderten die Indianer einen Dollar zusätzlich für jeden Aufstieg vom Sheep Camp zur Passhöhe. In dieser schwierigen Lage wurde ohne zu zögern gezahlt, denn man wollte so schnell wie möglich mit dem schweren Gepäck über den Chilkoot, da es immer kälter wurde. Mittlerweile hatten gewaltige Schneefälle die Zelte im Sheep Camp regelrecht begraben – und es schneite weiter. Bis zu zwanzig Meter Schnee bedeckten die umliegenden Berge, von denen nun die Lawinen fast täglich zu Tal donnern.

Eisiger Sturm fegte heulend über die Passhöhe und über den riesigen Haufen Ausrüstung, der von einer meterdicken Schneeschicht völlig zugedeckt war. Mit letzter Kraft luden vier verschwitzte, verdreckte, aber überglückliche Gestalten die schwere Last ab. Zwei Tonnen Ausrüstung und Lebensmittel, die geforderte Menge von der North West Mounted Police, stapelten sich nach harten, unglaublichen Anstrengungen und Entbehrungen hinter dem Chilkoot Pass in Kanada. Weit über zwanzig brutale Aufstiege, mit jeweils schweren Lasten, lagen jetzt hinter den Germans und den Indianern, die sich meistens noch zusätzliches an Gewicht aufgeladen hatten. Den Lohn hatten sie sich mehr als verdient. Hart gegen sich selbst, zäh und ausdauernd, niemals aufgebend, waren sie zuverlässige Helfer, von denen sich Gustav und Waldemar nun verabschieden mussten.

Geschafft! Nun lagen noch sechshundert Meilen vor ihnen. Ein letzter Blick hinunter zum Sheep Camp, das im dichten Schneetreiben und tiefhängenden Wolken aber nur schemenhaft zu erkennen war, dann begann erneut die Schlepperei über Schnee- und Geröllfelder hinunter zum „Happy Camp“. Es wurde für sie und viele andere das Lager, in dem sie bei minus dreißig Grad frierend in ihren feuchten Zelten die Jahreswende erlebten, da es hier im Umkreis von fünf Meilen kein Holz mehr gab.

Es war ein fürchterlich kalter Winter, der Winter 1897/98, der viele Opfer forderte. Mehr als vierzigtausend, die sich am Aufstieg zum mörderischen Chilkoot Pass versucht hatten, gaben völlig entkräftet auf und kehrten um, aber dennoch gelang 22.000 die unmenschliche, harte Überquerung. Wochen später sollten die Männer noch von einer Katastrophe hören, die sich am 3. April 1898 ereignete, als sich circa neunhundert Meter oberhalb des Chilkoot Passes eine gewaltige Lawine löste und mehr als siebzig Abenteurer mit in den Tod riss.

Über einem in Eis und Schnee erstarrten Land stand flach die kalte Wintersonne. Wochenlang herrschte nun schon der nordische Winter mit orkanartigen, eisigen Stürmen, die über das baumlose Hochland fegten. Dazu kam dann noch der verfluchte Nebel, der sich wie ein Leichentuch ausbreitete. In diesem „Whiteout", in dem scheinbaren Ineinanderfließen von Himmel und Erde, gab es nicht die geringste Orientierungsmöglichkeit.

Von neuem begann für die beiden eine brutale Schinderei, auch wenn es jetzt vom Happy Camp oberhalb des Long Lake und dem unmittelbar danach folgenden Deep Lake, auf bereits stark ausgetretenen, vereisten Schnee- und Schlammpfaden durch einen steilen Canyon überwiegend bergab ging. Meile für Meile quälten sich die Männer langsam weiter und erreichten endlich den Lake Lindemann, einen der Quellseen des Yukon, an dessen felsigem Ufer inzwischen eine riesige Zeltstadt entstanden war. Dieser See hat einen Abfluss zum Lake Bennett, der wiederum ist mit dem Tagish und Marsh Lake verbunden, aus dem dann der mächtige Yukon entsteht. Auf einer Anhöhe lag ein Friedhof. Schlichte Holzkreuze mit eingeritzten Namen der Toten erinnerten an diejenigen, die es nicht geschafft hatten, die durch Hunger und Erschöpfung ihr Leben verloren.

Jetzt hieß es warten, bis das meterdicke Eis irgendwann im Spätfrühjahr aufbricht. Ein Boot musste gebaut werden, groß genug, um zwei Männer und die gesamte Ausrüstung zu tragen. Doch es gab in der Nähe kaum noch Bäume. Tausende Stampeder hatten den Wald bereits rücksichtslos abgeholzt. Nur mit großer Mühe gelang es ihnen schließlich doch, ein floßähnliches Boot zu bauen, nachdem sie anderen einige Bretter und Stämme abgekauften, die schon lange vor ihnen hier ankamen und ihre gesamten Ersparnisse bereits in den Bars und Saloons in Skagway ausgegeben hatten. Ende April wartete voller Ungeduld eine gewaltige Flotte an den kilometerlangen Ufern des Lake Lindemann und Lake Bennett darauf, dass endlich das Eis aufbrach.

Am letzten Tag im Mai 1898 war die Hölle los. Als noch während eines Gottesdienstes ein Bärtiger in eine gerade errichtete Holzkirche auf einem Hügel am Lake Bennett mit dem Schrei „das Eis bricht auf" hereingestürmt kam, wurde die Predigt abrupt beendet. Innerhalb kurzer Zeit war die Kirche leer. Am 3. Juni 1898 und am nächsten Tag starteten mehrere tausend, meist primitive Boote und Flöße mit zigtausend Tonnen Ausrüstung. Eine gewaltige Armada brach über die Quellseen zum Yukon auf, die größte Flotte, die je auf einem Binnensee gestartet war. Ein Posten der kanadischen Mounties zählte an einem Tag mehr als siebentausend Boote, die den Lake Bennett in Richtung Marsh Lake und Yukon verlassen hatten.

Doch schon nach dem Marsh Lake begannen im Miles Canyon die Schwierigkeiten. Mit unvorstellbarer Kraft drängten die gewaltigen Wassermassen und dicken Eisschollen durch eine enge Schlucht. Annähernd zweihundert Boote kenterten in den furchtbaren Stromschnellen, zerschellten an den scharfen Felsen der senkrechten Canyonwände. Viele Männer ertranken in den eisigen Fluten. Gustav und Waldemar kämpften um ihr Leben.

Schließlich hatten sie es geschafft. Das Boot war voll Wasser, sie selbst und die Ausrüstung pitschnass, doch sie waren heilfroh, nicht gekentert zu sein. Eine lange Strecke von gewaltigen „Rapids“ mit meterhohen Wellen und gefährlichen Strudeln lag hinter ihnen. Dank des langen Ruders am Heck, ließ sich das bis an den Rand beladene Boot sicher durch diese schwierige Flussstrecke und durch das Treibeis steuern. Zeit zum Aufatmen, Zeit für eine längere Pause auf einer Kiesbank, um das vollgelaufene Boot leer zu schöpfen, die nassen Sachen zu trocknen und die durch die Eisschollen verursachten Schäden zu reparieren. Es waren die ersten furchterregenden Stromschnellen, die sie bewältigt hatten. Noch ahnte niemand, welche Schwierigkeiten bis Dawson City auf sie zukommen würden. Doch bis dahin war es noch ein weiter Weg auf dem mächtigen Yukon durch die unbekannte Wildnis des kanadischen Nordens.

Schon von weitem hörte man sie brausen und donnern, die nächsten Stromschnellen, die Whitehorse Rapids. Kaum Zeit zum Überlegen, denn das schnelle Wasser riss ihr Boot einfach mit. Ehe sie die Situation begriffen hatten, schoss es mitten durch die Hauptströmung und tanzte wie wild auf den zwei bis drei Meter hohen Wellenbergen. Trotz des langen Auslegers, ließ sich das träge, schwerbeladene Boot kaum steuern. Es ging wieder gut, sie waren nicht gekentert. Da sie vorher alles fest verzurrt hatten, ging auch nichts über Bord.

Durch die schnelle Strömung auf dem Hochwasser führenden Yukon machten sie täglich eine gute Flussstrecke. Nun wurden die Tage immer länger und wärmer, der fürchterliche, eisige Winter und die brutale Schinderei blieben nur noch schauerliche Erinnerung. Durch die immer stärker scheinende Sonne schmolzen jetzt zusehends die Eisschollen. Auf schnellen Fluten passierten sie rasch die Siedlung Whitehorse, die nach den „weißen" Stromschnellen im Miles Canyon ihren Namen erhielten, und erreichten ohne größere Probleme nach etwa zwanzig Meilen den Lake Laberge. Den mehr als fünfzig Kilometer langen und vier bis fünf Kilometer breiten See speist der noch junge Yukon mit smaragdgrünem Schmelzwasser und verlässt ihn wieder durch einen nördlichen Abfluss. Eingebettet zwischen hohen Bergen, hatten nun die Paddler auf dem See mit heftigen Winden und hohen Wellen zu kämpfen. An diesem Tag blies ein starker Sturm aus nördlichen Richtungen. Gegen den Wind und die sich auftürmenden Wellenberge zu rudern war zwecklos. Um Kräfte zu schonen, richten sie am Ufer an einer geschützten Stelle ein Nachtlager ein. Als sich nach der Zwangspause dann der Wind plötzlich wieder gedreht hatte, bauten sie sich aus einer großen Zeltplane ein Segel. Mit dem Wind im Rücken und dieser primitiven Konstruktion kamen sie kräftesparend über den durch die heftigen Fallwinde berüchtigten Lake Laberge, aus dem nun der Yukon in nordöstlicher Richtung wieder rasch an Fließgeschwindigkeit zunahm.

An der Einmündung des von rechts zuströmenden Teslin Rivers, rasteten sie nur kurz in Hootalinqua, einer alten, kaum noch bewohnten Indianersiedlung, die ab 1898 eine Station der Northwest-Mounted Police wurde. Der Yukon war inzwischen zu einem beachtlich breiten und schnellen Strom herangewachsen. Sie passierten circa vierzig Meilen danach den aus gleicher Richtung einmündenden Big Salmon River und erreichten mit der starken Strömung noch am selben Tag Little Salmon Village, wahrscheinlich die älteste Indianersiedlung am oberen Yukon an der Einmündung des Little Salmon Rivers. Die Indianer boten den Männern, eine primitive Unterkunft für die Nacht in ihren Blockhütten an und versorgten sie mit dem Fleisch frischerlegter Tiere. Hier saßen sie im Schein der Mitternachtssonne am Lagerfeuer mit einigen anderen Glücksrittern und diskutierten über den noch völlig unbekannten, weiten und gefährlichen Flussweg zu den sagenhaften Goldfeldern am Klondike. Später sollte man erfahren, dass eine furchtbare Grippeepidemie in den Jahren zwischen 1917 und 1919 beinahe die ganze Bevölkerung dieser Siedlung dahinraffte.

Alle träumten von Reichtum, Glück und Wohlstand, wollten möglichst schnell nach Dawson, bevor die besten Claims vergeben waren.

Viele von ihnen jedoch sollten nie dort ankommen. Schon am nächsten Tag gerieten Gustav und Waldemar mit ihrem Boot in große Schwierigkeiten. Urplötzlich hatte sie die starke Strömung nach einer Rechtskurve in eine heikle, gefährliche Lage gebracht. An dieser Stelle durchbricht der Yukon eine breite Felsbarriere und fließt mit ungeheuerlicher Wucht durch fünf Arme, die durch Gesteinsbrocken meist verblockt sind. Nur ein Durchlass ganz rechts, in den das meiste Wasser fließt, in dem aber auch die höchsten Wellen sind, war überhaupt befahrbar. Es waren die gefürchteten Five Finger Rapids, eine Serie mächtiger Stromschnellen, in denen schon viele kenterten und ertranken.

Das schwerbeladene Boot ließ sich in der starken Strömung kaum noch steuern. Mit vereinten Kräften stemmten sich beide gegen das Ruder und schafften es gerade noch, nicht auf einen scharfen Felsen aufzulaufen. Sekunden später wurde ihr Boot von den gewaltigen Wassermassen in den kaum verblockten Flussarm am rechten Steilufer gerissen und durch die meterhohen Wellen gegen die senkrechten Felsen geschleudert. Gekentert, sich mit letzter Kraft an ihr Boot klammernd, völlig hilflos den ungeheuerlichen Kräften ausgesetzt, eine schier endlose Zeit im eiskalten Wasser treibend, gelang es ihnen erst nach einer langen Flussstrecke, am Ufer einer Insel anzulanden, die mitten im Fluss liegt. Es wäre das Ende gewesen, wenn sie ihr Boot nicht gerettet hätten, das Ende des Traums vom Gold.

Dort angelandet, waren sie nicht die Einzigen, aber diejenigen, die noch Glück im Unglück hatten. Vier Männer erzählten den beiden, dass sie mit ihrem vollbeladenen Floß in einen der verblockten Arme geraten wären. Eingeklemmt zwischen Felsen, zermalmte die gewaltige Wasserwucht in wenigen Sekunden ihr Boot und schleuderte alle von Bord. Sie retteten nur ihr Leben und einige Gegenstände, die sich losgerissen hatten und neben ihnen im Wasser trieben, an die sie sich klammern konnten. Das Unglück geschah zwei Tage zuvor. Seit dieser Zeit fischten sie noch viele Sachen aus dem Yukon, die aus fremden Booten stammten, von Männern, denen es in den Stromschnellen genauso ergangen war, die wohl ertranken. Nun saßen sie auf dieser Insel fest und hofften, dass sie sich aus den angetriebenen Gegenständen irgendwie ein Floß zusammenbauen könnten.

Und dann führten sie Gustav und Waldemar zu einer Stelle, an der ein Haufen angeschwemmter, nasser Gegenstände und dahinter ein Toter lagen. „Er trieb heute früh direkt auf diese Insel zu. Bei sich hatte er nichts. Wir wissen nicht, wie er heißt, noch woher er kommt, und konnten ihn noch nicht einmal beerdigen, denn wir haben weder Spaten noch Hacke."

Die Worte des Bärtigen und der Anblick des Toten ließen Waldemar erschaudern. Diesen Armen hatte der Strom auf die Insel gespült, während sein Mitpaddler sicher niemals mehr würde gefunden werden. Gemeinsam begaben sich nun sechs Männer zur höchsten Stelle der Insel, schaufelten ein tiefes Loch, legten den Leichnam des Unbekannten hinein und errichteten ein schlichtes Holzkreuz über dem Grab. Einer der Männer sprach ein kurzes Gebet. Danach bedeckte die kühle, fremde Erde einen Menschen, der voller Mut und Hoffnung aufgebrochen war, das große Glück zu machen, der aber, wie schon viele vor ihm, Dawson und den Klondike nicht erreichte. Tragisches Schicksal, grausame Welt! Der mächtige Yukon forderte täglich seine Opfer und gab die meisten nicht einmal wieder her.

Nachdem sie aus ihrem Boot das Wasser geschöpft, alles auf fehlende Gegenstände überprüft und neu verschnürt hatten, verließen sie nach einiger Zeit wieder die Insel. Die zurückgebliebenen Männer würden die Goldfelder am Klondike nur erreichen, wenn es ihnen gelingen sollte, aus angeschwemmtem Material der Gekenterten ein Boot oder Floß zu bauen. Niemand konnte ihnen helfen, alle trieb die Gier nach Gold, keiner wollte zu spät kommen.

Nur fünf Meilen flussabwärts gerieten sie hinter einer großen Insel mitten im Fluss wieder in Stromschnellen. Es waren die Rink Rapids, die sie trotz der hohen Wellen problemlos auf der rechten Seite durchfuhren. Danach wird der Yukon durch viele Zuflüsse immer breiter und teilt sich durch die unzähligen Inseln immer wieder in mehrere Arme, ohne jedoch seine rasante Fließgeschwindigkeit zu verringern. Kurz vor der verlassenen, kleinen Ansiedlung Minto am breiten Strom, die nach einem britischen Gouverneur benannt wurde, lagen immer mehr angeschwemmte, primitive Bootwracks und zerrissene Flöße an den Ufern. Fünfundzwanzig Meilen danach mündet von rechts der Pelly River, ein weiterer großer Nebenfluss des Yukonstroms. Nur etwas mehr als eine Meile hinter der Mündung liegt auf der linken Flussseite auf einer Anhöhe Fort Selkirk, ein alter Handelsposten der Hudson Bay Company. Dieses Fort war jahrelang unbewohnt und erfuhr nun durch den Goldrausch erneut eine Besiedlung. Man war gerade dabei, die kleine Kirche und die alten Hütten zu renovieren. Bis Ende 1889 wird sich Fort Selkirk durch den Goldboom am Klondike wieder zu einem größeren Dorf entwickeln. Hier beschlossen Waldemar und Gustav nach einem harten Paddeltag einen Tag auszuruhen.

Das klare, grüne Wasser des Flusses verändert seine Farbe, nachdem der White River hundert Meilen flussabwärts von links in den Strom fließt. Der aus dem Wrangell-St.-Elias-Gebirge von links einmündende Fluss schwemmte milchig trübes Gletscherwasser, Sand und Aschesedimente in den Yukon. Zehn Meilen weiter mündet von rechts der Stewart River. Unmittelbar an dem Zusammenfluss lag ein alter Handelsposten, der schon lange, bevor die Weißen Nordamerika besiedelten, von Indianern bewohnt war. In einigen der primitiven Hütten hausten noch einzelne Indianerfamilien, aber auch noch ein paar Trapper, die ihre Felle zum Trocknen auf Lattengestelle vor den Hütten gespannt hatten. Auf einer riesigen Sandbank campierten die beiden bei herrlichem Sommerwetter ein letztes Mal. Von hier waren es noch etwas mehr als sechzig Meilen bis Dawson City.

Dawson City

Nach mörderischen Strapazen, unvorstellbaren Leiden und Entbehrungen, kamen Gustav und Waldemar Mitte Juni 1898 im Schein der Mitternachtssonne in Dawson City an. Sie hatten in einem primitiven Boot nach einer abenteuerlichen Flussfahrt ihr Ziel erreicht.

Zu diesem Zeitpunkt war Dawson schon hoffnungslos überfüllt. Es gab bereits dreißig Saloons, zwei Banken, ein Theater, eine Telegraphenstation, fünf Kirchen und zwei Zeitungen. Dawson City entwickelte sich innerhalb von wenigen Wochen zur größten Stadt in Kanada westlich von Winnipeg und nördlich von Seattle. Es war ein schauriger Ort, vollgestopft mit torkelnden Gestalten, die noch um Mitternacht grölend über die im knöcheltiefen Morast verlegten Holzplanken durch die Front Street zogen und sich vor den Tanzlokalen, Spielbanken und Saloons drängten, wo Cancan-Girls ihre Beine hochwarfen, dass den Schürfern die Nuggets nur so aus den Hosentaschen kullerten. Doch die besten

Goldfelder waren längst vergeben. Innerhalb der ersten Hälfte des Jahres stieg die Zahl der Claims von fünf- auf über siebzehntausend.

Lange bevor Russland 1867 das riesige Gebiet im äußersten Nordwesten des nordamerikanischen Kontinents an die Vereinigten Staaten von Amerika verkaufte, lange bevor der Goldrausch am Klondike ausgelöst wurde, hatte man in Alaska größere Mengen Gold gefunden. Bereits 1870 kamen die ersten Goldsucher in den Hohen Norden, nachdem die Verwegensten und Mutigsten das zerklüftete Küstengebirge überquert hatten und in das Tal des Yukons gelangten. Im Oktober 1886 wurde Gold am Forty Mile Creek an einem linken Zufluss des Yukons gefunden. 1892 entdeckte man Gold am Sixty Mile Creek und 1893 am Birch Creek. Schon damals entstanden die kleinen Goldgräberansiedlungen Forty Mile in Kanada und Circle City in Alaska. Diese beiden weit ab von jeglicher Zivilisation liegenden Orte, waren völlig sich selbst überlassen und hatten ihre eignen Gesetze. Es galt, sich an das raue Leben in der Wildnis anzupassen. Nur einmal im Jahr wurden die Bewohner mit Lebensmitteln durch die beiden kleinen Dampfschiffe „Arctic“ und „New Racket“ versorgt, die im kurzen Sommer die lange und beschwerliche Reise vom ehemals russischen Hafen Saint Michael an der Beringstraße auf dem Yukon wagen konnten.

In Forty Mile gab es weder Bürgermeister, noch Sheriff, weder Polizei, noch Gefängnis. Es galten die „Zehn Gebote“ der Goldgräber. Keiner hatte das Recht, mehr Claims zu besitzen, als er bearbeiten konnte. Die Hütten waren nicht verschlossen, für jeden zugänglich. Es galten einfache, aber überlebenswichtige Regeln. Derjenige, der eine Hütte benutzte, hatte beim Verlassen dafür zu sorgen, dass auch der Nachfolgende genügend Holz und Lebensmittel vorfand. Doch bereits 1894 schickte die kanadische Regierung eine Abordnung der North-West Mounted Canadian Police nach Forty Mile. Pflichtbewusst setzte Inspektor Charles Constantine als Erstes das Minenarbeitergesetz sofort außer Kraft. Die meisten Goldsucher verließen danach die Ansiedlung und suchten ihr Glück jenseits der Grenze in Alaska in Circle City, das in jenen Tagen „Paris des Nordens“ genannt wurde und in aufstrebender Blüte stand. In dieser Stadt gab es damals bereits fast dreißig Saloons, zwei Theater und acht Tanzlokale. Das sollte sich alles sehr schnell ändern, doch wer konnte es ahnen, dass der Ort innerhalb kurzer Zeit eine Geisterstadt wird?

Mit etwas Glück erwarben die Neuankömmlinge schon in den nächsten Tagen von einem Goldgräber Teile eines Claims, dessen jüngerer Partner bei einem Schusswechsel vor einem Saloon ums Leben gekommen war. „Mein Kamerad hatte mehr Glück als ich“, erzählte ihnen der alte Ire, „und brachte es innerhalb kurzer Zeit zu beachtlichem Wohlstand. Doch er verspielte alles in den Saloons und verprasste es mit leichten Mädchen in Tanzlokalen. Den Rest besorgte der verdammte Alkohol. Heruntergekommen und total betrunken griff er dann in jener Nacht zur Waffe, als sich ihm zwielichtige Gestalten in den Weg stellten und ihn letztmalig aufforderten, seine Spielschulden sofort zu begleichen. Nach einem Gerangel fielen mehrere Schüsse. Ein schlimmes Ende. Der arme Teufel wurde nur fünfunddreißig. Wir wickelten John in eine Decke, legten ihn in ein kaum einen Fuß tiefes Loch, warfen ein paar Schaufeln voll Erde darüber, damit die Wölfe es ein bisschen schwerer haben würden, an seinen Leichnam zu kommen. Das war’s. So enden viele. Reich werden hier nur die wenigsten. Die meisten versaufen ihren Verstand, verspielen ihr Geld und verlassen Dawson wieder arm, krank und verbittert.“

Am Rabbit Creek, einem kleinen Bach, der in den Klondike mündet, schufteten sie nun täglich mit Hacke und Schaufel, mit Waschpfanne und Schüttelsieb nach dem begehrten Edelmetall, arbeiteten verbissen in zähem Morast, wuschen aber nur gerade so viel aus dem Bach, dass es zum Überleben reichte. So sehr sich die beiden Cowboys auf ihrem Claim auch abmühten, es waren nur einige Nuggets und ein Gläschen voll Goldstaub. Das große Glück aber blieb aus. Doch die hartnäckigen Ostpreußen gaben nicht so schnell auf.

Im hohen Norden ist der Sommer kurz. Die Erde bleibt das ganze Jahr über meterdick gefroren und taut nur an den oberen Schichten auf: Permafrost. Bereits Ende September fiel der erste Schnee, und die Temperaturen sanken rapide. Diejenigen, die schon einen Winter in Dawson City hinter sich hatten, erzählten von langen, Wintermonaten, in denen sich die Sonne überhaupt nicht sehen ließ, von fürchterlichen Blizzards und grausamer Kälte bis zu sechzig Grad minus, von geisterhaft flackernden Nordlichtern, die in den dunklen Winternächten über den unendlichen Wäldern des Yukons am Himmel tanzen würden. Das Tageslicht wurde zusehends weniger. Im „Indian Summer“ färbten sich die Blätter der Espen und Pappeln in leuchtendes Rot und Gelb. Schon bald gab es die ersten Nachtfröste, und eines Morgens erstrahlten die nahen Berge in weißer Pracht. Wer noch hoffte, vor dem Winter das große Glück zu machen, schuftete vom ersten Tageslicht bis zum Einbruch der Dunkelheit.

Noch bevor der Frost das Land erstarren ließ, erwarben die beiden ein weiteres Schürfrecht am Bonanza Creek, wieder von einem gescheiterten Glücksspieler und Trunkenbold, von dem rücksichtslose Ganoven und Falschspieler mit vorgehaltener Waffe die Spielschulden einforderten.

Es war ein ziemlich weiträumiges Claim im engen Tal des Flüsschens, dem die ersten Goldsucher den Namen Bonanza gaben, ein wie von Maulwürfen umgegrabenes Land mit unzähligen Hügeln von ausgeschwemmtem Kies. Anfangs war der Schürferfolg eher bescheiden. Doch eines Tages entdeckten sie in einem Stollen, den sie in die steile Uferböschung mit Kreuzhacke und Schaufel gegraben hatten, tatsächlich eine goldhaltige Erdschicht mit einem guten Anteil dicker Nuggets, die auch noch in den nächsten Tagen in der Waschpfanne in verschiedener Größe lagen. Wie so mancher Golddigger trieben sie den Stollen immer tiefer in den Berg hinein. Sie gönnten sich kaum eine Pause, und schufteten wie besessen. Da das Licht des Tages immer weniger wurde, arbeiteten sie oft bei schummrigem Kerzenlicht bis spät in die Nacht und glaubten fest daran, auf eine ertragreiche Goldader gestoßen zu sein.

Das Schürfen in der Dunkelheit war harte Knochenarbeit. Ohne ein wärmendes Feuer vor dem Eingang der Grube, ging gar nichts mehr, aber in der Nähe des Claims gab es kaum noch Brennholz. Sämtliche Bäume im näheren Umkreis waren gefällt und als Bauholz in den Minen verarbeitet worden. Wer aber noch in der Dunkelheit in einer Mine arbeitet, lockt dunkles Gesindel an, hieß es in Goldgräberkreisen, der macht sich verdächtig, auch wenn das „Claim Jumping“, das Eindringen auf ein fremdes Schürfgebiet, ein Vergehen ist, das mit der Schusswaffe geahndet werden kann. Wenige Tage nach dem anfänglichen Erfolg hatte es keinen Sinn mehr, den Stollen tiefer in die Uferböschung zu graben, denn die Erde war kaum noch goldhaltig. Enttäuscht versuchten sie es an einer anderen Stelle, doch auch dort war die Ausbeute nur mittelmäßig.

Mit den ersten Abenteurern kam ein Mann, von dem die alten Goldgräber in jeder überfüllten Kneipe mit Tränen der Ergriffenheit erzählten. Es war die Geschichte von einem Don Juan des Nordens, den sie Swiftwater Bill nannten:

Schon lange bevor der Goldrausch am Klondike begann, kam er über den Chilkoot Pass, trieb in einem primitiven Boot auf dem Yukon bis nach Circle City, wo er in Bill McPhee's Saloon alle möglichen Arbeiten verrichtete und dort hängen blieb. Bill war ein strenggläubiger Mormone aus dem fernen Utah, ein unscheinbarer, kleiner Mann mit einem dünnen, hängenden Schnurrbart, den die hartgesottenen Burschen in McPhee's Saloon nicht ernst nahmen. Man munkelte sogar, er sei der Vielweiberei im Mormonenstaat nicht mehr Herr geworden und Hals über Kopf geflohen. Wenn er darauf angesprochen wurde, wich er stets aus und erzählte dann irgendeine haarsträubende Geschichte, die niemand glaubte. So auch von einer Höllenfahrt in einem winzigen Boot durch tiefe Schluchten des Grand Canyons, durch donnernde Stromschnellen auf dem wilden Colorado River. Wie stets hatte er wieder einmal maßlos übertrieben. Daraufhin hängten ihn die rauen Minenarbeiter an seinen Hosenträgern an einem Kleiderhaken auf und nannten ihn fortan „Swiftwater Bill". „Ich werde es euch noch zeigen", schimpfte er dann laut wie ein Rohrspatz, nachdem sie ihn wieder heruntergeholt und ihm für diese Schmach einen Drink spendiert hatten.

Er war einer der Ersten, die am Klondike nach Gold suchten, und hieß mit richtigem Namen William Gates. Als er ankam, waren die besten Goldfelder bereits vergeben. Nur am Eldorado Creek gab es noch den Claim Nummer dreizehn, den keiner der abergläubischen Goldsucher haben wollte. Selbst diesen musste er noch mit drei anderen teilen. Doch nach wenigen Monaten harter Arbeit im Dreck und Morast hatte jeder von ihnen fast eine Halbemillion Dollar in der Tasche, gehörte zu den Schürfern der ersten Stunde und war ein Bonanza King. Swiftwater Bill schwor, nie mehr in seinem Leben so hart zu arbeiten, warf Schaufel und Waschpfanne in die Ecke und stürzte sich voller Tatendrang in die Tanzhallen und Saloons. Fortan sah man ihn im eleganten Gehrock und schwarzem Zylinder, mit weißem Hemd und gestärktem Kragen, in gestreiften Hosen und weißen Gamaschen unter den Dance Hall Girls und an den Spieltischen. Als sichtbares Zeichen seines Reichtums trug er auf seiner Krawatte einen kirschgroßen, leuchtenden Brillanten.

Swiftwater Bill verstand es wie niemand sonst, sich in Pose zu werfen, um jeden Preis Eindruck zu erwecken, vor allem bei den Dance Hall

Girls. Seine Großzügigkeit Frauen gegenüber war grenzenlos. Aber besonders eine hatte es ihm angetan: Gussie Lamore. Unter den anderen Damen galt sie als unzugänglich, aber gerade das reizte den frischgebackenen Bonanza King bis aufs Blut. Dieses Girl musste er haben, koste es, was es wolle, und er versprach ihr Gold und Reichtum, wenn sie ihn erhöre. Doch sie zuckte nur mit den Schultern, reichte ihm nicht die Hand zum Lebensbund und lehnte sein großherziges Angebot ab. Bill war ratlos. Da erfuhr er von den Damen im Saloon von einer unstillbaren Leidenschaft Gussies: Sie verzehrte sich geradezu nach Spiegeleiern, jedoch waren diese in Dawson so rar, wie Krokodile am Yukon.

Doch Bill ließ sich was einfallen, hatte eine teuflische Idee. Er kaufte heimlich mit seinen Freunden alle Eier Dawsons auf, ließ bei Joseph Juneau ein riesiges Omelette anrichten und bat als galanter Kavalier die Angebetete zum Diner. Gussie war hingerissen, entwickelte einen enormen Appetit, fiel schluchzend an seine schmale Brust und versprach ihm ihre Hand. Bill war überglücklich, am Ziel seiner Träume. Endlich! Heiraten ja, aber bitte nicht hier in dieser Wildnis, viel lieber in San Francisco, doch als tugendhafte, fromme Jungfrau könnten sie nicht mit dem gleichen Dampfer reisen, nein, sie würde ja ihren guten Ruf verlieren. Bill fügte sich zähneknirschend. Gussie reiste nach dem langen Winter mit dem ersten Schiff nach San Francisco. Bill mit dem zweiten hinterher. Kaum war er dort angekommen, schickte er seiner Zukünftigen riesige Blumensträuße, mietete im vornehmen Baldwin Hotel die Hochzeitssuite und schwebte auf Wolke sieben.

Der Fall aus dem siebten Himmel in den tiefen Abgrund war grausam. Kaltherzig ließ Gussie dem großzügigen Bräutigam mitteilen, dass sie seine Frau leider nicht werden konnte, da sie bereits seit vier Jahren mit einem Mr. Legalice verheiratet wäre, der sich aufrichtig dafür bedanken würde, dass er mit großem Vergnügen gemeinsam mit seiner Frau die restlichen Eier aus Dawson verzehren durfte. Der Schock saß tief. Aber Swiftwater Bill wäre eben nicht Swiftwater Bill, wenn er sich dadurch hätte entmutigen lassen, denn Gussie hatte noch zwei Schwestern. Nellie allerdings reagierte abweisend auf sein heftiges Werben, doch ihre Schwester Grace erlag schließlich seinem Charme. Bill mietete erneut die Hochzeitssuite im Badwin Hotel, schritt zum Altar und kaufte seiner Braut ein feudales Haus mit allem Wohnluxus in bester

Lage San Franciscos. Doch das junge Glück währte nicht lange. Grace ließ sich wieder scheiden.

Der „König des Klondike", wie ihn die Zeitungen nannten, war pleite, das ganze Vermögen war weg. Doch Bill gab noch lange nicht auf. Irgendwie brachte er es fertig der kanadischen Regierung in Ottawa wertvolle Schürfrechte abzuluchsen, reiste weiter nach London und überredete die sonst eher vorsichtigen Banker zu kaum abgesicherten Krediten für hydraulische Maschinen zur effektiveren Goldgewinnung und kehrte nach San Francisco zurück. Dort feierte er mit vielen Dance Hall Girls mit dem Geld der Kredite ausschweifende Feste und reiste mit einigen von ihnen zurück nach Dawson.

Der Einzug in die Goldgräberstadt stellte alles bis dahin Gewesene in den Schatten. In voller Größe seiner Einmetersechzig, mit Gehrock und Zylinder, Seidentuch und Stöckchen mit edlem Elfenbeinknauf, thronte Swiftwater Bill in einem von mehreren Rothäuten geruderten Kanu, dem zwei mit Kisten vollbeladene Boote mit der Aufschrift „Whisky" nachfolgten, auf denen jeweils ein hübsches Dance Hall Girl saß. Die rauen Goldgräber gerieten förmlich aus dem Häuschen, tobten und johlten, feuerten ihre Gewehre ab und geleiteten Bill und seine Mädchen in einem Triumphzug in die Tanz- und Spielpaläste. In dieser Nacht wurden an den Spieltischen die höchsten Umsätze erzielt, die je in Dawson gemacht wurden. Doch das Glück war nicht auf seiner Seite. Hals über Kopf rettete sich auch diesmal wieder der Bonanza King schließlich vor dem Ansturm der Gläubiger mit dem Rest seiner Barschaft zurück nach San Francisco, mietete in Buttler's Hotel eine Suite und tat so, als wäre er noch ein reicher Mann.

In diesem Hotel kam es dann wenig später zu einer für William Gates schicksalhaften Begegnung mit einer Dame mittleren Alters. Mrs. Iola Beebe war bereits nach dem ersten Treffen von der überaus eleganten Garderobe, dem vornehmen Auftreten und seiner sanften, betörenden Stimme fasziniert. Bills fesselnde Anziehungskraft entfachte ein verzehrendes Feuer und eroberte in Windeseile ihr Herz. Schon beim nächsten Treffen brachte Mrs. Beebe ihre liebreizenden, aber noch jungfräulichen Töchter, die neunzehnjährige Blanche und die fünfzehnjährige Bera mit, was sich schon wenig später als Fehler erweisen sollte. Die Zeche für das opulente Diner in einem der teuersten Hotels San Franciscos übernahm natürlich großzügigerweise Mrs. Beebe und teilte Bill anschließend mit, dass sie beabsichtige, fünfunddreißigtausend Dollar in ein Hotelobjekt in Dawson zu investieren. Bill witterte seine Chance und teilte ihr mit, dass er das für sie übernehmen könnte, ja, wenn sie ihm das Geld dafür anvertrauen würde. Madame Beebe vertraute ihm.

Als sie jedoch einige Tage später von einem Besuch in der Stadt zurückkehrte, fand sie ihre Wohnung vollkommen ausgeräumt. Voller Entsetzen stürmte sie hinüber ins Hotel und erfuhr dort, dass sich Mr. Gates inzwischen wohl an Bord des Dampfers „Humboldt" befinden würde. Madame hetzte mit einem Polizisten zum Hafen, rannte an Bord, entdeckte dort die völlig überraschte Blanche, stürmte weiter in Bills Kabine und fand dort Bera, übergab die beiden Kinder der Obhut des Ordnungshüters, suchte weiter und fand schließlich den Bonanza King unter einem Rettungsboot. Bill krabbelte aus seinem Versteck und ließ mit gesenktem Haupt ein ordentliches Donnerwetter über sich ergehen. Als er danach reuevoll zu ihr aufschaute, war der Ärger rasch verflogen und die Versöhnung schnell wieder da.

Swiftwater Bill reiste danach allein nach Skagway. Mrs Beebe und ihre Tochter Bera kamen kurze Zeit später nach. Hier hatte Frau Mama ein strenges Auge auf ihre minderjährige Tochter und bewachte sie Tag und Nacht. Doch in einem kurzen, aber entscheidenden Moment der Unaufmerksamkeit – Madame pflegte gerade ein wenig zu ruhen – waren Bill und Bera über den Chilkoot Trail entkommen. Bera hinterließ der unter Schock stehenden Mama auf einem Fetzen Papier die kurze Nachricht, dass sie Bill unendlich lieben würde und ohne ihn nicht mehr leben könne.

Wutschnaubend reiste Madame Beebe den Verliebten nach. Als sie nach Wochen in Dawson ankam, begrüßte sie Bill brav mit „Schwiegermama", Bera fiel ihr schluchzend um den Hals und sagte ihr, wie unendlich glücklich sie als Frischvermählte wären. Das besorgte Mutterherz vergab wieder schnell, als der Schwiegersohn zur Versöhnung die einzige Melone auftrieb, die es in Dawson noch gab, und sie galant, ja, theatralisch der verdutzten Schwiegermutter schenkte. Alle drei fielen sich danach gerührt in die Arme und begruben das Kriegsbeil. Ein filmreifes Happy End, wären da nicht die Gläubiger, zu den ja auch seine Schwiegermutter gehörte.

Wie die Geschichte weiterging, sollte man viele Jahre danach erfahren: Swiftwater Bill floh vor seinen Gläubigern mit seiner jungen Frau nach Nome in Alaska, wo ein neuer Goldrausch ausbrach. Wieder war er einer der Ersten, der ein Claim erwarb und nach Gold suchte. Doch der Erfolg war eher bescheiden, und das Wenige, was er fand, brachte er schnell an den Spieltischen unter die Leute. Sein junges Glück unter Tränen zurücklassend, erwarb Bill mit dem kläglichen Rest seiner Barschaft ein Schiffsticket nach Seattle und machte sich aus dem Staub.

Natürlich ließ Madame Beebe ihre verzweifelte Tochter nicht im Stich und eilte flugs nach Nome. Noch während die beiden Frauen ratlos am Frühstückstisch saßen und ihr Unglück beweinten, fiel ihr Blick unvermittelt auf einen Bericht in der Zeitung über „Swiftwater Bill, den König vom Klondike", der mal wieder in Seattle wäre, um mit einer gewissen Kitty Brandon den Bund fürs Leben zu schließen.

Bera brach in Tränen aus, Madame erblasste und tobte: „Den Kerl werde ich umbringen!" Schon mit dem nächsten Dampfer fuhr sie nach Seattle und fand ihren verdutzten Schwiegersohn in der Lobby des Hotels Victoria. Bill hatte keine Chance zu fliehen, fiel vor ihr auf die Knie und flehte inständig um Vergebung. Er würde ihr auch das Geld bis auf den letzten Pfennig zurückzahlen, sie möge bitte einen Moment warten, er gehe nur schnell auf sein Zimmer, um es zu holen. Madame wartete vergeblich. Swiftwater Bill verschwand mit Kitty Brandon, einer ebenfalls erst Fünfzehnjährigen, durch den Hinterausgang.

Danach nahm das Unheil dramatische Ausmaße an. Bill flüchtete in panischer Angst vor den Gläubigern ohne Kitty nach Fairbanks in Alaska und fand wieder auf einem Claim am Cleary Creek eine ertragreiche Goldader. Doch nun hatten sich gleich zwei Schwiegermütter an seine Fersen geheftet. Noch bevor er das letzte Geld wieder an den Spieltischen verloren hatte und bevor es in den Strumpfbändern der leichten Mädchen verschwand, flüchtete er erneut nach Seattle und heiratete dort Kitty Kind, eine Jungfrau aus gutem Hause.

Aber Madame Beebe ließ sich nicht so einfach abschütteln, fand ihn in einem Hotel und stürmte wutschnaubend an einem verdutzten Portier vorbei in Bills Zimmer. Der Bonanza King sah das Unglück auf sich zukommen, glaubte, dass sie bewaffnet wäre und versuchte sich in letzter Minute unter dem Himmelbett zu verstecken. Vergeblich. Nackt und bloß, mit gesenktem Haupt, kniete er nun vor ihr, schaute sie unschuldsvoll mit seinen grünen Hundeaugen an, bat sie reumütig um Vergebung und versicherte ihr, dass er sie nur allein lieben würde. Mrs. Beebe vergab. Kurz nach der Versöhnung, war Bill wieder verschwunden. Doch nun verfolgten ihn ganze Scharen betrogener Frauen und Bräute, allen voran Madame Beebe, die ihn der Bigamie bezichtigte und anzeigte. Trotzdem half sie ihm noch einmal, stellte für ihn die Kaution, verkaufte ihren Schmuck und gab ihm ihre letzten fünfzig Dollar. Große Leidenschaften erfordern eben auch große Opfer.

Als Bill auf seinem Claim am Cleary Creek in Alaska kaum noch Gold aus der Erde buddelte, floh er bei Nacht und Nebel vor seinen Gläubigern nach Nevada, wo er den Rest seiner Barschaft verspielte und mit liebestollen Weibern durchbrachte. Doch auch dort konnte er nicht lange bleiben und setzte sich nach Peru ab, wo sich seinen Spuren endgültig verloren. Was blieb, was nicht nur die rauen Goldgräber zum Schmunzeln brachte, war die Geschichte des William Gates, die Story von Swiftwater Bill, der wohl schillerndsten Figur jener wilden Tage am Klondike, die auch heute noch in Dawson City erzählt wird.

Am Ende des kurzen Polarsommers des Jahres 1898 war die Stadt am Yukon vollgestopft mit Tausenden Glücksrittern und Abenteurern, mit allerlei Gesindel, Falschspielern, Räubern, Gaunern und Banditen. Dawson City ist in jenen Tagen der Ort, in dem der Welt größtes Drama vom Gold abrollte. Die endlosen Sommernächte in der Goldgräberstadt waren die Tage der Helden vom Chilkoot Pass, von denen nur wenige wirklich reich wurden, nur jene, die das Glück hatten und auf eine reichhaltige Goldader stießen, um sich sofort danach mit dem Gold schleunigst wieder davonzumachen. Die Verlockungen, das gefundene Gold schnell wieder loszuwerden, lauerten überall, im Grand Palace Theatre mit den Gaslight Follies, in der Sluicebox Bar des Eldorado Hotels und natürlich in Diamond Tooth Gertie's Gambling Hall. Gertie, die sich die Schneidezähne mit Brillianten überkronen ließ, die Dance Hall Girls Snake Hip Lulu und „Klondike“ Kate Rockwell, die populärsten Damen unter den Prostituierten im Paris des Nordens, denen die verrohten Goldgräber zu Füßen lagen, lockten innerhalb kurzer Zeit schon vielen Männern das Geld aus der Tasche.

In der Sluicebox Bar im Eldorado, einem der bekanntesten Spielsaloons, drängten sich viele Goldsucher um die Spieltische, andere wiederum buhlten um die Gunst der freizügigen Tanzgirls. Unbeteiligt an einem der Tische sitzend, sich aber mit bärtigen Klondike Veteranen unterhaltend, bemerkte Waldemar einen jungen Mann, der sich zwischendurch immer wieder Notizen machte. Ein äußerst merkwürdiger Kerl.

Im Laufe der Nacht kamen sie ins Gespräch. Jack war einundzwanzig und stammte aus San Francisco. Als er von den unermesslichen Goldfunden am Klondike hörte, gab es für ihn kein Halten mehr. Noch vor dem Winter 1897/98 schaffte er in einem brutalen Gewaltmarsch den Chilkoot Pass, baute am Lake Lindemann mit vier Kameraden ein Floß und erreichte Dawson City, bevor der Yukon zufror.

In dieser kurzen Zeit unvorstellbar, kaum machbar, doch Jack war ein Mann von muskulöser Statur, wettergegerbtem Gesicht und einem blonden, wirren Haarschopf, dem man es durchaus zutrauen konnte. „Wer einmal den Norden erlebt hat, den lässt er zeitlebens nicht mehr los. Nur die Stärksten und Ausdauerndsten überleben hier den täglichen Lebenskampf.“ Er sprach von seinem Leben, von fremden Ländern und Kulturen, faszinierte mit seinen Geschichten die Zuhörer. Ein sonderbarer Mensch, dieser Jack, der sich mehr in den Kneipen aufhält, als auf seinem Claim, dachte Waldemar. Sofort nach seiner Ankunft hatte er ihn abgesteckt, darauf aber nur ganze drei Tage geschürft, denn im plötzlich hereinbrechenden Winter war er an Skorbut erkrankt und hatte monatelang verwahrlost und abgemagert in einer Hütte im Bett gelegen. Doch mehr als das Gold, interessierten ihn die abenteuerlichen Geschichten der Goldgräber.

Wann immer es ging, suchte Waldemar die Nähe zu diesem eigenartigen Menschen. Gustav mochte Jack überhaupt nicht, nannte ihn einen faulen Spinner, einen Tagedieb, der nur rumlungerte und die anderen mit blöden Fragen belästigte.

Jack London würde er sich nun nennen, erzählte er Waldemar. Sein richtiger Name jedoch wäre John Griffith Chaney. Er war als Sohn eines mittellosen Astrologen in San Francisco geboren. Aufgewachsen war er jedoch in ärmlichen Verhältnissen bei seinem Stiefvater namens London in Oakland, nachdem der leibliche Vater Frau und Kind verlassen hatte. Die harte Kindheit und Jugend hatten ihn geprägt. Er verließ vorzeitig die Schule, heuerte als Robbenfänger auf einem Schiff an, arbeitete in einer Fabrik, bevor er seine schriftstellerische Begabung entdeckte. Als er von einer Robbenjagd vor Sibirien heimkehrte, gewann er für die beste Kurzgeschichte bei einem Preisausschreiben fünfundzwanzig Dollar.

Und in dieser Abgeschiedenheit ging es weniger um das Gold, als um die abenteuerlichen Geschichten und Erzählungen der Goldsucher.

Vierzigtausend lebten inzwischen in unzähligen Segeltuchzelten und primitiven Blockhütten in Dawson, und immer noch riss der Strom der Glücksritter nicht ab. Diese berichteten von Trappern, denen sie unterwegs begegneten, die ihnen rieten auf der Stelle kehrtzumachen, da es in Dawson City kaum noch was zu essen gäbe, doch sie schlugen alle Warnungen in den Wind. Die jetzt noch hier ankamen, kamen zu spät. Die besten Goldfelder waren vergeben, gehörten den Schürfern, die als Erste hier waren. Tatsächlich war die Lage auf dem Höhepunkt des Goldrausches im Spätsommer 1898 noch viel schlimmer als befürchtet, nachdem vier Frachtdampfer, die Anfang September erwartet wurden, dreihundert Meilen entfernt vor Dawson ausgeplündert wurden. Zwei weitere Schiffe mit Lebensmitteln wurden in Circle City von bewaffneten Minenarbeitern gestürmt und um fünfzig Tonnen Nahrungsmittel erleichtert. Als sich diese Nachrichten in der Stadt verbreiteten, bot die kanadische Polizei eine kostenlose Fahrt und Verpflegung auf der „Belle“ an, doch kaum jemand nahm dieses verlockende Angebot an und gab sein Claim auf. Lediglich einhundertzwanzig Männer entschlossen sich zur Abreise.

Dann schlug das Wetter urplötzlich um. In der zweiten Woche im Oktober brach der Winter ein. Nach dem ersten Schneesturm fiel das Thermometer rapide. Das Land am Klondike erstarrte endgültig im starken Dauerfrost. Auf den Goldfeldern konnte kaum noch gearbeitet werden. Wie die allermeisten Goldgräber, schlossen jetzt auch Gustav und Waldemar ihre Goldmine. Mit einem kleinen Sack voll Nuggets begaben sie sich zu einer Bank und verließen diese danach mit einem dicken Bündel eingewechselter Dollars.

Es sollte ein langer, dunkler arktischer Winter werden, der nun auf sie zukam. Die Versorgungslage in der Stadt wurde von Tag zu Tag bedrohlicher. Der Preis für Mehl stieg auf über fünfundsiebzig Golddollar pro Kilo. Die meisten ernährten sich von Bohnen und Pfannkuchen. Die Vorräte waren mittlerweile so knapp, dass nur noch die Verbrecher eingesperrt wurden, die ihre Verpflegung selbst mitbrachten. Es herrschten schlimme Zustände. Um nicht zu verhungern oder gar zu erfrieren, war schnelles Handeln angesagt.

In dieser bedrohlichen Situation beschlossen Gustav und Waldemar einen jungen Indianer aufzusuchen, der einige Meilen flussabwärts leben sollte. In Dawson nannten ihn die Goldsucher nur „Black Falcon“, aber sein richtiger Name war eigentlich Thenaka Kikatha, erklärte er mit Nachdruck, wenn er Fremden vorgestellt wurde. Tatsächlich hatten seine stechenden Augen den scharfen Blick eines Falken. Seine langen blauschwarzen Haare waren immer mit einem hellen Stirnband aus gegerbtem Elchleder fest um den Kopf zusammengebunden. Anders, als die meisten eher Kleinwüchsigen seines Stammes, war er fast ein Hüne, breitschulterig und muskulös, mit einer starken, magnetischen Ausstrahlung. Als die beiden ihn einige Tage zuvor getroffen hatten, bot er ihnen an, mit ihm und seinem Hundeschlittengespann auf Elch- und Karibujagd zu gehen, bevor es dort oben im Norden so richtig bitterkalt würde. So begaben sie sich nun mit einem Schlitten auf die Suche nach Thenaka, vollgepackt mit Proviant, Winterausrüstung, Gewehren und Munition, den sie auf dem inzwischen mit einer festen Eisdecke zugefrorenen Yukon hinter sich herzogen.

Schon seit Stunden blies ein scharfer Nordwind über das Eis, über die weiße Einöde. Rechts und links waren die steilen Uferbänke von meterhohen Schneemassen bedeckt. Nirgendwo eine Spur menschlichen Lebens. Totenstille! Dort, wo sich durch die starke Strömung im Fluss nur eine dünne Eisdecke gebildet hatte, lauerten an einigen Stellen tückische Gefahren, die unter dem Schnee nur schwer zu erkennen waren. So kamen sie nur langsam weiter, stiegen oft auf das hohe Ufer und hielten Ausschau nach aufsteigendem Rauch, der sie zu einem Indianercamp führen könnte. Der Indianer erzählte ihnen von einem Zelt und einer Hütte, die nur wenige Meilen von Dawson flussabwärts, ganz in der Nähe des mächtigen Yukons zu finden wären. Aber bei den Indianern können solche Angaben oft ganz andere Dimensionen bedeuten. Da mittlerweile wieder starker Schneefall eingesetzt hatte, beschlossen sie die rasch hereinbrechende Nacht in ihrem Zelt in einer windgeschützten Mulde der steilen Uferböschung zu verbringen.

Als sie im ersten Licht des neuen Tages aufwachten, war ihr Zelt fast bis zur Hälfte unter hohem Schnee begraben. Es musste die ganze lange Nacht ununterbrochen geschneit haben. Ein Blick über das Tal des breiten Stroms ließ nichts Gutes erahnen. So weit das Auge reichte, eine fast endlose Schneewüste. Darunter sicherlich einige Stellen, die in starker

Strömung noch nicht zugefrorenen waren. Nicht erkennbar, können diese Stellen zu tückischen, tödlichen Fallen werden. Zudem ließ sich der schwerbeladene Schlitten kaum noch ziehen. Nach dem blutroten Himmel am frühen Morgen, zogen jetzt wieder dunkle Wolken auf, die bestimmt starken Schneefall bringen werden.

Nach einem heißen Tee und einem kargen Frühstück am wärmenden Lagerfeuer, wollte Gustav umkehren, die Suche nach Thenaka aufgeben. Während sie noch überlegten, kam heftiger Sturm auf, der die Schneemassen gewaltig aufwirbelte. Die Sicht auf dem Fluss wurde zunehmend schlechter, und die pechschwarzen Wolken am Himmel immer bedrohlicher. So beschlossen sie, in dieser, durch viel Gestrüpp windgeschützten Mulde zu bleiben und sammelten noch in aller Eile trockenes Holz für ein Lagerfeuer. Purer Leichtsinn wäre es gewesen, bei dem nahenden Unwetter aufzubrechen. In weniger als einer Stunde fiel das Thermometer um zehn Grad und hatte inzwischen minus zwanzig auf der Skala überschritten.

Und dann brach die Hölle los. Innerhalb wenigen Minuten fegte ein heftiger Schnee- und Eissturm durch das Flusstal, ein von allen Bewohnern im nördlichen Amerika gefürchteter Blizzard, der immer dann seine ganze Kraft austobt, wenn plötzlich polare Kaltluft in ein durchziehendes Tiefdruckgebiet eindringt. Buchstäblich in allerletzter Minute sicherte Waldemar das Zelt noch zusätzlich mit starken Seilen, während Gustav darüber Fichtenzweige legte, die er mit Schnüren verband und mit Schnee zuschaufelte. Danach retteten sich beide fluchtartig in ihre Behausung. In dieser pechschwarzen Nacht erlebten sie das erste Mal einen Blizzard, einen fürchterlichen, gefährlichen Eissturm, wie er im Winter in der Polarregion öfter vorkommt.

Vierundzwanzig Stunden lang tobten die entfesselten Naturgewalten, dann zog das schreckliche Unwetter weiter nach Süden. In dieser langen Zeit war es unmöglich die Behausung zu verlassen, ohne sich der Gefahr auszusetzen, von den scharfen Eisnadeln im Gesicht verletzt zu werden. Dicke Schneeverwehungen hatten das Zelt in der Mulde fast völlig begraben, was natürlich gut war, denn sonst wäre es sicherlich stark beschädigt worden. Der arktische Sturm hatte trotzdem seine Spuren hinterlassen. In der Nacht war kaum an Schlaf zu denken. Peitschende Eisnadeln prasselten mit ungeheuerlicher Wucht auf die Leinwand nieder, rüttelten und schüttelten das Zelt in der Finsternis. Ein Platz nicht von dieser Welt! Die gegen das Unwetter noch im letzten Moment zusätzlich durchgeführte Sicherung des Nachtlagers hatte sich bewährt. Außer wenigen zerrissenen Schnüren und kleinen Rissen in der Leinwand, hatte der furchtbare Sturm keinen größeren Schaden an ihrer primitiven Behausung angerichtet. Kaum auszudenken, was ihnen zugestoßen wäre, wenn sie umgekehrt und womöglich mitten auf dem Yukon von diesem verheerenden Blizzard überrascht worden wären.

Nahe dem Polarkreis werden um diese Jahreszeit die Tage immer kürzer. Auch kann sich das Wetter in dieser Region immer sehr schnell ändern. Als sich die letzten dunklen Wolken am Himmel verzogen hatten, und die nur kurz scheinende Wintersonne vorsichtig über die Uferbänke blinzelte, zogen sie wieder weiter auf der Suche nach dem Indianer. Durch den tiefen Schnee kamen sie nur mühsam voran. Die wärmere Luft über der Schneedecke ließ Nebelschwaden aufsteigen, die das ganze Flusstal in ein diffuses, gespenstiges Licht verwandelten. Nach Stunden härtester Schlepperei stellten sie entmutigt fest, dass sie seit dem Aufbruch nur eine langgezogene Flussbiegung geschafft hatten. Das anstrengende Ziehen des schweren Schlittens wurde immer langsamer. Wie sollten sie in dieser Wildnis, in diesem dichten Nebel, eine menschliche Siedlung oder Hütte finden? Es half alles nichts, sie mussten weiter, denn an dieser Engstelle war das Flussufer steil und felsig. Die Angst einzubrechen war allgegenwärtig, denn die Strömung unter dem Eis war hier besonders stark.

Langsam schwand das Licht des Tages. Wortlos stapften zwei einsame Gestalten durch die einsetzende dunkle Polarnacht. Stunde um Stunde verging. Nur das Heulen der Wölfe drang hin und wieder in die gespenstige Stille. Um nicht zu erfrieren, mussten sie sich ständig in Bewegung halten, sich in dieser wolkenlosen, kalten Nacht Schritt für Schritt verbissen weiterkämpfen. Plötzlich wurde das Flusstal vor ihnen von einem seltsam magischen Licht erleuchtet. Eine Halluzination? Hatten unmenschliche Strapazen und die furchtbare Kälte bereits ihre Sinne verwirrt? Doch es war nur der aufgehende Vollmond, der soeben über die dunklen Baumwipfel kroch und das ganze Tal erleuchtete. Ein fahles Licht, das die endlose Schneewüste beinah taghell erscheinen ließ.

Es war unglaublich, wie sich die frosterstarrte Landschaft durch Reflektion des Mondlichts im Schnee plötzlich verändert hatte. Alles erschien irgendwie unwirklich, geisterhaft, wie aus einer anderen Welt.

Ein Blick auf die Uhr zeigte ihnen, dass es noch einige Stunden vor Mitternacht war. Nachdem sie die enge Stelle am Yukon passiert hatten, wurde das Flusstal wieder breiter. Sie beschlossen zu rasten, um ihre steifgefrorenen Glieder an einem Lagerfeuer aufzuwärmen, einen heißen Tee und eine warme Mahlzeit zu sich zu nehmen. Viel hatten sie ohnehin nicht dabei, denn die meisten Nahrungsmittel waren inzwischen sowieso knüppelhart gefroren. Doch Bohnen mit Speck und luftgetrocknetes Rindfleisch, waren bei dieser brutalen körperlichen Anstrengung und fürchterlichen Kälte genau das Richtige.

Während sie sich noch am Lagerfeuer aufwärmten und ein wenig ausruhten, glaubte Waldemar fernes Hundegebell vernommen zu haben. Angespannt verharrten beide in der Totenstille dieser hellen Mondnacht. Da – kaum vernehmbar, da war es wieder. Es kam aus dem vor ihnen liegenden Buschwald. Aber danach herrschte eine Zeit lang wieder Stille. Doch dann sahen sie plötzlich ihr ersehntes Ziel. Im Halbdunkel kaum erkennbar, von dichtem Ufergestrüpp umgeben, eine alte Trapperhütte auf einer Anhöhe des Ufers. Aus einem Rohr stieg weißer Rauch in den nächtlichen Himmel auf. Als sie sich auf die Hütte zu bewegten, erhob sich aus dem Schnee ein ganzes Rudel angeleinter Huskys und empfing die Fremden mit lautem Gebell und Geheul.

Zunächst regte sich in der Blockhütte nichts. Nach einer Weile trat jemand vor die Tür, stieg auf eine kleine Anhöhe, begrüßte die Fremden mit einem freundlichen „Hallo“ und forderte sie auf, in die Trapperhütte zu kommen. „Ihr müsst die beiden Deutschen sein, die mein Freund Thenaka in Dawson getroffen hatte. Seid willkommen in meiner kleinen, aber warmen Trapperhütte. Ich bin Yoshua, der Mann aus den Bergen von Idaho, der vor langer Zeit immer weiter nach Norden zog, schließlich hier in der Einsamkeit hängen blieb und vom Trappen und Jagen lebt.“

Während sie sich noch den Schnee vor dem Eingang zur Hütte von den Schuhen und der Kleidung abklopften, hatte Yoshua bereits eine Kanne heißen Tee bereitet.

„Der Indianer ist mein bester Freund, mutig, stark und ein zuverlässiger Gefährte, mit dem ich schon so manches Abenteuer in der Wildnis überstanden habe. Er lebt mitten im Busch, nicht weit von hier, ist der beste Fährtenleser, Jäger und Fallensteller, den ich jemals kennengelernt habe. Als man seinen Stamm aus dem nördlichsten Teil der Ogilvie

Mountains vertreiben und in ein Reservat umsiedeln wollte, floh er mit seinem Blutsbruder eines Nachts in einem Kanu. Noch vor dem Hereinbrechen des harten Winters erreichten sie den Zusammenfluss von Ogilvie und Blackstone, bauten an dieser Stelle eine Hütte, fischten und jagten und blieben dort, bis das Eis im späten Frühjahr endlich wieder aufbrach. Wochenlang hätten sie manchmal kein Wild erlegt, wären beinah verhungert. Als das Hochwasser nach der Schneeschmelze abgeflossen war, schleppten sie ihr vollbeladenes Birkenrindenkanu den Blackstone flussaufwärts und lebten im Sommer eine Zeitlang in den Bergen an einem kleinen, namenlosen See. Mitten im Winter, als dickes Eis den Fluss bedeckte, verließen sie ihr Camp und zogen weiter durch das Tal der schwarzen Steine bis zum Chapman Lake. Dort kam es dann zu unserer schicksalhaften Begegnung."

Es war eine kleine, total verqualmte Trapperhütte, in der Yoshua hauste, aber drinnen war es mollig warm. Welch eine Wohltat nach kaum vorstellbaren Strapazen, nach dem verheerenden Blizzard und hartem Überlebenskampf in grausamer Kälte. Mitten im Raum, ein rotglühender Yukonofen, in einer Ecke eine hölzerne Pritsche, ein selbstgezimmerter, einfacher Tisch und Schemel in der anderen, waren die kargen Habseligkeiten Joshuas. An übergroßen Nägeln hingen an der Hinterseite der Hütte eine ganze Anzahl Fallen und Tellereisen, die unverzichtbare Ausrüstung eines Trappers. Dahinter ein „cache", ein kleines Vorratshaus auf vier fünf Meter hohen glatten Stämmen, die in halber Höhe mit Blech ummantelt waren, so dass Bär und Vielfraß nicht hochklettern und das dort lagernde Fleisch von Elch und Karibu rauben konnten. Ein karges Leben in der Wildnis, in der unendlichen Weite und Einsamkeit des Nordens.

„In jener Zeit lebte ich schon einige Jahre in einer Trapperhütte in der Nähe des Blackstone Rivers am Lomond See in den schwarzen Bergen. Jeden Winter, und der ist hier oben im Norden verdammt lang und eisig, stellte ich in einem Umkreis von fünfzig Meilen meine Fallen und Tellereisen auf, die ich mit meiner wilden Huskymeute vor dem Schlitten im wöchentlichen Rhythmus kontrollierte. Mit den Winterpelzen von Marder, Polarfuchs, Wolf, Bieber und Bisam, erzielte ich damals bei den Pelzhändlern der Hudson Bay Company noch einen guten Preis. Jedenfalls reichte es stets für den Kauf von Grundnahrungsmitteln, ab und zu auch für warme Wintersachen, für Munition für mein Gewehr und auch für ein Fläschchen Yukon Hutch, einen Hochprozentigen für kalte, dunkle Polarwinternächte.

Die Wildnis verzeiht keinen Fehler. Jahrelang auf mich allein gestellt, habe ich gelernt, mit Wenigem auszukommen und zu überleben. Trotzdem sind mir Dinge passiert, die mich fast das Leben gekostet hätten, weil ich einfach zu leichtsinnig damit umging. Als ich in jungen Jahren voller Euphorie und unbändigem Mut auszog, ahnte ich noch nicht, was lähmende Einsamkeit, Totenstille, lange harte Winter mit Minustemperaturen bis zu sechzig Grad, meterhoher Schnee und furchtbare Blizzards bedeuten. Aber der Mensch lernt schnell dazu, wenn es ums nackte Überleben in der Wildnis geht. Viele kehrten wieder um, ertrugen das einfache Leben in unberührter Natur nicht, einige ertranken, erfroren oder blieben in der Unendlichkeit des Nordlandes verschollen.

Ja, und dann begegnete ich Thenaka und seinem Blutsbruder Sheenuk, aber das ist eine Geschichte für sich. Ich kontrollierte gerade am Chapman Lake meine aufgestellten Fallen und Tellereisen, als ich plötzlich im Ufergestrüpp menschliche Stimmen vernahm. An diesem großen See hatte ich zuvor noch nie einen Menschen gesehen. Sicher hatten die Indianer mich schon viel früher bemerkt, denn ein Gespann von neun wilden Huskys macht ja ziemlich viel Lärm. Als ich auf einer kleinen Anhöhe von meinem Schlitten stieg und über den See schaute, sprangen plötzlich zwei Rothäute aus dem Ufergebüsch. Einer von denen rief mir irgendetwas zu, während er gleichzeitig den Lauf seines Gewehrs auf mich richtete. Da ich auf eine derartige Begegnung überhaupt nicht vorbereitet war, fuhr mir der erste Schreck ganz schön in die Glieder.

In dieser heiklen Situation versuchte ich ruhig zu bleiben und keinesfalls unbedacht zu reagieren. Durch Handzeichen und Gebärden gab ich den beiden zu verstehen, dass ich in friedlicher Absicht unterwegs wäre, worauf der andere Indianer den Lauf des Gewehrs seines Begleiters niederdrückte. Dieser Indianer beeindruckte mich sofort durch seine besonnene, ruhige Reaktion und außergewöhnliche Körpergröße. Von der Sprache ihres Stammes verstand ich nur einzelne Worte, obwohl ich vor Jahren einen langen Winter mit Luchu Indianern in Old Crow am Porcupine River gejagt und getrappt hatte. Sie müssen sehr hungrig gewesen sein, denn als ich ihnen an einem schnell errichteten Feuer einen heißen Tee, ein Stück geräucherten Elchschinken und eine dicke Scheibe Bannock von meinem selbstgebackenen Trapperbrot anbot, verschlangen sie alles gierig. Sie hatten ein blutbeflecktes, festverschnürtes Bündel bei sich und beobachteten misstrauisch jede Bewegung von mir. Als wir uns danach trennten, verschwanden die beiden Rothäute lautlos im dichten Busch.

Vorsichtshalber legte ich mein geladenes Gewehr griffbereit vor mich auf den Schlitten und machte mich in entgegengesetzter Richtung auf den Heimweg zu meiner Hütte. Mit bloßem Auge kaum erkennbar erblickte ich in der Ferne zwei Gestalten, die sich in meine Richtung blickend umwandten, als sie das laute Gebell der Huskys vernommen hatten, die rechte Hand zum Gruß erhoben und wenig später im dichten Ufergestrüpp verschwanden.

Im nächsten Sommer, in den Bergen tobte gerade ein schwerer Gewittersturm, stand Thenaka plötzlich vor meiner Hütte. Wir begrüßten uns wie alte Freunde, als ob wir uns schon Jahre kennen würden. Seltsam, dachte ich, Indianer, denen ich früher begegnete, waren gegenüber Weißen viel misstrauischer, manchmal sogar abweisend, feindlich. Als Gastgeschenk brachte er mir zwei Waldhühner, die er auf dem Weg hierher erlegt hatte. Sein Blutsbruder hätte ihn verlassen, wäre vor Heimweh nach seiner Familie wieder zu seinem Stamm gezogen, berichtete er mir. Er aber könnte niemals in einem Reservat leben, in einem von den Weißen zugewiesenen Dorf, in dem seine roten Brüder ihre Ethnie längst verloren hätten und viele dem grausamen Alkohol verfallen wären. Er möchte wild und frei sein wie ein Falke, wie ein Adler, wie seine Ahnen, die Jahrhunderte von dem gelebt hätten, was die Natur ihnen schenkte. Er habe seinen Blutsbruder zu ihrem Stamm begleitet. Dort sah er sie wieder, das Indianermädchen mit den traurigen Augen, die damals bittere Tränen vergoss, als er wortlos seine Sippe verlassen hatte. Inzwischen war sie eine blutjunge, hübsche Squaw, die mit ihm heimlich fortging, als er sie danach fragte. Nun leben beide ganz allein in einer einfachen Hütte dort hinter den Bergen. Seit jenen Tagen gehen wir gemeinsam auf die Jagd und sind unzertrennliche Freunde geworden."

Waldemar war tief beeindruckt und innerlich aufgewühlt. Welch ein einfaches Leben in der Wildnis, in der Einsamkeit der endlosen, menschenleeren Weite der arktischen Landschaft am mächtigen Strom. Ein Mensch, der mit dem was er hat glücklich und zufrieden war, den der Goldrausch am Klondike kaum beeindruckte. Nach Dawson, in dieses verdammte Nest voller Halunken und Gauner, nein, da zieht es ihn nicht hin, obwohl er mit Thenaka und den Schlittenhunden auf dem Eis des Yukons in ein bis zwei Tagen im Ort der Trunkenbolde und Glückspieler sein könnte. Vor dem Goldrauch wäre er in dieser kleinen Indianersiedlung irgendwann einmal gewesen, aber das sei auch schon einige Jahre her. „Nun erzählt aber mal, wie zum Kuckuck kommen zwei aus Europa, aus dem fernen Germany, über den großen Teich bis hier in den Hohen Norden?“

„Es ist eine lange Geschichte“, begann Waldemar, „ein unendlich weiter, entbehrungsreicher Weg bis hierher, mit viel Schweiß und harter Arbeit“, und berichtet weiter von ihrer Heimat, der Immigration und vom ersten Job in Amerika. Yoshua lauschte seinen Worten, ohne ihn ein einziges Mal zu unterbrechen. „Eine wahrhaft abenteuerliche Geschichte. Muss ein schönes Land sein, aus dem ihr stammt, Ostpreußen, Masuren, eure Heimat.“ Im flackernden Kerzenschein huschte ein gütiges Lächeln über das vom Leben in der Wildnis gezeichnete Gesicht. Als die Gespräche nach Mitternacht langsam verstummten, übermannte sie die Müdigkeit. Draußen heulte ein Schneesturm und rüttelte mächtig am Gebälk der Trapperhütte. Eng aneinanderliegend und todmüde versanken drei Männer in einen Tiefschlaf.

Am nächsten Morgen gebärdeten sich die Huskys vor der Hütte plötzlich wie wild und zerrten heftig an ihren Ketten. Lange bevor im endlosen Weiß die Konturen eines Hundeschlittengespanns zu erkennen waren, hatten die Hunde davon Wind bekommen und alle in der Hütte mit lautem Gebell und Heulen darauf aufmerksam gemacht. Von der kleinen Anhöhe über dem Strom konnte man nun ein Gespann sehen, das sich in weißen Wolken von aufgewirbeltem Schnee rasch der Hütte näherte. „Es ist Thenaka, der bestimmt von Dawson kommt, wo er sicher sein erlegtes Wild an die hungernden Goldgräber verkauft hat.“ Tiefe Freude spiegelte sich im Gesicht des alten Trappers, nachdem er seinen Freund erkannt hatte, der sich mit seinem Huskygespann rasch der verborgenen Hütte näherte. „Im weiten Umkreis sind alle Tiere jetzt geflüchtet, als sie das Gebell aus vielen freudigen Hundekehlen hörten.“ Yoshua lachte und schüttelte den Kopf, erhob die rechte Hand zum Gruß, der von der dickvermummten Gestalt in gleicher Weise erwidert wurde. „Bei dieser Kälte, diesem Wetter. Dieser Indianer ist ein Teufelskerl!“

Nachdem er die Hunde am Ufer angepflockt und mit Futter versorgt hatte, stürmte Thenaka die steile Böschung zur Hütte hoch und begrüßte die wartenden Männer. „Ich fragte in allen Kneipen Dawsons nach euch, doch niemand wusste, wo ihr abgeblieben seid", richtete er die ersten Worte an Waldemar und Gustav, nachdem er Yoshua überschwänglich umarmt hatte. „In Dawson werden die Lebensmittel immer knapper. Für Elch- und Karibufleisch zahlte man mir jeden Preis, den ich verlangt habe. Wenn es in diesem Winter so richtig kalt wird, dann gibt es dort eine Katastrophe." Eine besorgniserregende, ernste Situation, von der Thenaka berichtete, da auch ihre Vorräte langsam zur Neige gingen. Als sie ihn fragten, ob er mit ihnen auf die Jagd gehen würde, erklärte er sich dazu sofort bereit. Doch zuvor wollte er noch zu seiner Squaw, zu Nanina, und verabschiedete sich. Sie verabredeten sich, früh am nächsten Tag mit zwei Schlitten in die Berge aufzubrechen.

Wenn der Himmel wolkenlos war, blinzelte um diese Jahreszeit die tiefstehende Sonne nur wenige Stunden über die Spitzen der nordischen Fichten. Doch zum Glück hatten die Jäger gerade den Vollmond als Verbündeten, der nun in der weißen Einöde das Tageslicht ersetzte. Nachdem die Hunde ihre Ration Fisch erhalten hatten, brachen vier Männer mit zwei Hundeschlitten auf. Zunächst ging es auf dem Yukon weiter in Richtung Eagle. Aber schon nach kurzer Strecke bog Thenaka rechts ab und folgte dann im engen Tal des Chandindu Rivers dem Flusslauf hinauf in die tiefverschneiten Berge. Eine kalte Sonne stand flach über einem in Eis und Schnee erstarrten Nordland. Eisiger Nordostwind blies ihnen entgegen. Das Thermometer fiel rapide auf minus fünfunddreißig Grad; die Kälte kroch den Männern bis ins innerste Mark. Bei diesen tiefen Temperaturen verbrennt der Körper eine Höchstmenge Kalorien und trocknet unglaublich schnell aus. Die Männer hatten keine andere Wahl, als die Gespanne zu einer Hütte in einem Seitental zu leiten, zu einer primitiven Unterkunft an Yoshuas Trappline.

Zwei Tage später verbesserten sich die Jagdbedingungen wesentlich, als das Thermometer „angenehme" minus fünfundzwanzig Grad zeigte. Da es aber in der Nacht wieder geschneit hatte, waren die alten Fährten der Tiere nicht mehr auffindbar. Trotzdem war Thenaka zuversichtlich. Es erforderte viel Kraft, Übung und Ausdauer, um mit dem Tempo der Hundeschlitten auf Schneeschuhen im tiefen Schnee mitzuhalten. Überall lauerten versteckte Fallen, in die ein Schneeschuhläufer unversehens hineintappen kann. Den Fuß zu verstauchen, verdrehen oder zu brechen, kann in der Wildnis zum tödlichen Risiko werden. Die beiden Musher kannten die Gegend, wussten was sie ihren Huskys zumuten können, ohne sie überzustrapazieren. Erstaunlich was die Tiere leisteten. Yoshua schlug vor, nicht mehr weiter dem Chandindu bis zu seinem Oberlauf, sondern dem von rechts zufließenden Tombstone River durch das Tal bis zu den Tombstone Mountains zu folgen. Das Wild hält sich im Winter gern in den geschützten Flusstälern auf, wo es im Uferbewuchs und an den bewaldeten Hängen noch ein wenig Nahrung findet.

Doch es schien, als wären die Tiere auf der Suche nach Futter weiter nach Süden abgewandert, wo die Schneemassen das Land vielleicht weniger bedeckten. Aber auch in diesem Tal keine Spuren, kein Jagdglück. So zogen sie weiter über den Pass und runter zum Divide Lake, einem Quellsee des North Klondike, der eingebettet zwischen den Bergen liegt. Endlich, nach weiteren zwei Tagen, stießen sie an der Einmündung des Grizzly Creeks auf eine Menge frischer Spuren einer Karibuherde, die in das Tal des North Klondike führten. Die Herde wurde von einem Rudel Wölfen verfolgt. Ein frischer Riss von einem Tier, von dem außer der blutigen, steifgefrorenen Decke und den Hufen nur noch wenig übrig war, deutete darauf hin.

Diesen Fährten galt es nun rasch zu folgen. Stunde um Stunde verging, doch von der Herde keine Spur. Das Tal weitete sich, die Berge traten zurück, dichter Buschwald und gefrorener Sumpf zu beiden Seiten des Flusses nahmen zu. Plötzlich, noch in der Ferne jedoch deutlich vernehmbar, das Heulen hungriger Wölfe. Ab jetzt hieß es sich langsam und vorsichtig in diese Richtung zu bewegen und die Hundegespanne getrennt voneinander zu halten. Schon nach kurzer Zeit stoppte Thenaka auf einem Hügel, von dem man einen weiten Blick in eine kaum bewaldete Ebene hatte und winkte die anderen herbei. Nicht ganz eine Meile vor ihnen, aber mit bloßem Auge gut erkennbar, eine Herde Karibus, die von einem Rudel Wölfe belagert wurde. „Die Tiere spüren die tödliche Gefahr, werden bald weiterziehen und versuchen im tiefen Schnee das Rudel abzuhängen. Doch das wird ihnen kaum gelingen, denn die Wölfe sind sehr hungrig. Diese ausdauernden Hetzjäger sind gegenüber dem Menschen sehr scheu und gehen ihm meistens aus dem Wege“, sagte Thenaka. „Der Wind steht günstig, denn er bläst uns entgegen. Noch bevor wir in die Nähe der Herde kommen, wird uns der Leitwolf bemerkt haben, mit dem Rudel in die Büsche fliehen und uns von weitem beobachten."

Yoshua ging auf Thenaka zu, der bereits damit beschäftigt war, seine Hunde hinter dem Hügel an einer Nordtanne anzuleinen. „Ihr müsst hier in dieser Senke bei den Hunden bleiben, während der Indianer und ich uns an die Herde anpirschen. Es wird eine Weile dauern, bis wir wieder zurück sind. Entfacht ein wärmendes Lagerfeuer und baut einen Unterstand. Der aufsteigende Rauch kann euch nicht verraten, denn der Wind trägt ihn in die entgegengesetzte Richtung der Herde."

Schon bald danach verschwanden die beiden Jäger im dichten Buschwald. Im Tiefschnee würden sie in ihren Schneeschuhen nur langsam vorwärtskommen. Die Hunde veranstalteten ein riesiges Spektakel, wollten mit auf die Jagd, zerrten an den Leinen und beruhigten sich nur langsam. Stunde um Stunde verging. Nichts regte sich. Endlich fielen mehrere Schüsse. Danach langes Warten. Doch plötzlich stand Thenaka wieder vor ihnen am Lagerfeuer.

„Wir haben zwei stattliche Karibubullen erlegt. Yoshua hat die Tiere sofort nach dem Erlegen aufgebrochen und sicherlich inzwischen zerlegt, bevor das Wildbret knochenhart gefriert. Einer von uns musste bei den Bergen von frischem Fleisch bleiben. Das Rudel der hungrigen Wölfe hält sich bestimmt in der Nähe auf. Wir müssen so schnell wie möglich mit den beiden Hundegespannen zu ihm. Ihr beide solltet jetzt mit Yoshuas Gespann in der Spur meines Schlittens langsam hinter mir herfahren. Traut ihr euch das zu?" Beide nickten, doch so richtig wohl dabei war es keinem.

Anfangs klappte alles ganz leidlich. Waldemar hielt die Leinen straff in der Hand, damit die Huskys in der Spur blieben, und Gustav behielt die Schlittenbremse fest im Auge, um notfalls das Tempo zu verringern. Aber kurz vor dem Ziel, als der Geruch von frischem Fleisch in ihre empfindlichen Nasen drang, waren sie kaum noch zu bändigen. Nur unter Aufbietung aller Kraft gelang es den beiden die Hunde und den schwerbeladenen Schlitten wieder in die Spur des vorfahrenden Indianers zu lenken und ein Abkürzungsausbruch durch eine schneeverwehte Senke zu verhindern, aus der sie sicherlich nicht so schnell wieder herausgekommen wären.

Yoshua hatte die Innereien der Karibus am Feuer aufbewahrt, damit sie nicht hart gefroren. Ein Festmahl für die ausgehungerten Huskys.

Damit sie sich nicht verbissen und verletzten, wurde jeder Hund so an einen Baum gebunden, dass er den anderen nicht erreichen konnte und erhielt danach seine Portion. „Als die Schüsse fielen, war die Herde in panischer Flucht in entgegengesetzter Richtung der Wolfsspuren geflohen“, berichtete Yoshua. „In dem Tiefschnee werden die Wölfe es schwer haben, sie zu verfolgen. Wir hatten Glück und haben jetzt eine ganze Menge Frischfleisch für uns alle, hauptsächlich aber für unsere beiden Freunde.“ Thenaka nickte zustimmend. „Lasst uns das Zelt für die Nacht aufbauen, genügend Holz für ein gutes Lagerfeuer suchen und morgen in aller Frühe durch das Tal des North Klondike Rivers nach Dawson aufbrechen.“

Am Nachmittag waren sie wieder in der Goldgräberstadt. Nachdem sie das knochenhart gefrorene Karibufleisch in der Hütte der Germans abgeladen hatten, machten sich Yoshua und Thenaka mit einem Teil davon auf den Heimweg. „Nanina wird schon auf mich warten, und mein Freund muss seine Trapline abfahren. In zwei bis drei Wochen komme ich wieder nach Dawson und bringe euren Schlitten mit.“ Thenaka hatte es eilig. „Er würde von euch keinen Dollar für das Wild nehmen, und auch ich möchte kein Geld haben. Wenn wir mit dem Schlitten wiederkommen, und ihr wollt uns unbedingt für die Jagd etwas geben, dann schenkt doch jedem von uns ein Kistchen Patronen. Nur ein kleiner Hinweis, denn der Indianer ist zu stolz und würde niemals etwas von Freunden fordern.“

Yoshuas ernste Miene ließ keine Widerrede zu. Ein letztes Winken, dann verschwanden die beiden mit ihren Huskys in einer Wolke von aufwirbelndem Schnee, mit Schlitten, die nun wesentlich leichter geworden waren.

Er war über Nacht einfach verschwunden, dieser eigenartige, seltsame Mensch, der sich Jack London nannte. Niemand wusste, wohin er ging. Ganze elf Monate hielt er sich in Dawson auf. Waldemar vermisste diesen sonderbaren Kerl. Wie er später erfuhr, endete sein Leben tragisch: Arm wie eine Kirchenmaus verließ Jack London den Yukon, fuhr zurück nach San Francisco. Er fand zwar kein Gold, dafür aber eine Menge spannender Themen, die ihn in jener Zeit zu einem der bekanntesten Schriftsteller werden ließen. Zwischen 1900 und 1903 wurde er nach Erscheinen seiner Bücher „Der Sohn des Wolfs“, „Der Seewolf“ und „Der Ruf der Wildnis“ der erste literarische Star. Sein Bild erschien in allen Zeitungen, seine Popularität brachte ihm Honorare in Millionenhöhe, sein Name wird unsterblich mit dem Goldrausch am Klondike bleiben. Was er schrieb, hatte er selbst erlebt oder von Yukon-Veteranen erzählt bekommen. Er zog sich auf eine Farm zurück, flüchtete in manches Liebesabenteuer und begann immer stärker zu trinken. Trotz seines Erfolgs wurde er nicht alt. Am 22. November 1916 setzte Jack London seinem Leben auf einer kalifornischen Ranch ein Ende. Gescheitert an seinem Aufstieg und am Alkohol.

In einer eisigen Nacht wurden minus fünfundsechzig Grad gemessen. Alles Leben erstarrte. Bäume barsten, brachen auseinander, zersplitterten wie Glas. Menschen hinterließen bei jeder Bewegung eine Dampfspur, und das Wasser, das man aus einem Eimer in die Luft schleuderte, fiel als Eis zu Boden. Selbst gefährliche Stromschnellen im Yukon froren zu, wurden innerhalb von wenigen Tagen von meterdickem Eis bedeckt. In einer Nacht erfroren sechs Menschen. Bars und Saloons machten dicht. Lebensmittelvorräte gingen zu Ende. Die Kältewelle hielt lange an, zermürbte die Menschen, wurde zur Hölle. Einige litten durch den langen, dunklen Winter an „Cabin fever“, einer Art Wildniskoller. Die verdammte Kälte wurde immer unerträglicher. Die Männer in Hütten und Zelten froren erbärmlich. Alle hofften, dass die grausame, arktische Kälte bald vorüber wäre. Das monatelange Nichtstun, das Warten auf die Schneeschmelze, auf den kurzen nordischen Frühling und Sommer wurde zur Qual.

Langsam wurde es wärmer. Bars und Kneipen öffneten wieder und die Tage wurden länger. Aber noch saß der Frost im Boden, noch konnte auf den Claims nicht gearbeitet werden. So verbrachten viele nach einem verdammt langen, eisigen Winter die Zeit in verräucherten Spelunken und Spielhöllen.

Im berüchtigten Westminster Saloon kam es unvermittelt zu einer folgenschweren Begegnung. In dieser üblen Kneipe fanden allabendlich unter dem Gejohle der betrunkenen Goldgräbermeute Box- und Ringkämpfe statt. Absoluter King war Luke, ein kanadischer Holzfällerriese, der als unbesiegbar galt, was zur Folge hatte, dass kaum noch Wetten gegen ihn abgeschlossen wurden.

Als Waldemar und Gustav den Saloon betraten, ging ein Raunen durch die Menge. Alle Blicke richteten sich auf den Hünen, der den Türrahmen ausfüllte, dem man am Tresen respektvoll Platz machte. Nach einiger Zeit gesellte sich ein Kerl mit einer Augenklappe zu ihnen. Ein zweiter, mit einem großflächigen Pferdegesicht und zahnlosem Mund, der nicht gerade vertrauenswürdig aussah, stellte sich unaufgefordert dazu und begann sofort ein Gespräch: „Hier hat schon lange kein großer Kampf mehr stattgefunden. Weil niemand gegen Luke den kanadischen Holzfäller kämpfen will, wurden in der letzten Zeit auch keine ordentlichen Wetten mehr abgeschlossen. Schätze, das könnte sich jetzt ändern." Dabei schaute er grinsend auf Gustav.

In diesem Moment betrat eine große, breitschultrige Gestalt den Saloon. „Das ist Luke, der Holzfäller aus British Columbia. Als Goldgräber hatte er auf seinem Claim wenig Glück, aber als Kämpfer hat er hier schon manchen Dollar kassiert", wandte sich der Typ mit der Augenklappe den beiden wieder zu. „Er hat bisher jeden besiegt, ist ein guter Boxer und stark wie ein Bär. Trotzdem", dabei schaute er abschätzend erst auf Gustav und dann auf Luke, „würde ich hundert Dollar auf deinen Freund wetten, oder was meint ihr? Ich setze auf den Fremden, wer hält dagegen?" Die Meute grölte und tobte. Im Nu flogen die Scheine auf einen Tisch, einer notierte die Namen und Einsätze, aber Gustav winkte nur ab, zeigte sich nicht kampfbereit, blickte hinüber zu Luke, der provozierend grinsend, breitbeinig vor der Theke stand und seinen Priem verächtlich auf den Boden spuckte. Der mit der Augenklappe hielt einen hundert Dollar Schein in die Höhe, wedelte damit in der Luft herum. „Diese hundert Dollar gehören dir, Fremder, egal ob du gewinnst oder verlierst, jeder im Saal ist Zeuge. Ich wette noch hundert Dollar auf deinen Sieg. Leute, wer macht mit?" Jetzt kam der Auftritt des zweiten Gauners. Ein abgekartetes Spiel. „Ich setze hundert Dollar auf Luke, den Unbesiegbaren." Sofort brüllten hundert „Cheechakos" aus ihren versoffenen Kehlen, wollten den Kampf, den Nervenkitzel, wollen Blut sehen. Der Dollarhaufen wuchs. „Vierzig Prozent gehören dem Sieger", rief das Pferdegesicht, „ein Haufen Geld!"

Nachdem Waldemar die Kampfregeln erfahren hatte, riet er seinem Freund, nicht zu boxen. Geboxt wird mit nackten Fäusten und bloßem Oberkörper, und zwar solange, bis einer der Kämpfer am Boden lag und kampfunfähig war. Gellende Pfiffe erfüllten den Saal, als Gustav erneut abwinkte, sich gelassen zur Theke umdrehte und zwei Bier bestellte. Doch die Meute gab nicht auf, schrie und brüllte, forderte ihn immer wieder mit Spott und Häme heraus. Er fühlte sich in seinem Stolz verletzt, da fast jeder sein Geld auf Luke gesetzt hatte. Und der Dollarberg auf dem Tisch wuchs und wuchs. Gerade jetzt, wo er eine ganze Menge verspielt und versoffen hatte, konnte er das Geld gut gebrauchen. Es war schon verlockend. Selbst wenn er verlieren sollte, wären ihm ja einhundert Dollar sicher, und geboxt hatte er früher oft in vielen verräucherten Seemannskneipen und auch bei so mancher Schlägerei tüchtig mitgemischt. Wieder forderte die Menge mit gehässigen, provozierenden Zwischenrufe den Kampf. Gustav sah den Haufen Dollars vor sich. Er brauchte nur zu gewinnen, dann gehörte ein guter Batzen davon ihm. Aber was war, wenn er verlor? Daran wollte er erst gar nicht denken und hob die Hand als Zeichen zum Kampf. Die Meute klatschte Beifall. Ohrenbetäubendes Gegröle und Fußstampfen erfüllte den Saal.

Beide Kämpfer waren etwa gleich groß, breitschultrig, muskulös, blickten sich furchtlos an, als sie sich mit entblößtem Oberkörper gegenüberstanden, wobei Gustav in der Körperlänge Luke ein wenig überragte. Das anfangs verächtliche Grinsen war aus Lukes Fratze verschwunden, im Gegenteil, je länger die Gegner sich gegenseitig abschätzten, desto ruhiger wurde der sich gerade noch überlegen fühlende Kanadier. „Einen solchen Gegner hat Luke noch nicht gehabt“, wandte sich ein alter Goldgräber Waldemar zu. „Ich habe meine letzten zwanzig Dollar auf deinen Freund verwettet.“ Als Kampfrichter wurde ein spindeldürres Männlein bestimmt, den sie den „Advokat“ nannten.

Nach kurzer Ermahnung, fair zu kämpfen, begann unter lauten Anfeuerungsrufen und heillosem Spektakel der erste Schlagabtausch. Luke griff pausenlos an, wollte eine schnelle Entscheidung. Gustav dagegen verhielt sich eher defensiv, wartete auf seine Chance. Als er voll von einer Rechten des Gegners oberhalb der Augenbraue getroffen wurde und Blut über sein Gesicht rann, tobte der Saal und feuerte Luke an. Die Meute war wie im Rausch, wollte mehr Blut sehen. Luke witterte seine Chance und attackierte Gustav mit wilden Schlägen, die aber kaum Wirkung zeigten. Bei diesen unkontrollierten Angriffen verausgabte sich der Holzfäller völlig, geriet sichtbar in Atemnot. Gustav wartete ab, suchte seine Chance, setzte blitzschnell auf Angriff, traf mit seiner Hammerfaust mehrmals den Kopf und dann das Kinn des Gegners. Ein gewaltiger Schlag, dem ein Schrei aus hundert Goldgräberkehlen folgte, der den Holzfäller in den Sand der Kampfarena fallen ließ, aus dem er sich nicht mehr aufrappelte. Alle Anfeuerungsrufe halfen nicht, er blieb wie ein gefällter Baumriese liegen. Der „Advokat“ erklärte Gustav zum Sieger. Die auf seinen Gegner gesetzt hatten – und das waren weitaus die meisten –, waren maßlos enttäuscht, machten lange Gesichter. Der zwielichtige Typ mit der Augenklappe zählte den Dollarhaufen, zahlte die Wenigen aus, die auf Gustav gesetzt hatten. Um den Geschlagenen kümmerte sich kaum jemand.

Gustav war der neue Held, den man hochleben ließ, den man jetzt feierte, der nun um einige hundert Dollar reicher war. Der Mann hinter der Bar spendierte dem Sieger eine Flasche Whisky, die dann auch mit den beiden Ganoven in Windeseile getrunken wurde. Begleitet von hässlichen Schmährufen, noch sichtlich benommen, schlich sich der bis dahin unbesiegte Holzfäller aus der Kneipe. An diesem Abend wurde dem Sieger im rauchgeschwängerten Saloon bis lange nach Mitternacht so mancher Whisky spendiert, der aber immer noch aufrecht am Tresen stand, als selbst die stadtbekanntesten Säufer schon völlig betrunken umgefallen waren.

In Dawson hatte sich der Sieg über den Holzfäller schnell rumgesprochen. Respektvoll redeten jetzt alle vom Mann mit der Eisenfaust. Die beiden Halunken suchten vergeblich nach einem Gegner für ihn, doch niemand wollte gegen Gustav kämpfen. Viele Gauner trieben sich in den Bars und Saloons herum, spendierten dem Sieger Hochprozentiges, animierten zu neuen Kämpfen, doch es fand sich niemand, der gegen ihn antreten wollte. „In diesem Zustand würdest du jeden Fight verlieren. Hör auf mit dem sinnlosen Saufen, du ruinierst deine Gesundheit“, warnte ihn eindringlich Waldemar.

Und tatsächlich riss sich Gustav zusammen, verzichtete eine Zeit lang gänzlich auf den verdammten Alkohol. Aber Luke konnte die Schmach nicht verwinden und wollte unter gleichen Bedingungen eine Revanche. Wieder kam es zu einem Kampf mit blanken Fäusten in der bis auf den letzten Platz gefüllten Sandarena. Beide Kämpfer bluteten bereits aus vielen Wunden, schenkten sich gegenseitig nichts. Es musste und würde eine Entscheidung geben. Anfeuerungsrufe galten jedem der Kämpfer. Die Wetten wurden erhöht. Gustav wurde vor dem Kampf zum Favoriten erhoben. Doch bisher erzielt sein Gegner wesentlich mehr gute, schmerzhafte Treffer. Nach einem harten Schlag in die Nieren wankte Gustav, schnappte nach Luft, rappelte sich wieder auf und blockierte geschickt eine Rechte des Gegners. Die Zuschauer tobten und schrien wild durcheinander. Luke atmete schwer, rang nach Luft, war nicht mehr voll konzentriert. Er wurde mehrmals schwer getroffen, blutete aus Mund und Nase, strauchelte, war am Ende. Gustav hatte sein Nasenbein zerschmettert. Luke fiel blutüberströmt rückwärts in den Sand und blieb regungslos liegen. Der Kampf war vorbei. Es war eine äußerst brutale Prügelei, eine Schlacht bis zum bitteren Ende. Der Lohn waren blutige, schmutzige Dollar. Noch in dieser Nacht schwor Gustav, niemals mehr um harte Dollar unter solchen menschenunwürdigen Bedingungen zu kämpfen.

Doch dieser harterkämpfte Dollarsegen war wie ein böser Fluch für Gustav. Während Waldemar seine Grenzen kannte, verfiel sein Weggefährte immer mehr dem Suff. Als er eines Morgens der Schlafsack seines Freundes unbenutzt vorfand, ahnte Waldemar Böses. Nachdem er in Windeseile seine wärmsten Sachen angezogen hat, denn draußen war es bitterkalt, lief er hinüber zum Westminster. Aus einem der Fenster drang noch schwaches Licht in die Dunkelheit. Gustav hätte schon vor Stunden ziemlich betrunken das Lokal verlassen, erzählte ihm der Barkeeper, der mit dem Aufräumen beschäftigt war und gerade ein dickes Holzstück in den Yukonofen schob.

Waldemar stürzte nach draußen, suchte alle Straßen ab, die zu ihrer Hütte führten, hoffte, dass in irgendeiner Bude noch Licht brannte, er dort Gustav unter den späten Zechern fand, doch es war alles stockduster. Nicht enden wollende Minuten vergingen. Halberfroren suchte er weiter, gab nicht auf und entdeckte plötzlich eine menschliche Gestalt, die im tiefen Schnee hinter einer Holztonne lag. Ein mächtiger Schreck ließ das Blut in seinen Adern erstarren, als er den Menschen umdrehte. Aus einem bleichen Gesicht blickten ihn die leblosen Augen Gustavs an. Er stand nur da und starrte – hatte die Kälte vergessen. Ein windschiefes Thermometer an der Hauswand zeigte fast dreißig Grad minus. Wenn Gustav in einen tödlichen Schlaf gefallen war, dann hatte er in dieser Kälte kaum eine Chance zu überleben. Einem bärenstarken Mann hatte der Teufel Alkohol das junge Leben zerstört.

Waldemar war nun allein in einem fremden Land, umgeben von vielen Cheechakos, dem Suff verfallenen Trunkenbolden, die kaum noch auf ihren Claims arbeiteten. Jeder Goldgräber, der den furchtbar kalten Winter erlebte, war ständig den Verlockungen der Alkohol- und Spielsucht ausgesetzt. Das lange Warten auf die Schneeschmelze zermürbte die Menschen. Zu viele hatten hier schon auf tragische Weise ihr Leben verloren. Ein menschliches Schicksal berührte nur noch wenige.

Die Nachricht vom tragischen Ende der „Eisenfaust“ verbreitete sich in Windeseile. Da der Boden meterdick hart gefroren war, konnte sein Leichnam nicht unter die Erde gebracht werden. In Dawson gab es einen alten Totengräber indianischer Abstammung, der die Toten im Winter in einem Holzschuppen lagerte und sie erst beerdigte, wenn die oberste Schicht der Erde getaut war. Nach langem Hin und Her schlug der Indianer vor, den Leichnam Gustavs nach alter Sitte seines Stammes dem Feuer zu übergeben. So lud man die steifgefrorene Leiche auf einen mit Papierblumen geschmückten Schlitten, der im dichten Schneetreiben von einem Huskygespann auf dem Eis des Yukons gezogen wurde. Es war ein gespenstiger Leichentransport, dem nur wenige dichtvermummte Gestalten schweigend folgten, von harten Männern, die es nicht glauben wollten, dass der Mann mit der Eisenfaust auf diese tragische Weise umgekommen war. In dieser kleinen Trauergruppe fiel eine hünenhafte Gestalt auf. Es war Luke, der Holzfäller, der seinem Gegner nun die letzte Ehre erwies.

An einer Flussbiegung stoppte der Indianer den Schlitten und deutete auf eine bewaldete Insel mitten im Yukon. Eine Stelle, über der die flachstehende Wintersonne wie ein blutroter Ball am Himmel stand, ein Platz im weißen Winterkleid, wie er hätte schöner nicht sein können. Dort wurde das am Ufer liegende Treibholz gesammelt, vor der Insel auf dem Eis zu einem Scheiterhaufen gestapelt, auf den das gefrorene, zusammengeschnürte Bündel mit dem Toten gelegt wurde. Danach steckte der Indianer in seltsamen Formationen grüne Fichtenzweige um die Feuerstelle herum und zündete die trockene Birkenrinde unter den dicken Stämmen an. Alles schwieg. Nur das monotone Gemurmel des Indianers unterbrach die Stille. Langsam fraßen sich die züngelnden Flammen nach oben und hüllten alles in ein gespenstiges Zwielicht, während eine weiße Rauchsäule senkrecht in das windstille Blau des frostigen Himmels stieg.

Waldemar nahm Abschied von seinem Kameraden und Freund und sprach tiefbewegt ein kurzes Gebet. Er konnte das Unglück nicht abwenden, obwohl er es schon lange vorher kommen sah. Der Indianer tanzte mit erhobenen Armen um das Feuer, murmelte unverständliche Wörter, beschwor die Geister. Danach saßen alle mit überkreuzten Beinen vor dem Feuer und starrten bewegungslos in die verzehrende Glut. Es schien, als würde Gustav sich noch einmal aufbäumen, als hätte er noch eine Botschaft für alle. Dann hatte das mächtige Feuer seine sterbliche Hülle verzehrt. Auf dem meterdicken Eis hatte sich eine tiefe Mulde gebildet, in die nun die Asche gekehrt wurde. „Die Fluten des Yukons werden nach der Schneeschmelze die Asche deines Freundes in das Reich des Großen Geistes tragen, wo seine Seele bereits jetzt wohnt."

Nun war sein treuer Wegbegleiter und Kamerad Gustav nicht mehr da, war einfach ganz plötzlich und unerwartet fortgegangen. Auch Jack war weg. Sie waren die einzigen Menschen, mit denen er über alles reden konnte. Nichts war mehr so wie es war. Ein trauriges Leben in dieser Goldgräberstadt, in der sich eine Menge Halunken, Banditen, Falschspieler und Gesetzlose herumtrieben.

Und dann kam es zu einer Katastrophe. Am 16. April 1899 brach in den engen Straßen der restlos überfüllten Stadt ein Feuer aus und vernichtete viele Holzhütten, Zelte und ganze Straßenzüge. Mit vereinten Kräften bekämpfte man den verheerenden Brand, versuchte zu retten, was noch zu retten war, doch den Helfern fehlte Löschwasser, da alles noch knochenhart gefroren war. Gott sei Dank blies nur ein mäßiger Wind Richtung Yukon, sonst wäre die ganze Stadt abgebrannt. Brandursache war wohl einer der vielen primitiven mit Holz befeuerten Yukonöfen. Die Menschen standen unter Schock. Völlig arm und mittellos gaben einige auf, schlugen sich auf dem Eis des Yukons nach Whitehorse durch, endeten irgendwo im Nichts.

Endlich setzte Tauwetter ein. Als einer der Ersten arbeitete Waldemar wieder auf dem Goldfeld. Er hatte sich mit einem Goldsucher zusammengetan, der auf einem Claim am Bonanza Creek schürfte. Samuel stammte aus Vancouver, war ungefähr sein Alter, kam bereits Anfang 1897 nach Dawson und hatte auch schon einiges Schürfglück. Beide kräftige junge Männer, die hartes Arbeiten gewohnt waren und sich aufeinander verlassen konnten. Das Jahr 1899 sollte nun die Wende bringen. Jedoch das große Schürfglück blieb aus. Längst war der Höhepunkt des Goldrausches überschritten, auch wenn viele es noch nicht wahrhaben wollten und immer noch Tausende in die wildeste, reichste und größte Stadt des kanadischen Nordwestens strömten. Einige machten spektakuläre Funde, hatten Glück und wurden reich, sogar sehr reich, aber die meisten verließen nun nach harten, entbehrungsreichen Jahren arm wie eine Kirchenmaus Dawson City. Dafür sorgten schon die Freudenmädchen und Spielhöllen.

Doch es gab auch Männer, die nicht als Goldgräber, wohl aber als Schriftsteller, wie Jack London und der Dichter Robert Service, zu Wohlstand und Reichtum kamen. Sie wuschen kein Gold, sondern schrieben im Schein der Mitternachtssonne einfach all die wunderlichen Begebenheiten und abenteuerlichen Geschehnisse auf, und veröffentlichten diese oft haarsträubenden Geschichten in Zeitungen und Romanen.

Robert Service war ein schmächtiger, schüchterner Schotte, der dem Ruf „Go West" gefolgt war und sich entlang der Westküste Amerikas über Vancouver in Kanada bis nach Whitehorse am Yukon durchgeschlagen hatte. In Schottland hatte er eine Banklehre absolviert und fand nun eine Anstellung in einer Bank in dieser Stadt. Nach Dawson City, zu den dramatischen Schauplätzen am Klondike kam er erst, als er als Bank-Clerk dorthin versetzt wurde. Die einzige Berührung mit dem begehrten Metall hatte er nur, wenn die bärtigen Glücksritter den Goldstaub und die Nuggets zum Abwiegen auf den Banktresen kippten. Er war ein äußerst sparsamer Mensch, der sich oft noch nach Bankschluss im halbdunklen Kassenraum einschloss, um an der Ballade „The Shooting of Dan McGrew" zu schreiben, was ihm einmal fast zum Verhängnis wurde, als der Nachtwächter ihn für einen Einbrecher hielt. Glücklicherweise war der alte Mann ein miserabler Schütze.

Die „Erschießung des Dan McGrew" ist eine originelle Ballade über den vom Pokern besessenen Dan, der vom ehemaligen Liebhaber seiner Freundin mit Blei vollgepumpt wird, während diese ihm beim Spiel über die Schulter schaut. Doch Dan zog mit letzter Kraft seinen Colt und schickte sterbend seinen Vorgänger und Rivalen gleichfalls in die ewigen Jagdgründe. Die lachende Überlebende war eine unter dem Namen „Lou" bekannte Lady, die den in ihren Armen sterbenden Verehrer ein letztes Mal küsste und mit dem goldschweren „Poke" den Ort der Tragödie verließ.

Robert Service schrieb in jenen Tagen auch die Ballade „The Cremation of Sam MacGee", von einem Goldsucher aus Tennessee, der sich von seinem Partner als letzten Freundschaftsdienst das Verbrennen seines Leichnams wünschte, um es nach all den bitterkalten Wintern endlich einmal richtig warm zu haben. Sein letzter Wunsch erfüllte sich in einer dunklen, frosterstarrten Nacht um die Weihnachtszeit am Ufer des

Lake Lebarge. Doch als sein Freund und Partner nach einer langen Zeit zurückkehrte, traute er seinen Augen nicht: Mitten in den Flammen saß ein zufrieden lachender Sam. Zum ersten Mal, seit er Tennessee den Rücken gekehrt hatte, war es ihm endlich warm genug. Robert Service hatte seine Goldader als Schriftsteller gefunden.

Seit Menschengedenken ist Gold das begehrteste Edelmetall. Im Spätsommer 1899 ebbte der gewaltige Goldrausch plötzlich ab, jener Lockruf der Hunderttausende zum Klondike brachte, der einen unglaublichen „Run“ entfesselte.

In allen Kneipen sprach man jetzt nur noch über die neuen Goldfunde in Alaska. Nome, das dreihundert Seelen Nest an der Beringstraße, wuchs innerhalb kurzer Zeit zu einer zwanzigtausend Einwohner Stadt, in der sich Krankheiten wie Typhus und Skorbut rasch ausbreiteten. Bereits Mitte 1900 gab es mehr als hundert Saloons und Spielhöllen. Mord und Totschlag geschah fast täglich, und Nome wurde zu einer der gesetzlosesten Städte im Wilden Westen. Trotz aller Verlockungen blieb eine kleine Schar hartnäckiger Schürfer in Dawson City, die voller Hoffnung auf das große Glück ihre Claims so schnell noch nicht aufgeben wollten. Auch nach vielem Zureden Samuels, erlag Waldemar nicht den neuen Verlockungen. Ein unvorhergesehenes Ereignis veränderte plötzlich sein junges Leben.

Sie war ein sonderbares Mädchen, vielleicht achtzehn, aber eher jünger, schätzte er. Das erste Mal sah er sie nur wenige Minuten beim Gottesdienst in der Kapelle und danach hin und wieder irgendwo in der Stadt. Es waren immer nur kurze, flüchtige Momente, in denen sie ihm beim Vorübergehen schüchtern zulächelte und dann um die nächste Häuserecke verschwand. Seit der ersten Begegnung ging sie ihm nicht mehr aus dem Sinn. Zweifellos war sie hübsch, sogar sehr hübsch. Aber was machte sie hier in dieser verdammten, verrufenen Goldgräberstadt unter den verrohten Kerlen, unendlich weit entfernt jeglicher Zivilisation?

Nicht enden wollende Tage folgten. Er hoffte, ihr in einem der Läden, in einem Saloon, oder irgendwann, irgendwo am Ufer des Yukon beim Spaziergang zu begegnen. Vielleicht war sie gar nicht mehr in Dawson? Vielleicht war sie mit einem Dampfer bereits wieder abgereist? Aus den Augen, aus dem Sinn, versuchte er sich einzureden. Doch vergebens, die Gedanken an dieses zauberhafte, junge Mädchen wurde er nicht mehr los.

Als er sich mit dem Schicksal des unerfüllten Verlangens beinah abgefunden hatte, kam ihm Fortuna unverhofft zur Hilfe. Im Grand Palace Theatre, das dem verheerenden Feuer im April 1899 zum Opfer gefallen war und bereits am 7. Juli desselben Jahres wiedereröffnet wurde, kündigte im Spätsommer ein riesiges Plakat eine „Soapy Smith Show“ an. Da die Geschichte über den skrupellosen Banditen viele Erinnerungen an jene Begegnung in Skagway in ihm weckten, beschloss er, an diesem Abend ins Theater zu gehen. Eigentlich war er ja ein sparsamer junger Mann, der wenig Alkohol trank, die Kneipen und Spielhöllen selten besuchte. Im Grand Palace Theatre war er erst einmal. Doch die Damen in den Saloons kannten ihn alle, den Blondschopf mit den wasserblauen, verträumten Augen, den breiten Schultern und der athletischen Figur, mit dem nicht wenige gerne ein Techtelmechtel gehabt hätten.

Mittlerweile war er Ende zwanzig. Eine entbehrungsreiche, harte Zeit hatte er bereits hinter sich. Für alles, was er bisher erreicht hatte, musste er schuften und eisern sparen. Noch immer quälten ihn die Gedanken an Katharina, an das tragische Ende ihrer Beziehung. Alle Briefe, die er ihr schrieb, blieben unbeantwortet. Immer wieder musste er an seine Heimat denken, an seine ärmliche Kindheit, an die toten Eltern, denn – inzwischen war auch sein Vater verstorben –, an seine Geschwister, von denen er nie mehr etwas gehört hatte. Und dann der plötzliche Tod seines zuverlässigen Kameraden und Wegbegleiters, ohne den er wohl niemals nach Amerika ausgewandert wäre, all das bedrückte ihn sehr. Um sich von der grausamen Realität abzulenken, besuchte er das Theaterstück über Soapy Smith.

Das Grand Palace Theatre war an diesem Abend bis auf den letzten Platz ausgebucht. Er hatte einen Stuhl ziemlich vorn an der Bühne erwischt, und war auf die Show sehr gespannt. Die Akteure gaben ihr Bestes, es wurde laut herumgeschrien und immer wieder aus großkalibrigen Revolvern wild herumgeballert, bis dann bei einem Schusswechsel am Ende der Show „Frank Reid“ den gefürchteten Bandenchef „Soapy Smith“ mit einem gezielten Schuss in das Reich der ewigen Jagdgründe beförderte. Doch auch der mutige Held wurde schwer getroffen und starb schließlich in den Armen und am üppigen Busen einer Blondine. Stürmischer Applaus folgte der guten Show und ließ den Saal erzittern.

Als sich der Pulverdampf aus der rauchgeschwängerten Halle verzogen hatte und der Vorhang wieder hochging, gerieten die Zuschauer völlig aus dem Häuschen. Unter ohrenbetäubendem Beifall traten nun in bunten Kostümen Cancantänzerinnen auf die Bühne. Während der Darbietung fiel ihm in der Gruppe besonders eine der jungen Tänzerinnen auf, nicht nur weil sie die Hübscheste war, sondern auch die schlanksten Beine hatte und diese unglaublich hoch in die Luft werfen konnte. Wie vom Blitz getroffen sprang Waldemar von seinem Stuhl auf und nahm erst wieder seinen Platz ein, als einige Männer ihm Prügel androhten, wenn er sich nicht sofort wieder setzen würde. Ohne Zweifel, es war das scheue Mädchen, dem er oft begegnet war, die er in den letzten Wochen aber nicht mehr gesehen hatte. Und nun schwebte sie in Stöckelschuhen und einem farbigen Rüschenröckchen leichtfüßig vor ihm über die Bühne. Auch sie hatte ihn bemerkt und lächelte ihm zu. Koste es, was es wolle, ging es ihm durch den Kopf, er musste mit ihr nach der Vorstellung ins Gespräch kommen.

Die Show endete gegen Mitternacht. Danach strömten die meisten Zuschauer in die Bar. Waldemar stellte sich erwartungsvoll an die Theke und ließ die Garderobentür nicht aus den Augen. Kurze Zeit später öffnete sich die Pforte, aus der nun vier Tänzerinnen in den Flur traten und sich gutgelaunt in die Bar begaben. Endlich erschien auch das Mädchen, auf das er ungeduldig gewartet hatte. Jetzt musste er handeln, bevor sie am Ende mit den anderen Damen im Saloon im Gedränge verschwunden war. Seinen ganzen Mut zusammenraffend, ging er auf sie zu und fragte, ob er sie zu einem Drink einladen dürfte. Gerne später, erwiderte sie, sie möchte mit ihren beiden Freundinnen erst an einem der Tische Platz nehmen, um nach dem anstrengenden Auftritt ein wenig zu entspannen, doch wenn er wollte, könnte er ihnen Gesellschaft leisten. Das ließ er sich natürlich nicht zweimal sagen.

Die Damen erzählten, sie kämen aus San Francisco, wären hierhergekommen, um im Grand Palace Theatre als Cancan-Tänzerinnen aufzutreten und Geld zu verdienen. Niemand hatte ja voraussehen können, dass es hier auf den Goldfeldern langsam zu Ende gehen würde. Nun müssten sie sicher bald weiterziehen, vielleicht wieder zurück nach San Francisco. Doch trotz der dunklen Zukunft wolle man das Leben in Dawson, in dieser langsam sterbenden Goldgräberstadt, noch eine Zeit lang genießen.

Eine Dreimannkapelle spielte nach Mitternacht zum Tanz auf. Tanzen konnte er eigentlich nicht – wo sollte er das auch gelernt haben?

Doch als er bemerkte, dass sich einer der Männer anschickte mit seiner hübschen Tischnachbarin zu tanzen, stand er vor ihr, machte seinen Diener und bat um diesen Tanz. Nelly, so hieß das Mädchen, nach der er sich verzehrte, war völlig überrascht. Während sie leicht wie eine Feder über den derben Holzboden schwebte, bewegte er sich recht unbeholfen, entschuldigte sich immer höflich, wenn er wieder einmal völlig aus dem Rhythmus tanzte. Dann lachte Nelly nur und schmiegte sich eng an ihn. Waldemar schwebte auf Wolke sieben, hatte sich Hals über Kopf in dieses hübsche Wesen verliebt und war ganz einfach glücklich. Die beiden Freundinnen verschwanden ebenfalls mit ihren Kavalieren im Gewühl auf der Tanzfläche und danach im dichten Gedränge an der Bar.

Endlich allein am Tisch, erfuhr er nun einiges über die bezaubernde Nelly. Sie war vor kurzer Zeit neunzehn geworden. Mit ihrem Vater und ihren beiden Freundinnen kam sie erst vor einigen Monaten nach einer langen, recht abenteuerlichen Reise in Dawson an.

Mitten im Gespräch trat plötzlich ein großer, bärtigerer Mann mit einem breiten Hut an ihren Tisch, den Nelly als ihren Vater vorstellte. Es entwickelt sich eine interessante Unterredung, man nahm noch gemeinsam einen Drink an der Bar und versprach, sich an einem Abend in der nächsten Woche wiederzutreffen. Schon kurze Zeit danach forderte der Vater seine Tochter mit ernster Miene auf, mit ihm zu gehen, da es schon recht spät wäre, worauf diese ohne Widerrede aufstand, sich mit einem vielsagenden Lächeln verabschiedete und mit ihrem Vater das Lokal verließ. Das war's, jedenfalls in dieser Nacht, dachte Waldemar, doch er gab nicht so schnell auf, zumal er beim Tanzen gespürt hatte, dass Nelly seine Zuneigung erwiderte.

Einen Tag später begegneten sie sich unvermutet in einem Laden und verabredeten kurzfristig ein Treffen. Danach sahen sie sich fast täglich und verbrachten meistens viele Stunden an irgendeinem einsamen Plätzchen am Ufer des Yukons. Allabendlich, wenn Nelly im Grand Palace Theatre auftrat, wartete er geduldig an der Bar auf sie. Es blieb ihnen nach der Show nur wenig gemeinsame Zeit. In diesem sündigen Ort wäre es die oberste Pflicht eines Vaters, seine noch minderjährige Tochter vor allen möglichen Strolchen, Unholden und Tagedieben zu beschützen. Allein aus diesem Grunde würde er seine Tochter jeden Abend nach der Vorstellung abholen. Nelly fügte sich nur widerwillig, doch der Vater blieb hart. Da half auch nicht ihr Einwand, dass sie

Waldemar nun schon einige Wochen kennen würde und er sie ja nach Hause bringen könnte.

Inzwischen hatte Waldemar viel von ihr erfahren. Ihre Mutter starb, als sie gerade vierzehn Jahre alt war. Es war ein harter Schicksalsschlag für sie und ihren Vater, der nun mit seiner Tochter allein dastand. In der ständig wachsenden Stadt gab es kaum Arbeit. Auch noch viele Jahre nach dem Goldrausch in Kalifornien galt San Francisco als die gefährlichste Stadt der Welt, in der es berüchtigte Viertel gab, in die sich kaum jemand hineinwagte. Mit unmenschlich harter Arbeit verdiente ihr Vater den Lebensunterhalt in einer Hafenwerft. Als ihm heimkehrende Goldsucher von unermesslichen Goldfunden am fernen Yukon berichteten, entschloss er sich, mit seiner Tochter nach Dawson zu reisen. Ihre beiden Freundinnen, die in San Francisco als Cancan-Tänzerinnen im Parker Hotel und Eagle Saloon nur noch gelegentlich ihr Geld verdienten, zogen mit ihnen. Es war ein recht gefährlicher und abenteuerlicher Weg bis nach Dawson. Dort angekommen, mussten sie feststellen, dass der Höhepunkt des Goldrausches bereits überschritten war. Trotzdem würde ihr Vater auf seinem Claim noch so viel Gold finden, um sich ganz gut über Wasser halten zu können, und seitdem sie mit ihren Freundinnen im Grand Palace Theatre auftrat, war der Saal jeden Abend brechend voll. Mit der Gage und den Trinkgeldern ließe es sich gut leben.

Allmählich wurden die Tage wieder kürzer und die Nächte zunehmend kälter. Der „Indian Summer" färbte das Tal des Yukon in weithin leuchtend gelbe und rote Farben, und der erste Schnee auf den Bergrücken kündigt den nahen Winter an.

Als durch den immer stärker werdenden Frost die Arbeit auf den Goldfeldern eingestellt werden musste, lernte Waldemar endlich Nellys wortkargen Vater näher kennen. William Blacksmith kümmerte sich aufopfernd um seine hübsche Tochter. „In dieser verkommenen Goldgräberstadt laufen genügend Schurken herum, denen man nicht über den Weg trauen kann. Solch einem raffinierten Verführer, einem skrupellosen Typen wie Swiftwater Bill, darf meine Tochter niemals begegnen. Inzwischen konnte ich mich überzeugen, dass meine noch sehr junge Tochter scheinbar einen der wenigen anständigen Männer in Dawson City kennengelernt hat, dem ich vertrauen kann", fügte er mit augenzwinkerndem Schmunzeln hinzu. Von diesem Tag an begleitete Waldemar Nelly jede Nacht bis vor ihre Haustür.

Doch dann überschlagen sich die Ereignisse. Das Grand Palace Theatre schloss kurz vor Einbruch des Winters die Pforten. Nelly konnte zwar sofort in der Sluicebox Bar im Eldorado oder in Diamond Tooth Gertie's Gambling Hall arbeiten, doch ihr Vater war strikt dagegen, denn die beiden Kneipen hatten einen schlechten Ruf. Da William Blacksmith schon seit Wochen auf seinem Claim kein Schürfglück mehr hatte, entschied er sich, wieder nach San Francisco zurückzukehren. Nelly, in Tränen aufgelöst, schwur Waldemar ewige Liebe und wollte auf ihn warten. Als sichtbares Zeichen seiner Liebe schenkte er ihr einen kostbaren Ring, versprach im nächsten Sommer zu ihr nach San Francisco zu kommen und sie zu heiraten. Bevor der Yukon zufror, verließen William Blacksmith und seine Tochter mit dem letzten Dampfer Dawson City.

Noch vor dem endgültigen Zufrieren des Stroms trafen sich Waldemar und Thenaka in der Stadt. Beide hatten sich viel zu erzählen. Als der Indianer erfuhr, auf welch dramatische Weise Gustav ums Leben gekommen war, wurde er traurig. „Der weiße Mann hat uns Indianern den Teufel Alkohol gebracht und geht selbst daran zu Grunde." Minutenlanges Schweigen folgte. Nach einer Weile redeten sie über seine Liebesgeschichte, die so plötzlich unterbrochen wurde, als Nelly und ihr Vater die Stadt verlassen hatten. „Du musst die Dinge so nehmen, wie sie sind und dich damit abfinden, denn das Schicksal hat es so gewollt. Wenn es vom Großen Geist so bestimmt ist, werdet ihr euch wiederfinden. Du kannst nur auf andere Gedanken kommen, wenn du diesen Ort verlässt und mit Yoshua und mir den Winter hier in der Wildnis verbringst. In der Stille der Einsamkeit wird deine Seele gesund und dein Herz Ruhe finden."

Waldemar spürte die Kraft der Worte Thenakas, schnürte sein Bündel, kaufte ein Gewehr, eine Menge Munition und alles, was er für den harten Winter in der Wildnis brauchte, und verließ Dawson noch am gleichen Tag im vollgepackten Kanu des Indianers. Um nicht mit dem in Ufernähe immer dichter werdenden Treibeis zu kollidieren, paddelten sie in der noch ziemlich eisfreien Mitte des Stroms. Dort brachte die rasante Strömung sie rasch weiter.

Genau wie damals, als er das erste Mal mit Gustav unterhalb der Blockhütte Yoshuas am Ufer anlegte, empfing die Ankömmlinge lautes Geheule der angepflockten Huskys und kurz darauf ein vor Freude mit den Armen wildfuchtelnder Trapper. „Ich ahnte, dass du heute zurückkommen würdest“, eilte er den Männern entgegen, „dass du aber unseren Freund Waldemar mitgebracht hast, ist wirklich eine schöne Überraschung. Kommt und wärmt euch erst mal auf, ihr seht ja ziemlich erfroren aus.“

Es war ihm, als hätte er diese Blockhütte niemals verlassen, als wäre er nie weggewesen. Als man sich am warmen Ofen gegenübersaß, einige „Hot Toddies“, heißen Scotch mit Honig, Zimt, Nelken und Muskat geschlürft hatte, packte er sein Geschenk, die damals versprochenen Kisten Munition, aus und stellte diese mitten auf den Tisch.

Irgendwann kam das Gespräch auf Gustav. Sichtlich gerührt schüttelte Yoshua hin und wieder sein Haupt, als Waldemar das ganze Drama schilderte. Danach sagte eine Weile niemand ein Wort. Es schien, als würden die drei Männer, jeder für sich allein, eine ehrfurchtsvolle Andacht, ein stilles Gebet halten. „Eine schreckliche Nachricht, eine unendlich traurige Geschichte.“ Yoshua begrub sein vom harten Leben in der Wildnis gezeichnetes Gesicht in beide Hände. „Ein Mann wie ein Baum, ein junges, blühendes Leben einfach zerstört, noch bevor es so richtig begonnen hat, dahingerafft vom Teufel Alkohol. Wehe dem, der mit diesem verdammten Zeug nicht richtig umgehen kann, der wird hier im Norden nicht alt. Du kannst in meiner Hütte überwintern, damit du nicht im Ort des Geschehens ständig an die unfassbare Tragödie erinnert wirst, doch sei dir bewusst, die nächsten Menschen sind unendlich weit entfernt.“

Waldemar blieb. In einem langen, bitterkalten Winter erlebte er den entbehrungsreichen, harten Kampf ums Überleben in der Wildnis. Oft tobten fürchterliche Stürme über das Land nahe dem Polarkreis, in dem sich die Sonne drei Monate kaum sehen lässt. Nicht selten sank das Thermometer auf minus fünfzig Grad. Alles erstarrte unter einer dicken Schnee- und Eisdecke. Die Nächte waren meist finster und endlos und nur von zuckenden Nordlichtern und dem Geheul hungriger Wölfe unterbrochen. Doch wenn der Vollmond die tiefverschneite Schneewüste beinahe taghell in ein überirdisches, geheimnisvolles Licht verwandelte, wurde die mehr als sechzig Meilen lange Trappline mit den Hundeschlitten abgefahren und die Fallen neu bestückt. Mehrmals mussten sie bei gewaltigen Temperaturstürzen und verheerenden Blizzards tagelang in einer Schneehöhle verbringen. Was er in dieser Zeit von Yoshua und

Thenaka über das Jagen und Trappen lernte – von dem zu leben, was das Land hergibt –, sollte ihm später mehr als einmal das Leben retten.

Ende März, den Yukon bedeckte noch eine dicke Eisschicht, kehrte Waldemar wieder zurück nach Dawson. Yoshua schenkte ihm beim Abschied einen noch ziemlich jungen Schlittenhund. Adak war ein sibirischer Husky, mit dem er eine zutrauliche Freundschaft geschlossen hatte, der immer seine Nähe suchte, besonders wenn sie nach so mancher harten Tour zur Blockhütte zurückgekehrt waren. „Dieser zuverlässige Gefährte soll dich begleiten, wohin das Leben dich auch führen wird. Behandle ihn gut, denn es ist eine treue Hundeseele.“ Als der Schlitten mit Yoshua und Thenaka im dichten Schneegestöber kaum noch wahrnehmbar war, verließen auch Adak und Waldemar das Ufer des Yukons.

Voller Erwartung führte ihn der erste Weg zum Post Office. Ein älterer Mann hinter dem Schalter mit einer Nickelbrille und dunklen Ärmelschonern durchwühlte zum zweiten Mal einen Stapel Post, zuckte wiederholt mit den Schultern, denn ein Brief an Waldemar Kapteina war nicht dabei. Beim Abschied hatte ihm Nelly versprochen, sofort nach ihrer Ankunft in San Francisco zu schreiben, und nun keine Nachricht, kein lang ersehnter Brief von ihr? Was war geschehen? Warum hat sie nicht geschrieben? Soviel er darüber auch grübelte, er fand darauf keine Antwort. Er fühlte sich hundeelend, irrte durch verlassene Gassen, spürte die schleichende Kälte an seinem Körper, betrat schließlich das Eldorado Hotel und hoffte, Nellys Freundinnen zu treffen, denn sie hatten dort während des Winters einen Job in der Sluicebox Bar angenommen. Vielleicht würde er von denen etwas erfahren.

Und tatsächlich stand Annie, die gemeinsam mit Nelly in einer Show aufgetreten war, hinter dem Schanktisch in der Bar.

„He, sieh mal einer an, wer da kommt, und wo hat der Sonnyboy, der netteste Goldgräber Dawsons denn die ganze Zeit gesteckt? Alle Ladys in der Stadt haben dich schon vermisst, dachten, du würdest hier nicht mehr aufkreuzen. Komm, trink erst mal einen kräftigen Schluck aufs Haus, auf das Wiedersehen, auf neues Schürfglück und auf die Liebe.“

„Okay, trinken wir auf das Wiedersehen. Doch seit ich nach den harten Tagen in der Wildnis wieder zurück in Dawson bin, fühle ich mich ziemlich miserabel, weil ich vergeblich auf Post von Nelly hoffte. Hast du von ihr vielleicht etwas gehört?“

Annie ahnte sicher, dass diese Frage auf sie zukommen würde. „Es gibt viel zu berichten, zu erzählen, aber lass uns doch erst noch einen nehmen, bevor die Bude so richtig voll wird, oder?“

Waldemar nickte zustimmend, doch seine innere Erregung ließ sich nicht verbergen. Er spürte, dass Annie keine guten Nachrichten für ihn hatte.

„Nun gut, ich wollt, ich könnte dir vieles ersparen, doch einem so anständigen Kerl wie du, muss ich einfach die ungeschminkte Wahrheit erzählen. Komm, lass uns dort in der Ecke an einem Tisch Platz nehmen, wo uns im Augenblick niemand stören kann.“ Nach diesen Andeutungen fühlte Waldemar, als ob ihm plötzlich das Blut in den Adern erstarrt, als wenn ihm jemand den Hals zuschnüren würde. „Nimm dir das nicht so zu Herzen, auch wenn es sehr hart für dich sein wird, was du nun von mir hören wirst. Ich könnte alles von dir fernhalten, es einfach verschweigen, doch es ist besser für dich, die Wahrheit zu erfahren, als weiter in der zermürbenden Ungewissheit zu leben.“

Annie reichte ihm Nellys ersten Brief. Nelly berichtete darin vom überaus beschwerlichen Weg bis zum Hafen Skagway im Süden Alaskas, von der stürmischen Schiffsreise mit einem in die Tage gekommenen Dampfer, von einer Gruppe Goldsucher, alle Bonanza Kings der ersten Stunde, die nun reich und wohlhabend nach San Francisco zurückkehren würden. Mit den Worten: „Grüße bitte mein Darling, dem ich sofort schreiben werde, sobald ich mich in der Stadt ein bisschen eingelebt habe“, endete der Brief.

Sichtlich erregt reichte er Annie den Umschlag mit Nellys Zeilen zurück. Ihre ernste Miene ließ ihn nichts Gutes ahnen, als sie ihm den zweiten Brief zum Lesen gab. Ohne ein Wort zu sagen, las er ihn einmal und noch ein zweites Mal. Entsetzt schleuderte er danach den Brief auf den Tisch. „Verdammt, ich brauche jetzt einen doppelten Whisky.“ Annie holte ihm einen, nahm ihn in den Arm und versuchte, ihn zu beruhigen. „Der Teufel soll sie holen, mit ihrem reichen Mistkerl, diesem angeblichen Millionär, der bestimmt ein schamloser Schurke, ein Swiftwater Bill ist, der die weiblichen Schwächen eines blutjungen Mädchens ohne Skrupel ausnutzt, das mit mir zum ersten Mal die körperliche Liebe erlebte.“

Der zweite und letzte Brief, in dem Nelly ihrer Freundin schrieb, dass sie einen reichen Goldgräber heiraten würde, den sie vor Monaten auf dem Dampfer kennengelernt hatte, war erst vor wenigen Tagen in Dawson eingetroffen.

Es dämmert bereits, als Waldemar und Annie Arm in Arm zu seiner Hütte wankten, um sich danach gegenseitig auf dem Nachtlager zu wärmen. Auch in den nächsten Tagen tröstete sie ihn und wich kaum von seiner Seite. „Es ist nicht gut, wenn du weiter so oft an Nelly denkst und dich damit quälst, dass sie nicht auf dich gewartet hat. Das Leben geht weiter, mein Lieber, so oder so. Sie ist es nicht wert, dass du dich innerlich kaputt machst. Du bist ein ganz toller Bursche, dem die Damen verzückt nachschauen. Lass uns das Leben in vollen Zügen genießen, jetzt und hier und vielleicht noch eine lange Zeit. San Francisco ist unendlich weit weg."

Waldemar roch den Braten. Je öfter er mit ihr zusammen war, desto mehr sprach sie von einer glücklichen Ehe, von Kindern und von einem trauten Heim. Vom Heiraten aber hatte er vorläufig die Nase voll und schwur, sich niemals mehr zu verlieben. So fasste er noch in dieser Nacht einen verwegenen Plan.

Das große Land der Einsamkeit

Mitte April verließ Waldemar die langsam sterbende Goldgräberstadt Dawson City. Es war die letzte Möglichkeit, noch vor der Schneeschmelze über die geschlossene Eisdecke des Yukons wieder nach Süden zu reisen. Nun hatte er nur noch Adak, seinen treuen Huskyrüden, den ihm Yoshua zum Abschied geschenkt hatte. Um diese Jahreszeit wurden die Tage schon länger, doch die Nächte waren immer noch eisig. Häufig beeinträchtigten dichte Nebelschwaden die Sicht auf dem Fluss. Daher waren in diesem makellosen Weiß die vom Schnee zugewehten tückischen Fallen, wo sich durch die starke Strömung im Fluss nur dünnes, brüchiges Eis gebildet hatte, oft erst spät zu erkennen. Wer an solch einer Stelle einbrach und es nicht schaffte, seine Schlittenhunde aus dem eiskalten Wasser zu retten und innerhalb kurzer Zeit ein Feuer zu entfachen, war verloren, da man bei tiefen Temperaturen schnell unterkühlt und die Kleidung am Körper sofort festfror. Wie man mit Schlittenhunden umging, hatte er im bitterkalten Winter von Yoshua beim Abfahren der Trappline gelernt, doch nun war er allein auf sich gestellt, allein in der unendlichen weißen Einsamkeit. „Nur die Ausdauerndsten und Stärksten werden in der menschenfeindlichen Wildnis des Nordens überleben, nur diejenigen, die die Gesetze der Natur kennen und respektieren.“ Worte des alten Trappers, an die er sich noch oft erinnern sollte.

Je weiter er sich von Dawson entfernte, desto stärker wurde der eisige Sturm, der ihm jetzt entgegenblies. Er stülpte die Kapuze des Parkas aus Karibufell über seinen Kopf, zog seine Fausthandschuhe bis weit über die Ärmel hoch und spannte sich und Adak nach kurzer Rast wieder vor den Schlitten. Bei jedem Schritt knirschte der trockene Schnee unter seinen Stiefeln. Es wurde langsam dunkel, und es schneite leicht. Rasch trieben einzelne Wolken am Sturmhimmel durch die blasse Scheibe des aufgehenden Vollmonds. Es war der dritte Tag auf dem Eis des Yukons, auf dessen Fluten er damals mit seinem Kameraden in entgegengesetzter Richtung unterwegs zu den Goldfeldern war.

An diesem Abend diente ihnen eine Trapperhütte als willkommene Unterkunft, in der noch ein verrosteter Yukonofen stand. Nach den beiden Nächten unter einer Zeltplane am knisternden Lagerfeuer, war das ein Geschenk des Himmels. Endlich konnte er nun ein Teil der gefrorenen Verpflegung auftauen und seinem treuen Begleiter eine doppelte Portion Fisch geben. Nachdem er die größten Löcher und Ritzen in der Hütte notdürftig mit den herabgefallenen und herumliegenden Brettern vernagelt hatte, legte er sich müde zur Ruhe. Doch er konnte nicht einschlafen. Zuviel hatte er in letzter Zeit erlebt. Am meisten machten ihm immer noch Gustavs Tod und das unerwartete, niederschmetternde Ende der Liebesbeziehung zu Nelly zu schaffen. Er versuchte sich abzulenken, schlief ein, träumte von den unvergesslichen Wintererlebnissen mit Yoshua und Thenaka, von kristallisierter Luft, wenn bei Temperaturen um 45 Grad minus jedes bisschen Feuchtigkeit Eisnebel schuf und eine weiße Wolke aus Atemdunst über einer Herde Karibus hing, oder wenn der Atem einer gleitenden Schneeeule wie eine weiße Schleppe hinter ihr her wehte.

Um Mitternacht wurde er plötzlich wach, als Adak neben ihm aufsprang, knurrte und wütend an der Tür bellte. Hatte er nicht im Halbschlaf ganz in der Nähe der Hütte das Geheul hungriger Wölfe vernommen oder wieder einmal nur geträumt? Mit dem Gewehr in der Hand trat er vor die Tür. Die Dunkelheit schloss den Blick in die Weite aus.

Nichts bewegte sich. Doch dann sah er sie, zwei, drei Augenpaare, die ihn aus dem Dunkel anstarrten, als sie das Licht seiner Laterne anstrahlte. Ein Rudel Wölfe, die den Hund gewittert hatten, die im tiefen Schnee mit mächtigen Sätzen in alle Richtungen flohen und in der Dunkelheit verschwanden, als er zweimal in die Luft feuerte.

Gegen den treibenden Schnee kamen sie am nächsten Tag nur langsam vorwärts. Je weiter sie sich von der Hütte entfernt hatten, desto stärker waren sie dem starken Wind in der menschenleeren Wildnis ausgesetzt. Wohin er genau wollte, wusste er eigentlich nicht. Bis nach Whitehorse mussten es noch mehr als vierhundert Meilen sein, schätzte er und versuchte sich an ganz prägnante Stellen am Fluss zu erinnern, als sie vor Jahren die Fluten des mächtigen Stroms in entgegengesetzter Richtung bis nach Dawson City trugen. Es war eine abenteuerliche Flussreise in einem selbstgezimmerten, primitiven Boot, eine Höllenfahrt durch gefährliche Stromschnellen in einem unbekannten Land. Wenn er es bis zu dieser größeren Ansiedlung schaffen wollte, musste er möglichst schnell vorankommen, denn die einsetzende Schneeschmelze war nicht mehr allzu fern.

Erinnerungen an die Zeit in der Goldgräberstadt wurden wieder wach. Oft musste er an Gustav denken. Wenn ihnen auch das große Glück beim Schürfen nicht hold war, reichte es doch immer zum Überleben. Sparsamkeit hatte er von seinen Eltern gelernt, die nach mancher Missernte in Masuren bettelarm waren und trotzdem niemals klagten. „Trage stets ein gutes Gewehr und eine Menge Patronen mit dir, denn das ist in der Wildnis die wichtigste Lebensversicherung.“ An diese Worte Yoshuas dachte er nun.

Auch in den nächsten Tagen herrschte noch starker Frost. Bei dieser Kälte wurde sämtliches Material der Ausrüstung bruchanfällig. Durch den teilweise schon verharschten Schnee fingen Adaks Pfoten an einigen Stellen blutig zu werden. Nach einem Tag Zwangspause, an dem er am Lagerfeuer die entzündeten Trittballen vom Eis befreite, säuberte, verbannt und dem Hund selbstgenähte Hundeschuhe anzog, rannte das zähe Kerlchen wieder, als ob nichts gewesen wäre. Bei diesen Temperaturen war das Leben unter der offenen, dem Feuer zugewandten Zeltplane, nicht einfach. Am meisten Überwindung kostete es, sich morgens aus dem warmen Schlafsack zu quälen. Aber wenn am Feuer dann der heiße Tee in der Kanne dampfte, erwachten schnell wieder die Lebensgeister. Doch die Nahrungsmittel waren steinhart gefroren, mussten mit der Säge abgesägt und über dem Feuer aufgetaut werden. Selbst die einfachsten Arbeiten und der Gang zur Toilette wurden bei dieser Kälte äußerst problematisch. Als in den nächsten Tagen heftiger Sturm einsetzte und die unendlich langen Flussabschnitte durch den aufwirbelnden Schnee in ein weißes Inferno verwandelt wurden, kam ihnen eine Hütte am Ufer als schützende Unterkunft gerade recht. Adak war erschöpft, brauchte unbedingt eine Ruhepause, aber auch er war am Ende seiner Kräfte. Leichtsinnig und unverantwortlich wäre es jetzt, weiter zu marschieren. Hier wollten sie bleiben, bis sich die Verhältnisse wieder besserten. Jetzt war ihm alles nützlich und hilfreich, was er vor nicht allzu langer Zeit im harten Wintercamp von seinen Freunden gelernt hatte.

Als der Wind seine Richtung plötzlich änderte und deutlich wärmere Luft aus dem Süden brachte, wurde es milder. Nach seiner Abreise hatte er auf einem Stück Papier für jeden vergangenen Tag einen dicken Strich gemacht. Als er alle Striche addierte, stellte er überrascht fest, dass es mittlerweile Ende April sein musste. In den nächsten Tagen stieg die Temperatur weiter. Vor ihm lagen noch die gefürchteten Five Finger Stromschnellen. Doch wie weit war es noch bis zu diesen? Fünfzig Meilen, oder doch noch viel mehr? Er wusste es nicht, denn es gab in jener Zeit noch keine Flusskarte vom Yukon.

Im diesem Labyrinth von Inseln und vielen Flusswindungen hatte er die Orientierung verloren. Ohne es zu bemerken, befanden sie sich bereits hinter der Einmündung des Stewart Rivers. Einen Tag bevor der Sturm kam, lagerten sie wohl am breitgefächerten Mündungsdelta des White Rivers. Aber war das wirklich dieser Nebenfluss, der damals sein milchigtrübes Wasser in den Yukon ergoss? Alles lag noch unter einer dicken Eis- und Schneedecke. Hätte er in Dawson auf einen Indianer hören sollen, der ihm eine alte Route über das Land nach Süden bis zu einem Dorf seines Stammes vorschlug? Rasch verwarf er diese Gedanken wieder. Dieser Trail führte durch das Tal des Bonanza, kreuzte danach den Indian River, führte über hohe Bergrücken, weiter durch das Tal der Black Hills hinunter zum Stewart River, danach durch den tiefen Einschnitt des Scroggie Walhalla Creeks zum Pelly River und endete in der kleinen Indianersiedlung am Yukon. Sicherlich war dieser Weg kürzer, doch wehe, wenn die letzte Schlittenspur vom Schnee zugedeckt gewesen wäre, woran hätte er sich als Fremder, der diesen Trail noch niemals abgefahren hatte, dann orientieren sollen? Der sichere, wenn auch längere Weg, war der über den Yukon, auf dem er hoffte, irgendwann auf Menschen zu treffen.

Sie mussten sich beeilen, und das taten sie auch. Das Eis wurde immer brüchiger, und an manchen Stellen, wo die nun schon recht warmen Strahlen der Sonne den Schnee geschmolzen hatten, bildeten sich tückische Wasserlachen. Die Gefahr plötzlich einzubrechen, nahm von Tag zu Tag zu. Sie hatten bereits eine enorm weite Strecke zurückgelegt und erreichten nach mehreren Gewaltmärschen die Einmündung des Pelly Rivers und wenig später die verlassenen Hütten von Minto. Hier machten sie einen Tag Rast. Beide brauchten die unverzichtbare Ruhe, um sich ein wenig von den Strapazen zu erholen.

Drei Tage später, es muss so um die Mittagszeit gewesen sein, wurde Adak immer unruhiger, fing plötzlich an zu bellen und zog wie wild an den Leinen. Er beruhigte sich auch nicht, als sie schon ein gutes Stück weitergezogen waren. Warum verhielt sich der Hund so ungestüm und bellte ohne Unterlass in eine ganz bestimmte Richtung? Waldemar stoppte den Schlitten und lauschte in die Totenstille der Einsamkeit. Plötzlich vernahm er es auch, was sein Hund schon lange vorher hörte: Hundegebell! Ja, es waren wirklich die typischen Laute einer Schlittenhundemeute, die laut kläffend im Gespann ein riesiges Spektakel veranstalten. Es kam aus dem Gelände am Fluss, in das sie ihr Weg auch führte. Adak hatte bereits lange vor ihm mit seiner feinen Nase den Geruch der Artgenossen aufgenommen, denn der Wind kam aus jener Richtung.

An diesem wolkenlosen Nachmittag schmolz der Schnee durch die inzwischen schon recht warmen Strahlen der Frühlingssonne. Für beide, aber besonders für Adak wurde das Ziehen des Schlittens im Schneematsch immer mehr zur Qual. Doch trotz blutiger Stellen an den selbstgenähten Hundeschuhen trieb ihn instinktiv eine geheime Kraft weiter. Nur wenige Meilen hinter den Rink Rapids, auf deren riesigen Wellen und Strudeln sie damals auf dem Weg zu den Goldfeldern den Yukon hinunter rauschten, standen an der Mündung eines kleinen Flusses zwei Gestalten, die gerade dabei waren, ihren Schlitten zu beladen.

„Um diese Jahreszeit ist uns hier in der Wildnis noch nie jemand begegnet, und jetzt steht plötzlich ein Fremder mit seinem Hund vor uns, der sicher schon einen langen Weg hinter sich hat. Aber lass mich raten. Du gehörst bestimmt zu den Gestrauchelten vom Klondike, bist einer von denen, die vergeblich im Dreck und Schlamm gewühlt haben, oder hast du etwa auf dem Schlitten eine Menge Nuggets, bist einer der Bonanza Kings und auf dem Weg zu einer Bank im Süden? – Nein! Ich glaube, du bist eher einer von denen, die alles in den Spielhöllen verzockt und mit leichten Mädchen verprasst haben. Aber egal, wer du auch bist, ich heiße Sven, Sven Johanson und komme aus Schweden, und das ist mein zuverlässiger Partner Kewantha, ein Indianer vom Stamme der Tatchun."

Der bärtige, blonde Hüne mit einem großen Brustkorb und muskulösen Schultern, und der dunkelhaarige, kleine, drahtige Indianer standen breitbeinig vor ihrem Schlitten, stützten sich auf ihre Gewehre und sahen nicht gerade vertrauenserweckend aus. Es war eine verdammt heikle Situation, die schnell eskalieren könnte, wenn diese Burschen Gold in seinem Gepäck vermuten sollten. Er musste Ruhe bewahren, blitzschnell überlegen, was er sagen sollte.

Er nannte seinen Namen und das Land seiner Herkunft. „Ich gehöre tatsächlich zu den Männern, die am Klondike und Bonanza nach Gold gebuddelt haben. Gefunden habe ich mit meinem Partner nur wenig, gerade so viel, dass wir uns eine Zeit lang über Wasser halten konnten." Danach sprach er vom tragischen Verlust seines Freundes und über die harte Winterzeit als Trapper. „Als es mit dem Gold um Dawson immer weniger wurde und die meisten Goldgräber nach Nome in Alaska zogen, bin auch ich fortgegangen."

„Aber wohin willst du jetzt?", unterbrach ihn der Schwede, „was hast du vor?"

„Nun, ich habe kein festes Ziel, so richtig weiß ich eigentlich nicht, wohin ich will, nur einfach nach Süden, wo es ein wenig wärmer ist, und dann vielleicht weiter nach Amerika."

Der Blonde gab dem Indianer ein Zeichen, worauf dieser zum vollgepackten Schlitten ging und unter der Plane einen Lederbeutel hervorholte. „Es ist ein selbstgebrautes, indianisches Gesöff, vermischt mit dem letzten Tropfen Rum, den wir im vorigen Jahr von Pelzhändlern erwarben. Nimm einen kräftigen Schluck, das Zeug wird dir guttun." Dabei reichte er ihm den Beutel und grinste. „Vor Jahren zog es mich als Pelztierjäger von Montana immer weiter nach Norden, bis ich schließlich beim Stamme der Tatchun hängen blieb. Dieses Dorf der Indianer liegt hinter den großen Stromschnellen in einem Seitental nicht weit vom Yukon. Es sind friedliche Rothäute, die hauptsächlich vom Fischfang und von der Jagd leben. In den unendlichen Wäldern zwischen dem mächtigen Strom, dem Little Salmon und dem Pelly River, gibt es besonders an den zahllosen Wasserläufen und namenlosen Seen eine Vielzahl von Pelztieren."

Waldemar reichte das übelriechende Zeug wieder dem Trapper, der aus dem stinkenden Sack auch einen Schluck nahm und ihn danach dem Indianer gab. „Es ist noch nicht allzu lange her, da tauchten in dieser Gegend Händler der Hudson Bay Company auf. Seitdem kamen sie jedes Jahr wieder und betrieben regen Pelzhandel im Tauschgeschäft mit den Indianern. Anfangs waren die Rothäute über meine Anwesenheit in ihrem Dorf gar nicht so erfreut, sahen in mir einen Konkurrenten. Sie wurden neidisch, da ich für meine Felle immer einen höheren Preis aushandelte, ein Messer, eine Axt oder einen anderen wichtigen Gegenstand aus Metall noch zusätzlich erhielt. Doch das änderte sich, als Kewantha mein Partner wurde, und ich nach indianischem Brauch seine bildhübsche Schwester heiratete. Danach vertrauten mir alle Rothäute ihre Handelsware zum Verkauf an. Sie lernten schnell, dass es wichtig ist im Handel die Felle gegen nützliche Gegenstände zu tauschen, die sie auch im täglichen Leben in der Wildnis gebrauchen können.

Die Nachfrage nach Biber-, Marder-, Nerz-, Luchs-, Fuchs-, Wiesel-, Wolf-, Vielfraß- und Fischotterfellen ist auf dem europäischen Markt immer noch riesig. Die Männer der Handelsgesellschaft kommen nur einmal im Jahr hier in den Norden, meistens in den Monaten Juni bis August, denn ihr Handelsposten Fort Chipewyan, liegt weit im Osten an der Mündung des Slave Rivers in den Athabasca See. Dies wird wohl die letzte Ladung Winterfelle auf dem Schlitten sein, die wir noch im Dorf für den Verkauf präparieren müssen. Wenn du möchtest, kannst du mit uns kommen. Kewantha hat noch zwei hübsche Schwestern, von denen du dich nach all den Strapazen ein wenig verwöhnen lassen kannst, oder? Überleg es dir, wir spannen nun die Hunde vor den Schlitten und ziehen danach weiter." Der Indianer hatte sicher nicht alles verstanden, worüber die beiden gerade geredet hatten, war aber sichtlich froh, dass es jetzt wieder zu seinen Stammesbrüdern ging.

Am Anfang der Begegnung empfand Waldemar gegenüber den beiden Fremden erhebliches Misstrauen, das sich aber während des Gesprächs nach und nach verflüchtigte, wenn auch weiter eine gewisse

Portion Vorsicht geboten war. „Das Angebot ist verlockend, aber ich bleibe besser auf dem Fluss und versuche, bis Whitehorse zu kommen. Vielleicht finde ich dort irgendwo eine Arbeit.“

„Du wirst es mit deinem Hund nicht über die Stromschnellen schaffen, denn dort ist das Eis bereits gebrochen und hat sich zu unüberwindlichen Barrieren aufgetürmt. Eine Portage um dieses Hindernis ist im dichten Unterholz kaum möglich, denn es gibt keinen Trail. Ein Versuch würde nicht nur unnötig viel Zeit kosten, sondern dich sicherlich bis an die Grenzen menschlicher Leistungsfähigkeit bringen. Schließ dich uns an, denn wir kennen einen weniger schwierigen Weg, der durch das weite Tal des Tatchun Flusses, über einen See gleichen Namens, dann ein Stück auf dem Frenchman Lake und durch eine sumpfige, wasserreiche Hochebene zum Dorf der Tatchun Indianer am Yukon führt. Danach kannst du deine Reise auf dem Strom noch einige Tage fortsetzen, bevor das Eis zu brüchig wird.“

Demjenigen, der dieses Land kennt, sollte man in der Wildnis vertrauen. Das hatte er von Joshua mit auf den Weg bekommen. Warum also nicht mit erfahrenen Waldläufern weiterziehen und die gefährlichen Schnellen umgehen. Er nahm das Angebot an, denn die Argumente der Männer hatten ihn überzeugt.

Als sie den Tatchun See erreichten, gerieten sie in kalte Winde, die von den Bergen der Wood Cutters Range heftigen Schneefall ins Tal bliesen. Die anfangs kaum wahrnehmbare Spur eines Schlittens verschwand innerhalb kurzer Zeit unter dem Neuschnee. Das stehende Gewässer war noch fest zugefroren, doch stand auch hier an manchen Stellen schon eine Menge überfrorenes Schmelzwasser auf der Eisdecke. Obwohl der vorfahrende Schlitten der Pelztierjäger eine deutliche Spur hinterlassen hatte, der Waldemar mit Adak unbeirrt folgten, blieben sie mehr und mehr zurück und verloren schließlich den Sichtkontakt. Gegen ein neunköpfiges Rudel Huskys hatten sie einfach keine Chance. Natürlich wussten das auch die beiden Männer vor ihnen und warteten an einer geschützten Stelle am Seeufer auf sie. „Wir werden nach ungefähr drei Meilen in einer Hütte rasten und überlegen, ob wir heute noch weiterziehen, wenn der starke Schneefall nicht nachlassen sollte.“

Die drei Meilen vom See führten eine steile Uferböschung hoch, weiter über einen kahlen Bergrücken hinunter in ein kleines Tal. Die Hütte war nicht besonders groß, aber dicht und verfügte über einen primitiven Blechofen, der schon nach kurzer Zeit glühte, während draußen der Schneesturm heulte. Die Männer versorgten die Hunde und leinten sie hinter dem hochbeladenen Schlitten an. Für Adak hatte man etwas abseits von der Meute eine Plane als Windschutz aufgestellt, da er mehrmals versuchte, die Gunst einer attraktiven Huskydame zu erlangen, was dem Leithund ganz und gar nicht gefallen hatte und mit lautem Knurren und Zähnefletschen beantwortet wurde. An diesem Abend erfuhr man gegenseitig mehr voneinander. Waldemar stellte beruhigt fest, dass er den beiden Fremden vertrauen konnte.

In einer warmen Hütte hatte der Schlaf allen gutgetan. Der Schneesturm von gestern war schnell vergessen, als der Schein der aufgehenden Morgensonne das hügelige Land im glitzernden Weiß erstrahlen ließ. Mit ihrem Haufen an Fellen drängten die beiden Trapper zum frühen Aufbruch, denn diese mussten vor dem Eintreffen der Pelzhändler gegerbt und bearbeitet werden.

Gegen Mittag standen sie auf einer baumlosen Anhöhe, von der man an diesem klaren Sonnentag eine weite Sicht über das Land hatte. „Dort vor uns am Horizont, wo der weiße Rauch aus dem Tal aufsteigt und der Yukon einen weiten Bogen macht, liegt die Indianersiedlung.“ Der Schwede deutete in diese Richtung. „Bald wird die ungestüme Hundemeute kaum zu halten sein, je mehr wir uns dem Dorf nähern. Ihr beide werdet das Tempo nicht mithalten können, aber du brauchst nur unserer Schlittenspur zu folgen, dann werden wir uns später treffen“, sagte er und verschwand hinter dem nächsten Hügel, eine dichte Schneewolke beim Start aufwirbelnd.

Als Adak und Waldemar im Indianerdorf eintrafen, war es bereits später Nachmittag. Mehrere Totempfähle, bemalt mit den Ahnentieren und Stammeszeichen der Tatchun, standen vor der Siedlung auf einer Anhöhe. Zwei primitive Trapperhütten befanden sich einige Schritte dahinter auf der rechten Seite. Schräg gegenüber, in ungeordneter Reihenfolge, ein Dutzend Tipis, hinter denen eine große Anzahl gebleichter Geweihe lagen. Lange bevor sie im Dorf eintrafen, wurde ihre Ankunft bereits mit lautem Geheul aus vielen Hundekehlen angekündigt.

Auf einem Baumstumpf vor einer der Hütten sitzend, empfing sie freundlich der Schwede. Neben ihm ein Indianermädchen, eine hübsche Squaw mit blauschwarzem Haar, das zu langen Zöpfen geflochten, bis zu ihrer Hüfte reichte. Aus der Tür der anderen Hütte trat bedächtig ein uralter Indianer, in dessen Antlitz das harte Wildnisleben tiefe Spuren gegraben hatte: „Na endlich, man hat dich schon erwartet, nachdem wir allen bei unserer Ankunft von einem weißen Mann aus Germany berichteten, der nicht besonders glücklich am Klondike nach Gold gebuddelt hat und danach ziellos in den unendlichen Wäldern herumirrt", lachte Sven. „Indianer sind genauso neugierig wie die Weißen, auch wenn sie sich gar nicht vorstellen können, wo Deutschland überhaupt liegt, stellten sie Fragen über Fragen. Erst als ich ihnen beibrachte, dass es zwischen ihrem Land und deiner Heimat ein unendlich großes Wasser gibt, auf dem gewaltige Stürme toben, und es unmöglich wäre im Kanu bis nach Europa zu paddeln, verstummten die Fragen. Und das ist Kotschiana, meine Indianerfrau, der eigentliche Grund, warum ich hier hängen geblieben bin. Sie ist noch sehr jung, gerade mal siebzehn, eine tüchtige, furchtlose Squaw, die mir jeden Wunsch von den Augen abliest. Neben ihren Eltern dort drüben steht Natina, ihre Schwester." Die junge Indianerin blickte scheu zu Boden, als in dem Gespräch ihr Name gefallen war. „Du kannst in dieser Siedlung solange bleiben wie du willst, der Häuptling heißt dich willkommen."

Häuptling Whatabasha, der „gefiederte Pfeil", ein alter, ungewöhnlich großer Indianer, schritt mit würdevoller, ernster Miene auf Waldemar zu, erhob seine rechte Hand zum Gruß und legte die andere auf seine linke Schulter. „Annabashee Yohotuo", was Kewantha mit „willkommen Fremder" übersetzte. Ich dankte dem Häuptling für die Gastfreundschaft und überreiche ihm als kleines Gastgeschenk einen Beutel Tabak und eine Pfeife. Kewantha übermittelte dem Häuptling seinen Dank und wandte sich danach an seine neugierigen Stammesbrüder, erzählte ihnen, wo sie sich begegnet waren, wer Waldemar war, wohin er wollte und führte ihn danach zu einem unbewohnten Zelt, in dem in einem kleinen Ofen aus gemauerten Steinen bereits ein Feuer brannte. Natina sorgte für ein wenig Wärme im Zelt, als sie von dem Fremden gehört hatte, der weite Wege gegangen war." Auf dem Boden lagen übereinandergeschichtet eine Menge Schwarzbär- und Elchfelle als Schlafunterlage und Kälteschutz. Alles stank fürchterlich nach Rauch, der durch die kleine Öffnung im oberen Tipi nicht ausreichend entweichen konnte. Doch nach Wochen am Lagerfeuer unter einer offenen Plane fühlte Waldemar sich erstmals wieder richtig wohl, und auch sein Hund lag zufrieden in einer Ecke und genoss den bescheidenen Luxus.

Nachdem er noch einige Scheite ins Feuer gelegt hatte, fiel er in einen Tiefschlaf.

In den nächsten Tagen half er die Felle nach einer alten Indianerart für den Verkauf an die Händler der Hudson Bay Company zu präparieren. Bei dieser Arbeit erfuhr er mehr und mehr von Sven über sein Leben als Weißer unter Indianern. „Seit der weiße Mann mit den Rothäuten den Tauschhandel Felle gegen Alkohol anfing, hat sich die Lebensweise dieser Urvölker grausam verändert. Die Saufgelage hatten katastrophale Folgen. Den Indianern fehlt ein entscheidendes Enzym zum Umwandeln von Alkohol. Die Hudson Bay Company brachte das große Unglück über den gesamten kanadischen Norden. Grippe, Syphilis und Pocken, gegen die sie nicht resistent waren, rafften Hunderte dahin. Der Trunkenheit verfallen, leben heute viele ihrer Stämme in bitterster Armut. Aus den edlen Wilden des letzten Jahrhunderts, die einst von der Jagd und der Natur lebten, wurden bedauernswerte Kreaturen, davon viele schon in jungen Jahren an eingeschleppten Krankheiten und Hunger elendig starben.

Bevor es mich hierher verschlug, lebte ich hundert Meilen weiter östlich in der Nähe einer Indianersiedlung am Pelly River. Der Stamm dort betreibt scheinbar schon seit Jahren regen Tauschhandel mit der Hudson Bay Company. Als in einem Sommer die Männer der Bay im Dorf auftauchten, tauschte und verkaufte an die skrupellosen Händler ihr Häuptling Mak-ro-nak über hundert Biberpelze, eine ebenso große Anzahl gegerbte und geräucherte Marder-, Karibu- und Elchfelle gegen Rum. Nach all den schwierigen, abenteuerlichen Fahrten, all den harten Arbeitstagen blieben den Rothäuten nach dem Handel nur noch drei Fässchen Rum und zwei Wolldecken.

Die hemmungslosen Gewalttaten nach jeder Sauforgie waren verheerend. In völliger Geistesverwirrung kam es zu brutalen Prügeleien, zu Messerstechereien und gewaltigen Ausschweifungen. Der Ehefrau eines Kriegers wurde im Streit sogar der Schädel mit einer Axt gespalten. Es kam zu Morden und einzelnen Überfällen. Viele Indianer haben sich in jener Siedlung buchstäblich zu Tode gesoffen. Gott sei Dank bin ich hier bei den Tatchun in einem Dorf, in dem Häuptling Whatabasha und ich die Pelze nicht gegen hochprozentigen Rum, sondern ausschließlich nur gegen nützliche Gegenstände der Weißen tauschen."

„Aber selbstgebrautes Zeug wird hier sicherlich auch getrunken, oder?"

„Natürlich brauen einige der Roten hier auch so ein abscheulich schmeckendes Gesöff aus gegorenen Waldfrüchten und Mais, das aber nur wenig Alkohol hat, aber die meisten trinken den Fusel noch nicht einmal.“

Zwischen den beiden Männern entwickelte sich eine echte Freundschaft. „Du solltest hierbleiben und dir Natina als Gefährtin nehmen. Sie wirft dir heimliche Blicke zu, wann immer ihr euch begegnet.“ Sven sagte dies nicht das erste Mal zu Waldemar.

„Eigentlich möchte ich mich noch nicht fest binden. Du kennst ja inzwischen die Gründe, denn wir hatten bereits darüber gesprochen, aber ich werde mir deinen Vorschlag durch den Kopf gehen lassen.“

„Es ist zu spät, um auf dem Fluss weiter nach Whitehorse zu ziehen, denn das Eis ist mürbe geworden und bricht in den nächsten Tagen auf. An deiner Stelle würde ich warten, bis die Händler der Hudson Bay hier eintreffen. Die brauchen wildniserfahrenen Männer wie dich, die für das entbehrungsreiche Leben geeignet sind. Wie ich gehört habe, soll die Company den harten Job auch gut entlohnen. Wenn ich das Indianermädchen, meine Kotschiana, nicht geheiratet hätte, würde ich jetzt vielleicht als Voyageur für die Bay arbeiten.“

Ende Mai brach das Eis auf. Das ganze Dorf eilte zum Yukon, um das jährlich wiederkehrende, beeindruckende Schauspiel zu bestaunen. Nach einem dumpfen Grollen hob sich überall die Eisdecke und barst mit ohrenbetäubendem Krachen explosionsartig auseinander. Manchmal hörte es sich an, als ob mehrere Kanonen gleichzeitig abgefeuert würden. Die dicken Eisschollen wurden von den Wassermassen fortgerissen, nahmen alles mit und zermalmten, was sich ihnen in den Weg stellte. An einigen Stellen türmte sich das Eis zu gewaltigen Barrieren auf, die mit ohrenbetäubendem Krachen durch den Wasserdruck irgendwann gesprengt wurden. Danach stürzte tosend eine riesige Wasserwand auf das Eis und erzeugte eine gigantische Flutwelle.

„Im vorigen Jahr hatten sich die Schollen über die gesamte Flussbreite aufgetürmt“, berichtete Kewantha. „Innerhalb kurzer Zeit stieg der Wasserspiegel gewaltig an und drohte sogar unser Dorf zu überfluten. Sämtliche Gegenstände, die wir nicht schnell genug vom Ufer wegbekamen, wurden von der Strömung fortgerissen. Bevor es zu einer großen Katastrophe kam, brach zum Glück die mächtige Eisbarriere an einigen Stellen und bewahrte unsere Sippe vor dem Schlimmsten. Der mächtige Strom lehrte schon unsere Ahnen das Fürchten, deren Geister über den angsteinflößenden, brodelnden, alles zermalmenden Wassermassen schweben.“

Es dauerte noch Wochen, bis die Sonne die flussabwärts treibenden Schollen geschmolzen hatte und das Hochwasser langsam zurückging. Der kurze nordische Sommer mit nicht enden wollenden Tagen und hellen Nächten entschädigten nun die Menschen für die kalten, dunklen Wintermonate. Innerhalb kurzer Zeit sprossen nun die Wildblumen nach den zurückgegangenen Fluten aus den feuchten Uferbänken und verwandelten das ganze Tal in ein farbenprächtiges Blütenmeer. Krächzend flogen in großer Höhe in typischer V-Form riesige Schwärme Kraniche zu ihren Brutplätzen in der Arktis. Auf den Seen machten Tausende von Graugänsen und andere Wasservögel eine kurze Zwischenlandung auf dem weiten Weg nach Norden. Als die Lachse zu ihren Laichplätzen flussaufwärts zogen, wurden in den Kehrwassern am Ufer die Netze aufgestellt. In den Wäldern reiften Beeren und Pilze im Überfluss. Es waren die Tage des Jagens, Fischtrocknens und Sammelns für den langen Winter.

Die Indianer hatten seit alters her gelernt, von dem zu leben, was das Land ihnen gab. Auch Waldemar hatte sich mittlerweile an das einfache und friedliche Zusammenleben mit den Tatchun Indianer gewöhnt und vieles von ihrer Kultur gelernt. Natina war in sein Zelt eingezogen, ging mit ihm zur Jagd, trocknete die gefangenen Lachse, flickte seine Sachen, nähte ihm ein Hemd aus Marderfellen, bereitete die Mahlzeiten aus Dörrfleisch, Fisch, Mais, Pilzen und Waldbeeren, sorgte immer dafür, dass er sich wohl fühlte und hüpfte nach anfänglicher Scheu öfter unter seine warme Decke.

In mancher hellen Sommernacht saßen beide gedankenverloren im weichen Wollgras am Ufer des Yukons, in dem sich die goldenen Strahlen der in diesen Breiten nur kurz untergehenden Sonne in den smaragdgrünen Wellen des rauschenden Stroms spiegelten, lauschten dem quälenden Schrei des Eistauchers, dem entfernten Geheul einsamer Wölfe und erlebten gemeinsam den Zauber der nordischen Nächte. „Ich bete jede Nacht aus tiefstem Herzen zu meinem Gott und bitte ihn inständig, dass du nie wieder von hier weggehst. Ich erhebe meine Stimme klar und deutlich, damit sie ihn erreicht und singe Liebeslieder, die der Wind mit meinen Worten durch die schlafenden Täler trägt. Er muss mich hören, doch er gibt mir kein Zeichen.“ Natina, das schüchterne Indianermädchen, fühlte sich nach diesen ehrlichen Worten sichtlich erleichtert.

Inzwischen hatten ihn der Häuptling und Stamm der Tatchun in die Gemeinschaft aufgenommen. „Du solltest nicht lange überlegen und dir die hübsche und tüchtige junge Indianerin zur Squaw nehmen. Natina ist ein natürliches, anspruchsloses Mädchen, das in der Wildnis aufgewachsen ist. Du hättest endlich ein Zuhause und jemanden, der sich um dich kümmert.“ Es war alles sehr verlockend, die hübsche Indianerin, die gewachsene, aufrichtige Freundschaft zwischen ihm und dem Schweden, das einfache Leben unter Indianern in einem weiten Land. Ohnehin hatte er ja sowieso noch kein festes Ziel, keinen Ort, in dem jemand auf ihn warten würde.

Im Spätsommer kamen die Händler der Hudson Bay Company. Mit ihren großen, mit allerlei Handelsware vollbepackten Kanus legten sie am Ufer des Yukons an und wurden mit freudigem Geheul der Indianer empfangen. Sie brachten eine ganze Menge Neuigkeiten mit, über die sie erst einmal berichteten. Jedes Boot wurde von zwei Weißen und sechs Eingeborenen gerudert. Sie waren Voyageurs und Händler für die Company zugleich. Nach einer kurzen Begrüßung durch den Häuptling und einigen Worten von Sven, feierte man ausgiebig die langerwartete Ankunft der Handelsleute mit einem gemeinsamen Essen, mit Gesang und Tanz, und mit dem traditionellen Rauchen der Friedenspfeife, die feierlich von Mann zu Mann weitergereicht wurde. Danach trugen die Jäger des Stamms Berge von Fellen aus einem schuppenähnlichen Unterstand und legten sie in der Mitte des Dorfplatzes ab. Der Tauschhandel hatte begonnen. Sven handelte geschickt im Auftrag aller Pelztierjäger. Am Abend, nachdem sämtliche Pelze eingehandelt waren, verteilte er gerecht eine stattliche Anzahl nützlicher Gegenstände unter seine indianischen Freunde. Trotz dem Einwand eines Alten, man könnte ja auch wenigstens ein kleines Fässchen Rum für die bitterkalten Wintertage gebrauchen, blieb Sven hart. Er hatte im Sinne des Häuptlings und der Zustimmung der meisten entschieden. Zum Schluss des Handels stellten die Indianer zufrieden fest, dass der materielle Gegenwert für ihre Felle, für harte Jagd in der Wildnis, für alle gefährlichen Flussfahrten, fair und gerecht abgeschlossen wurde.

Die Pelzhändler blieben noch zwei weitere Tage, bevor sie sich verabschiedeten und weiter nach Dawson zogen. Einer der beiden Händler, der Waldemar für die Company anwerben wollte und ihm einen gutbezahlten Job anbot, gab sein Vorhaben nach mehreren gescheiterten Versuchen schließlich auf: „Der wahre Grund deiner Unentschlossenheit ist leicht zu erraten“, dabei schweifte sein Blick hinüber zu Natina, „wer weiß, ob ich an deiner Stelle mich nicht genauso entschieden hätte. Im nächsten Jahr können wir ja noch einmal darüber reden. Einen starken, wildniserfahrenen Mann wie dich kann die Gesellschaft immer gebrauchen.“

„Euer Angebot ist äußerst verlockend, doch ich habe mich entschieden, eine Zeit lang hier mit den Indianern zu leben. Wenn ihr im Sommer wiederkommt, können wir erneut darüber verhandeln.“ Mit breitem Grinsen, sichtlich zufrieden, quittierte Sven den Entschluss seines Freundes.

Auch Adak fühlte sich hier im Indianerdorf wohl. Er war inzwischen ein ausgewachsener Huskyrüde geworden, der nur so vor Kraft strotzte und es im Kampf um die Gunst mancher Hündin mit jedem Rivalen in der Siedlung aufnehmen konnte. So sorgte er fleißig für eine artgerechte Fortpflanzung. Während der Jagd verblüffte er immer wieder durch außergewöhnliche Intelligenz und einen sicheren Instinkt. Aber auch sonst war er ein zuverlässiger, treuer Gefährte, der alle Kommandos seines Herrn sofort befolgte und immer seine Nähe suchte.

Wenige Wochen, bevor der erste Schnee die umliegenden Berge bedeckte, die Kraniche in ihrer typischen V-Form hoch am Himmel laut krächzend wieder nach Süden flogen und sich auf dem Yukon bereits eine erste dünne Eisschicht gebildet hatte, kam es für Waldemar zu einer folgeschweren Begegnung, die nicht nur seine vor kurzem gefassten Pläne, sondern überhaupt sein Leben verändern sollte.

Als er auf der Jagd nach einem kapitalen Elch, wie schon einmal zuvor im Sommer, in der kleinen Siedlung Little Salmon übernachtete, die nach dem Abebben des Goldrausches kaum noch bewohnt war, erzählte ihm ein alter Indianer recht seltsame Geschichten von einem weißen Mann, der zwei Tagesreisen entfernt, ganz allein an einem großen See in einer Trapperhütte wohnen würde.

„Er ist vor vielen Sommern in diese Gegend gekommen. Ein eigenartiger Mensch, ein Sonderling, der in all den Jahren mit niemand Kontakt aufgenommen hat, von dem meine abergläubischen Stammesbrüder sagen, dass er ein schlimmer Kerl ist, dem man besser aus dem Weg gehen sollte. Manche munkeln sogar, dass er von bösen Geistern besessen wäre. Ein rauer, wilder Bursche, der sich selbst versorgen würde und trotz seines hohen Alters noch ein guter Schütze sei. Vielleicht hat er irgendwo in den zerklüfteten Bergen Gold gefunden oder sogar eine alte Goldmine entdeckt. Ich traf ihn vor langer Zeit einmal in der Nähe seiner Hütte. Damals war er ziemlich betrunken. Er redete kaum mit mir, ließ mich einfach stehen und drohte, auf mich zu schießen, wenn ich nicht bald verschwinden würde. Seit dieser Begegnung mache ich auf der Jagd und beim Fischen immer einen weiten Bogen um diese Stelle am See."

Der Alte schritt nach diesen Worten bedächtig zu seiner ärmlichen Hütte, setzte sich davor auf einen abgesägten Baumstumpf und blickte schweigend zu Boden. „Du brauchst nur durch das Tal dem Little Salmon Fluss zu folgen, der aus dem großen See kommt und dich danach etwa zehn Meilen am rechten Ufer bis zur Mündung eines Gebirgsbachs halten. Dort liegt ein wenig abseits diese geheimnisvolle Hütte. Wie ich sehe, bist du neugierig, sonst hättest du mir nicht so aufmerksam zugehört."

Schon wenige Stunden nach diesem Gespräch machte sich Waldemar auf den beschwerlichen Weg. Es dauerte drei Tage, bis er an den großen See kam, von dem ihm der alte Indianer erzählt hatte. Im dichten Buschwald musste er lange suchen, bis er endlich in einem Seitental die versteckt liegende Hütte fand. Aber war es auch die des sonderbaren Burschen, vor der er jetzt stand? Wiederholt klopfte er an die nur mit einem Holzkeil verschlossene Tür. Nichts regte sich. Vorsichtig zog er den Keil aus der Verrieglung und trat in die Hütte, in der ein heilloses Durcheinander herrschte. Danach setzte er sich wieder draußen auf einen Stapel Holz und wartete. Instinktiv fühlte er, dass jemand erst vor kurzem hier gewesen sein musste und sich noch in unmittelbarer Nähe aufhielt. Nach einem ungeschriebenen Gesetz der Wildnis, darf jeder Waldläufer in eine Hütte eintreten, darin übernachten und im Notfall sogar Nahrungsmitteln verzehren, um nicht zu verhungern. Aber in einer solchen Lage befand er sich nicht und entschied, nach den warnenden Geschichten des alten Indianers, doch lieber am See zu lagern.

Aber irgendetwas machte ihn stutzig, denn Adak führte sich plötzlich wie wild auf. Instinktiv spürte er, dass er beobachtet wurde. Schon im nächsten Moment krachte in unmittelbarer Nähe ein Schuss, der das ganze Tal mit weithin hörbarem Widerhall erfüllte. Als er sich umdrehte, starrte er voller Schreck direkt in das Mündungsrohr einer großkalibrigen Waffe, die ein verwahrloster, grimmig aussehender Fremder auf ihn richtete. „Lass die Finger von deiner Knarre, und heb mal schön die Hände, du Sohn einer räudigen Hündin, sonst blase ich dir das Hirn aus deiner Fratze. Dann spuck erst mal aus, was suchst du hier?" Die in Felle gekleidete, graubärtige Gestalt, wartete mit böse funkelnden Augen und unberechenbarem Hass herausfordernd auf eine Antwort.

„Ich bin zufällig in dieser Gegend und habe deine Hütte in friedlicher Absicht betreten. Du hast mir mit deinem Gewehr vor meiner Nase einen mächtigen Schrecken eingejagt. Ich habe schon einige Jahre als Trapper in der Wildnis gelebt, am Klondike nach Gold gesucht und so manches Abenteuer erlebt, aber so barsch bin ich noch nie von einem Weißen empfangen worden."

Der Alte starrte ihn misstrauisch an und schwieg. Langsam senkte er den Lauf seiner Waffe. „Erzähle mir keine Märchen, dass du durch Zufall hierhergekommen bist und es nicht deine Absicht war. So, so, du bist also Golddigger. Irgendeine Rothaut, irgend so ein hinterhältiger Indianer hat dir von mir die verlogensten Geschichten erzählt und deine Neugierde angestachelt. Du kannst deine Flossen runternehmen, aber mach keine Dummheiten, denn deine Chancen stehen schlecht." Das Gesicht des Alten verfinsterte sich. „Aber was willst du von mir? Soll ich dir vielleicht einen Bären aufbinden und dir von einer Goldmine erzählen, die es gar nicht gibt, oder möchtest du wissen, was mich hier in diese gottverlassene Einsamkeit verschlagen hat, oder spekulierst du sogar, dass ich Gold gefunden habe und es irgendwo verstecke? Nein, mein Lieber, es gibt bei mir nichts zu holen. Ich bin inzwischen ein alter Mann geworden, der nur seine Ruhe haben will. – Und nun verschwinde!"

Waldemar spürte, dass diese Worte ohne Wenn und Aber, eine unmissverständliche Aufforderung waren, sofort zu verschwinden, dass mit diesem Kerl nicht zu spaßen war, doch so schnell wollte er nicht aufgeben. „In Dawson bin ich vielen Männern begegnet, die nichts anderes im Kopf hatten, als schnell reich zu werden. Doch die meisten verspielten und verhurten in üblen Spelunken das, was sie fanden, und scheiterten kläglich, mittellos, arm und krank. Auch mein Freund, der mit mir einen weiten Weg aus Europa gegangen war, verfiel dem Teufel Alkohol und erfror in einer bitterkalten Nacht im Suff. Gold fanden wir gerade so viel, dass wir uns einige Jahre über Wasser halten konnten, aber reich, nein, das wurden wir nie. Als der Goldrausch in Dawson zu Ende ging, machte ich mich mit meinem Hund auf, zog ohne Ziel im letzten Winter auf dem Yukon nach Süden, traf unterwegs einen Schweden, der in einem Dorf der Tatchun Indianer hängen geblieben war. Das Leben war nicht immer leicht für mich, aber ich habe gelernt, mich durchzuschlagen."

Der Alte senkte den Lauf seiner Waffe. Unerwartet hatte er den Eindringling diesmal nicht barsch unterbrochen. „So weit nach Westen bis zum Stamm der Tatchun bin ich nicht gekommen." Er machte eine unmissverständliche Handbewegung, eine Aufforderung zum Verlassen seines primitiven Lebensbereichs, drehte sich murrend um und ging langsam zur Hütte. „Aber nun geh, geh deinen Weg, du wirst es schon schaffen. Bist noch jung. Als ich in deinem Alter war, na ja, da habe ich weder Tod noch Teufel gefürchtet."

Ein wirklich seltsamer Kerl. Allein sein verwildertes Aussehen konnte einem schon einen Schrecken einjagen. Der alte Indianer in Little Salmon hatte nicht übertrieben. Nachdenklich machte Waldemar sich auf den Rückweg zum See. Ein oder zwei Nächte wollte er dort bleiben, ein paar Forellen fangen, einen Biber oder einen Marder erlegen, die Umgebung erkundschaften und sich dann langsam wieder auf den weiten Weg zu den Tatchun machen. Hier einen Elch zu schießen, würde kein Sinn haben. Wie sollte er auch ohne Hilfe das riesige Tier bis in sein Dorf bringen.

Gerade als er sich wieder auf den Rückweg zu seinem Dorf machen wollte, kam ihm am Ufer des Sees der Alte entgegen. „Der Rauch deines Lagerfeuers hat mich zu dir geführt." Ein gequältes Lächeln ließ sein tiefzerfurchtes Gesicht zu einer Fratze erstarren. „Vor ein paar Tagen habe ich dich ja nicht gerade gastfreundlich behandelt."

Die beiden Männer blickten sich an.

„Schon gut." Waldemar ging ihm entgegen und reichte ihm die Hand. Danach ließen sich beide auf einem angeschwemmten Baumstamm am Seeufer nieder.

„Es ist schon eine ganze Zeit her, dass ich mit echten Kerlen als unerschrockener, wagemutiger Voyageur, anfangs für die North West, später für die Hudson Bay Company durch dieses weite, unentdeckte Land zog und harte Dollars verdiente.“ Es folgte eine längere Pause. „Nachdem du von mir gegangen warst, habe ich nachgedacht. Am Ende eines langen Lebens ist es doch besser, mit jemandem über Dinge zu reden, die man nicht jedem Menschen anvertrauen würde. Die Indianer halten mich für ein wortkarges, verrohtes Bleichgesicht, das ihre Fallen plündert, das irgendwo auf eine Goldader gestoßen sein muss, aber das stimmt alles nicht.“

Was hatte den Alten nur so plötzlich umgestimmt? Weshalb lud er ihn doch noch in seine Hütte ein, obwohl er ja erst vor ein paar Tagen sein Gewehr auf ihn gerichtet und mit bösen Flüchen empfangen hatte? Sicherlich hatte irgendetwas in seinem Hirn ein Umdenken ausgelöst, seinen Altersstarrsinn, seinen Wildniskoller wenigstens für kurze Zeit vertrieben. Auf jeden Fall musste es einen Grund geben. Vielleicht aber wollte er in dieser Einsamkeit wieder einmal mit irgendjemandem reden.

Sie waren mittlerweile wieder an seiner Hütte angekommen. „Ein hungriger Schwarzbär hatte es auf meine Huskys abgesehen, kam nachts immer wieder, da musste ich ihn vorgestern schießen.“ Sein Fell lag aufgespannt auf einem Lattengestell zum Trocknen in der Sonne. „Als ich noch auf den Flüssen und Seen, den ältesten Wegen der Menschheit, den schon seit vielen Jahrhunderten von Indianern benutzten Routen durch den Subkontinent folgte, nannten mich meine frankokanadischen Kameraden Pierre – Pierre, den Stiernackigen.“ Er lachte. „Lang ist es her. Ob Pierre wirklich mein richtiger Name ist, kann ich nicht behaupten, denn meine Eltern und meine beiden älteren Brüder wurden von den Huronen umgebracht, als ich noch ein Kleinkind war und die Indianer 1820 das Fort William im fernen Osten am Oberen See überfielen.“

Sie traten in die Hütte ein, die, verglichen mit der Besichtigung vor ein paar Tagen, recht aufgeräumt wirkte. „Hier habe ich alles allein gebaut, die einfache Blockhütte, die grobe Einrichtung und die Hundehütten für meine treuen Huskys. Mir reicht das. Außer einem Tee, einem Pott mit frischem Wasser, dazu frischen Saft von Blau- oder Himbeeren, kann ich dir sonst nichts anbieten. Den letzten Schluck Rum“, er deutete auf ein Holzfässchen in einer Ecke der Hütte, „habe ich schon vor Jahren getrunken. Weit ab von einem großen Fluss, verirrt sich hierher sowieso kein Pelzhändler, dem man vielleicht für ein paar Felle wenigstens ein kleines Fässchen abluchsen könnte."

Auch Waldemar stellte sich vor, erzählte von seiner Heimat Ostpreußen, von der Schiffsreise nach Amerika jenseits des großen Wassers, von seinem Job als Cowboy in Wyoming und von den wilden, dramatischen Tagen als Goldsucher am Klondike. Pierre nickte hin und wieder und unterbrach ihn nicht. Wenig später saßen sie im Schein der über den dunklen Wipfeln der Bäume blinzelnden Nachmittagssonne und grillten zwei riesige Stücke durchgebratenes Bärenfleisch. Aus dem nahen Wald gab es Blaubeeren als Nachspeise.

Es ist schon ein eigenartiger, seltsamer Mensch, dieser Frankokanadier, dachte Waldemar. Das harte Leben hatte tiefe Spuren in seinem Gesicht hinterlassen. Selbst im hohen Alter lässt die gedrungene, muskulöse Gestalt die Bärenkräfte der jungen Jahre noch erahnen. Er ist also einer jener Waldmenschen, die in ihren Kanus auf unbekannten, reißenden Flüssen immer weiter durch die unerforschte Wildnis Kanadas vordringen und im Pelzhandel mit den Indianern sicher so manches Abenteuer erleben. Soviel wusste Waldemar nun schon. Obwohl die Neugierde in ihm wühlte, wollte er ihn jetzt aber noch nicht mit weiteren Fragen bedrängen.

Pierre hatte sich am Abend auf seiner einfachen Schlafstatt ausgestreckt, Waldemar eine Holzpritsche auf der gegenüberliegenden Seite zugewiesen und begann wider Erwarten von sich und seinem Leben zu erzählen. „In einem der Kolonistendörfer am St.-Lorenz-Strom erblickte ich wohl so um 1817 das Licht der Welt. Kurz nach meiner Geburt zog meine Familie in das Fort William am Oberen See, denn mein Vater war Voyageur und arbeitete noch für die North West Company im Pelzhandel, die später wegen hohen Verlusten und auf Drängen der englischen Krone sich mit der Hudson Bay Company zusammenschloss. Die Nachfrage in Europa nach Pelzen war bald so groß, dass die nordamerikanischen Pelzhändler ganze Indianerstämme als Pelzjäger beschäftigten.

Als meine Eltern und meine beiden Brüder von den Indianern ermordet wurden, nahm mich eine Familie mit drei Kindern auf, die das Massaker überlebt hatte und in das wilde Land hinter den Großen Seen nach Fort Dufferin am Red River geflüchtet war." Er spuckte verächtlich auf den Boden. „Jetzt verstehst du vielleicht auch, warum ich diese roten Wilden, die verdammten Hurensöhne hasse. Diese grausamen, hinterlistigen Unmenschen haben nicht nur meine Familie umgebracht, sondern Jahre später auch meinen besten Freund, den sie aus dem Hinterhalt heimtückisch mit unzähligen Pfeilen durchbohrten und anschließend skalpierten."

Pierres Worte erschütterten Waldemar tief. „Ich kann deinen Hass verstehen. Es muss alles entsetzlich für dich gewesen sein. Du hast eine harte Kindheit erlebt." Gewiss, was Pierre als Kind erleben musste, war nicht leicht und hatte tiefe Furchen der Abneigung gegen den Roten Mann hinterlassen. Doch war es nicht der weiße Mann, der mit grausamer Gewalt in den jahrhundertealten Lebensraum der Indianer, in das Land der Ureinwohner Nordamerikas eingedrungen war? War es nicht das Recht der Rothäute, sich dagegen zu wehren?

Durch die beiden kleinen Fenster drang letztes Licht der immer noch recht langen Spätsommertage. Ab und zu unterbrach das Heulen Adaks die gespenstige Stille, der gar nicht damit einverstanden war, dass er diesmal wie seine Artgenossen, die Nacht vor der Hütte verbringen musste. Nach einer Weile erzählte Pierre weiter. „Ja, die zähen Voyageurs haben nordamerikanische Pelzhandelsgeschichte geschrieben, als sie erstmals vor über hundert Jahren von den sturmgepeitschten Steilküsten Labradors bis zum Großen Bärensee, auf Flüssen und Seen von Ost nach West, von Süd nach Nord, die undurchdringlichen Wälder in diesem riesigen Land in ihren zerbrechlichen Birkenrindenkanus durchquerten. Als mein Ziehvater nicht mehr für mich sorgen konnte, ich fünfzehn wurde und kräftig genug war, wurde ich einer von ihnen. Wir paddelten sechzehn und mehr Stunden am Tag, soffen aus dem Demijohn, sangen, prügelten und fürchteten weder Tod noch Teufel. Fast alle von uns waren Frankokanadier, mit einer mehr oder weniger kräftigen Beimischung indianischen Blutes. In uns leben alle positiven Eigenschaften beider Rassen, wie Temperament und Zähigkeit, Draufgängertum, Instinkt, unbändige Abenteuerlust und Lebensfreude.

In den ersten Dörfern der Kolonisten am St.-Lorenz-Strom beteten die Mütter zur heiligen Mutter Maria, dass ihre Söhne stark und kurzwüchsig bleiben sollten, und spendeten der Mutter Anna, der Schutzpatronin aller Kanu- und Seefahrer, so manche geweihte Kerze. Wer über fünfeinhalb Fuß groß wurde, konnte nicht Voyageur werden. Wir waren alle kleine, drahtige, bärenstarke und eben stiernackige Kerle, doch der stärkste in unserer Mannschaft war ich. Keine Traglast war mir zu schwer, keine Portage zu lang und keine Stromschnelle zu gefährlich. Zelte und Schlafsäcke hatten wir nicht. Nachts schliefen wir im Schutz der umgedrehten Kanus oder bei gutem Wetter unter freiem Himmel. Um zwei Uhr früh standen wir wieder auf und frühstückten. Es gab Maisbrei mit Schmalz, Zwieback und Zwiebeln, immer dasselbe, und als Abendessen gepökeltes Schweinefleisch mit einer Menge Rauchspeck in dicker Bohnensuppe. Für ein Mittagsessen hatten wir keine Zeit. Ob es regnete, die Sonne brannte oder grimmige Kälte herrschte, so ging es Tag für Tag, bei jedem Wind und Wetter. Nach besonders langen und schwierigen Portagen gab es einen Becher starken Rum und eine Extraration Tabak. Am Ende einer Reise spendierte die Company ein Fest, an dem jeder hartgesottene Voyageur so lange saufen konnte, bis er umfiel. Ein hartes, aber herrlich freies Leben. Ich habe unzählige Kanus gesteuert, viele Kameraden vor dem Tode des Ertrinkens bewahrt und konnte mehr als vierzig Lieder auswendig. Fast siebzig Jahre, so genau weiß ich es nicht, habe ich im Pelzhandel gearbeitet, zehn Frauen geheiratet und mein ganzes Geld verprasst. Wenn ich noch einmal jung wäre, würde ich alles wieder genauso machen.“

Nur das leise, monotone Summen eines zerbeulten Teekessels unterbrach jetzt die Stille im Raum. Es ging langsam auf Mitternacht zu. Pierre war müde geworden, doch schlafen wollte er noch nicht. „Setz dich zu mir, damit ich nicht so laut reden muss, denn ich möchte dir noch mehr erzählen, bevor mich die Müdigkeit übermannt. Es ist gut noch einmal mit einem Menschen über vergangene Tage zu reden, mit einem Mann, der die Wildnis kennt, der harte Zeiten hinter sich hat und kämpfen kann. Nachdem ich alt geworden bin, mich hier in diese Einsamkeit zurückgezogen habe, bist du der Erste, mit dem ich so offen rede, zu dem ich Vertrauen habe.“

Waldemar rückte sein Schemel dicht an seine Schlafstätte. „Wir können morgen weiterreden, wenn du zu müde bist.“

Pierre schüttelte den Kopf. „Mach dir nur nichts daraus, wenn ich einschlafen sollte. Wenn du ein harter Voyageur werden willst, dann musst du auf den langen Portagen zwei oder drei achtzigpfundige Packsäcke auf deinem Rücken über Geröll und Felsen, durch knöcheltiefes Moos, glatte Wurzeln und durch knietiefen Sumpf schleppen können, während deine Kameraden mit dem schweren Kanu auf ihren Schultern sich durch dichtverfilztes Ufergestrüpp um die furchtbaren Stromschnellen quälen. Wenn es sein muss, wirst du auch mal tagelang nichts, oder einen räudigen Kojoten fressen.

Vor jeder Etappe einer oft auch ein ganzes Jahr dauernden Reise beugten wir die Knie, senkten die struppigen Köpfe und empfahlen unsere armen Seelen dem Schutz der heiligen Mutter Anna. Doch schon bald waren es keine Gebete mehr zum Himmel, sondern Flüche der übelsten Art, wenn es stromaufwärts ging, wir bis zu den Hüften ins eisige, reißende Wasser steigen mussten und die Kanus mit langen Seilen und Stangen mühevoll um die Stromschnellen stakten, während der Rest der Männer mit der Last der Packsäcke ächzend durch das schlammige Ufer stapfte. Ganze Wolken von blutgierigen Moskitos folgten den schweißgebadeten Gestalten, deren Gesichter und Hände mit einer Mischung aus Ruß und stinkendem Bärenfett gegen die verdammten Plagegeister eingeschmiert waren.

Etliche von uns wurden durch Leistenbrüche zu Krüppeln. Einige erlagen den schweren Verletzungen, die sie sich bei Stürzen unter den gewaltigen Traglasten zugezogen hatten. Die Zahl, die durch Ertrinken umkamen, war noch größer. Viele endeten in Gräbern entlang der furchtbarsten Stromschnellen. Auf den großen Seen waren heftige Winde und plötzliche Gewitterstürme die große Gefahr, die das Wasser zu enormen Wellenbergen aufwühlten und so manches vollbeladene Kanu zum Sinken brachten. Die Männer, die bei der Überquerung auf einem dreihundert oder mehr Kilometer großen See von solchen Stürmen überrascht wurden, waren heilfroh, wenn sie wohlbehalten am rettenden Ufer ankamen. Wir lebten wie Tiere, tranken aus der hohlen Hand, aßen mit dreckigen Fingern und schliefen nachts unter freiem Himmel. Ich kann mir trotzdem kein schöneres, aufregenderes Leben vorstellen, als das eines Voyageurs.

Der Jahrhunderte lange freundschaftliche Umgang zwischen den schottischen Pelzhändlern, den französischen Voyageurs und den Indianern führte natürlich zur Vermischung der Rassen. Um das harte Leben in völliger Isolation, die dunklen, langen, nordischen Winter überdauern zu können, brauchten die Männer eine indianische Lebensgefährtin. Es gab zum Teil sehr hübsche Indianermädchen, die schon ab zwölf Jahren heiratswillig waren. Na ja, ich war jung, bärenstark und voller überschüssiger Kraft, du verstehst, und warum sollte ich nicht ein Auge auf so manch eine geworfen haben.

Ja, wir Voyageurs waren die glücklichsten Männer auf Erden. Aber jetzt bin ich alt, und meine Tage sind gezählt. Nun sitze ich oft auf einem steilen Felsen über dem See, schließe meine Augen und träume von den gewaltigen Erlebnissen jener Zeit, während unter mir der Eistaucher sein Klagelied anstimmt. Dann brennt mein Herz voller Erinnerungen lichterloh, droht im Feuerball der untergehenden Sonne über den Bergen zu verglühen. Das wilde, abenteuerliche Leben vergangener Zeit hat sich tief in meine Seele eingegraben. Was vorbei ist, ist vorbei – endgültig. Es war eine verdammt schöne Zeit."

Mittlerweile war es dunkel geworden. Der Alte hatte sich zur Seite gelegt und war sofort eingeschlafen. Waldemar beschäftigte sich mit dem gerade Gehörten noch Stunden, war innerlich aufgewühlt, während Pierre auf seiner Pritsche ohne Pause wie ein vollgefressener Grizzly markerschütternd schnarchte. Was für ein hartes, abenteuerliches, aber sicher auch unbeschreiblich freies Leben hat dieser alte Mann hinter sich, der nun am Ende seiner Tage mutterseelenallein in der Wildnis auf den Tod wartet. Er beeindruckte ihn ungeheuerlich. Und plötzlich hatte Waldemar den Wunsch, sein Leben in ähnlicher Weise zu gestalten.

Ja, er hatte sich vorgenommen, diesen merkwürdigen Eremit näher kennenzulernen, nachdem ihm der alte Indianer die Geschichte von diesem Teufelskerl erzählte. Aus einem anfangs kurzen Aufsuchen wurden fast zwei Wochen, in denen man gemeinsam jagte und fischte. In dieser Zeit brachte ihm Pierre noch viele nützliche, unverzichtbare Tricks zum Überleben in der Wildnis bei, die ihm später mehr als einmal das Leben retten sollten. Immer wieder hatte er seine Abreise verschoben. Nun aber war es Zeit, in das Dorf der Tatchun und zu Natina zurückzukehren.

Am Tag vor dem endgültigen Abschied tobte ein schweres Unwetter durch das langgestreckte Tal. Nach einem Hagelsturm mit Blitz und Donner folgte sintflutartiger Regen. Als alles vorüber war, fiel das Thermometer gewaltig. Kein Zweifel, der nordische, lange Winter stand vor der Tür. Ein letztes Mal saßen die beiden Männer bis spät in die Nacht am Lagerfeuer. Über den sternenklaren Nordhimmel huschten geisterhaft in bunten Farben die Polarlichter. Als in weiter Ferne ein Wolf heulte, antworteten Adak und die anderen Huskys auf gleiche Weise. Vorsichtig lugte der Vollmond über die dunklen Baumspitzen des nahen Waldes und tauchte das Fleckchen Erde vor der Hütte in ein seltsames Licht.

Nach langem Schweigen ergriff Waldemar als Erster das Wort. „Morgen früh werden sich unsere Wege trennen.“

Pierre blickte mit gesenktem Haupt in die lodernden Flammen des Lagerfeuers. „Eine höhere Gewalt wollte wohl das wir uns begegnen. Dem Herrscher des Himmels und der Erde sei Dank dafür.“ Mehr brachte er nicht heraus. Seine Kehle war wie ausgetrocknet. Nur das Knistern und Prasseln des Feuers unterbrach die geisterhafte Stille. Lange saßen sie sich schweigend gegenüber, bis sie die Müdigkeit schließlich übermannte.

Auf den umliegenden Bergen war über Nacht Neuschnee gefallen, der aber im Laufe des Tages nur noch in den Höhenlagen liegen bleiben sollte. Pierre begleitete Waldemar am nächsten Morgen noch bis zum Ende des langen Sees. Dort kletterten sie auf den hohen Felsen, von dem man einen herrlichen Blick über das ganze Tal hatte. „Neunzig Meilen von hier“, Pierre erhob den rechten Arm und deutete in östliche Richtung, „leben am Pelly River einige Indianer. Einer von ihnen ist Grey Owl, die einzige Rothaut, mit der ich jahrelang in den Bergen nach Gold gesucht habe, als ich damals dort in der Nähe lebte. Er war ein alter Spinner, ein Trunkenbold, der sich dort in den Bergen auskannte wie kaum einer. Viele geheimnisvolle Geschichten spukten in seinem Schädel, die sich aber meistens als Hirngespinste erwiesen. Denn sooft wir auch wie besessen in den tiefen Schluchten im Schlamm und Dreck der Flüsse und Bäche nach dem Edelmetall buddelten, blieb es immer nur bei ein paar Nuggets.

Doch im letzten Herbst erzählte mir ein Trapper, dass die alte Rothaut tatsächlich Gold gefunden hätte. In den Bergen, weit im Nordosten, soll seine versteckte Mine sein, irgendwo hinter einem Pass, wo das Wasser nicht mehr nach Westen, sondern nach Osten in das Land der Slavey Indianer fließt. Niemandem hat der Alte bisher seine Entdeckung verraten. Er wird es auch nicht tun, dafür kenne ich ihn zu gut, es sei denn, man hilft da geschickt mit einem kleinen Fässchen Hochprozentigem ein wenig nach. Über diese geheimnisvolle Mine habe ich mir Gedanken gemacht und ahne auch, wo sie ungefähr sein könnte.

Als wir uns damals trennten, waren wir beide kurz vorher noch in einer Höhle vor dem Pass, in der schon mal nach Gold gesucht wurde. Sie war zum größten Teil voll Wasser, Schlamm und Geröll. Eine ganze Woche schufteten wir täglich bis zu vierzehn Stunden, entwässerten den

Stollen und wühlten uns langsam tiefer und tiefer. Plötzlich gab es fast ununterbrochen wolkenbruchartigen Regen, der tagelang anhielt. Das Wasser stieg und stieg und füllte die Höhle fast bis zur Decke. Die harte Arbeit war für die Katz. Wir schaufelten Erde vor den Eingang und tarnten ihn zusätzlich mit vielen ausgestochenen Grasstücken. Immerhin, mit einem halbvollen Tabaksbeutel kleiner Goldklumpen machten wir uns auf den weiten Heimweg. Wir verabredeten, im nächsten Jahr dort weiterzusuchen, doch dabei blieb es. Grey Owl, oder Ratharuga wie er mit Vornamen heißt, kaufte irgendwo von seinem Anteil aus dem Tabaksbeutel eine Menge Feuerwasser und soff sich fast zu Tode. In dem mittlerweile sicherlich verfallenen Stollen allein weiter nach Gold zu suchen, erschien mir sinnlos. Danach hielt mich nichts mehr in diesem verdreckten Indianernest."

Waldemar hatte ihm aufmerksam zugehört. Er erinnerte sich plötzlich an jenen Tag am Klondike, als sie auf ihrem Claim tatsächlich eine Menge Nuggets fanden und Gustav sogar davon überzeugt war, dass sie auf eine ergiebige Goldader gestoßen waren. Leider war schon nach drei Tagen der Traum vom Reichtum zu Ende. Doch nun erwachte in ihm instinktiv wieder jener unbändige Reiz, genau wie damals. Wieso aber gab ihm Pierre nun vor seiner Abreise diesen Hinweis? Vielleicht spürte er, dass Waldemar die Suche nach dem Gold noch lange nicht aufgegeben hatte. Warum sollte er nicht noch einmal sein Glück in dieser noch unerforschten, schroffen Gebirgslandschaft versuchen? Er war jung und bärenstark– und frei wie ein Vogel. Selbst im Dorf der Tatchun erzählten indianische Pelzjäger geheimnisvolle Geschichten von mysteriösen Goldfunden in den schwarzen Bergen, wenn sie von einer langen Reise aus dem Land der Slavey Indianer zurück zu ihrem Stamm kamen. Es würde ihm sicher nicht leichtfallen, das Indianermädchen, das er inzwischen liebgewonnen hatte, und seinen zuverlässigen Kamerad Sven zu verlassen, denn eigentlich hatte er sich bereits damit abgefunden, eine Zeit lang bei den Tatchun am Yukon zu leben.

„Ein starker, junger Mann wie du sollte nicht in einem schäbigen Indianernest versauern. Wenn ich an deiner Stelle wäre, würde ich keine Minute zögern und sofort aufbrechen und Ratharuga suchen, bevor dir einer zuvorkommt. In deinen Adern fließt das unruhige Blut des Abenteurers, das immer deinen Lebensrhythmus bestimmen wird. Du zählst zu den vielen Goldgräbern, denen Fortuna am Klondike weder Reichtum noch Wohlstand bescherte, aber du bist einer der wenigen, die nach all den Strapazen, Entbehrungen und Enttäuschungen nicht aufgeben." Schmeichelhafte Worte, die er eigentlich von dem raubeinigen Franzosen nicht erwartet hatte. „Das hier sind die Skizzen und Lageaufzeichnungen von dieser Höhle." Nach diesen Worten kramte er ein vergilbtes Papier aus seiner verschlissenen Jackentasche. „Mit Hilfe Ratharugas wirst du diese Stelle in den Bergen finden. Es muss dort oben Gold geben, davon bin ich überzeugt, wenn nicht in der verfallenen Mine, dann aber sicher in dieser abgeschiedenen Gegend. Es roch förmlich danach, als wir damals, dort wie die Maulwürfe den Flusskies und die Erde durchwühlten. Du brauchst diesem Tal nur zu folgen, dann kommst du direkt zu der kleinen Indianersiedlung."

Vier Tage brauchte er diesmal für den beschwerlichen Rückweg. Nordwestliche Spätherbststürme und kräftiger Schneeregen setzten ihm und seinem treuen Begleiter arg zu. Endlich war er wieder bei Sven und Natina. Als er von dem sonderbaren Eremit berichtete, der ihm von einer geheimnisvollen Goldmine in den schwarzen Bergen erzählte, merkte Natina instinktiv, dass ihn wieder das Goldfieber gepackt hatte, und erschrak. Vor dem Einbruch des harten Winters würde er ohnehin nichts unternehmen, versuchte er sie zu beruhigen, und wenn überhaupt, dann würde er später wieder zu ihr zurückkehren.

Und der Winter kam schon bald mit grausamer, arktischer Kälte, mit Schnee- und heftigen Eisstürmen. Es war die Zeit der dunklen Nächte, des Darbens, der Entbehrungen, aber auch der Pelztierjagd. Jetzt war er tagelang mit Sven und Kewantha unterwegs. Nicht an jedem Tag hatten sie Erfolg auf der Jagd, aber mit der Zeit sammelten sich doch eine große Anzahl guter Winterfelle. Wenn die Händler der Hudson Bay Company im nächsten Sommer hier auftauchten, würde der Verkaufserlös wieder redlich geteilt werden.

Doch der Gedanke an die Mine, an das Gold in den schwarzen Bergen ließ ihn nicht mehr los. Je mehr er daran dachte, desto heftiger verspürte er den innerlichen Drang, ins Unbekannte aufzubrechen. Pierres eindringliche Worte gingen ihm nicht aus dem Sinn. „Bevor dir einer zuvorkommt", hatte er gesagt. Nein, das darf nicht geschehen. Er wollte es sein, der als Erster dort war, vielleicht würde er sogar einen neuen

Goldrausch auslösen und danach als reicher Bonanza in die Geschichte eingehen.

Waldemar wurde zusehends unruhiger. Längst hatte auch Natina die Veränderung in ihm bemerkt, aber alle Bemühungen, ihn von diesem Vorhaben abzubringen, scheiterten an seinem Dickschädel. Als alles Zureden nicht half, war sie bereit, ihre Sippe zu verlassen und mit ihm fortzuziehen: „Es ist besser, wenn du hierbleibst und auf mich wartest. Sobald ich die Mine, das Gold in den Bergen gefunden habe, werde ich zu dir zurückkommen und dich holen, auch wenn alles vergeblich sein sollte, das verspreche ich dir." Doch ein verliebtes, junges Indianermädchen, mit dem man schon eine Zeit lang die Nächte im Wigwam verbrachte, kann man nicht so einfach verlassen. Sie war fest entschlossen, mit ihm zu gehen und ließ sich auch durch plausible Argumente davon nicht mehr abbringen. Als er Sven von seinem Plan berichtete und ihn versuchte zum Mitmachen zu überreden, schüttelte dieser nur ungläubig den Kopf. „Mein Glück, mein Gold habe ich hier gefunden. Meine Squaw, meine Kotschiana ist mir wertvoller als alles Gold der Welt. Diese geheimnisvolle Mine und das Gold in den schwarzen Bergen wirst du niemals finden. Vielleicht existiert ja alles nur in den Wirrköpfen alter Goldsucher. Du wirst scheitern und in den unzugänglichen Bergen und Schluchten des unerforschten Ostens umkommen." Doch Waldemar hatte sich entschlossen, und niemand konnte ihn davon abbringen.

Inzwischen bedeckte das weite Land eine dicke Schneedecke. In den unendlich langen und dunklen Polarnächten herrschten tiefe Minustemperaturen. Nur wenige Stunden kurz nach Mittag zeigte sich jetzt noch an wolkenlosen Tagen der blasse Schimmer der Sonne. Den mächtigen Yukonstrom bedeckte mittlerweile meterdickes Eis. Bei diesem Wetter aufzubrechen, wäre Leichtsinn.

Doch ein paar Wochen später, als die Kälte und die Stürme ein wenig nachließen, war es so weit. Sven, Kewantha und das ganze Dorf verabschiedeten sich nach alter Sitte mit lautem Indianergeheul von ihm. Häuptling Whatabasha beschwor die Geister, ihn zu beschützen, schenkte ihm ein aus Zedernholz geschnitztes, mit Bärenblut gefärbtes Amulett, von dem nach Indianerglauben eine unheilabwehrende Kraft ausgehen soll. Nur Natina ließ sich nicht blicken. Sie hatte sich in einer Ecke in ihrem Zelt verkrochen, ihr Haupt in beide Hände vergraben und kein Wort mehr gesprochen. „Sie wird lange um dich weinen und trauern", waren Svens letzte Worte, bevor Adak und er im dichten Nebel verschwanden. Er hatte das Dorf der Tatchun am mächtigen Yukon, das man Jahre später Carmacks nennen wird, mit seinem treuen Vierbeiner nach mehr als einem Jahr wieder verlassen.

Während er Stunde um Stunde im breiten Tal des Yukon Rivers durch knietiefen, verharschten Schnee stapfte, kreisten seine Gedanken um Natina. Fast hätte er seinen heiklen Plan wieder aufgegeben und war nahe daran umzukehren. Ja, er vermisste seine junge Squaw. Beim Abschied hatte sie viele stille Tränen vergossen. Seinetwegen wollte sie ihre Sippe verlassen. Welch ein mutiges Indianermädchen. Hätte er sie doch mitnehmen sollen? Rasch versuchte er diese Gedanken zu verdrängen, doch sie kamen immer wieder.

Drei Tage lang spurte er nun schon mit seinen Schneeschuhen den Weg, kämpfte sich mit Adak und einem schwerbeladenen Schlitten mit wichtigen Ausrüstungsgegenständen und Proviant für einige Wochen durch die tiefverschneite Wildnis. Um die Strecke nach Little Salmon zu verkürzen, folgte er nicht mehr den vielen Windungen des Yukons, sondern wählte einen alten Indianertrail, eine Abkürzung über den Eagle's Nest Bluff, und durchquerte jene Hochebene, die er auf dem Weg zu Pierre vor vielen Wochen gegangen war, doch diesmal kam er nur langsam voran. Es wurde bereits wieder dämmerig, als er endlich jenseits einer bewaldeten Hügelkette die verlassenen Indianerhütten von Little Salmon erblickte.

Der alte Indianer, durch dessen Geschichte er damals Pierre, den Einsiedler fand, war einer der Letzten, der in dem kleinen Dorf noch lebte. Nach und nach hätten alle die Siedlung verlassen, seine Kinder und Kindeskinder, seine roten Brüder. Sie gingen einfach fort. Wohin wisse er nicht. Auf der Suche nach besseren Jagdgründen zogen sie in die Berge, in die unendlichen Wälder, erzählte er. Mit noch einem Alten seines Stammes sei er hiergeblieben, den er aber vor nicht allzu langer Zeit dort auf einer Anhöhe begraben hätte.

Der arktische Winter tobte sich in den nächsten Tagen noch mal richtig aus. Als das Wetter besser wurde, zog Waldemar weiter durch das breite Tal des Little Salmon Rivers. In den Tagen des Rastens hatte er von dem alten Indianer noch vieles über das kaum bekannte Land erfahren. Als er an der Blockhütte des Einsiedlers Pierre ankam, war sie leer. Er war sicher schon vor einigen Tagen mit seinen Schlittenhunden zur

Jagd aufgebrochen, denn die Anpflockstellen der Huskys waren mit einer ziemlich dicken Schneeschicht bedeckt. Eine Zeit lang verweilte er noch in der Hütte, doch als der seltsame Mensch nicht auftauchte, der ihm vor wenigen Wochen die mysteriöse Geschichte von der Goldmine in den schroffen Bergen erzählt hatte, hinterließ er eine Nachricht und ging fort, wohlwissend, wie sehr sich Pierre über ein erneutes Treffen gefreut hätte.

Er hatte nun einen weiten, völlig unbekannten Weg vor sich. Vielleicht neunzig oder noch mehr Meilen bis zu dem Indianernest, bis zu Grey Owl, der alten Rothaut, der nur allein den Trail zu der versteckten, geheimnisvollen Mine kannte und wusste, wo das Gold zu finden war. Pierre hatte ihm den Weg dorthin so gut es eben ging geschildert. Zunächst durchquerte er den tief im Gebirge eingebetteten See in seiner ganzen Länge bis zur Einmündung des Magundy Rivers. Danach zog er weiter ostwärts und gelangte am Oberlauf des kleinen Wasserlaufs an die Stelle, an der sich das Tal öffnet und in das weite Flusstal des Pelly Rivers übergeht. Zu diesem wesentlich breiteren Fluss wollte er nun hinüberwechseln.

Doch bis zum Pelly brauchte er mehr Zeit, als er angenommen hatte, denn auf der Eisdecke gab es nun aus unerklärlichen Gründen auf einer langen Flusstrecke eine Vielzahl von Overflows, die sich stets dann bilden, wenn sich zwischen dem Eis und der darüberliegenden Schneedecke Wasser ansammelt, das wegen des gut isolierenden Schnees trotz hoher Minusgrade nicht gefror. Es hatte sicher im Herbst viel Schnee gegeben, bevor die Flüsse richtig zugefroren waren. An manchen Stellen konnte das Eis brechen und ihm und seinem treuen Gefährten zum Verhängnis werden. So entschloss er sich, in den nahen Wald auszuweichen. Doch dort kam er im enorm hohen Schnee nur wenige Meilen am Tag weiter, hatte aber mehr Schutz vor einsetzendem Sturm, der ganz plötzlich über das Land fegen konnte.

Noch waren die Tage sehr kurz. Es half nichts, er musste wieder die steile Böschung herunter zum Pelly, denn seine Kräfte schwanden zusehends. Doch schon nach kurzer Strecke stellte er enttäuscht fest, dass die Overflows immer mehr wurden. Die Lage wurde dramatisch, als sich auf den Zehen in den vom Schneewasser aufgeweichten und den in kurzer Zeit steifgefrorenen Mokassins schmerzhafte, dicke Blasen bildeten, die nach und nach aufplatzten. Adak erging es nicht viel besser. Er hinkte, hatte seine Pfoten wundgelaufen und hinterließ eine blutige Spur. Trotz unerträglicher Schmerzen kämpften sich beide zäh und verbissen weiter und gaben nicht auf. Waldemar spürte instinktiv, dass er schnell handeln musste, da sein tapferer vierbeiniger Begleiter sofortige Hilfe benötigte.

In einer solchen Situation war es äußerst wichtig, unverzüglich die richtige Entscheidung zu treffen. Daher beschloss er, wieder in den Wald auszuweichen, einen windgeschützten Unterstand zu bauen, um an einem rasch entfachten Feuer die nassen Mokassins und Kleider zu trocknen. Den Schlitten und eine Plane gegen die Windrichtung in einer tiefen Senke aufgebaut, verbrachte er einige Tage am wärmenden Lagerfeuer, das auch während der Nacht nicht ausgehen durfte. In dieser Lage war es das einzig Richtige. Doch er fand kaum Schlaf, da die erfrorenen Zehen und geschundenen Glieder fürchterlich schmerzten. Proviant und Hundefutter mussten nun drastisch rationiert werden. Als der eisige Nordwind und die klirrende Kälte nachließen, änderte sich das Wetter schlagartig. Länger konnte er ohnehin hier nicht bleiben, denn er hatte noch einen weiten, beschwerlichen Weg durch unbekannte Wildnis vor sich, und die Eisdecke auf dem Pelly River könnte an verschiedenen Stellen durch das wärmere Wetter schnell brüchig werden.

Endlich nach qualvollen Wochen, in denen er hinter jeder Biegung des Flusses auf Eingeborene zu stoßen hoffte, sah er an einem windstillen, sonnigen Tag in weiter Ferne zwei weiße, dünne Rauchsäulen senkrecht in den tiefblauen, kalten Morgenhimmel aufsteigen. Er schloss die Augen, dachte an seine sorglose Kindheit und sah sich noch einmal mit seiner jüngsten Schwester an der Hand am Heiligen Abend durch den tiefen Schnee stapfen. Als sie an ihrer armseligen Hütte ankamen, öffnete die Mutter die Haustür und drückte sie nacheinander an ihr Herz. Schnell verdrängte er wieder die Gedanken an die nun hinter ihm liegenden dunklen, eiskalten Nächte, an die erdrückende Totenstille und an die oftmals ausweglose Lage, in der er gehungert, gefroren und mehr als einmal verbissen um sein Leben kämpfen musste.

Die in der Ferne, aber deutlich wahrnehmbaren aufsteigenden Rauchsäulen, waren untrügliche Zeichen menschlichen Lebens. Erleichtert näherte er sich wenig später langsamen Schrittes der ersten Hütte. Ein ärmliches Anwesen, aus dem ebenfalls Rauch aufstieg, befand sich in einer Senke in unmittelbarer Nähe. In weniger als einer halben Meile standen noch zwei oder drei kegelförmige Indianerzelte, die im morgendlichen Dunst aber nur schemenhaft zu erkennen waren.

Man hatte den Fremden mit dem Hund auf dem Fluss schon lange vorher ausgemacht, denn noch bevor er an die schiefe, grobgezimmerte Türe geklopft hatte, wurde diese von einer Squaw im mittleren Alter geöffnet. An ihrer verschlissenen, ärmlichen Kleidung erkannte er sogleich, dass sie harte Zeiten hinter sich hatte. Sie hauste in dieser Hütte mit ihren zehn und zwölf Jahre alten Söhnen, die neben ihrer Mutter standen und den Fremden argwöhnisch und misstrauisch betrachteten. In der Sprache der Tatchun versuchte er ihr nun zu erklären, warum er hierhergekommen wäre, doch sie verstand ihn kaum. Sicher war er in dieser Gegend im Jagdgebiet eines anderen Stammes. Nach einer Weile gab ihm die Squaw durch Handzeichen zu verstehen, dass er ihr zu einer Hütte im Tal folgen solle, aus der ebenfalls Rauch aufstieg.

Dorthin eilte sie danach in einer schmalen Schneespur, so dass er ihr kaum folgen konnte, während die Söhne zurückblieben und mit Adak rasch Freundschaft geschlossen hatten. Nach mehrmaligem Klopfen und lautem Rufen öffnete eine uralte Indianerin die Tür. Die Frau war fast blind und lebte hier anscheinend allein. Nach einigen Worten der Jüngeren huschte ein gütiges Lächeln über ihr Antlitz, in dem das Alter und das harte Leben tiefe Furchen gezeichnet hatte. Mit einer einladenden Handbewegung forderte sie die beiden auf einzutreten. Der Innenraum war in einem erbärmlichen Zustand, aber warm. Im Laufe einer anfangs recht schwierigen Verständigung, stellte sich dann heraus, dass sie nicht aus dieser Region stammte. Sie wurde vor vielen Jahren von einem kriegerischen Stamm als junges Mädchen verschleppt. Wie sie hierherkam, daran konnte sie sich nicht mehr erinnern. Eigenartigerweise verstand sie aber die Sprache der Tatchun, doch leider nur noch einzelne Wörter davon.

Sie war schon viele Jahre Witwe. Ihr Mann wurde von einem Grizzly getötet, als er in den unzugänglichen Bergen allein auf der Jagd war. Wochenlang hätten ihre Söhne nach dem Vater gesucht. Erst als sie sein Gewehr, ein paar Knochen und einen Schädel fanden, kehrten sie mit trauriger Gewissheit heim. Der jüngste ihrer Söhne würde noch hier wohnen und sie versorgen, erzählte sie, die anderen wären weggezogen, um neue Jagdgründe zu suchen. Wie alt sie denn sei, fragte er. Genau wüsste sie es nicht, antwortete sie, doch sie hätte fünf Kinder, vier Jungen und eine Tochter, und ihr Jüngster sei im vergangenen Sommer sechzig geworden. Die Frau lebte in bitterster Armut.

Als sie beim Abschied wieder vor die Tür traten, fragte er sie unvermittelt, ob in dieser Indianersiedlung ein alter Roter Mann mit Namen Ratharuga leben würde, und ob sie ihn kenne? „Wer kennt hier nicht Grey Owl, den alten Trunkenbold, der irgendwo in den Bergen Gold gefunden haben soll. Manche behaupten, er wäre bereits in die ewigen Jagdgründe gegangen, hätte sich totgesoffen, denn er wurde schon eine Zeit lang nicht mehr gesehen. Er haust außerhalb des Dorfes in einer düsteren Hütte am Ross River. Aus diesem engen Tal hört man oft in mondhellen, windstillen Nächten markerschütternde, seltsame Stimmen und Schreie. Dort in der letzten Hütte“, sie streckte ihren Arm aus und zeigte in die Richtung, „dort lebt ein Bleichgesicht, das vor einigen Jahren hier aufgetaucht ist, ein Trapper, den meine roten Brüder Weißer Büffel nennen. Der kann dir vielleicht weiterhelfen, sicher erfährst du von dem mehr. Aber warum bist du ausgerechnet hierhergekommen? Hat dir irgendein Spinner vom Gold erzählt, das es hier überhaupt nicht gibt? Viele haben danach vergeblich gesucht, haben sich bis zu den Jagdgründen der Slavey in die furchterregenden schwarzen Berge gewagt und sind nie mehr gesehen worden.“

„Vielleicht – vielleicht werde ich mehr Glück haben“, antwortete Waldemar.

Die Squaw, die ihn zu der alten Indianerin geführt hatte, eilte den gleichen Weg zurück zu ihren Söhnen. Waldemar hatte sich von ihr verabschiedet und stapfte im tiefen Schnee zwischen den weit auseinanderliegenden Hütten und Zelten und stellte dabei fest, dass mehr als die Hälfte der primitiven Unterkünfte nicht bewohnt waren. Dann endlich stand er vor der Hütte, in welcher Weißer Büffel hausen sollte.

Von heller Morgensonne im reflektierenden Weiß angestrahlt, breitbeinig auf sein Gewehr gestützt, als würde er schon auf den Fremden warten, begrüßte ihn mit einem lauten „Hallo“ – eine kräftige, gedrungene Gestalt mit einem langen, grauen Bart, dessen Kopf ohne Hals direkt auf den Schultern zu sitzen schien.

„Hallo! Ich bin einen weiten Weg gegangen und auf der Suche nach einer alten Rothaut namens Grey Owl, die hier leben soll. Die alte Indianerin von dort hinten meinte, du könntest mir da behilflich sein.“

Weißer Büffel lachte laut auf. „Verdammt. Ich habe eine Ewigkeit keinen Weißen mehr gesehen, und dann taucht doch aus dem Nichts, wie ein Gespenst, in diesem gottverlassenen, räudigen Nest einer auf und fragt nach der lausigsten, heruntergekommensten Rothaut. Verdammt noch mal, das muss doch einen Grund haben. Aber komm erst mal rein und wärm dich richtig auf."

Die Hütte war ordentlich eingerichtet, gut aufgeräumt und sauber. Was ihm aber beim Eintreten sofort auffiel, war eine ganze Menge leerer Flaschen, die auf einem langen Brett an der Wand standen. Der Alte lachte laut auf, als er den umherschweifenden Blick des Fremden bemerkte.

„Die letzte davon", er zeigte mit dem Finger auf eine Gallone, „den letzten Tropfen daraus haben wir noch vor weniger als zwei Jahren gemeinsam getrunken, bevor Grey Owl in die ewigen Jagdgründe ging. Seit Jahren hat sich hier kein weißer Mann mehr blicken lassen. Die Pelzaufkäufer blieben aus. Was sollen diese Leute auch hier? Die jungen Rothäute haben bereits vor längerer Zeit dieses verdammte Nest verlassen. Nur ein paar alte Weiber blieben übrig, vegetieren halbverhungert dahin, weil sich ihre Männer buchstäblich totgesoffen haben. Dieser Stamm hier hatte sich sehr lange von dem verderblichen Gift ferngehalten. Sie hatten von dem Zaubertrank gehört, der den Verstand zerstören würde, wenn man dem brennenden Wasser verfallen sei. Es war aber nur eine Frage der Zeit, bis einige der teuflischen Versuchung erlagen."

Inzwischen hatte der Alte seinen verbeulten Teekessel auf das Feuer gestellt. „Man nennt mich Weißer Büffel, wohl deswegen, weil ich ein Weißer bin, der auf seinem breiten Rücken mehr tragen konnte, als so manche Rothaut, die sich fast alle hier, einer nach dem anderen, aus dem Staub machten. Wer aber hat dir was über Grey Owl, über die undurchsichtigste, versoffenste Rothaut im Umkreis von tausend Meilen erzählt?" Erwartungsvoll spitzte der alte Büffel seine riesengroßen, tellerförmigen Ohren und beugte sich über den einfachen Holztisch zu seinem Gast.

„Nun ja", erwiderte Waldemar, „es ist eine lange Geschichte." Und er begann weitausholend von sich, seiner langen Reise aus Europa, über die Goldgräbertage am Klondike, von seinem beschwerlichen Weg hierher zu erzählen und kam schließlich auf den Punkt zu sprechen, der den Büffel wohl am meisten interessierte.

„Viele Meilen von hier begegnete ich einem alten Voyageur, der in den westlichen Bergen in der Nähe eines langgestreckten Sees haust. Der Mann muss in dieser Indianersiedlung hier einmal gelebt und mit Grey Owl in den umliegenden Bergen nach Gold gesucht haben." Er hielt inne und beobachtete aufmerksam Bill, denn das war der eigentliche Name des Trappers, der nach diesen Worten plötzlich aufsprang.

„Pierre – du kennst also diesen verdammten Himmelhund, den Teufelskerl, den brutalen Menschenschinder? Mit dem ich vor langer, langer Zeit im Auftrag der Hudson Bay Company als Voyageur auf den wildesten Flüssen um mein Leben paddelte, geflucht und gesoffen, aber auch unvergessliche Tage in unerforschter Wildnis erlebt habe? Wir alle waren ein wilder, roher Sauhaufen. Pierre war der Mutigste und Waghalsigste von uns allen, ein richtiger Draufgänger, der weder Tod noch Teufel fürchtete. Irgendwann verloren wir uns aus den Augen. Als ich damals hierherkam, war er schon weg. Niemand wusste, wohin er gegangen war, noch nicht einmal Grey Owl. Doch man erzählte sich noch viele Jahre danach geheimnisvolle Geschichten vom Gold in den Bergen, das die beiden gefunden haben sollen." Er machte eine Pause, goss jedem die zweite Tasse Tee ein und stopfte sich erneut seine Pfeife.

„Grey Owl war ein Trunkenbold, der die unglaublichsten Geschichten im Suff verbreitete, die in seinem wirren Schädel herumschwirrten. So redete er noch kurz vor seinem Tod von einer Goldmine in den Bergen, verriet aber niemandem sein Geheimnis. Ein schwieriger Kerl, dem das Feuerwasser das Hirn zerstörte. Pierre hatte sicher die Schnauze voll von diesem Bedauernswerten, als er sich hier aus dem Staub machte."

„Nun, Pierre erzählte von einer Goldmine, in der er mit dem Indianer monatelang hart geschuftet hätte. Sie fanden auch einige Nuggets, jedoch der große Erfolg wäre ausgeblieben. Als dann ein Unwetter mit wolkenbruchartigem Regen einen Erdrutsch auslöste und die gewaltigen Erdmassen den Stollen verschütteten, hätten sie das Schürfen aufgegeben und die nicht gerade üppige Ausbeute geteilt. Leider tauschte der Indianer seinen Anteil gegen ein kleines Fässchen Branntwein, als die Händler der Hudson Bay aufgetaucht wären. Danach hätte er wochenlang im Delirium gelegen. Pierre konnte mit dem versoffenen Kerl nichts mehr unternehmen und zog weg."

„Kann ich nachvollziehen." Bill nickte verständnisvoll. Sie hatten mittlerweile jeder einen dicken Brocken Karibufleisch gegessen und mehrere Becher heißen Tee getrunken. „Leg dich hinten auf meine Pritsche und ruh dich ein wenig aus, dir fallen ja vor Müdigkeit die Augen zu."

Als Bill gegen Mitternacht beim Eintreten in die Hütte die rustikale Eingangstüre knarrend öffnete, wurde Waldemar wieder wach. Bill brachte einen Sack voll steifgefrorener Weißfische mit, die er in dieser mondhellen Nacht irgendwo aus einem Loch im dicken Eis des Pelly Rivers gezogen hatte.

„Morgen gibt's Fisch, auch für deinen treuen Hund", murmelte er in seinen Bart, und warf den Sack auf den Boden. „Du kannst gerne hier schlafen. Es ist Platz genug für uns beide, und wenn du magst, auch noch eine Weile hierbleiben – oder, was hast du eigentlich vor? Ich glaube, Pierre hat dir zu viel vom angeblichen Gold erzählt, das schon früher in seinem Kopf herumgeisterte, das es aber in Wirklichkeit hier in den Bergen gar nicht gibt und wenn, dann wird man es in den unendlichen Weiten kaum finden."

„In der Tat, wir sprachen oft darüber. Nicht nur Pierre redete davon, sondern viele Waldläufer und Rothäute berichteten von Goldfunden an einem geheimnisvollen Fluss in den Bergen zwischen Yukon und Mackenzie. Auch einige Goldsucher in Dawson setzten das Gerücht in die Welt, als es am Klondike mit dem Goldrausch langsam zu Ende ging." Bill lachte laut auf. „Hunderte Meilen durch weglose, unberührte Wildnis. Wie kann das ein Mensch schaffen? Natürlich wird das begehrte gelbe Zeug irgendwo zu finden sein, aber wo willst du mit dem Suchen anfangen, in einem Gebiet, das vielleicht größer ist als der Staat Oregon, in dem ich geboren wurde? Gold wird es in dieser unendlichen Urlandschaft geben, doch bisher wurden nur geringe Mengen gefunden." Im Eifer des Gesprächs war seine Pfeife ausgegangen, die er nun erneut stopfte und mit einem brennenden Holzspan wieder anzündete. „Im letzten Sommer ist mir viele Meilen den Ross River aufwärts ein Trapper begegnet. Der war beim Absuchen seiner Fallen am Fuße der Itsi Range auf eine Gruppe Slavey Indianer gestoßen, die ihm von einem geheimnisvollen Fluss in den schwarzen Bergen berichteten, den schon ihre abergläubischen Ahnen Fluss der Angst nannten, an dem es nicht nur furchteinflößende, dunkle Canyons und unzählige, gewaltige Stromschnellen geben würde, sondern an dessen Ufern im ausgeschwemmten Kies Goldklumpen gefunden wurden."

Waldemar horchte neugierig auf: „Und wo hat dieser Pelzjäger sein Blockhaus, seine Trapline?“

„Das kann ich dir nicht sagen. So viel ich mich aber erinnern kann, haust der irgendwo im Gebiet der Itsi Range am Oberlauf des Ross Rivers. Du musst nur diesen Fluss hochgehen, der hier ganz in der Nähe in den Pelly River mündet. Aber frag doch mal die uralte Indianerin, die dich zu mir geschickt hat, denn ihr Mann hat dort oben in der Gegend oft gejagt, bevor der Unglückliche vom Grizzly gefressen wurde.“

Schon am nächsten Morgen führte ihn der Weg wieder zu der alten Frau. Bill hatte ihm einen großen Fisch mitgegeben, über den sie sich sehr freute. „Ja, Kanthishna, mein Mann, erzählte mal von einem Weißen, dem er vor langer Zeit viele Meilen von hier in einer menschenleeren Hochebene begegnete, von der das Wasser aus den Bergen in verschiedene Richtungen abfließt und nach einem langen Weg entweder weit im Osten den Mackenzie oder im Westen in den Yukon speist. Bevor ihn Manitu zu sich holte, jagte er öfter in dieser Gegend und traf fast jedes Mal den Fremden. Ich weiß nur, dass er ihn wegen seines feuerroten Haarschopfs Burning Head nannte und dass er nicht nur Pelzjäger war, sondern dort auch nach Gold suchte.“

Es musste also tatsächlich im Quellgebiet des Ross Rivers jemand geben, den nicht nur die Pelztierjagd, sondern den auch der Gedanke an das Gold in dieses Gebiet getrieben hatte. Diesen Mann wollte er nach der Schneeschmelze suchen, denn länger hier zu bleiben, wäre sinnlose Zeitvergeudung, nachdem Grey Owl sein Geheimnis mit ins Grab genommen hatte.

Inzwischen setzte Tauwetter ein. Langsam wurden Seen, Bäche und Flüsse vom Eis befreit, und die Natur erwachte zu neuem Leben. Mit Bills Hilfe hatte er eine verfallene Hütte wieder so hergerichtet, dass man sie bewohnen konnte. Nun nutzte er nach der Schneeschmelze die immer länger werdenden Tage und hellen Nächte, fischte, jagte, sammelte Vorräte für den langen Winter und baute ein Kanu aus Birkenrinde, das so leicht war, dass es auch über längere Strecken getragen werden konnte und sich gut manövrieren ließ.

Noch in diesen Sommer wollte er mit seinem treuen Hund losziehen und nach dem Fremden suchen. Aus Erfahrung wusste er, dass Trapper ihre Hütten meist in der Nähe eines Flusses bauen würden, um im Winter auf dem festen Eis schneller ihre Trapline kontrollieren zu können.

Was er über diesen Eremit erfahren hatte, war mehr als dürftig. Wo sollte er suchen? Vielleicht gab es ihn nicht mehr, vielleicht war er längst über alle Berge? Er schwankte, verwarf seine Pläne wieder, dachte an Rückkehr zu Natina, zu den Tatchun Indianern und zu Sven. Doch dann ermutigte ihn wieder sein unbändiges Selbstvertrauen. Er hatte schon manche Extremsituation in menschenleerer Wildnis überlebt, und im Laufe der Jahre eine ganze Menge dazugelernt.

Noch bevor das Hochwasser abgelaufen war, hielt eines Tages ein mit drei jungen Rothäuten besetztes Kanu am Ufer des Pelly. „Das können nur Eingeborene vom Weasel Lake sein", knurrte Bill. „Hoffentlich gibt es keinen Ärger." Der Älteste von ihnen begrüßte Bill mit lauten Rufen der Freude, so wie es Rothäute tun, wenn sie Freunde begrüßen, die sie lange nicht gesehen haben. Danach taten die beiden anderen das Gleiche. Erst nach diesem freudigen Zeremoniell schritten sie auf Waldemar zu und reichten ihm die Hand. Alle drei mussten so um die zwanzig sein. Der Kleidung und Ausrüstung nach waren es Pelztierjäger, denn in ihrem Kanu lagen eine ganze Menge blutverschmierter Felle, die sie den Tieren erst vor kurzem über die Ohren gezogen hatten. Einer von denen lief nun zu ihrem Kanu, wuchtete sich einen Sack auf den breiten Rücken und stieg damit die Uferböschung wieder empor. Neben einer alten Feuerstelle kullerte nun gluckernd ein kleines Fässchen in den Sand.

Die Ankunft der jungen Wilden blieb nicht lange unbemerkt. Plötzlich tauchten wie aus dem Nichts drei weitere Rothäute auf, die man hier noch nie gesehen hatte, wie Bill Waldemar erklärte „Die haben sicher den Branntwein gerochen. Weiß der Teufel, woher die kommen." Er ahnte nichts Gutes. „Wenn die zu saufen anfangen, dann hören sie damit nicht auf, bis das Fass leer ist. Ein paar Schlückchen, mehr natürlich nicht, würden uns ja auch guttun. Es ist schon mehr als zwei Jahre her, dass der letzte Tropfen meine Kehle entzückte." Dabei schnalzte er genüsslich mit seiner Zunge.

In den Sommernächten wird es in Polarkreisnähe kaum dunkel. An einem Lagerfeuer am Fluss versammelte sich nun in Windeseile alles, was einen trockenen Hals hatte. Man aß frisches Karibufleisch und soff bis um Mitternacht, bis das Fässchen restlos leer war. Nach alter Sitte stimmten nun die jungen Wilden altüberlieferte Ritualgesänge an, tanzten um das Feuer und wälzten sich danach volltrunken kräftemessend im

Zweikampf im Uferschlamm, während einige der Zuschauer johlten und schrien.

Der Alkohol zeigte seine Wirkung. Nach und nach zerstreute sich die Gesellschaft. Viele schliefen am Ufer einfach ein. Der Rest verkroch sich in den ärmlichen Hütten. Auch Bill und Waldemar machten sich auf den Heimweg. „Es ist gut, dass das Fässchen nur noch halbvoll gewesen ist. Die hatten sicher auf dem Weg zu uns schon reichlich gebechert."

Bis weit nach Mitternacht saßen beide gedankenverloren auf einer Bank vor Bills Hütte, über der sich der blutrote Polarnachthimmel wölbte.

Als sie am späten Morgen an die Stelle am Fluss gingen, an der noch vor wenigen Stunden das Besäufnis stattgefunden hatte, waren die jungen Rothäute mit ihrem Kanu verschwunden. Niemand im Dorf sah sie abfahren. Doch eine alte Indianerin, die am frühen Morgen in der Nähe Treibholz für ihren Herd sammelte, sah mehrere Männer laut grölend in das Kanu steigen und danach mitten in den reißenden Fluten des immer noch Hochwasser führenden Pelly Rivers treiben. Sie glaubte auch wenig später Rufe und Schreie gehört zu haben, schenkte aber denen kaum Bedeutung, als sie das Kanu hinter der nächsten Flussbiegung verschwinden sah.

Etwa eine Woche später fand ein jagender Indianer einige Meilen flussabwärts ein auf einer Sandbank angetriebenes Kanu und nicht weit davon die Leiche einer jungen Rothaut. Vergeblich suchte man noch Tage lang nach den anderen. Dann stand es fest: Die sechs jungen Indianer kamen um, als ihr Kanu nach der durchzechten Nacht in dem reißenden Hochwasser kenterte.

Ende Juni, nachdem das Schmelzwasser der Flüsse abgeflossen war, verabschiedete sich Waldemar von Bill. Vor ihm lag nun die abenteuerliche Reise in völlig unbekannte Wildnis, ein wahnwitziges, risikoreiches Unternehmen. Selbst die Ältesten im Ort rieten ihm davon ab. Für sie war es unbegreiflich, dass ein Mensch ganz allein auf sich gestellt bis in die schwarzen Berge vordringen möchte, um dort nach Gold zu suchen. Doch mit ihm zu gehen, dazu war niemand bereit. „Kehre spätestens wieder um, wenn du den Trapper am Oberlauf des Ross Rivers nicht finden solltest, denn den Weg über die Wasserscheide zum Fluss der Angst war noch niemand zuvor gegangen." Bill umarmte ihn ein letztes Mal. „Soweit mir noch einiges in Erinnerung von meinen winterlichen Schlittenhundefahrten geblieben ist, habe ich dir auf dieser Karte ganz grob die markanten Stellen bis zum Pass eingezeichnet. – Leb wohl!“

Nachdem er sein vollgepacktes Birkenrindenkanu an den Zusammenfluss von Ross und Pelly River geschleppt hatte, verabschiedete er sich von Bill. Durch das Niedrigwasser war es ihm sogar möglich bis zu der nächsten Flusskurve gegen die schwache Strömung flussaufwärts zu paddeln, denn es hatte schon seit Wochen nicht mehr geregnet. Noch einmal hob er sein Paddel, worauf ihm die Menge am Pellyufer zuwinkte, jemand sein Gewehr erhob und in die Luft feuerte. Danach war er endgültig hinter einer Flussbiegung verschwunden.

Zunächst fließt der Ross River in einem breiten Tal, das weiter oben zunehmend enger und auch die Strömung immer stärker wird. Anfangs konnte er noch treideln, also sein Kanu vom Ufer aus stromaufwärts ziehen, was in der pfadlosen Wildnis eine schweißtreibende Knochenarbeit ist, doch schon bald gab es unüberwindbare Hindernisse, die portagiert werden mussten. Das Umtragen dieser schwierigen Stellen dauerte Stunden und Tage, wobei Adak sich am Schleppen beteiligte und mit seiner feinen Nase seinen zweibeinigen Begleiter durch lautes Bellen und Knurren früh genug warnte, wenn er in der Nähe einen Bären gewittert hatte. Nach mehr als einer Woche erreichte er am Fuße des Mount Sheldon zwei langgezogene Seen, die dicht beieinander lagen, durch die der Ross River fließt. Bis hier war das Flusswasser durch Ausschwemmungen von dunkler Tonerde aschgrau und trüb. Fischen war nur an manchen Einmündungen der Seitenbäche möglich. Das holte er jetzt nach und legte in einem provisorisch gebauten Biwak einen Ruhetag ein.

Danach wurde das Gelände zunehmend schwieriger, das Tal enger und der Baumbewuchs immer spärlicher. Vor ihm lag nun die beeindruckende, vergletscherte Bergwelt der Itsi Range, um die der Ross River durch eine Kette von tiefeingebetteten Bergseen fließt. Nach dem letzten See ist der Fluss nur noch ein schmaler zu Tal stürzender Gebirgsbach, der von zwei, drei weiteren Bächen aus dem Bergmassiv gespeist wird. Immer öfter fielen ihm jetzt Bills mahnende Ratschläge wieder ein: „Du wirst auf den mörderischen Portagen Blut und Wasser schwitzen. Niemand wird dir auf dem Weg in die unbekannte, menschenleere Wildnis helfen können, wenn dir etwas zustößt, wenn dich das Jagdglück verlassen sollte und dir die Nahrung ausgeht. Das Gewehr wird deine einzige

Lebensversicherung sein. Vor allen Dingen nimm so viel Munition mit, wie du in deinem Kanu unterbringen kannst. Überlege dir jeden Schuss, bevor du ihn vielleicht übereilt, leichtsinnig und ohne ersichtlichem Grund abfeuerst, denn gerade diese Kugel könnte dir im Notfall fehlen und das Leben retten.“

Endlich, nach fast drei Wochen härtester Schlepperei betraten Waldemar und sein treuer Gefährte Adak das Quellgebiet des Ross Rivers, ein Hochplateau, umgeben von einem schneebedeckten Gebirgsmassiv, eine Wasserscheide zwischen Yukon und Mackenzie. Hier fand er nach langem Suchen eine ziemlich stabile Hütte, die sicher dem Trapper gehörte. Alles aber deutete darauf hin, dass sie schon eine lange Zeit nicht mehr bewohnt war. Sie lag auf einer kleinen Anhöhe mit niedrigem Bewuchs an einem winzigen Bach, dessen glasklares Wasser aus dem Gebirge sich brausend ins Tal hinabstürzte. Ein idealer Platz zum Verweilen, sich auszuruhen und zu hoffen, dass der Trapper vielleicht bald zu seiner Hütte zurückkehren würde.

Es war mittlerweile Spätsommer geworden, doch der Trapper erschien nicht. Die Hoffnung, ihm doch noch zu begegnen, schwand von Tag zu Tag. Er war unschlüssig, was er nun unternehmen sollte, zurückkehren woher er kam, was flussabwärts mit der Strömung in wenigen Tagen zu bewältigen wäre, oder auf eigene Faust das Quellgebiet des Flusses suchen, den die abergläubischen Rothäute den „Fluss der Angst“ nennen? Er musste eine schnelle Entscheidung treffen, irgendetwas tun, denn hier oben auf der Wasserscheide auf dem Pass, würde sicher schon bald der erste Schnee fallen.

Nachdem er die Hochebene und das Gebiet um die Itsi Range auf seinen Kundschaftergängen und Jagdzügen erfolglos nach dem Eremit abgesucht hatte, stieß er unerwartet auf zwei Rothäute. Sie kamen von weither und gehörten zum Stamme der Slaveys, der Sklaven-Indianer. Anfangs des vorigen Jahrhunderts wurde ihr Stamm von den „Hunderippen“ besiegt und aus ihrem alten Stammesgebiet am Großen Sklavensee nach Westen und Norden verjagt, doch Sklaven ihrer Feinde sind sie nie geworden. Einem Gerücht nach, soll der Stamm der Hunderippen früher mit Vorliebe Hunde verspeist haben.

Auf ihren Jagdzügen wären sie zuvor nie weiter als bis in diese Hochebene vorgedrungen, erzählten die beiden. Als er sie fragte, ob sie einen Trapper kennen würden, dessen Hütte gute zehn Meilen westlich von hier am Fuße des schneebedeckten Gebirges stehen würde, schüttelten sie nur den Kopf und gaben ihm zu verstehen, dass ihnen in diesem Gebiet noch nie ein weißer Jäger begegnet wäre.

Es war ein schicksalhaftes Treffen. Von den beiden erfuhr er, dass sie den geheimnisvollen Fluss der Angst Nahanni nennen würden, was in ihrer Sprache „der Fluss der Leute von weither", oder „Menschen, die hinter den Bergen wohnen" bedeuten würde, und dass dieser dort entspringt, wo in weiter Ferne ein einzelner Berg aus der Hochebene hervorragt. Sie deuteten in diese Richtung. Dieser Fluss würde von einem der Elchseen gespeist, durch enormes Gefälle und den Zufluss vieler Bäche aus den Bergen rasch an Wasserwucht zunehmen, um sich dann mit weißem Wasser in gefährlichen Stromschnellen mit ungeheuerlicher Gewalt in die angsteinflößenden, tiefen Schluchten mit hohen, senkrechten Wänden zu stürzen. „Aber schon vor den Canyons kommt man an einen gewaltigen Wasserfall, über denen die Geister unserer Ahnen schweben, die keinen Fremden an dem heiligen Ort dulden.

Zwanzig Meilen hinter diesen mächtigen Fällen mündet in den Nahanni ein reißender Fluss, den die Weißen Flat River nennen. Mein Vater fand dort vor Jahren im ausgewaschenen Flusskies kleine gelblichschimmernde Steinchen, die er in unser Sommerjagdcamp brachte." Der Indianer öffnete einen Lederbeutel, aus dem nun vier oder fünf Nuggets mittlerer Größe langsam in seine Hand kullerten. „Daraufhin wagten sich zwei junge Blutsbrüder unseres Stammes in diese Gegend. Sie wurden nie mehr gesehen, blieben für immer verschollen. Auch Weiße sollen am Nahanni und Flat River nach Gold gesucht haben. Sie sind wohl alle umgekommen, denn auch sie kamen nie wieder. Es gibt Flüsse, die einen langweilen und im nächsten Augenblick töten können. Der Nahanni tötet jeden, der ihm sein Gold rauben will. Er ist ein Fluss des Todes im Land des Verderbens." Waldemar glaubte nicht an böse Geister und hielt die Geschichten der Indianer für Ahnenspuk. Er vertraute seiner langen Wildniserfahrung. Die beiden Rothäute waren auf der Jagd, hatten es eilig und zogen schon bald in nordöstlicher Richtung weiter.

Es war ein Tag, an dem der Himmel die Erde berührte, wolkenlos, warm und beinahe windstill. Nach diesem Hinweis, dass es Gold an dem geheimnisvollen Fluss geben muss, entschloss er sich, schnell zu handeln. Der nahe Herbst und der in wenigen Wochen einsetzende eisige

Winter standen vor der Tür. Er musste sich beeilen, möglichst rasch tiefer ins Tal und an einer geschützten Stelle eine winterfeste Hütte bauen. Nur wenn ihm das gelang, hatte er eine Überlebenschance. Die Furcht der Indianer vor den bösen Geistern, ihr weitverbreiteter Aberglaube, waren sicher die Gründe, warum man über den Nahanni bisher kaum was erfahren hatte.

Zu dem aus der Ebene hoch aufragenden Berg, an dessen Fuß ein kleiner, flacher See liegt, schleppte er sein Kanu und die gesamte Ausrüstung über das hügelige Gelände in einem kräfteraubenden Gewaltakt, ständig der Gefahr ausgesetzt, sich zu verlaufen oder dem Überraschungsangriff eines Grizzlybären zum Opfer zu fallen. Endlich erreichte er eine Wasserstelle, die ziemlich oft von Elchen und Karibus aufgesucht wurde. Aber war dies tatsächlich einer der Quellseen des Nahanni, aus dem der Fluss entspringt?

Er musste sich unbedingt einen genauen Überblick von dem hinter dem Pass liegenden Land verschaffen. So bestieg er den Berg, den man später einmal Mount Wilson nennen wird, bevor er mit seinem Kanu den See über dessen Ablauf verlassen wollte. Der harte Aufstieg hatte sich gelohnt, denn vom Gipfel konnte er deutlich das dünne, silberne Band ausmachen, das sich schließlich am Horizont in der schier endlosen Urlandschaft verlor.

Fluss der Angst

Nahanni, geheimnisvoller Fluss, Fluss der Angst, Fluss des Todes im Land des Verderbens, nannten ihn die Indianer. Beginn eines unglaublichen, kaum vorstellbaren Abenteuers. Schon wenige Meilen nach dem Abfluss aus dem See stürzen sich die Wasser tosend und wildschäumend in einem Labyrinth voll dicker Steine zu Tal. Durch starkes Gefälle und den Zulauf kleinerer Bäche aus den Bergen nimmt die Wasserwucht von Meile zu Meile zu und ist an manchen Stellen so gewaltig, dass er diese umtragen musste. Die nicht enden wollenden Portagen entlang des mit großen Findlingen übersäten Flussufers waren brutal und kräftezehrend. Sich am vollbeladenen Kanu festhaltend, erreichte er manchmal nach einer Kenterung nur mit Müh' und Not das rettende Ufer. Dabei erwies Adak sich in dem reißenden Wildwasser als hervorragender Schwimmer. Zum Glück ging auch nichts von der fest verzurrten Ladung verloren. Für diesen gute vierzig Meilen langen verblockten „Steingarten" benötigte er das Licht vieler Spätsommertage.

Danach fließt der Nahanni in einem breiten Tal durch eine atemberaubende Bergwelt. Als der erste Neuschnee in den Bergen fiel, den die nun schon tiefstehende Sonne tagsüber nicht mehr schmelzen konnte, war es allerhöchste Zeit, eine einfache, aber winterfeste Hütte zu bauen. Geeignet dafür schien ihm eine Stelle am Fuße einer gewaltigen Gebirgskette zu sein, an der aus einem waldreichen, breiten Tal ein glasklarer Bach in den Nahanni mündet. Für den Bau wählte er einen windgeschützten Platz hoch genug über dem Flussufer, damit ihm nach der Schneeschmelze die reißenden Fluten des Hochwassers nicht gefährlich werden konnten. Erst als das Blockhaus fertig war, er eine Menge Fisch luftgetrocknet und genügend Brennholz für den langen Winter herbeigeschleppt hatte, sah er sich das Umland näher an. Dabei stieß er ganz in der Nähe seines Winterquartiers am Fuße mehrerer Dreitausender auf heiße Quellen – ein Geschenk des Himmels für jeden Trapper und Waldläufer.

Es mag Anfang Oktober gewesen sein, als er wieder einmal mit seinem Hund zur Jagd aufbrach, um den Vorrat an frischem Fleisch für die eisige Winterzeit aufzustocken. Von der tiefstehenden Spätherbstsonne leuchteten die Bergspitzen wie pures Gold. Den Weg, den er durch das weite Tal unterhalb der schneebedeckten Bergriesen einschlug, kannte er bereits. Diesmal aber wollte er über die bewaldete Zone emporsteigen und mit etwas Glück vielleicht ein Dallschaf oder eine Bergziege schießen. Als hervorragende Kletterer halten sich diese Tiere dort gern auf, um sich vor Wölfen zu schützen. Im zerklüfteten Bergmassiv gibt es für dieses Wild kaum eine Gefahr, ihre Feinde lauern weiter unten. Nicht nur das Fleisch dieser Tiere ist wegen des besonderen Geschmacks bei Indianern und bei Weißen sehr begehrt, sondern auch ihr Fell eignet sich gut, um warme Wintersachen daraus herzustellen.

Irgendwo in der Ferne heulten Wölfe. Als sie die Baumgrenze verlassen hatten und sich durch niedriges Gestrüpp gegen den Wind auf einen kahlen Bergrücken zu bewegten, sträubte Adak plötzlich seine Nackenhaare und blieb wie angewurzelt stehen. Irgendetwas stimmte hier nicht. Schon im nächsten Moment preschte aus dem nahen Gebüsch ein riesiger Grizzly wutschnaubend hervor und stürzte sich auf ihn. Es geschah so überraschend, dass er überhaupt keine Chance hatte, noch rechtzeitig zu reagieren. Zwar konnte er sich durch einen Sprung zur Seite vor der nächsten Attacke noch retten, aber dann hatte ihn der Bär mit seiner mächtigen Pranke und den langen Krallen bereits gepackt und zu Boden gerissen. Bei diesem unerwarteten und blitzschnellen Angriff verlor er sein geladenes Gewehr, das nun keine drei Meter vor ihm auf dem Boden lag.

In dieser tödlichen Gefahr, rettete ihn das mutige Eingreifen Adaks vor dem sicheren Tod. Mit wütenden Angriffen attackierte der treue Gefährte unablässig den braunen Riesen und zwang ihn dadurch von seinem überraschten Opfer für einen Moment abzulassen. In seiner Todesangst nutzte Waldemar die winzige Chance, rappelte sich blitzschnell wieder auf und erreichte mit zwei Sätzen seine Waffe. Inzwischen hatte der Bär von Adak wieder abgelassen und stürmte nun erneut direkt auf ihn zu. Bruchteile von Sekunden entschieden jetzt über Leben und Tod. Ein Fehlschuss wäre das Ende, denn dafür was die Distanz zu dem heranstürmenden, blutrünstigen Ungeheuer zu gering. Der erste Schuss zeigte keine durchschlagende Wirkung, der Bär rannte wütend weiter auf ihn zu. Der zweite Schuss musste ihn töten, denn der Bär war jetzt vielleicht nur noch zehn Meter von ihm weg. Waldemar zielte mit zitternder Hand. Die Kugel traf den Grizzly glücklicherweise genau zwischen den Augen und tötete ihn auf der Stelle.

Jetzt erst bemerkte er, dass ihm der mächtige Bär mit einem einzigen Schlag seiner Tatze nicht nur seine Jacke zerfetzt, sondern auch mit den langen Krallen eine tiefe Fleischwunde am Oberarm zugefügt hatte, aus der viel Blut lief. Es ging alles so rasend schnell. Da sie gegen den Wind direkt auf den Bären zugingen, hatte der sie mit der feinen Nase erst wahrgenommen, als sie in seiner unmittelbaren Nähe waren. Der uneingeschränkte Herrscher der Wildnis wurde überrascht, fühlte sich bedrängt und verteidigte seinen Riss. Da lag nun der tote Koloss, und auf seinem mächtigen Leib thronte Adak, nachdem er sich vorher mit mehreren Scheinattacken und lautem Gebell überzeugte, dass der Gegner auch wirklich sein Leben ausgehaucht hatte. Doch im nächsten Augenblick sprang er herunter, lief schwanzwedelnd zu seinem Herrn, dem der mächtige Schreck immer noch in den Gliedern saß.

In dieser ernsten Lage, auf sich allein gestellt, musste er rasch handeln, um zumindest den starken Blutverlust zu stoppen. Dabei half ihm seine langjährige Wildniserfahrung. Mit der einen Hand presste er ein Tuch in die Wunde und umschnürte den Stofffetzen recht stramm mit einem Seil. Danach holte er seinen mutigen, treuen Retter in den anderen Arm und bedankte sich mit vielen Streicheleinheiten. Ohne sein beherztes Eingreifen hätte es schlimm für ihn enden können, hätte er wohl den unerwarteten Angriff des riesigen Grizzlys nicht überlebt.

Bei näherer Untersuchung des verfilzten Gestrüpps, entdeckte er auch den Grund des aggressiven Angriffs. Ganz in der Nähe hatte der Grizzly die Reste seiner Beute, den Kadaver eines Bighornschafs vergraben, um ihn vor Wolf, Vielfraß und anderen aasfressenden Raubtieren zu verstecken. Hier hatten Mensch und Hund das Raubtier völlig überrascht, das seine Mahlzeit instinktiv verteidigte und sofort zum Angriff überging. Bären sind Allesfresser und haben eine Vorliebe für Aas. Er war ein mächtiger Bursche mit einem typischen Buckel und gewaltigen Bizeps, der stärkste Grizzly, den er je gesehen hatte, der nun leblos im Gras einer kleinen Mulde lag.

So gut es eben mit einem Arm ging, schnitt Waldemar einige Fleischstücke ohne Muskelmasse aus dem massiven Bärenkörper heraus, um sie später in seiner Hütte zu verzehren. Adak holte sich seinen Anteil aus dem geöffneten Balg und schlang gierig einige Fleischbrocken herunter, bis er nicht mehr konnte. Den Rest werden seine Artgenossen, Wölfe und die anderen Beutejäger der Wildnis innerhalb von wenigen Tagen bis auf die Decke aufgefressen haben. Jetzt war es an der Zeit, sich auf den beschwerlichen Weg zur Hütte zu begeben. Der Blutverlust und die starken Schmerzen, die sich zusehends über die ganze linke Schulterseite ausbreiteten, wurden zur Qual. Mit letzter Kraft schaffte er den Weg, zündete den Ofen an, versorgte die Wunde und fiel in einen ohnmachtsähnlichen Tiefschlaf.

Gott sei Dank entzündete sich die Wunde nicht und heilte schnell. Auch waren die Muskeln im Oberarm nicht gerissen, so dass er diesen wieder gut bewegen konnte. Rasch wurden jetzt die Tage kürzer und die Nächte kalt und länger. Bereits Mitte Oktober schlug der arktische Winter zu. In manchen Nächten fiel das Thermometer schon bis auf minus zwanzig Grad. Sein primitives Blockhaus hatte er mit lehmiger Erde, mit Moos und mit ausgestochenen Grasflächen gut isoliert und eigentlich war er für den langen, kalten Winter vorgesorgt.

Er beschloss doch noch einmal auf die Jagd zu gehen. Diesmal wollte er durch ein anderes Tal höher in die Berge zu steigen, um ein Dall- oder Bighornschaf zu schießen. Für den Aufstieg wählte er die Dunkelheit. Die Nacht war Frieden, aber auch Gefahr. Durch den tiefen Schnee kam er mit seinen Schneeschuhen nur langsam voran. Es dämmerte bereits, als er die Baumgrenze verließ und immer höher ins Gebirge aufstieg.

An diesem Morgen leuchteten die frosterstarrten Gipfel der Dreitausender im rötlichen Gold der aufgehenden Sonne. Für die Schafe und Bergziegen gab es im Hochgebirge wenig Gefahr. Ihre Feinde lauern tiefer unten. Aus der Ferne beobachtete er ein Rudel Wölfe, die sicher Bergschafe auf ihrer Fährte verfolgten. So hoch in den Bergen hatte er die Tiere nicht vermutet. Auch als sich die Distanz zu ihnen verringerte, liefen die normalerweise scheuen Jäger nicht weg. Angeführt von einem großen, hellen Leitwolf, folgten sieben oder acht ausgehungerte Grauröcke der Spur. Als erfahrener Jäger, wusste er, dass selbst vom Hunger gepeinigte Wölfe normalerweise einen Menschen nicht angreifen würden. Doch dieses Rudel sah heruntergekommen aus, hatte bestimmt schon tagelang nicht mehr gefressen, vielleicht sogar wochenlang keine Beute mehr gemacht. Nach einer Weile blieben alle stehen und blickten in seine Richtung. Ohne Zweifel hatten sie die Witterung, den Geruch seines Hundes aufgenommen, der angesichts der Gefahr instinktiv dicht bei seinem Herrn blieb. Kurz darauf zogen sie auf der Spur der Herde weiter und verschwanden schließlich hinter einem Bergrücken.

Mit einem unbehaglichen Gefühl im Bauch folgte auch er der Fährte der Schafe und Wölfe, als ein plötzlich einsetzender, heftiger Schneesturm die Spuren mit Neuschnee zudeckte. Bevor das Rudel hinter dem Berggrat aus seinem Blickfeld verschwand, hatte er sich diesen Punkt genau eingeprägt. Aber bis zu dieser markanten Stelle, war es noch ein gutes Stück. Als er schweratmend endlich an dem Felsvorsprung stand, war der Schneesturm vorüber, aber von dem Wolfsrudel weit und breit nichts mehr zu sehen.

Während er an dieser Stelle noch ein wenig verweilte, und die faszinierende Bergwelt im Schein der tiefstehenden Wintersonne betrachtete, befiel ihn ein merkwürdiges Gefühl. Der Blick auf ein riesiges Schneefeld über ihm, ließ das Blut in seinen Adern erstarren. Plötzlich geriet der Schnee unter ihm in Bewegung. Blitzschnell versuchte er noch hinter einen nahen Felsen zu flüchten, strauchelte aber mit den Schneeschuhen und wurde im nächsten Augenblick von den wirbelnden Schneemassen mitgerissen. Er sah nur noch, wie Adak durch die Luft geschleudert wurde.

Zum Glück war er nur vom Rand der mächtigen Lawine erwischt und wenige hundert Meter mitgerissen worden. Ein hoher Felsen bremste und teilte die zu Tal rasenden Schneemassen. Er landete in einer schmalen Spalte, schlug mit dem Kopf gegen einen harten Gegenstand und verlor das Bewusstsein. Als er wieder zu sich kam, bemerkte er einen blassen Lichtschimmer über sich. Wie durch ein Wunder konnte er sich schließlich durch einen schneefreien Raum in einer Felsspalte befreien. Noch ziemlich benommen, kroch er aus dem engen Loch an die Oberfläche und atmete wieder frische Luft. Er versuchte sich zu bewegen, stellte aber fest, dass nicht nur sein linkes Bein verletzt war und entsetzlich weh tat, sondern auch der ganze Körper fürchterlich schmerzte.

Aber wo war Adak? Vergebens rief er immer wieder nach ihm und suchte mit seinem Blick die gigantische Schneewüste ab. Auch die Schneeschuhe und sein Gewehr waren verlorengegangen. Mit seinen Verletzungen fühlte er sich ziemlich hilflos. Während er seine Gedanken ordnete und nach einem Ausweg aus seiner bedenklichen Lage suchte, fiel ihm ein, dass er beim Ausstieg aus dem Schneeloch in der Felsspalte mit dem verletzten Bein gegen einen Gegenstand gestoßen war. Es fühlte sich gar nicht wie harter Felsen an. Gott sei Dank hatte er noch den Rucksack, in dem auch ein Blechteller verstaut war. Diesen benutzte er nun als Schaufel und versuchte damit das Ausstiegsloch zu verbreitern und dann nach dem Gewehr und den Schneeschuhen zu suchen.

Doch, als er noch einmal Ausschau nach Adak hielt, stellte er mit Entsetzen fest, dass er inzwischen nicht allein war. Die gewaltige Lawine hatte auch einen Teil einer Herde der Bighorns mitgerissen. Ein alter Widder mit einem mächtigen Gehörn, der sich gerade aus den Schneemassen befreit hatte, stand keine hundert Schritte von ihm entfernt an einer steilen Felswand und blickte unentwegt in eine Richtung.

Es war schon eigenartig, denn das Tier versuchte nicht zu fliehen, nachdem es den Menschen längst wahrgenommen hatte. Etwas stimmte hier nicht. Und dann sah er sie, die fünf grauen Flecken im strahlenden Weiß. Die Wölfe! Aber wo war der Rest des Rudels geblieben? Hatte die Lawine die Schwächsten von ihnen getötet?

Der Widder mit den gewaltigen Hörnern beobachtete aufmerksam seine Feinde, die ihm nach dem Leben trachteten, bewegte sich aber nicht vom Fleck. Mit dem Rücken zur Felswand, würde er sich mit seinen spitzen Hörnern gut verteidigen können. Ein schlaues Tier, das nur so eine Überlebenschance hatte.

Trotz starker Schmerzen schleppte Waldemar sich wieder zu der Felsspalte, aus der er herausgekrochen war, und schaufelte mit dem Blechteller das Ausstiegsloch breiter. Dann stieg er wieder in den Hohlraum und wühlte fieberhaft in den Seitenwänden, in denen er sein Gewehr und die Schneeschuhe vermutete. Er hatte nicht viel Zeit. Auch wenn das Wolfsrudel im tiefen Schnee kaum vorankam, irgendwann würden sie es doch schaffen, den Widder nach alter Gemeinschaftstaktik anzugreifen.

Mittlerweile hatte er die Höhle wesentlich vergrößert. Gerade als er mutlos aufgeben wollte, stieß er beim Buddeln auf einen seiner Schneeschuhe. Kurz danach fand er auch den zweiten. Doch sein Gewehr blieb verschwunden.

Erschöpft stieg er wieder an die Oberfläche. Die Meute der Wölfe war inzwischen bis auf fünfzig Schritte an ihr Opfer herangekommen. Mit dem Rücken zur Felswand erwartete der Widder ihren Angriff und rührte sich nicht von der Stelle. Waldemar duckte sich hinter dem aus der Höhle herausgeschaufelten Schneeberg und beobachtete gespannt das sich anbahnende Drama.

Mit einem plötzlichen Angriff versuchte der Leitwolf den Widder von der Felswand zu drängen, während ein anderer Wolf von der Seite auf ihn eindrang. Blitzschnell senkte der Angegriffene sein Haupt, bohrte sein spitzes Gehörn in die Flanke des Angreifers und schleuderte das schwerverletzte Tier den Berghang hinunter. Sofort stürzte sich ein hungriger Artgenosse auf den blutenden Todgeweihten, aber dieser biss so wild um sich, dass er wieder von ihm abließ. Die ungehemmte Gier des Tötens macht auch nicht vor den eignen Artgenossen Halt. Doch dieses Rudel war so geschwächt, dass ihre Angriffe viel zu langsam erfolgten, während der Widder gut genährt im Vollbesitz seiner Kräfte schien. Mittlerweile hatte er einem weiteren Angreifer eine große Wunde zugefügt. Seine Taktik hatte sich bewährt. Er brauchte nur abzuwarten. Doch so schnell gaben die Wölfe nicht auf und lauerten auf ihre nächste Chance.

Bisher hatten die Wölfe sich auf den mächtigen Bock konzentriert und ihn überhaupt nicht wahrgenommen. Plötzlich aber hatte der Wind gedreht und den Blutgeruch seiner Verletzung in ihre Richtung getragen. Ein magerer Rüde schien zu wittern, dass er verwundet war und begann vorsichtig in seine Richtung zu kriechen. Auch die anderen beiden hatten den hilflosen Menschen im Schnee bemerkt und schlichen vorsichtig näher. Waldemar hielt den Atem an. In seinen Adern stockte das Blut. In seiner Verzweiflung richtete er sich auf und schrie aus Leibeskräften. Der Rüde zögerte, ließ sich nieder und schien seine Absicht zu ändern. Nach einem weiteren Schrei kehrte er wieder zu seinen Artgenossen um.

In seiner Hilflosigkeit überdachte Waldemar wieder und immer wieder den Ernst seiner Lage. Viel Zeit blieb ihm nicht mehr. Er musste weiter nach dem Gewehr suchen. Trotz wahnsinniger Schmerzen im verletzten Bein, den fürchterlichen Quetschungen im ganzen Körper, schleppte er sich noch einmal bis zur Felswand und fing an, den Schnee rechts und links vom Ausstiegsloch wegzuschaufeln. Doch von dieser Stelle hinter dem Felsen konnte er das Rudel nicht beobachten. Dabei bestand natürlich immer die drohende Gefahr, von den Wölfen in seiner Hilflosigkeit überrascht zu werden. Doch er hatte keine andere Wahl. Mit dem Mut der Verzweiflung, dem eisernen Willen zu überleben und der winzigen Hoffnung, die berühmte Nadel im Heuhaufen doch noch zu finden, wühlte er mit seiner primitiven Ersatzschaufel weiter. Als er nahe daran war, die Suche zu unterbrechen, stieß er mit seinem Blechteller gegen etwas Hartes. Es war der Lauf seiner Waffe.

Ein Blick über das Gelände zeigte ihm, dass die drei Wölfe von dem wehrhaften Widder abgelassen hatten und sich hungrig auf den schwerverletzten Artgenossen stürzten, der mit letzter Kraft den Abhang hinunter zu flüchten versucht hatte. Während das Rudel über ihn herfiel, schlich sich der nur leicht verletzte Wolf in ihrer alten Spur fort. Erst als der Artgenosse restlos aufgefressen war, folgten ihm die anderen und verschwanden hinter einer zugewehten Bergkuppe. Auch der mächtige Widder hatte seinen sicheren Verteidigungsplatz inzwischen verlassen. Triumphierend stand er auf einem hohen Felsen und schaute den flüchtenden Grauröcken nach, die ihn stundenlang belagert hatten. Danach drehte er sich um und verschwand in entgegengesetzter Richtung.

Hier oben in den Bergen konnte er nicht bleiben. Ohne ein wärmendes Feuer würde er wohl die kalte Nacht nicht überleben. Er hatte nur eine Chance, wenn er den Abstieg bis zur Baumgrenze noch vor Einbruch der Dunkelheit schaffen würde. Die stärksten Schmerzen bereitete ihm sein Knöchel. Er vermutete, dass dieser sogar gebrochen war. Doch es half nichts, er musste in das bewaldete Tal, egal wie. Der Abstieg war eine einzige Tortur. Ständig rastend und nach Adak Ausschau haltend, kam er nur langsam voran. Doch sein Hund blieb verschwunden.

Es war bereits stockdunkel, als er sich mit letzter Kraft bis unter drei uralte Latschenkiefern geschleppt hatte und dort zusammenbrach. Als er aus der Ohnmacht kurz zu sich kam, versuchte er seine wirren Gedanken zu ordnen und hämmerte sich immer wieder ein: Du darfst nicht einschlafen, nicht jetzt, nachdem du die Lawine und die Wölfe überlebt hast, sonst schläfst du für immer, und deine Augen werden das Licht des neuen Tages nicht mehr erblicken! Nur mit großer Mühe, am ganzen Körper vor Kälte zitternd, gelang es ihm, ein Feuer zu entfachen.

Nachdem er sich aus dem bescheidenen Rucksackproviant mit einer kleinen Mahlzeit ein wenig gestärkt hatte, verklebte er mit Kiefernharz am wärmenden Lagerfeuer die breite, aber nicht sehr tiefe Wunde am Bein. Danach zog er den Schuh aus und tastete den geschwollenen Knöchel ab. Gebrochen schien er Gott sei Dank nicht zu sein, schmerzte aber sehr. Mit vier Holzstücken schiente er danach sein Bein und umwickelte die Notkonstruktion fest und stramm mit einem Seil. Erst jetzt spannte er eine Plane zwischen den dichten Ästen der Kiefern auf, legte mehrere dicke Knüppel Altholz auf das Lagerfeuer und kroch todmüde und völlig erschöpft unter seine Decke. Wenig später, als der Vollmond aufging, sein milchiges Licht durch die mit glitzerndem Weiß bedeckten Baumkronen drang, vereinzelte Wolken vorüberzogen und das stille Land kurz in tiefe Finsternis hüllten, war er froh darüber, dass er diesen geschützten Platz gefunden hatte, und schlief ein.

Es muss weit nach Mitternacht gewesen sein, als er durch ein knackendes Geräusch plötzlich aus dem Schlaf gerissen wurde. Erschrocken wischte er mit der Hand über die verklebten Augen und starrte angespannt in die Dunkelheit, denn gerade jetzt verdeckten schnell vorüberziehende Wolkenfetzen den Vollmond über den vom Winde zerzausten Wipfeln der Kiefern. Instinktiv griff er nach seinem Gewehr. Im schwachen Schein des Lagerfeuers glaubte er in der Finsternis die Umrisse eines Wolfes zu sehen. Er hob sein Gewehr, senkte aber sofort wieder den Lauf der Waffe, als der vermeintliche Wolf näher zu ihm kam und sich vor ihm winselnd auf den Boden legte. Im schwachen Licht des Feuers blickte er in Adaks vertraute Huskyaugen, die ihn hilfesuchend anschauten. Sein treuer Hund, von dem er nicht mehr glaubte, dass er die Schneekatastrophe überlebt hatte, war wieder bei ihm.

Adak musste Fürchterliches durchgemacht haben. Er war nicht mehr das Energiebündel, sein vor Kraft strotzender Rüde. Nein, er war eine bemitleidenswerte Kreatur. Sein sonst makellos glänzendes Fell war zottig und blutbefleckt, die Flanken eingefallen und zitternd. Trotz seiner Verletzungen, zeigte er mit kräftigem Wedeln der Rute seine Freude darüber, seinen Wegbegleiter und Kameraden wiedergefunden zu haben. Adak musste mit seinem feinen Geruchsinn sicher zunächst der alten und dann der neuen Spur gefolgt sein und gelangte so hier zu seinem Nachtlager.

Waldemar versorgte Adak mit getrocknetem Fisch und behandelte sofort seine Wunden. Für ihn wäre es ein unersetzbarer Verlust gewesen, wenn er den vierbeinigen Freund verloren hätte. Nun verbrachten beide am wärmenden Lagerfeuer unter einer Zeltplane den Rest der Nacht.

Sobald es hell wurde, machten sie sich auf den langen Weg zur Hütte. Er musste jetzt so schnell wie möglich zu seinen Vorräten, denn der Proviant wurde knapp, besonders für den ausgehungerten Vierbeiner, der alles Fressbare gierig verschlungen hatte. Auf dem Rückweg wich Adak keinen Schritt von seiner Seite. Sein Verhalten hatte sich irgendwie verändert. Sicher stand er nach dem furchtbaren Lawinenunglück noch unter Schock. Für den Weg zur Blockhütte benötigten sie diesmal mehr als die doppelte Zeit.

Während Adaks Wunden schnell heilten und er wieder zu Kräften kam, ging die Schwellung in Waldemars Fußgelenk nur allmählich zurück. Der arktische Winter ließ nicht mehr lange auf sich warten. Nur noch um die Mittagszeit wurde es jetzt für kurze Zeit ein wenig schummerig. Mitte Dezember fiel das Thermometer plötzlich in einer Nacht auf minus fünfzig Grad. Innerhalb wenigen Tagen waren alle Seen, Bäche und auch der Nahanni meterdick zugefroren.

Da der Vorrat an getrocknetem Fisch knapp zu werden drohte, beschloss er trotz dieser beißenden Kälte mit Adak zum Eisfischen zu gehen. Er war den Weg zu einer nicht allzu fern liegenden Stelle am Nahanni schon oft gegangen, an welcher der Fluss wegen der starken

Strömung selbst bei lang anhaltenden hohen Minusgraden niemals bis auf den Grund zufrieren kann. Vielleicht hätte er bei dieser grimmigen Kälte überhaupt nicht zum Eisfischen gehen sollen. Doch mit diesen Temperaturen wusste er umzugehen. Es war ja nicht das erste Mal, und umkehren wollte er nun nicht mehr, da er fast am Ziel war.

Gegen Mittag nahm der Wind deutlich an Stärke zu und drehte auf Nordost. Scharfe Luft blies ihm nun direkt entgegen. Wimpern, Augenbrauen und sein Bart gefroren durch den feuchten Atem. Selten hatte er die Kälte so empfunden, wie jetzt in dem scharfen Wind, wo sich der eisige Fluss im fernen Dunst verlor. Er zog die Kapuze seiner warmen Karibufelljacke tiefer ins Gesicht und stapfte in Ufernähe weiter.

Doch dann geschah es. An der Mündung eines kleinen Zuflusses in den Nahanni, an einer unauffälligen Stelle mit einer glatten Schneefläche, brach er völlig unerwartet ein. Zum Glück war das Wasser nicht sehr tief und reichte ihm nur bis zu den Knien. Es gefror langsamer, weil es sicher durch heiße Quellen erwärmt wurde. Doch bei dieser Kälte musste er so rasch wie möglich ein Feuer machen und seine Mokassins und Socken trocknen, bevor sie an Füßen und Beinen zu einem harten Eisklumpen gefrieren würden. Hastig sammelte er am Ufer angeschwemmtes, trockenes Holz. Darunter legte er dürres Gras und einige abgestorbene Zweige der Fichten und entzündete den Stapel mit einem großen Stück Birkenrinde. Inzwischen waren seine Füße bereits gefühllos geworden. Seine Finger erstarrten vor Kälte, als er nur für kurze Zeit seine Fausthandschuhe zum Feuermachen ausgezogen hatte. Mit großer Mühe zog er die schon fast steifgefrorenen Socken und Mokassins aus und hielt seine nackten, tauben Gliedmaßen ganz nah ans Feuer. Er wusste, was in einer solchen Situationen zu tun ist, in dieser verdammt schmalen Gratwanderung, die innerhalb kürzester Zeit über Leben und Tod entscheiden kann und erinnerte sich wieder an die Ratschläge eines alten Goldgräbers: „Denk immer daran, an das ungeschriebenes Gesetz des Hohen Nordens: Entferne dich bei fünfzig Grad unter null nie weit von deiner Hütte.“ Das sollte ihm in Zukunft nicht mehr passieren.

Von der Hitze des Feuers hatten sich die Sohlen der Mokassins verformt, und die Riemen wurden hart wie Draht. Nur mit großer Mühe ließ sich alles so verschnüren, dass er darin einigermaßen gehen konnte. Die Kälte drang ihn tief in die Kleidung. Allmählich schwand bereits das schwache Tageslicht. Ohne Fang, aber froh darüber, dass es noch mal gutgegangen war, machte er sich mit Adak auf den Weg zurück zur Hütte.

Wie alle Winter, die er in der Wildnis erlebt hatte, war auch dieser wieder lang, dunkel und eisig. Aber in diesem Jahr war es außergewöhnlich kalt. Bereits seit Wochen herrschten grimmiger Frost und heftige Schneestürme. Erst als im Frühjahr die Tage länger wurden und er zwanzig Grad unter null als recht warm empfand, verließ er für mehrere Tage die enge Hütte und ging wieder zur Jagd und zum Eisfischen. Am meisten Überwindung kostete es stets, sich am Morgen aus dem warmen Schlafsack in die kalten Kleider zu quälen. Sobald aber das Feuer brannte, heißer Tee in der Kanne brodelte und ein Stück Fleisch oder Fisch in der Pfanne brutzelte, genoss er die grenzenlose Freiheit in Gottes überwältigender Schöpfung. Es war nicht immer leicht, das Leben in der Wildnis, aber er hatte es ja so gewollt. Getrieben von dem wahnwitzigen Gedanken, die geheimnisvolle Goldmine am Nahanni zu finden, die es irgendwo in den zerklüfteten Bergen geben soll, machte er sich weiter auf die abenteuerliche Suche.

Er war bestimmt einer der Ersten, der sich in das unerforschte Land, in die wilden, tiefen Schluchten der herabfahrenden Wetter und Stürme wagte, wo täglich Stein- und Schneelawinen donnernd zu Tal stürzen. Als der Goldrausch am Klondike zu Ende ging, setzten Trapper, die Indianern begegnet waren, das Gerücht von einer ergiebigen Goldader am Nahanni in die Welt. Dass es hier tatsächlich Gold geben musste, davon zeugten jene dicken Nuggets, die ihm die beiden Rothäute gezeigt hatten. Ihr Vater hatte sie am Flat River gefunden, nicht allzu weit von der Mündung in den Nahanni. Mittlerweile gefiel ihm der Platz in dieser grandiosen Bergwelt, an dem seine Hütte stand. Auch kannte er inzwischen jeden Bach, jeden Zufluss aus dem Gebirge, an dem er bisher mit wenig Erfolg nach Gold gewaschen hatte. Trotzdem beschloss er, nach dem bitterkalten Winter weiter flussabwärts zu ziehen.

Als das gewaltige Hochwasser nach der Schneeschmelze so gut wie abgezogen war, belud er sein Birkenrindenkanu und brach ins Ungewisse auf. Es wurde eine Höllenfahrt. Von den gewaltigen Wassermassen mitgerissen, trieben unzählige entwurzelte Bäume, die urplötzlich aus den trüben Fluten direkt vor seinem Kanu auftauchten, denen er oft erst im allerletzten Augenblick ausweichen konnte. Ein Kentern mit dem vollgepackten Boot hätte verheerende Folgen gehabt. Mit dem schnellen

Wasser war er ein beachtliches Stück weitergekommen, doch nun musste er notgedrungen an der Mündung eines kleinen Bachs campieren, erst einmal abwarten, bis der Wasserstand noch mehr gefallen war.

Es war noch fast dunkel, und es regnete leicht, als er die Plane zurückschlug. Am Sturmhimmel trieben die Wolken rasch an der blassen Zweidrittelscheibe des Mondes vorbei. Das Trommeln auf dem Zeltdach war nicht der Regen, sondern ein starker Sturm auf seinem Weg irgendwohin, das erste Frühsommergewitter mit Blitz und Donner. Zum Glück entlud sich das Gewitter weiter im Osten und streifte gerade mal die Kiesbank, auf der sein Zelt stand. Obwohl ihn hier die atemberaubende Bergwelt faszinierte, entschied er sich weiterzufahren. Das Wasser war innerhalb von nur drei Tagen einen Meter gefallen. Dadurch hatte sich die Fließgeschwindigkeit wesentlich verringert, was das Manövrieren mit dem vollbeladenen Kanu enorm erleichterte.

Über den Uferbergen wölbte sich wolkenloser, stahlblauer Sommerhimmel, und die Mittagssonne hatte den Frühnebel im Flusstal schon vor gut einer Stunde restlos aufgelöst. Es mag der dritte oder vierte Tag nach dem Hochwasser gewesen sein, als die Strömung zunahm und er in der Ferne ein dumpfes Grollen vernahm. Nachdem das unheilverkündende Grollen zunehmend lauter wurde, ließ er sich hinter der nächsten Flussbiegung in seinem Kanu vorsichtshalber langsam in Ufernähe treiben. Adak, der immer seinen Stammplatz zwischen der Bootsladung hatte, wurde immer unruhiger. Instinktiv manövrierte Waldemar das schwerbeladene Boot ans Ufer, zog es auf eine flache Kiesbank und sicherte es mit einem langen Seil an einer Fichte. Danach schritt er am Fluss entlang und stellte fest, dass er haarscharf einer tödlichen Falle entgangen war. Vor ihm stürzten sich gewaltige Wassermassen wildschäumend über die Abbruchkante in tiefe Abgründe. Hätte er sich mit seinem Boot nur Sekunden weitertreiben lassen, dann wäre er dem starken Sog nicht mehr entronnen.

Überwältigt stand er nun vor jenen mächtigen Wasserfällen, von denen ihm die Slavey-Indianer am Pass erzählt hatten. An dieser Stelle stürzen sich die gewaltigen Fluten des Nahanni fast hundert Meter in die Tiefe. Ein gigantisches Naturschauspiel, schön und furchterregend zugleich. Donnernde Urgewalten! Ein Ort, an dem die Götter wohnen. Im Sprühnebel der fallenden Wassermassen ein in allen Spektralfarben leuchtender Regenbogen. An diesem heiligen Ort der Ureinwohner beschloss er einige Tage zu bleiben.

Er hatte sein Nachtlager in Ufernähe errichtet. Spät und noch ziemlich verschlafen kroch er am nächsten Morgen aus seinem Zelt. Über den in allen Farben mit Wildblumen übersäten Uferbänken flimmerte die von der Mittagssonne erwärmte Luft und ließ die blassen Schatten zusammenschmelzen. Als er ein Feuer entzündet hatte, um die gerade gefangenen Forellen zu braten, glaubte er deutlich erkennbare menschliche Stimmen zu hören. Er wartete eine Zeit lang und kletterte dann auf einen angeschwemmten Haufen Treibholz. Von dort erblickte er in der Ferne zwei Indianerkanus, die jeweils von zwei Männern gerudert wurden. Die nebeneinanderliegenden Boote waren durch armdickes, rindenfreies Espenholz miteinander verbunden, worauf ein in bunte Tücher gehülltes Bündel lag.

Sie waren so vertieft in ununterbrochene Gesänge, dass sie die Anwesenheit des weißen Mannes erst bemerkten, als er plötzlich am Ufer vor ihnen stand. Erschrocken sprangen alle aus ihren Kanus und näherten sich dem Fremden, als sie sahen, dass er unbewaffnet war. Es waren vier junge Krieger. Sie trugen breite Lendengürtel, in dem eine Streitaxt und ein Messer steckten. Ihre muskulösen Körper waren mit roter und weißer Farbe bemalt. Sicher waren die Rothäute zuvor noch nie einem Weißen begegnet.

Nach einer Phase des gegenseitigen Musterns erhob er die rechte Hand zum Gruß und ging mit einem mulmigen Gefühl auf denjenigen zu, den er für den Anführer der Gruppe hielt. „Als Fremder habe ich mich in das weite Land der Indianer gewagt, um nach Gold zu suchen, von dem mir Trapper berichteten. Ich habe in friedlicher Absicht diese heilige Erde betreten und respektiere als Freund des Roten Mannes seine Gesetze.“

Der Angesprochene muss seine Worte verstanden haben. „Du sprichst die Sprache der westlichen Stämme, unserer Brüder am mächtigen Yukon. Wir wissen die aufrichtigen Worte des weißen Mannes zu schätzen.“

Waldemar führte sie zu seinem Feuer, bot ihnen Forellen und jedem ein Stück von seinem Dörrfleisch an. Langsam schwand das anfängliche Misstrauen. Die roten Krieger waren von weit hergekommen, um an dieser heiligen Stätte ihrer Ahnen, ihren toten Häuptling auf die lange

Reise ins Jenseits dem Großen Geist zu übergeben. Die in bunte Tücher gewickelte Leiche und die beiden Birkenrindenkanus hatten sie viele Meilen durch das unwegsame Gebirge bis ins Flusstal geschleppt und waren dann den Nahanni bis zu den Fällen herunter gepaddelt.

„Der Ältestenrat hat beschlossen, dass vier tapfere Krieger den Leichnam des Häuptlings den fallenden Wassern übergeben sollen. An diesem heiligen Ort auf die Reise ins Jenseits zu gehen, an dem die Geister unserer Ahnen wohnen, ist für ein verstorbenes Oberhaupt eines jeden Stammes die höchste Ehre. Wir werden hier drei Tage bleiben und den Totengesang so lange fortführen, bis Manitu unsere heiligen Gesänge erhört, und der Geist des Verstorbenen in seinem Reich die ewige Ruhe gefunden hat. Danach kehren wir heim zu unseren Brüdern hinter den schwarzen Bergen. Häuptling Schwarzer Adler hat als alter Mensch seinen Körper in der Höchstform seines Lebens verlassen. So wie eine Pflanze, die alt wird und die Blätter verliert, so verwelkt auch der Körper und kehrt wieder zur Mutter Erde zurück, aber der Geist stirbt nie. Denn nicht der Geist wird alt, sondern der Körper."

Die Sonne hatte den höchsten Punkt am Zenit erreicht, als die Indianer mit ihrem Totengesang anfingen. Sie hatten vorher die Bahre mit der Leiche auf zweit trockene Treibholzstämme gebunden, frische Birkenzweige und ein Meer von Wildblumen darübergelegt und das Ganze unmittelbar vor den Fällen am Ufer verankert. Während drei Rothäute und Waldemar auf einem Felsen vor der Abbruchkante mit gekreuzten Beinen Platz nahmen und den monotonen Totengesang anstimmten, der jedoch durch das Brüllen und Tosen der Wasserfälle verschluckt wurde, wartete einer in Ufernähe neben dem seltsamen Floß mit dem Leichnam auf ein Handzeichen des Anführers.

Der wenig später losgebundene, schwimmende Sarg drehte sich langsam im Kehrwasser mehrmals um die eigene Achse, bevor ihn der unentrinnbare Sog und die zunehmende Strömung immer schneller zur Mitte trieb. In den vor der Fallkante hochaufspritzenden Wassermassen prallte das Floß mit ungeheuerlicher Wucht gegen einen Unterwasserfelsen und richtete sich durch den Wasserdruck beinahe senkrecht auf. Dabei wurde ein Teil der Leinwand weggerissen, so dass der Kopf und ein Arm des Toten sichtbar wurden. Für einen kurzen Moment schien es so, als würde der Tote seinen Stammesbrüdern noch einmal zum Abschied zuwinken. Ein schauriger Anblick. Sekunden später verschwand das gruselige Gefährt in der hochaufschäumenden Gischt tosender, herabfallender Wassermassen. „Schwarzer Adler hat uns ein letztes Zeichen gegeben, bevor er sich endgültig von uns verabschiedete. Möge der Große Geist ihn in die ewigen Jagdgründe aufnehmen und seiner Seele ewigen Frieden schenken.“

An diesem Platz verweilten sie nur noch kurz und stiegen danach hinab zum Fuße der gigantischen Wasserfälle. Dort kauerten sich alle nieder und starrten unentwegt auf die gigantischen, hinabstürzenden Wassermassen, die das verschnürte Bündel mit der Leiche vom Floß gerissen und zermalmt hatten, so dass hinter den Fällen im ablaufenden Wasser davon nichts mehr zum Vorschein kam. Niemand redete ein Wort, bis ihr Anführer nach geraumer Zeit erneut den monotonen Totengesang anstimmte, der erst nach einer guten Stunde mit einem lauten Schrei und wildem Tanz abrupt unterbrochen wurde. Erst als die untergehende Sonne hinter den schwarzen Bergen verschwand, begab man sich zu den Ruheplätzen und entfachte ein Lagerfeuer.

Die roten Männer wollten ihrem Volk möglichst rasch die Nachricht von der letzten Reise ihres Stammeshäuptlings überbringen und drängten bereits früh am nächsten Morgen zum Aufbruch. Bevor sie sich verabschiedeten, standen sie noch minutenlang andächtig vor den Wasserfällen. Danach bestiegen sie die Uferberge, erhoben die Hand zum Gruß und verschwanden durch den Einschnitt eines Tales.

Das Zusammentreffen mit den Indianern, die beeindruckende Bestattung ihres Stammeshäuptlings, aber besonders die seltsamen Geschichten am Lagerfeuer hatten ihn nachdenklich gestimmt. Zwar wollte er wie immer alle Warnungen der Eingeborenen einfach in den Wind schlagen, dem Aberglauben zuordnen, doch diesmal gelang es ihm nicht, die Gedanken wieder rasch zu verdrängen. Seltsam, dachte er, warum geht mir das nicht aus dem Sinn, was mir Schwarzer Bär – denn so nannte sich ihr Anführer –, von den geheimnisvollen, tiefen Schluchten hinter den großen Wasserfällen erzählte.

„Auf der Suche nach dem Gold wirst du elendig zu Grunde gehen. Einige Goldsucher fanden bereits den Tod, denn noch nie ist ein Weißer aus dem Land des Verderbens wieder zurückgekommen. Tatsächlich soll es nach Erzählungen der ältesten Männer meines Stammes an zwei Nebenflüssen des Nahanni, am Flat und am Karibu River Gold geben, aber in so kleinen Mengen und in so winzigen Körnchen, dass sich die

Ausbeute nicht lohnt. Kehre um, bevor es zu spät ist, denn hinter den gewaltigen Wasserfällen stürzt sich der mächtige Fluss in tiefe, dunkle Abgründe mit furchterregenden Stromschnellen, die jeden Eindringling zerschmettern und vernichten. Es ist das Heilige Land unserer Ahnen, in das sich kaum ein Roter Mann hineinwagt. Wie man so sagt, gibt es dort massenhaft Elche, Bären, Vielfraße, Luchse, Füchse, Biber und Nerze, aber auch den Sasquash, den Großfuß, halb Mensch, halb Gorilla, nur viel größer, von gewaltiger Körperstärke und von Kopf bis Fuß mit dichtem, dunklen Pelz bewachsen, der niemand in seinem Reich duldet und jeden Fremden umbringt."

Schwarzer Bär meinte es gut mit ihm. „Ich werde einen Mond über seine warnenden Worte nachdenken und mich danach entscheiden", erwiderte er, bevor sie auseinandergegangen waren.

War dieses unzugängliche, unbekannte Land der Indianer, in das sich bisher nur wenige weiße Männer wagten und danach spurlos verschwanden, wirklich so gefährlich? Waren die Stromschnellen hinter den Fällen tatsächlich so furchterregend und unbezwingbar? Nach jahrelanger Wildniserfahrung beherrschte Waldemar das sichere Manövrieren des Birkenrindenkanus inzwischen auch in schwerem Wasser. Gewiss, ein einziger Fehler könnte den Tod bedeuten, denn allein auf sich gestellt, konnte er hier von niemandem Hilfe erwarten.

In dieser Nacht schlief er unruhig, schreckte im Halbschlaf auf und griff nach seinem Gewehr, als sein Hund anschlug. Es war nur ein Schwarzbär, der in mondheller Nacht auf Nahrungssuche am Ufer entlang trottete. Was ihn aber beschäftigte und lange nicht einschlafen ließ, waren die ernsten Gesichter der Rothäute beim Abschied und die letzten Worte „Wha-tak-ondana" ihres Anführers. Das hatte er schon irgendwo gehört, wusste es jetzt aber nicht zu deuten. Doch am nächsten Morgen fiel es ihm wieder ein. In der Sprache der westlichen Stämme bedeutete es so viel wie: Todgeweihter!

Nachdem er sein Kanu und die gesamte Ausrüstung durch dichtes Ufergestrüpp um die gewaltigen Wasserfälle geschleppt, wieder beladen und alles gut verschnürt hatte, legte er vom Ufer ab. Zum ersten Mal bemerkte er eine auffällige Unruhe bei Adak. Noch nie zuvor war der Husky so widerwillig in sein Boot gestiegen und unmittelbar danach ängstlich unter die Plane gekrochen.

Bereits hinter der nächsten Flussbiegung lauerten in einem Canyon die ersten Stromschnellen. In der rasanten Strömung mit hohen, stehenden Wellen und vielen dicken Felsbrocken im Flussbett, denen er geschickt ausweichen musste, entging er oft nur knapp einer Kenterung. Durch die etwa fünf Meilen lange Schlucht mit fast senkrechten Uferwänden, gelang die Durchfahrt nur mit großer Mühe. In den Klüften wehte wimmernd und heulend eiskalter Nordwind und wirbelte auf den Bergspitzen den Schnee auf. Ein aufziehendes Gewitter mit Blitz und Donner kündete sich an. Daher beschloss er an der Mündung eines Creeks nach einem anstrengenden Paddeltag sein Nachtlager zu errichten.

Gegen Mittag des nächsten Tages ließ die zunehmende Strömung erahnen, dass sich etwas Schlimmes anbahnte. Vor einer scharfen Biegung nach rechts verengt sich der Nahanni, rast dann mit ungeheuerlicher Wasserwucht auf eine hohe Klippe zu und biegt vor einer Prallwand in einem neunzig-Grad-Winkel nach links ab. Es entsteht ein von Felsen umschlossener Kessel mit hohen Wellen, brodelnden Strudeln, saugenden Trichtern und gigantischen Kehrwassern. Es war nicht einfach, noch rechtzeitig vor dieser gefährlichen Stelle mit dem schwerbeladenen Kanu auf dem rechten Ufer anzulanden. Doch er schaffte es. Sichtbar froh, nicht in diesen alles zermalmenden Mahlstrom geraten zu sein, sprang Adak als Erster an Land. Hier zu kentern hätte katastrophale Folgen, wäre vielleicht der sichere Tod. Jahrzehnte später wird diese tückische Stelle am Nahanni „Hell's Gate", „das Tor zur Hölle" genannt.

Es dauerte Stunden, bis er das Kanu und die Ausrüstung in einer mörderischen Portage um die gefährliche Klippe geschleppt hatte. Bereits nach wenigen Windungen wurde der Fluss breiter und teilte sich in mehrere Arme. Im Schein der Mitternachtssonne erreichte er den Zufluss eines größeren Flusses. Sein breitgefächertes Delta mit riesigen Mengen angeschwemmtem Treibholz, Sand- und Kiesbänken, war ein idealer Platz für ein Camp und ein wärmendes Lagerfeuer.

Noch ahnte er nicht, dass es der Flat River war, ein Nebenfluss des Nahanni, von dem ihm die beiden Rothäute auf dem Pass die Geschichte vom Goldfund ihres Vaters erzählt hatten. Schon einen Tag später, als er den Zufluss eines Baches ein gutes Stück hochgegangen war, entdeckte er im ausgewaschenen Kies etwas Gelbliches und hielt im nächsten Augenblick zwei kleine Nuggets in seiner Hand. Jetzt glaubte er wohl, dass er nach qualvollen Strapazen in dieser unzugänglichen Wildnis Kanadas den Flat River erreicht hatte, den Zufluss, von dem Trapper und Indianer schon seit Jahren das Gerücht von einer Goldmine im Quellgebiet verbreitet hatten.

Nun brauchte er nur noch ein wenig Glück, das jeder Goldsucher benötigt, um auf eine ergiebige Goldader zu stoßen. Vielleicht würde er in dieser menschenleeren Gegend einen neuen „Run“, einen neuen Goldrausch auslösen, der später in die Geschichte eingehen würde. In seiner Euphorie war es ihm kaum bewusst, dass er sich in wegelosem, menschenfeindlichem Land befand, weit, weit weg von jeglicher Hilfe.

Unermüdlich schwenkte er in seiner Goldwaschpfanne Sand und Kies, aber lediglich ein paar Goldkörner, die noch nicht einmal den Grund einer Arzneiflasche bedeckten, war alles, was er fand. Enttäuscht, aber nicht entmutigt, inzwischen hatte er vielleicht mehr als fünfzig Meilen durch ein weites Tal flussaufwärts bewältigt, war es jetzt höchste Zeit an den Bau einer Hütte zu denken, denn der kurze Sommer ging langsam zur Neige. Die richtige Stelle dafür fand er auf einer erhöhten Böschung, unmittelbar an der Einmündung eines kleinen Bachs, der aus einem nicht weit davon liegenden See kam.

Anfang Herbst war sein Wintercamp so gut wie fertig. Es fehlte nur noch der Kälteschutz, die Moos- und Grasabdichtung für Tür und Dach, über das er provisorisch eine Plane als Regenschutz gespannt hatte. Und das war gut so. Seit drei Tagen hatte es schon ununterbrochen geregnet, und es sah wirklich nicht danach aus, dass die Schlechtwetterfront bald vorüber wäre. Donnernd raste jetzt der Fluss über die Kiesbänke, stieg und stieg und breitete sich bis an den Rand der ziemlich hohen Uferböschung aus, auf der er gerade die kleine Hütte errichtet hatte.

Einige Tage danach saß er in seinem geschützten Unterstand am Feuer und starrte in den strömenden Regen, der jedoch gegen Mittag nach und nach weniger wurde und schließlich ganz aufhörte. Als die letzten Wolken abgezogen waren, legten sich weiße Schleier über die Fluten, durch die nur zaghaft die ersten Sonnenstrahlen drangen.

Aus dem gleißenden Licht über dem breiten, dampfenden Flusstal tauchte plötzlich ein merkwürdig zusammengebautes Floß mit drei wild rudernden Gestalten auf. Nachdem die Männer sein qualmendes Lagerfeuer erblickt hatten, hielten sie direkt auf das Ufer zu. Mit dieser unerwarteten Begegnung hatte er nicht gerechnet. Die Männer hätten das Floß im Oberlauf des Flat Rivers zu Wasser gelassen und erzählten von einer Höllenfahrt durch einen Canyon. Die Kerle mussten harte Zeiten hinter sich haben. Es waren Goldsucher, die monatelang im Quellgebiet des Flat Rivers und in den tiefen, unzugänglichen Logan Mountains Gold gewaschen hatten. Sie wollten sich an seinem Lagerfeuer ein wenig aufwärmen und waren auf dem Weg zu einer Hütte am Nahanni.

Nachdem er ihnen erzählt hatte, woher er kam und weshalb er sich in diese abgelegene Gegend gewagt hätte, wartete er darauf, dass die merkwürdigen, wortkargen Burschen ihm von ihrer Goldsuche in den Logan Mountains berichten würden, denn sie hatten zweifellos Gold bei sich. Doch sie blieben stumm. Es fiel ihm auf, dass besonders der eine von ihnen kaum ein Wort geredet und bei der Begrüßung seinen Namen nicht genannt hatte. Der Kerl hatte böse Augen, kalt wie hellblaues Gletschereis. Irgendetwas stimmte nicht mit ihm.

Goldsucher sind schweigsame Burschen, Sonderlinge, die ihre Bonanza kaum jemanden verraten. Als er sich schon damit abgefunden hatte, dass er von diesen Kerlen nichts erfahren würde, erzählte der eine von ihnen doch noch eine erstaunliche Geschichte: „Wir sind die Brüder William und Frank McLeod, Söhne des Traders Murdoch McLeod, der den Handelsposten der Hudson Bay Company einhundertzwanzig Meilen westlich von Nahanni Butte in Fort Liard betreibt.“ Er deutete auf den mit dem stechenden Blick: „Und das ist unser schottischer Partner.“ Der genannte Name ging in dem scheppernden Geräusch einer heruntergefallenen Blechkanne verloren. Es hörte sich an wie Wilkinson oder so ähnlich.

„Unser Vater hatte im Frühjahr vor zwei Jahren den Slavey Indianer Elias halberfroren aus einem See gerettet, der dort mit seinem Schlitten im tauenden Eis eingebrochen war. Als Dank dafür gab ihm der Indianer den Lageplan einer Goldmine, die im Gebiet der Cassiar-Indianer an einem Zufluss des Flat Rivers liegen sollte. Wir machten uns auf den Weg und trafen einige Rothäute, die über unsere Gegenwart nicht besonders erfreut waren, nachdem wir ihnen erzählten, weshalb wir hergekommen waren. Da sie uns nicht den geringsten Hinweis auf die Existenz einer Goldmine gaben, steckten wir aufs Geratewohl an einem Bach ein Claim ab, den wir Gold Creek nannten und begannen zu suchen. Als die Ausbeute auch nach Monaten nur wenig Erfolg brachte, bauten wir uns aus den hölzernen Rinnen, die wir zum Herauswaschen des Goldes benutzt hatten, ein primitives Boot und paddelten den Flat River hinunter.

In einem Canyon gerieten wir in schweres Wildwasser und kenterten. Dabei verloren wir fast die gesamte Ausrüstung. Retten konnten wir uns nur selbst, ein Gewehr und dreißig Schuss Munition. Wir bauten ein neues Boot, treidelten in gefährlichen Flussabschnitten und erreichten nach Wochen enttäuscht über den Nahanni und den Liard River wieder unseren Handelsposten."

Während Frank McLeod nach diesen Worten seine Pfeife stopfte, standen William und der dritte Mann bereits abfahrtbereit am Floß. Sie hatten es scheinbar verdammt eilig. Irgendwas stimmte in der Gruppe nicht. „Ihr seid aber wiedergekommen, aus welchem Grund?" Waldemar versuchte noch mehr zu erfahren. Doch die Frage hätte er sich eigentlich sparen können. Wen das Goldfieber einmal gepackt hat, den lässt es nicht mehr los. „Ja, wir beschlossen es noch einmal zu versuchen und brachen ein Jahr später wieder auf. Diesmal hatten wir ein bisschen mehr Glück. Aber jetzt müssen wir weiter, die Zeit drängt. Versuch es an einem der vielen Zuläufe aus den Bergen, am Oberlauf des Kuskula Creeks, in den Schluchten der Logan Mountains und geh den Cassiar-Indianern lieber aus dem Weg, die mögen keine Weißen."

So schnell sie das Wasser an seine Hütte gespült hatte, so schnell waren sie auch wieder weg. Diese eigenartigen, undurchschaubaren Burschen hatten sicher eine Menge Gold dabei. Allem Anschein nach waren sie zerstritten, denn sie redeten wenig miteinander. Jahre später sollte dieses Zusammentreffen mit den McLeods, aber besonders das seltsame Verhalten ihres Partners, bei der Klärung und Rekonstruktion eines mysteriösen Dramas eine wichtige Rolle spielen. Vermutlich hatten die Kerle dort oben in den Logan Mountains tatsächlich eine Goldmine, deren Lage sie auf keinen Fall preisgeben wollten. Sicher würden sie im nächsten Sommer wiederkommen.

Nach diesem Zusammentreffen befasste er sich sogar mit dem Gedanken, noch in diesem Jahr den Flat River hochzugehen, um sofort im Frühjahr an den Bächen und im Oberlauf nach Gold zu suchen. Doch je länger er darüber nachdachte, desto mehr kam er zu dem Ergebnis, dass seine auf Mutmaßungen beruhende Erwartung realistisch betrachtet utopisch sein könnte. Zudem hatte er seine kleine Hütte bereits winterfest hergerichtet und für die kalten, dunklen Tage vorgesorgt. So ließ er schließlich diesen Plan wieder fallen.

Bei einem seiner täglichen Streifzüge entdeckte er in der Nähe von zwei kegelförmig aus dem Flusstal hoch aufragenden Bergen an einem Bach zwei hölzerne Rinnen, wie sie zum Herauswaschen des Goldes benutzt wurden. Sicher hatten die McLeods auch an dieser Stelle ihr Glück versucht. Er schleppte die Rinnen den Bach weiter hoch, wusch dort und an anderen Stellen, versuchte es an einigen Plätzen in den Bergen, rackerte von früh bis spät und träumte von dem Tag, an dem er auf eine reichhaltige Goldader stoßen würde. Doch daraus wurde vorerst nichts. Immerhin füllte sich sein Arzneifläschchen nun schon bis über die Hälfte mit winzigen Goldkörnern und einigen größeren Nuggets.

Von Tag zu Tag wurde es jetzt kälter. Der lange Winter kündete sich diesmal recht früh mit starkem Frost und ergiebigem Schneefall an. Schon bald herrschte wieder die monatelange Dunkelheit, ohne Morgen und Abend, die grausame Kälte, die unerträgliche Totenstille in kaum vorstellbarer Einsamkeit, unterbrochen durch das schaurige Geheul der hungrigen Wölfe in mondhellen Nächten und unheimlichen Lichterscheinungen am Polarhimmel.

Als dann endlich wieder Leben in das erstarrte Land kam, das Schmelzwasser aus den Bergen die Bäche anschwellen ließ und das meterdicke Eis des Flat Rivers zu bersten begann, rüstete sich Waldemar für den großen Aufbruch. Er war überzeugt, dass die Goldmine der McLeods wirklich existieren würde. So wortkarg wie diese Kerle sich an seiner Hütte verhalten hatten, so reagieren Goldsucher, die fündig geworden sind, jedoch niemandem etwas darüber verraten würden, folgerte er. Mit ein bisschen Glück würde er die Mine finden, wo immer sie auch in den Logan Mountains liegen mag.

Nachdem die Fluten des Schmelzwassers die letzten Eisschollen weggeschwemmt hatten und das Hochwasser zurückgegangen war, belud er das Birkenrindenkanu und zog mit seinem vierbeinigen Gefährten den Flat River flussaufwärts. Das schwerbeladene Boot gegen die Strömung zu treideln, war tägliche Schwerstarbeit.

Eine Woche nach seinem Aufbruch verengte sich das Tal. In diesem Abschnitt fraß sich der Fluss im Laufe von Millionen Jahren durch das schroffe Gebirge und floss nun durch einen Canyon über mehrere Stufen in einem tiefeingegrabenen Bett. Es gäbe eine ganze Menge gefährlicher Stromschnellen, die man besser umtragen sollte, erzählten ihm im Jahr davor die Gebrüder McLeod. Die Gruppe hatte damals nach einer Kenterung im reißenden Wildwasser fast die gesamte Ausrüstung verloren. Das musste wohl jetzt der Canyon sein, in dem die Männer einst um ihr Leben schwammen. Anfangs konnte er sein Kanu noch am schmalen Ufer entlang ziehen. Doch die tiefe Schlucht wurde immer enger, die vertikalen Wände immer steiler und die Wasserwucht durch das Gefälle immer stärker. Er saß in der Falle. Ein Kanu im Wildwasser in einem Canyon gegen die Strömung zu paddeln ist unmöglich. Es gab nur einen Ausweg. Er musste zurück zum Anfang der Schlucht, das Kanu entladen und die Stromschnellen umtragen.

Es war die richtige Entscheidung, die er nach langem Überlegen getroffen hatte. Für die mörderische Portage in unberührter Wildnis, die vor ihm sicher noch nie ein Mensch betreten hatte, benötigte er vier volle Tage. Eine schweißtreibende Schinderei, die ganze Schwärme Moskitos, kleine Schwarzfliegen und Bremsen anlockte. Den pausenlosen Angriffen der blutsaugenden Monster beinahe schutzlos ausgeliefert, war er heilfroh, als er hinter dem Canyon endlich wieder am Ufer des Flat Rivers stand.

Auch diesmal hatte sich Adak als bewährter Helfer erwiesen, den man für alles gebrauchen konnte. Unentwegt schleppte er die ihm aufgebundene Last und war froh darüber, den brüllenden Stromschnellen entkommen zu sein. Die waren ihm in der tiefen Schlucht nicht geheuer, die hatten ihm Angst und Schrecken eingejagt. Aber bis zum Quellgebiet des Flat Rivers waren es sicher noch viele, viele Meilen. Das Tal in diesem wilden und gebirgigen Hinterland verengte sich zunehmend. Im Oberlauf führte der Fluss nur noch wenig Wasser. Endlich hatte er den Pass und das Gebiet erreicht, wo er nach Gold und der Mine der McLeods suchen wollte.

Bereits in den nächsten Tagen stieß er unvermittelt auf eine Gruppe ärmlich gekleideter Indianer. Sie hatten einen Schwarzbären erlegt und trugen die Beute an einer langen Stange auf ihren Schultern. Es waren vier junge, muskulöse Burschen, die völlig überrascht verharrten und den Fremden aus einiger Entfernung misstrauisch betrachteten. Als er mutig auf sie zuging, wichen sie ängstlich ein paar Schritte zurück. Erst nach einer Weile wurden sie etwas zutraulicher, nachdem sie sich vergewissert hatten, dass er allein war. Sie kamen von einer Jagd und gaben ihm zu verstehen, dass er ihnen folgen sollte.

Nach etwa einer Stunde Fußmarsch durch dichten Busch öffnete sich vor ihm der Blick auf einen traumhaften, kleinen See in einem engen Gebirgsmassiv, an dessen sandigem Ufer vier oder fünf kegelförmige Indianerzelte standen. An diesem windstillen Mittag stieg dunkler Rauch senkrecht zwischen den Tipis in den tiefblauen, wolkenlosen Himmel. Ein wirklich idyllischer Platz für ein Camp, stellte er fest.

Es war eine Sippe von vielleicht zwei Dutzend Cassiar-Indianern, die hier ihr Sommerlager errichtet hatten. Beim Anblick ihrer erfolgreichen Jäger erhoben sich die männlichen Stammesbrüder von ihren Sitzplätzen und rannten den Ankommenden gestikulierend entgegen. Erst jetzt bemerkten sie den Fremden und stutzten. Ohne jegliche Regung und mit versteinerten Gesichtern hörten sie, was ihnen einer der Jäger von dem plötzlichen Aufeinandertreffen mit dem Bleichgesicht zu berichten hatte. Es folgte eine hitzige Diskussion. Da er nur wenige Worte der Sprache dieses Stammes verstehen konnte, entnahm er ihren Gebärden, dass sie über den Besuch des weißen Mannes nicht gerade erfreut waren. Erst als eine alte Rothaut zu ihnen trat, entspannte sich die Lage. Es war ihr Häuptling, der nun den Fremdling in einem verständlichen Dialekt der westlichen Stämme fragte, was er hier oben in den Bergen wolle, warum er ausgerechnet in ihr Land gekommen wäre.

„Nun ja – ich bin auf der Suche nach den gelben Steinen, die es hier in dem Gebirge und am oberen Flat River geben soll. Überall in den Siedlungen am Yukon und in den Handelsposten der Weißen am Liard River erzählt man sich abenteuerliche Geschichten von Goldfunden in dieser Region, die von Trappern und Goldsuchern verbreitet wurden. Ich habe vor Jahren am Klondike ziemlich glücklos nach Gold gesucht. Als der gewaltige Goldrausch vorüber war, machte ich mich auf den langen, harten Weg zum Nahanni. An einem gewaltigen Wasserfall stieß ich auf einige Männer vom Stamme der Slavey, die mir vom Gold am Flat River berichteten. Wenig später begegneten mir am Unterlauf des Flusses im letzten Sommer drei merkwürdige Weiße. Auch die erzählten, dass sie am Oberlauf nach Gold gesucht hätten. Es waren schon seltsame, verschlossene Burschen.“

Während der Häuptling seinen roten Stammesbrüdern das soeben Geschilderte verständlich machte, blickten diese verächtlich und voller Misstrauen auf den Fremden. „Die drei weißen Männer sind uns auch im letzten Sommer in den Bergen begegnet. Sie wollten unbedingt von uns erfahren, wo wir die zwei kleinen gelben Steine gefunden hätten, die einer unserer Brüder arglos aus seinem Beutel in den weißen Sand kullern ließ. Wir erwiderten, dass wir ihnen den Fundort nicht verraten würden. Da wurden sie ziemlich ruppig und verließen uns schimpfend und fluchend. Später fanden wir am Kuskula Creek zwei hölzerne Rinnen, die sie zum Herauswaschen des Goldes benutzt hatten. Die Männer sahen wir nie wieder, denn wir verließen unser Sommercamp an diesem See und zogen uns weiter in ein Tal zurück. Wenn sie wirklich irgendwo im Gebirge Gold gefunden und dort eine Mine haben, werden sie sicher im nächsten Jahr wiederkommen. Aber der Rückweg zu den Handelsposten ist weit und voller Gefahren, und in den geheimnisvollen Schluchten haust ja der Sasquash, der schon so machen Eindringling getötet hat."

Alles Märchen, uralter Aberglaube. Als der Häuptling die letzten Worte gesprochen hatte, verzog keiner der roten Männer eine Miene. Dieser Stamm zeigte unmissverständlich seine Abneigung gegen jeden Fremden in seinem Jagdgebiet. Das waren nicht gerade einladende Gesichter, die ihn anstarrten. Weder Hilfe, noch einen Hinweis auf die Fundstelle der beiden Nuggets, konnte er von diesen Rothäuten erwarten. So blieb ihm schließlich nichts anderes übrig, als sich von den roten Männern vom Stamme der Cassiar-Indianer wieder zu verabschieden.

Den ganzen Sommer buddelte er im engen Tal des Kuskula Creeks, in dem vor ihm schon die McLeods gesucht hatten. Er hatte sein Lager an einem namenlosen See gebaut und suchte unermüdlich an unzähligen Stellen im Gebirge. Doch er fand nur ein paar winzige Goldkörner. Nach so manchem Schürftag angelte er ein paar Forellen und teilte den Fang mit seinem vierbeinigen Weggefährten, der die fetten Fische im rohen Zustand stets gierig verschlang. Adak hatte sich mit der Zeit zu einem äußerst geschickten Jäger entwickelt, der nicht nur mit viel List so manchen Hasen und Fuchs, sondern auch Bisam, Biber und sogar die flinken Eichhörnchen erbeutete. Seiner empfindlichen Nase entging nichts. Hatte er Wölfe oder einen Grizzly gewittert, dann stürmte er nicht wie früher ungestüm in deren Richtung los, sondern sträubte seine Nackenhaare, knurrte warnend und blieb an der Seite seines Herrchens. So hatte manches unvorhersehbare Aufeinandertreffen keine ernsten Folgen.

Als die ersten Kraniche in ihrer unverkennbaren V-Form hoch über den Bergen von ihren arktischen Brutplätzen wieder nach Süden flogen, verließ er den herrlichen Platz am See und das Tal des Kuskula Creeks. Sein Weg führte ihn weiter auf der Passhöhe bis zu einem kleinen See, aus dem der Flat Rivers entspringt. Nachdem er diesem Hochtal vielleicht zwei Meilen gefolgt war, stellte er fest, dass er sich auf einer Wasserscheide befand, von der aus einer Kette zusammenhängender Seen ein Fluss in die entgegengesetzte Richtung fließt. Unmittelbar hinter dem Abfluss des letzten Sees kam er an die Einmündung eines Creeks, der ziemlich viel Wasser führte und aus dem Gebirge große Mengen Sand, Kies und Geröll brachte. An dieser Stelle beschloss er wieder zu schürfen.

Und tatsächlich: Bereits nach einem Dutzend Versuchen entdeckte er einige kleine Goldkörnchen in seiner Waschpfanne. Am Ende des ersten Tages füllte sich sein Arzneifläschchen weit über die Hälfte, darunter sogar zwei Nugget von der Größe einer Erbse. Aber der Erfolg setzte sich in den nächsten Tagen nicht fort. Trotzdem gab er die Hoffnung nicht auf und schürfte weiter im engen Tal des Gebirgsbaches, denn eine alte Goldgräberregel besagt: An dem Platz, wo du mehr als nur etwas Goldstaub gefunden hast, da muss irgendwo in der Gegend noch mehr von dem Zeug zu finden sein, und wenn du Glück hast, stößt du vielleicht sogar auf eine ergiebige Goldader.

Schon bald sollte sich die alte Regel der Goldgräberveteranen bewahrheiten. Auf seinem Weg immer weiter den Gebirgsbach hoch kam er hinter einem Canyon an eine Stelle, wo sich der Creek verzweigte. Unmittelbar an der Einmündung des kleineren Bachs hatten die gewaltigen Wassermassen der Schneeschmelze riesige Berge Sand und Kies angeschwemmt. Diese Ablagerungen begann er nun zu durchwühlen. Doch auch nach vielen Entleerungen seiner Goldpfanne, hielt er vergeblich Ausschau nach dem gelblichen Erz. Gerade, als er völlig erschöpft aufgeben wollte, versuchte er sein Glück ein allerletztes Mal. Und plötzlich traute er seinen Augen nicht, glaubte an Halluzination, denn vom Grund der Pfanne blickten ihn fünf oder sechs Goldnuggets an, dicke Dinger von beachtlicher Größe, jedes so um die zehn Dollar oder mehr wert. Endlich – endlich krönte Erfolg seine nie erlahmende Ausdauer. Er fühlte sich am Ziel seiner Wünsche. Vergessen waren in diesem Moment all die unmenschlichen Strapazen und Entbehrungen. Das zu Tal stürzende Wasser der Schneeschmelze aus dem mächtigen, vergletscherten Gebirge hatte das so sehnsüchtig gesuchte Edelmetall bis hierher gespült. Er war bestimmt zur richtigen Zeit als erster Mensch an diesem Platz. Ein unbeschreibliches Glück!

Bereits in den nächsten Tagen baute er „Sluice boxes“, hölzerne Rinnen zum Herauswaschen des Goldes. Innerhalb kurzer Zeit hatte er die abgelagerten Geröllberge ausgewaschen, doch seine anfängliche Euphorie ebbte schnell wieder ab, als sich der Erfolg des ersten Tages nur mäßig wiederholte. Immerhin hatte sich die Schufterei gelohnt, denn nun füllte das Schürfergebnis bereits einen kleinen Beutel. Doch damit gab er sich noch lange nicht zufrieden. Wenn Schmelzwasser aus dem gewaltigen Gebirgsmassiv das Gold bis zu dieser Stelle schwemmen würden, dann wird es da oben wahrscheinlich noch mehr davon geben, man muss es nur finden. Und diese durchaus logische Folgerung sollte sich schon recht bald bestätigen.

Waldemar muss irgendwo weiter oben im Gebirge in einem unterirdischen Gang auf eine ergiebige Goldader gestoßen sein, denn einige Jahre später entdeckten Indianer eine kleine Höhle, in der sie die typischen Schürfgegenstände eines Goldsuchers fanden. Alles deutete darauf hin, dass der Goldsucher Erfolg hatte und mit Sicherheit vielleicht schon im nächsten Jahr wiederkommen wollte, denn er hatte den Eingang zur Höhle getarnt und zugeschaufelt.

Er musste im späten Herbst den geheimen Fundort Hals über Kopf mit einem Batzen Nuggets verlassen haben. Schon bei seiner ersten Begegnung mit den Cassiar Indianern hatte er damals erfahren, dass der in die entgegengesetzte Richtung des Flat Rivers abfließende Creek viele Meilen oberhalb der Virginia Falls in den Nahanni münden würde. Vielleicht wollte er sich die zeitraubende Portage um die Fälle ersparen und hatte wohl die Absicht, noch vor Einbruch des Winters den gleichen Weg zu der Indianersiedlung am Ross River zurückzugehen, den er gekommen war.

Doch diese Entscheidung sollte noch fatale Folgen haben. Der Gebirgsbach, der später „Little Nahanni River“ genannt wird, stürzt vom Hochplateau in einem Bett voll dicker Steine und Felsbrocken zu Tal. Durch sein starkes Gefälle und die vielen Zuflüsse aus den Bergen nimmt die Wasserwucht gewaltig zu. Ein Befahren mit einem vollgepackten, zerbrechlichen Birkenrindenkanu ist daher so gut wie nicht möglich. Doch die Zeit drängte. In den Bergen fiel bereits der erste Schnee, den um diese Jahreszeit die tiefstehenden Strahlen der schwachen Mittagssonne nicht mehr schmelzen ließ. Doch Waldemar wollte und musste so schnell wie möglich in das tiefer liegende Tal und ahnte nicht, dass er urplötzlich in eine tödliche Falle geraten würde. Schon nach kurzer Strecke schwoll der Gebirgsbach zu einem dahinrasenden, alles mitreißenden Fluss an, und gleich hinter der nächsten Flusskurve wurde sein Kanu von starker Strömung mitgerissen, aus der es kein Entrinnen mehr gab.

Zusätzlich hatte heftiger Regen eingesetzt. Durch den Regenschleier erkannte er die Gefahr wohl zu spät, geriet mit seinem vollgepackten Kanu in das reißende Wildwasser und kenterte. Adak ging dabei über Bord, erreichte aber zum Glück als Erster das felsige Ufer. Waldemar kämpfte um sein Leben. Nur mit Müh und Not entrann er dem Ertrinkungstod, doch ein großer Teil des Goldes und der Ausrüstung gingen verloren. Gott sei Dank konnte er noch das beschädigte Birkenrindenkanu, sein Gewehr und einige Schuss Munition retten. Auf einer Strecke von ungefähr fünf Meilen hat der Fluss ein gewaltiges Gefälle und durchbricht in einer Serie von tückischen Schnellen eine mächtige Felsbarriere, bevor er in den Nahanni mündet.

Eine verdammt dramatische, ja katastrophale Lage, in die er unvermittelt hereingeraten war. Offene Wunden, Schürfungen und Prellungen am ganzen Körper bereiteten ihm fürchterliche Schmerzen. Er versuchte die schwächende Angst zu verdrängen, doch der Schock saß tief im innersten Mark und ließ ihn gnadenlos in ein Loch elender Hilflosigkeit fallen. Wonach er jahrelang suchte, wofür er hart geschuftet, entbehrt, gehungert und gefroren hat, das ging mit einem Schlag fast alles verloren. Sicher war er sich in diesem Augenblick bewusst, dass er mit dem geretteten Rest seiner Ausrüstung, vor allem aber mit der knappen Munition, den harten Winter kaum überleben würde.

Jetzt war die richtige Einschätzung der Lage äußerst wichtig, denn der lange, harte Winter stand vor der Tür. Die Zeit lief ihm davon. Zum Pass und Quellgebiet des Nahanni waren es noch dreißig bis vierzig Meilen. Vor dem Zufrieren der Flüsse musste er es bis zu dieser Wasserscheide schaffen, und mit viel Glück vielleicht auch noch bis zu der Indianersiedlung am Ross River. Doch bis zu dem Dorf der Eingeborenen waren es noch weit über hundert Meilen. Im alleräußersten Notfall käme noch die verlassene Trapperhütte auf der kleinen Anhöhe an einem Bach als Unterkunft zum Überwintern in Betracht, in der er damals auf der Suche nach dem Einsiedler einige Tage gewohnt hatte.

Als er sein Kanu wieder notdürftig mit Rinde und Harz geflickt hatte, machte er sich auf den Weg. Den oberen Nahanni kannte er ja, und er wusste genau, was ihm in dem schwierigen Gelände bevorstand. Auf jeden Fall wollte er im nächsten oder übernächsten Jahr zu seiner Goldmine zurückkehren. Das hatte er sich vorgenommen.

Noch einmal war ihm das Jagdglück hold. Mit einem gutgezielten Schuss erlegte er aus einer kleinen Nachzüglerschar eine Graugans. Als er nach unmenschlichen Strapazen die beinah baumlose Hochebene erreichte, überraschten ihn bereits die ersten gefürchteten Winterstürme. Nach anfänglichem Schneeregen fegten fast täglich heftige Blizzarde über die endlosen Weiten. Er wusste genau, was jetzt auf dem Spiel stand, quälte sich und seinen Vierbeiner täglich zu mörderischen Gewaltmärschen, zu Höchstleistungen und verbrauchte schnell den ohnehin kläglichen Vorrat an Dörrfleisch, Pilzen, Beeren, Wurzeln und wilden Zwiebeln.

Von ständigem Hunger geplagt, vom mühevollen Treideln gegen die Strömung am Ende seiner Kräfte, fand er schließlich in der unendlichen Einöde die verlassene Trapperhütte. Doch als er näher kam erkannte er, dass hier etwas nicht stimmte. Die Eingangstüre hing schief in den Angeln und war bis zur Hälfte zugeschneit. Als er eintrat, schlug ihm starker Verwesungsgeruch entgegen. Im Halbdunkel bemerkte er auf einer Pritsche die Umrisse eines Menschen, oder das, was einmal ein Mensch gewesen war. Über den Sandboden verstreut und vor der Hütte, lagen Knochen, Stofffetzen und die Reste einer verbeulten Schmalzdose herum.

Vieles deutete darauf hin, dass den Fremden hier der grausame Tod durch Verhungern ereilte. Ein Bär oder Vielfraß war erst vor kurzer Zeit in die Hütte eingedrungen und hatte den Leichnam angefressen. Ein ungeladenes Gewehr, in dessen hölzernen Schaft jemand vor langer Zeit die nun kaum noch lesbaren Initialen „WI“ mit einem Messer eingeritzt hatte, lehnte an der Wand am Kopfende der Pritsche. Nirgends etwas Essbares, nicht eine einzige Patrone, nichts. Ein leerer Rucksack und einige verrostete Fallen an den dicken Holzbohlen, das war alles, was er fand. Der Tote musste ein Fremder sein, der diese Gegend nicht kannte. Ein erfahrener Waldläufer, der sich in dieser Region ausgekannt hätte, würde im Extremfall versuchen, sich noch vor dem Winter bis zu der Indianersiedlung am Ross River durchzuschlagen.

Waldemar wickelte die übriggebliebenen Reste des Toten in eine bereits arg verwitterte Plane, die er hinter der Hütte gefunden hatte, und legte das verschnürte Bündel auf einen Felsen am Bach, der inzwischen zugefroren war. Die grimmige Kälte trieb ihn dazu, möglichst rasch ein Feuer zu entfachen. Der Rauch vertrieb ein wenig den Verwesungsgeruch und machte den Aufenthalt in der Hütte einigermaßen erträglich. Der Trapper hatte wohl nicht mehr die Kraft, ausreichend Holz für den kalten Winter von weither zu beschaffen, denn außer struppigem Buschwerk, das in den windgeschützten Tälern der kleinen Gebirgsbäche wächst, gibt es auf dieser Passhöhe kaum Bäume. Doch ohne Brennholz würde auch er den Winter hier kaum überleben.

Kurze Zeit später machte er eine sensationelle Entdeckung. Versteckt unter einer Holzbohle fand er in einer Ecke der Hütte eine Blechdose, die bis über die Hälfte mit dicken Nuggets gefüllt war. Der Tote war also ein Goldsucher, der vielleicht wie er irgendwo in den Schluchten des Nahanni nach Gold gewaschen hatte. Den Ärmsten hatten wohl Hunger, Krankheit und Schwäche dahingerafft, nachdem seine Munition zu Ende gegangen war. Ein langsamer, schrecklicher Tod.

Bereits wenige Tage danach, brach der nordische Winter mit außergewöhnlichen, viel zu frühen Minustemperaturen ein. Innerhalb kurzer Zeit wurde die gefrorene Erde hart wie Stahl. Ausgeschlossen, die wenigen Reste des Toten unter die Erde zu bringen. Tagelang tobten fürchterliche Schneestürme über die baumlosen Weiten der Hochebene. Schon nach kurzer Zeit waren die Holzvorräte verheizt, und seine Munition ging langsam zu Ende. Aber er musste trotz arktischer Kälte in einem abgelegenen Tal nach Feuerholz suchen. Noch einmal gelang es ihm, mit viel Glück einen Schneehasen zu erlegen. Doch schon bald danach hatte ihn das Jagdglück verlassen, denn die Tiere waren längst in die tieferen Flusstäler abgewandert, in denen sie mehr Schutz vor arktischem Frost und brutalen Schneestürmen hatten.

Es sollte ein langer, eisiger Winter werden, wie er ihn bisher noch nie erlebt hatte. Monatelang herrschten nun schon fürchterliche Minustemperaturen. Zu spät, um sich bei dieser fürchterlichen Kälte und meterhohem Schnee bis zu der Indianersiedlung am Ross River durchzuschlagen. Seine knappen Nahrungs- und Feuerholzvorräte waren längst aufgebraucht. Er saß in der Falle. Ein grausames Drama bahnte sich an.

Vergeblich suchte er täglich die unendliche Schneewüste nach irgendeinem größeren Tier ab, doch es verirrte sich noch nicht einmal ein Schneehuhn oder Hase in diese frosterstarrte Hochebene. Als es nach Wochen endlich wieder etwas wärmer wurde, war sein Körper so geschwächt, dass er kaum noch gehen konnte. Vom Hunger getrieben, dem ungeschriebenen Gesetz des Überlebens in der Wildnis folgend, entschloss er sich in allergrößter Not, dem entsetzlichen Leiden seines jämmerlich abgemagerten Huskys mit der vorletzten Patrone ein Ende zu machen. Es war der Anfang eines grausamen, schier aussichtslosen Überlebenskampfs.

Als sich die ersten wärmeren Tage ankündigten, landeten direkt vor seiner Hütte einige Schneehühner, die bereits dabei waren, ihr Federkleid zu wechseln. Mit zitternder Hand versuchte er sein Gewehr zu heben, doch es misslang. Erst nach Aufbietung aller Kräfte gelang es ihm. Die letzte Kugel durfte das Ziel nicht verfehlen. Gespenstisch laut hallte der Knall über die stille Hochebene und setzte sich als Echo in nahen Bergen fort. Gespannt blickte er auf die in alle Richtungen davonfliegenden Hühner. Nachdem der Pulverdampf verflogen war, stellte er erleichtert fest, dass er mit der letzten Patrone getroffen hatte. Eigentlich dachte er schon oft daran, mit dieser seinem Elend ein Ende zu setzen. Nun aber hatte er wieder eine Mahlzeit, auch wenn sie noch so klein war, ein ermutigender Grund, weiter zu kämpfen und zu hoffen. Auf gar keinen Fall wollte er so enden, wie der Fremde in dieser verdammten Hütte. Sobald die Minustemperaturen noch weiter zurückgehen würden, wollte er die Passhöhe verlassen und sich mit Eisfischen und Schlingenstellen bis zu den Indianern in Ross River durchkämpfen. Mit neuaufflammendem Lebensmut ignorierte er bewusst seinen miserablen körperlichen Zustand. Doch der schleichende Hungertod hatte bereits eingesetzt.

Die Rettung

Niemand wird je erfahren, was danach wirklich geschah. Allerdings werden später Indianer berichten, dass sie einem weißen Mann wahrscheinlich das Leben gerettet haben. Seiner Sinne kaum noch mächtig und fürchterlich abgemagert, muss Waldemar irgendwann die Hütte verlassen haben. Am Ende seiner Kräfte, ohne Nahrung und Munition, mit verschlissener Kleidung und schlechter Ausrüstung schleppte er sich noch über vierzig Meilen bis in das Tal eines Flusses und brach dort endgültig zusammen. Als Folge rasch eintretender Bewusstseinstrübung und totaler Unterkühlung, drohte ihm der Schlaftod. Mehr tot als lebendig, rappelte er sich noch einmal auf, verkroch sich wie ein wundes Tier unter eine Zeltplane und fiel in einen Dämmerzustand.

In dieser jämmerlichen Verfassung fanden ihn dort über Land ziehende Rothäute und hielten ihn anfangs für tot. Doch plötzlich verriet ein leises Heben und Senken der Brust, dass doch noch Leben in ihm war. Sie schleppten den Elenden ein Stück weiter in ein Tipi, in dem eine alte Squaw ein Feuer versorgte. In diesem Fellzelt legten sie den Ohnmächtigen dicht neben das Feuer, zogen ihm die Kleider aus, flößten ihm ein heißes Getränk aus wilden Kräutern und eine Suppe von ausgekochten Karibuknochen ein. Danach fingen sie behutsam an, seinen unterkühlten, halberfrorenen Körper langsam mit warmem Wasser aufzutauen und zu massieren. Zum Schluss wickelten sie warme Tücher und Felle um ihn.

Während die Männer täglich zur Jagd gingen, behandelten die Frauen mit allerlei Pflanzensäften und Kräutern seine Frostgeschwüre an Ohren, Nase, Fingern und Zehen. Ganz allmählich kehrte wieder Leben in den Körper ein. Aber es dauerte noch Wochen, bis er wieder auf die Beine kommen sollte. Jetzt erst hatte er bemerkt, dass er sich nicht im Tal des Ross Rivers befand, denn die smaragdgrünen Gletscherfluten aus dem nahen Gebirge flossen nicht nach Süden, sondern in die entgegengesetzte Richtung. Es waren Indianer vom Stamme der Slaveys, die ihn buchstäblich in letzter Minute vor dem sicheren Tod gerettet und das Wenige, was sie besaßen, mit ihm geteilt hatten. Auf der Suche nach neuen Jagdgründen hatten sie ihre Tipis in diesem Tal aufgebaut. Nach erfolgreicher Jagd wollten sie gerade zurück zu ihrer Siedlung, doch dann fanden sie den hilflosen „Weißen Mann“.

Ohne zu zögern beschlossen sie nach alter Sitte der Väter solange an dieser Stelle zu bleiben, bis der Fremde keine Hilfe mehr benötigen würde. Nun war es so weit. Er hatte den Indianern viel zu verdanken, doch er besaß nichts, was er ihnen als Dank für seine Rettung hätte geben können. Vom Hunger getrieben, dem Wahnsinn nahe, hatte er den größten Teil der Nuggets, die er bei dem Toten in der Hütte fand, während des Herumirrens irgendwo verloren. Ein bitterer Verlust. Rechtmäßig gehörte ihm das Gold eigentlich sowieso nicht, doch der fremde Mann, der das Gold irgendwo gefunden hatte, war tot, und er als Finder besaß davon jetzt auch nicht mehr viel. Im nächsten oder übernächsten Jahr würde er in seiner geheimen Mine erneut sein Glück versuchen.

Längst war der letzte Schnee bis zur halben Höhe der Berge weggeschmolzen, und in den Tälern leuchteten in allen Farben die ersten Wildblumen. Die Rothäute rüsteten zum Aufbruch. Natla nannten sie diesen Fluss und erzählten, dass sie an seiner Mündung in den Keele River in der Nähe der Delthoro Berge siedeln würden, mehr als sechzig Meilen von hier entfernt. „Der Körper des weißen Mannes hat Schweres durchgemacht und ist noch schwach. Er kann mit uns ziehen, wenn er es für richtig hält.“ Natschakoa, der Anführer der Sippe, zu der ein halbes Dutzend Männer und ebenso viele Frauen gehörten, hatte gesprochen, und alle im Kreis Herumstehenden nickten zustimmend. „Mit seiner stummen Waffe wird der Fremde im großen Land der Einsamkeit nicht überleben können.“ Er machte eine Pause und musterte erwartungsvoll sein Gegenüber. „Hin und wieder besucht uns eine Gruppe Bleichgesichter, raue Pelztierjäger, die Handel mit der Hudson Bay Company betreiben, die mit ihren Kanus über den Too-Cha-Tes und dann den Keele flussaufwärts zu uns kommen, mit denen wir unsere Felle gegen allerlei nützliche Dinge tauschen. In einigen Wochen könnte es wieder so weit sein.“ Alle warteten auf seine Antwort.

„Nun gut, ich werde mit euch gehen.“ Waldemar schloss sich den Rothäuten an.

Too-Cha-Tes, „Großes Wasser“, so nannten die Indianer den mächtigen Mackenzie. Und an diesem gigantischen Strom, das hatte er schon von den Pelzhändlern gehört, die damals den Tauschhandel mit den Tatchun betrieben, gäbe es zwei bis drei Forts. „Bei Fort Providence fließen gewaltige Wassermassen aus einem riesigen See“, erzählte ihm der älteste Krieger der Gruppe, den sie Chinook nannten. „Das ist die Stelle, an welcher der mächtige Too-Cha-Tes geboren wird. Das Gebiet um diesen unermesslich großen See, den der weiße Mann Great Slave Lake nennt, war der ursprüngliche Siedlungs- und Lebensraum unseres Stammes. Mehr als zweihundert Meilen flussabwärts liegt Fort Simpson, eines des ersten Festungswerke der Weißen, das bereits 1804 gegründet wurde, im vorigen Jahrhundert eine der wichtigsten Pelzhandelsstationen." Ja, der alte Chinook kannte sich aus und von ihm sollte er noch viel über die unbekannte Region am Großen Sklaven See und Mackenzie lernen. Wenn also die Pelztierjäger noch in diesem Sommer im Dorf der Indianer aufkreuzen würden, dann könnte er sicher Genaueres über die Vorposten der Weißen am mächtigen Too-Cha-Tes erfahren. Aber noch wichtiger wäre, wenn er bei ihnen das bei der Kenterung im Wildwasser zum Glück noch gerettete Fläschchen mit den Goldkörnern gegen Munition für sein Gewehr eintauschen könnte.

Am Delthoro Mountain hatte man die Stammesmitglieder längst erwartet. Natschakoa erzählte dem Häuptling Schneller Falke das tragische Zusammentreffen mit dem fremden, hilfslosen Mann, und nannte die Gründe der verspäteten Rückkehr. Während er redete, richtete der alte Häuptling seinen Blick ohne erkennbare Regung auf den Fremden, erhob dann seine rechte Hand zum Gruß und schritt stolz und würdevoll langsam auf ihn zu. „Der weiße Mann sei uns willkommen. Wir sind ein Indianerstamm, der den teuflischen Verlockungen des Feuerwassers der Fremdlinge bis zum heutigen Tag widerstand. Das starke Giftwasser der Bleichgesichter zerstörte das Leben vieler meiner Blutsbrüder. Es war der Beginn der großen Erniedrigung unserer Rasse. Man vertrieb uns aus den besten Jagdgründen und nahm uns das Land unserer Väter. Ohne Land haben Indianer kein Dasein, keine Seele, keinen Sinn, kein Leben. Unser Stamm zog sich immer tiefer in das schwerzugängliche Gebirge und in die weit entfernten Täler der Flüsse zurück. Aus eigenem freien Willen heraus hat noch nie ein Roter Krieger seine Wildheit aufgegeben, um das Leben eines zivilisierten Mannes zu führen." Schneller Falke hatte gesprochen.

„Ich danke dem großen Häuptling für den freundlichen Empfang und seinen mutigen Blutsbrüdern für die aufopfernde Hilfe, ohne die ich jetzt nicht mehr am Leben wäre. Möge der Große Geist in seiner Allmacht und Güte meine roten Brüder mit großem Jagdglück, einem friedvollen Leben und reichlichen irdischen Gütern beschenken. Da ich kaum noch etwas Wertvolles besitze, kann ich meinen Helfern nur meine aufrichtige Freundschaft anbieten."

Nach diesen Worten gab der Häuptling einem seiner im Kreis herumstehenden Krieger einen Wink, worauf dieser sich zwischen ihn und

Waldemar stellte. „Du kannst zusammen mit Schwarzer Pfeil, einem meiner mutigsten Krieger, in seinem Wigwam wohnen, solange du bei uns bleiben möchtest. Schwarzer Pfeil und Wilder Büffel sind die besten Fährtenleser und Jäger unseres Stammes" – dabei richtete er den Blick auf die Angesprochenen – „und kennen die entlegensten Jagdgründe in dem weiten Land unserer Vorfahren. Sie mögen dich wie einen Bruder behandeln."

„Der weiße Mann dankt dem ehrenwerten Häuptling und weiß seine Großzügigkeit zu schätzen. Er gelobt die Gastfreundschaft seines Stammes weder zu missbrauchen noch zu verletzen."

„Manitu ist groß und gerecht." Der Blick des Häuptlings suchte die Reihen seines Volkes ab. „Er hat die Erde und das große Wasser geschaffen, den Büffel und den Elch, und hat dem Roten und dem Weißen Mann das Leben geschenkt." Alles schwieg. Es wurde so still, dass man den Wind in den Zweigen der nahen Espen leise säuseln und nur noch den eigenen Atem hörte. Nun entnahm der Häuptling ein brennendes Scheit aus dem Feuer und begann damit die heilige Friedenspfeife als Symbol der Brüderlichkeit, des Friedens und des Gebets anzustecken. Danach ließ er sich mit übereinander gekreuzten Beinen nieder und forderte seine Krieger und den fremden Mann auf, sich ebenfalls zu setzen. Als sich alle niedergelassen hatten, blies er erhobenen Blickes mit großer Andacht den wohlriechenden Rauch zu Ehren des Großen Geistes zuerst in den wolkenlosen, strahlenden Himmel, danach in alle vier Winde, neigte sich wieder zur Erde und gab das Kalumet an Schwarzer Pfeil. Nachdem dieser sechs Züge daraus nahm, gab er es an Wilder Büffel, der es, ebenfalls nach der gleichen Anzahl von Zügen, dem Weißen Mann übergab. So wurde die Friedenspfeife von Krieger zu Krieger weitergereicht, Waldemar im Kreis der roten Männer aufgenommen und die Versammlung auf dem Dorfplatz kurze Zeit später aufgelöst.

Dieser Stamm der Slavey Indianer war dank seines Häuptlings bisher von Alkoholexzessen, tödlichen Krankheiten und anderen negativen Einflüssen, die vielen Ureinwohnern Nordamerikas zum Verhängnis wurden, verschont geblieben. Schwarzer Pfeil und Wilder Büffel verehrten ihren perfekten Körper als heilige Wohnstätte des Geistes. Kraft, Mut und Ausdauer waren für einen Indianer die wichtigsten Voraussetzungen, als tapferer Krieger anerkannt zu werden. Waldemar fiel es auf, das Männer und Frauen beinah regelmäßig morgens und abends zum

Fluss gingen, um sich zu waschen. Überhaupt galten hier strenge Regeln. So durfte jeder junge Mann erst rauchen, wenn er durch anerkannte Taten als Krieger seinen Mut bewiesen hatte.

Seitdem er hier mit den Indianern lebte und jagte, hatte der Mond in diesem warmen Sommer bereits zweimal gewechselt. Ungeduldig wartete er auf die Ankunft der Pelzhändler, doch sie schienen in diesem Jahr nicht zu kommen. Jedenfalls hatten einige Kundschafter, die flussabwärts bis etwa zur Hälfte zum Too-Cha-Tes gerudert waren nach ihrer Rückkehr berichtet, dass sie weit und breit keine Bleichgesichter gesehen hätten. Das waren keine guten Nachrichten. Noch aber gab er die Hoffnung nicht auf.

Häuptling Okaringa, genannt Schneller Falke war ein weiser Mann, der sein Volk mit eiserner Hand regierte. Seinem Wort, seinem Rat und seinen Entscheidungen wagte kaum einer der Männer zu widersprechen. Nun hatte er ein hohes Alter erreicht und war bereit, die Führung seines Stammes einem der jüngeren Krieger zu übergeben. Mit Schwarzer Pfeil und Wilder Büffel gab es gleich zwei Männer, die sich beide als würdige Nachfolger bewährt hatten. Im Rat der Weisen gab es noch keine Entscheidung, und bevor man sich nicht einig wurde, konnte die feierliche Zeremonie der Wahl nicht stattfinden.

„In jenen Tagen, als ich noch ein junger Krieger war, galten Mut und Tapferkeit als die höchsten Attribute, um als Häuptling in einem Stamm anerkannt und gewählt zu werden.“ Schneller Falke lehnte sich nach diesen Worten auf seinem Sitz aus Karibu- und Biberfellen zurück, stopfte seine handgeschnitzte, lange Pfeife aus Birkenholz, zündete das eigenartig riechende Kraut mit einem glühenden Holzscheit an, nahm ein paar Züge und reichte sie Waldemar. Schon oft hatten sie so zusammengesessen, hatten stundenlang geredet, und immer wieder die neugierigen Fragen des anderen beantwortet. Für Okaringa war die Welt im Umkreis von zweihundert Meilen zu Ende. Ja, gehört hatte er schon mal, dass es noch andere Menschen und Länder jenseits des großen Wassers geben würde, und die Weißen Männer alle von weither gekommen wären.

„Als wir noch mit anderen Stämmen am Großen Sklaven See lebten und jagten, bis die fremden Eindringlinge kamen und uns aus dem Land der Väter vertrieben, galten noch die uralten Gesetze des Roten Mannes. Mutig kämpften wir gegen die Weißen, aber gegen ihre feuerspeienden

Donnerbüchsen konnten wir mit Pfeil und Bogen wenig ausrichten. Wo immer der weiße Mann die Erde berührt hat, ist sie wund. Mein Vater verfluchte die Rasse, die unser Land gestohlen hat und unsere tapferen Krieger durch das Feuerwasser zu Feiglingen und Sklaven machte. Wir hatten oft Auseinandersetzungen mit einigen Nachbarstämmen und führten Krieg gegen jeden, der in unser Gebiet einzudringen versuchte. Ich kann mich noch genau daran erinnern, dass im Tipi meines Vaters einige Skalps hingen, darunter einer mit den hellen Haaren eines Weißen.

Es waren böse Tage, die ich nie vergessen werde. Häuptling Jagender Falke war mein Vater, ein tapferer Krieger hohen Ansehens. Seit uralter Zeit gehören wir zu der Sippe der Falken. Dieses Stammes- und Ahnenzeichen verehren wir auf jedem Totempfahl in unserer Siedlung. Mein Vater hielt sich an die strengen, alten Gesetze der Urahnen. Seine mutigen und weisen Entscheidungen bewahrten unseren Stamm vor manch sinnlosem Gemetzel unter den Stämmen, die damals unsere Rasse dezimierten und schwächten. Er hasste das Töten aus grausamer Wollust und niedriger Rache und tötete nie einen Wehrlosen.

Doch manchmal ließen sich Stammesfehden nicht vermeiden und wurden oft brutal ausgetragen. Mehr als einmal, so auch in jener Nacht, bewahrte uns das scharfe Auge und wache Ohr des Jagenden Falken vor einem überraschenden Überfall. Wir saßen friedlich mit einigen Kriegern um ein Lagerfeuer herum, als mein Vater plötzlich die rechte Hand erhob und unser Gespräch abrupt verstummte.

Finsternis verschlang den nahen dunklen Wald, aus dem der leise Ruf eines Käuzchens kam. Instinktiv griff jeder Krieger blitzschnell sein Tomahawk, seine Streitaxt, die in einem schmalen Gürtel um seinen Leib steckte, und umfasste mit der anderen Hand sein langes Skalpmesser. Wir traten aus dem Schein des Lagerfeuers einige Schritte zurück, gingen in die Hocke und warteten. Nichts tat sich. Gespenstig tanzten unheimliche Lichterscheinungen am Himmel. Nun fielen mir die Worte meines Vaters ein, als wir an jenem Tag noch während der Dunkelheit den Too-Cha- Tes stromaufwärts ruderten und am frühen Morgen unser Kanu in einer Bucht an Land zogen: ‚Wir befinden uns hier im Jagdgebiet eines fremden Stammes in ständiger Gefahr. Seid also wachsam und stets auf einen Überfall gefasst.‘ Wir waren auf der Hut.

Und dann brachen sie mit lautem Kriegsgeschrei aus dem Halbdunkel heraus und schleuderten ihre Speere auf uns, aber wir bückten uns, und die Speere pfiffen über unsere Köpfe hinweg. Alles ging blitzschnell. Erst als die Angreifer ziemlich dicht vor uns waren, warfen wir unsere Speere auf sie. Ich traf den Krieger vor mir mitten in die Brust, der taumelnd vornüber stürzte und regungslos liegen blieb. Doch plötzlich richtete er sich wieder auf und schleuderte seinen zweiten Speer auf mich, der mich aber nur am Oberarm streifte und eine tiefe Wunde riss. Sekunden später war ich über ihm, warf ihn zu Boden und bohrte den in seiner Brust steckenden Speer mit beiden Händen durch seinen Körper, bis die Spitze aus seinem Rücken heraustrat und sein Gesicht im Tode zu einer Grimasse erstarrt war. Zum ersten Mal hatte ich einen Menschen getötet, spürte eine innere, unbeschreibliche Erregung, den Blutrausch, der in jedem Indianer steckt. Als Jagender Falke noch einen der Angreifer im Nahkampf mit der Streitaxt tötete, flohen die anderen. Die Schufte konnten froh sein, dass wir sie nicht verfolgten und am Leben ließen. Mein Vater lobte meinen Mut und meine Kühnheit und war sehr stolz auf mich. Wir verklebten meine Wunde mit Tannenharz und verließen die grausige Stätte.

Doch schon in meiner Kindheit begann die ernste Zeit der harten Prüfungen, und als Heranwachsender musste ich so manche Bewährungsprobe bestehen. Jeder junge Indianer lernt, dass im Leben alles seinen Sinn und seine Bedeutung hat. Es war gut so, denn ich habe eine Menge gelernt und später angewandt, als ich Häuptling wurde. An ein Erlebnis erinnere ich mich besonders. Ich glaube, ich war so um die dreizehn Jahre alt, als ich unbedingt erwachsen sein wollte. Beweisen konnte ich es den anerkannten, erwachsenen Kriegern nur durch eine mutige Tat.

Also zog ich eines Tages los, ausgerüstet nur mit Pfeil und Bogen, einem Messer, einem Feuerstein und einer Felldecke. Ich lief und lief, immer tiefer in die Wildnis, und bevor die Sonne hinter den Baumwipfeln verschwand, stand ich auf einem kleinen Berg mitten im Wald und konnte von dort die ganze Gegend überblicken. Hier beschloss ich mein Nachtlager einzurichten, stets darauf bedacht, möglichst wenig Lärm zu machen.

Bevor sich die große Stille über mir senkte, sammelte ich trockenes Gras und dürres Reisig und zündete mit der Rinde einer Birke ein Feuer an. Die Nacht war ungewöhnlich schwül, und als die ersten Blitze zuckten, das vor mir liegende Tal für kurze Augenblicke von einem seltsamen, geheimnisvollen Licht erhellt wurde und gewaltiges Donnergrollen die Berge erzittern ließ, da vielen mir wieder die Gruselgeschichten ein, die sich die Alten häufig am Lagerfeuer erzählten, und ich hatte Angst. Die Nacht ist die Zeit der Geister und der Toten. In der nächtlichen Einsamkeit betete ich zu meinem Schutzgeist um Beistand und Trost. Plötzlich glaubte ich tatsächlich jammernde Geister zu hören, die im Dunkel der Nacht umherschweifen und die Menschen in panische Angst und Schrecken versetzen. Es war fürchterlich. Manitu sei Dank, das Gewitter tobte sich im Tal aus. Schließlich rollte ich mich in meine Decke und schlief am Lagerfeuer ein.

Das rote Morgendämmern am Horizont kündigte den neuen Tag an. Ich verspürte den nagenden Hunger in meinen Eingeweiden, doch man hatte mir nichts Essbares mitgegeben, denn nach den strengen Regeln unseres Stammes konnte nur der Jugendliche als Erwachsener anerkannt werden, der durch Mut und Geschick beweist, dass er allein auf sich gestellt in der Wildnis überleben kann. ‚Denk daran', hatte mir mein Vater, der schon viele Sommer hinter sich hatte, die letzten Ratschläge mit auf den Weg gegeben, bevor ich die Familie und meine weinende Mutter verließ, ‚es kann dir dort in der großen Einsamkeit der endlosen Wälder niemand helfen, wenn du dich verletzt oder verirrst. Merke dir den Stand der Sonne, des Mondes und der Sterne, und erinnere dich daran, was du von mir gelernt hast. Wenn der Pfeil den Bogen einmal verlassen hat, dann muss er das Ziel nicht verfehlen.

Nun stand ich da und überlegte. Über mir zog ein Falke seine Kreise und stieß von Zeit zu Zeit seine markanten Schreie aus. Plötzlich legte er die Flügel an und sauste im Sturzflug hinab. Als er zwischen den Bäumen wieder auftauchte, hatte er seine Beute fest in seinen Fängen und flog damit direkt über mir zu seinem Nest in einem steilen Felsen, um seine Jungen zu versorgen. So, dachte ich, es ist Zeit, auf die Jagd zu gehen und beobachtete gerade, wie ein Schof Waldhühner nicht allzu weit von mir vor einem dichten Gestrüpp niederging. In mir erwachte der angeborene Jagdinstinkt, den alle freilebenden Indianer in ihrem Blut haben. Lautlos schlich ich mich im hohen Gras bis auf die richtige Entfernung zu den Hühnern heran, legte einen Pfeil aus meinem Köcher ein und spannte die Sehne. Bevor er meine Hand verließ, hatte ich das Ziel lange anvisiert. Aber mein Pfeil verfehlte das Opfer, und alle Hühner flogen aufgeschreckt davon. Ich ärgerte mich sehr darüber, doch es half nichts, der Hunger wurde immer stärker. In meiner Not pflückte ich Beeren und Kräuter, von denen ich wusste, dass sie nicht giftig waren, und füllte damit meinen Magen. Aber der Hunger kam wieder.

Die zweite Nacht brach an, und ich fühlte mich jämmerlich und allein. Meine Gedanken beschäftigten sich mit meiner Familie, meinen Freunden, der vertrauten Umgebung meines Dorfes. Ich erinnerte mich an eine Geschichte des Medizinmannes, der Geister sehen und mit ihnen sogar sprechen konnte. Nach altem Glauben würden die Geister der Toten vier Tage und vier Nächte bei dem leblosen Körper bleiben, bevor sie zur Milchstraße in die Ewigkeit emporsteigen und dort als Sterne zur Erde leuchten würden. Wenn er solche Geschichten erzählte, dann griffen die alten Leute nach den Elchlederbeuteln, in denen sich die Schutzmittel gegen böse Geister befanden. Erneut flüsterten in stockdunkler Nacht Tausende von unheimlichen Stimmen, und es dauerte lange, bis ich einschlafen konnte, denn ich hatte furchtbare Angst und schmerzlichen Hunger.

In der Morgendämmerung weckte mich ein krächzender Rabe, der auf einem dicken Ast einer uralten Fichte saß. Er flog nicht fort, auch nicht, als ich unmittelbar unter dem Baum stand und zu ihm empor sah. Im Gegenteil, er blickte zu mir herab und krächzte noch lauter. Ich hatte das Gefühl, dass er mich auf irgendetwas aufmerksam machen wollte. Der schwarze Vogel wird von vielen Stämmen als Symbol der Weisheit verehrt, das hatte man mir schon beigebracht. So war es für mich ein besonderes Zeichen und kein Zufall, dass er gerade jetzt hier vor mir auf dem Baum saß und wild krächzte. Aber was wollte er mir mitteilen – oder wollte er mich vor irgendeiner Gefahr warnen?

Während die eine Hand den Messergriff umspannte und die andere den Bogen hielt, schlich ich mich tiefer den Berghang hinab. Anfangs folgte mir der schwarze Vogel, doch schon bald verlor ich ihn aus den Augen. Das vor mir liegende Gelände wurde immer unübersichtlicher. Ein Stachelschwein kreuzte meinen Weg. Sein Fleisch ist wohlschmeckend, und die Stacheln sind ein begehrter Schmuck. Ich spannte meinen Bogen und folgte ihm, doch es verschwand im dichten Unterholz und rettete so sein Leben. Plötzlich war der Rabe wieder über mir, stieß auf mich herab und gebärdete sich wie wild. Was hatte das zu bedeuten? Regungslos verharrte ich auf einer Stelle, hielt den Atem an und lauschte. Soweit ich das Gelände vor mir überblicken konnte, suchten meine Augen jeden Winkel ab.

Und dann sah ich das, wovor der Rabe mich gewarnt hatte und nicht weitergehen ließ. Es war ein Zeichen der Götter. Ein riesiger Grizzly hatte ein Elchkalb gerissen. Bevor ich ihn im dichten Unterholz gesehen habe, hatte der mich mit seiner empfindlichen Nase längst gewittert. Er blickte drohend in meine Richtung und schnaubte laut. Wäre ich auch nur einige Schritte weiter in diese Richtung gegangen, dann hätte er mich sicher blitzschnell angegriffen und seine Beute verteidigt. So zog ich mich rückwärtsgehend langsam wieder dorthin zurück, von wo ich gekommen war. Mein Schutzgeist hatte mich durch den Raben gewarnt und mir sicher das Leben gerettet.

Auch am dritten Tag führten mich meine Pfade weiter durch die unwegsame Wildnis. Immer noch hatte ich nichts erbeutet, womit ich meinen grausamen Hunger hätte stillen können. Es war zum Verzweifeln. Wieder stopfte ich meinen Magen mit einer Menge von wilden Zwiebeln, Wurzeln, allerlei Kräutern und Beeren voll. Sollte ich umkehren und aufgeben? Diesen Gedanken verwarf ich wieder schnell, denn wenn ich nach nur drei Tagen in der Wildnis ohne Beute und einem spannenden Erlebnis in mein Dorf zurückkehren würde, dann hätte ich meine erste Prüfung nicht bestanden und meine Stammesgenossen würden mich verachten.

In der vierten Prüfungsnacht betete ich zum Gott der Jungen, dass er mir doch helfen solle, die Würde eines Mannes zu erwerben. Der Wind trug meine Worte bis weit hinüber zu den Bergen. Und diesmal muss er mich erhört haben, denn als die Morgendämmerung das seltsame Schweigen der Nacht vertrieb, zog es mich magisch tiefer in die Wildnis. Ich folgte zunächst einem schmalen Bach, der in einen kleinen Fluss mündete. Nach einiger Zeit verließ ich das Tal und stieg auf einen ziemlich hohen Hügel, um mir einen Überblick über die Gegend zu verschaffen. Von dort oben erblickte ich einen kleinen See, an dessen Zulauf ganz deutlich ein Biberdamm zu erkennen war. In aller Eile stieg ich den Berg herab und näherte mich vorsichtig der Biberburg. Die ganze Biberfamilie war gerade dabei, den Staudamm mit frischem Laubholz auszubessern. Um an das Baumaterial, an die Espen und Weiden am Ufer zu gelangen, mussten sie ihr nasses und sicheres Element verlassen. Das war meine Chance. Vom Hunger geplagt und vom Gedanken an das schmackhafte, zarte und fette Biberfleisch beflügelt, zielte ich sorgfältig – und hatte getroffen. Mit einem Satz war ich über dem zu Tode verwundeten Tier und erlöste es mit einem gezielten Messerstich von seinen Schmerzen. Mein Gott hatte mein Flehen vernommen und mir in meiner großen Not geholfen.

Am fünften und sechsten Tag erlegte ich noch eine Graugans und ein Kaninchen und entschloss mich nach diesem Erfolg wieder nach Hause zu marschieren. Vorher hatte ich von jedem Tier etwas herausgeschnitten, das vor dem Stammesrat als Prüfungsbeweis gelten würde. Doch meinem Triumphgefühl folgte blankes Entsetzen, als ich nach bangem Herumirren feststellte, dass ich mich verirrt hatte. Nachdem ich fast einen halben Tag durch dichten Busch gelaufen war, kam ich um die Mittagszeit wieder an eine Stelle, an der ich bereits am späten Morgen gewesen war. Ich war also im Kreis marschiert. Nackte Angst lähmte meine Gedanken, kroch in meine Glieder und schnürte mir den Hals zu. Doch dann fiel mir ein, was mir mein weiser Vater mit auf den Weg gegeben hatte: ‚Wenn du wieder in dein Dorf willst und auf dem Rückweg einmal die genaue Richtung verlierst, dann musst du Ruhe bewahren, auf einem Hügel auf den höchsten Baum steigen, von dem du das Gelände weit überblicken kannst. Von dort oben wirst du markante Punkte erkennen, die dir bekannt vorkommen. Genauso wie du dich auf dem Hinweg nach der Sonne gerichtet hast, richte dich auch auf dem Rückweg danach, dann wirst du auf bekannte Pfade stoßen, die zu unserem Dorf führen.‘

Als wenn das so einfach wäre, dachte ich. Mit klopfendem Herz folgte ich dem Ratschlag meines erfahrenen Vaters und marschierte los. Stunde um Stunde verging, ohne dass ich mir sicher war auf dem richtigen Weg zu sein. Es begann schon zu dunkeln, als ich plötzlich auf einen ausgetretenen Pfad stieß, der mir irgendwie bekannt vorkam. Meine Schritte wurden immer schneller. Zum Schluss rannte ich und machte erst Rast, als ich neben der Asche meines letzten Lagerfeuers stand. Jetzt war ich mir sicher, auf dem richtigen Weg zu sein. Langsam neigte sich der Tag seinem Ende zu, und es übermannte mich ein unvergleichliches Glücksgefühl. Ein letztes Mal schlug ich an diesem Platz mein Nachtlager auf.

Im ersten Licht des nächsten Tages rollte ich meine Decke zusammen, leerte meinen Wasserschlauch über der Glut des Lagerfeuers, warf noch Sand auf die heiße Asche, bis auch das letzte Flämmchen erlosch, und machte mich auf den Heimweg. Ich war mir jetzt sicher, dass ich vor Einbruch der Dunkelheit in meinem Dorf wäre. Während ich lief, beschäftigten mich viele Fragen und Gedanken. Würde das, was ich zu berichten hatte, würden die Beweise für meine Bewährungsprobe ausreichen und vom Rat der Krieger anerkannt werden? Hatte ich meine erste wichtige Prüfung bestanden? Die Spannung wuchs, je mehr ich mich unserer Siedlung näherte.

Mein Vater erblickte mich als Erster, als ich aus dem Dunkel des bereits vorgeschrittenen Abends in den fahlen Schein der flackernden Fackeln trat, unter dem der Ältestenrat auf dem Dorfplatz gerade eine Versammlung abhielt. Die Männer schauten ernst. Nur Jagender Falke, mein Vater, freute sich über mein Erscheinen und versuchte ein Lächeln zu verbergen, indem er eine Hand vor seine Lippen hielt. Zunächst sagte er kein Wort. ‚Erzähle, was hast du in den Bergen erlebt, und was hast du uns als Beweis deines Muts und deiner Tapferkeit mitgebracht?'

Mit einem mulmigen Gefühl im Bauch begann ich zu berichten und beobachtete dabei die Erwachsenen, die erwartungsvoll zu mir schauten und keine Miene verzogen. ‚Mein Schutzgeist führte mich viele Meilen immer weiter über Berge und Täler durch die Wildnis. Die ersten Tage waren zum Verzweifeln. Vom Hunger getrieben versuchte ich vergeblich ein Tier zu erlegen, doch das Wild schien sich in diesem trockenen Sommer lieber in feuchteren Gebieten aufzuhalten. Beharrlich pirschte ich weiter, hatte dann doch noch Jagdglück und erlegte als Erstes den Biber, danach die Graugans und dann noch das Kaninchen.' Nach meinen Worten wickelte ich im Schein der Fackeln mein Tuch auf und legte den Biberschwanz, den Flügel der Graugans und den Kopf mit den Ohren des Kaninchens vor die Füße der Erwachsenen.

Während alle meine Beweise begutachteten, wartete ich gespannt, dass einer der Krieger etwas sagen würde. Als alle schwiegen, ergriff ich wieder das Wort, worauf das Geraune in der Versammlung verstummte. ‚Auf meiner Suche nach wilden Tieren folgte mir tagelang hartnäckig ein laut krächzender Rabe, der sich von mir weder durch Geschrei noch durch wilde Gebärden vertreiben ließ. Als ich fest davon überzeugt war, dass er nicht mehr wiederkommen würde, flog er am nächsten Morgen erneut unmittelbar vor mir her und krächzte noch lauter. Jetzt wurde ich stutzig. Das hatte etwas zu bedeuten. Vorsichtig schlich ich weiter durch das Unterholz und entdeckte schon bald, keine dreißig Schritte vor mir, einen riesigen Grizzly, der gerade ein Elchkalb gerissen hatte. Nun begann ich langsam alles zu begreifen. Manitu hatte mir durch den Raben ein Zeichen gegeben und mich vor dem sicheren Tod bewahrt. Wenn ich vielleicht noch einen Schritt weitergegangen wäre, hätte er mich bestimmt ohne Vorwarnung angegriffen. Langsam, das mächtige Raubtier nicht aus den Augen lassend, bewegte ich mich im Rückwärtsgang und beobachtete jede Bewegung des Bären.'

Alle hatten mir aufmerksam zugehört. Niemand richtete weitere Fragen an mich. Doch ich musste noch eine Geschichte loswerden, die mich bedrückte. ‚Auf der Suche nach dem Heimweg konnte ich plötzlich meine gesetzten Zeichen nicht mehr finden und geriet in Furcht und Panik. Doch dann erinnerte ich mich an den weisen Ratschlag meines Vaters und machte das, was ein Krieger in einer solchen Situation machen muss.'

„Du hast alles richtig gemacht und die Zeichen des Großen Geistes richtig gedeutet." Alle anwesenden Krieger erhoben sich nach den Worten meines Vaters von ihren Plätzen, kamen zu mir und klopften mir anerkennend auf die Schulter. Ich hatte die erste Prüfung bestanden. Plötzlich war ich kein kleiner Junge mehr und wurde nun in den Kreis der mutigen Krieger aufgenommen. Es folgten noch viele Bewährungsproben, bei denen ich Tapferkeit beweisen und kluge Entscheidungen mittragen musste, bis mich schließlich der Ältestenrat zum Häuptling wählte. Doch jetzt ist die Zeit gekommen, dass schon bald ein junger Krieger Verantwortung für unsere Sippe übernimmt." Häuptling Schneller Falke erhob sich von seinem Sitz und blickte Waldemar an. Über das vom entbehrungsreichen, harten Leben in der Wildnis gezeichnete Gesicht huschte ein zufriedenes Lächeln. Danach trennten sich ihre Wege.

Anders als viele Rothäute mancher Stämme, die dem verdammten Feuerwasser der Weißen rettungslos verfallen waren, bemühte sich in dieser Ansiedlung jeder Mann seinen Körper in gesunder, durchtrainierter Verfassung zu halten, um sich mit der Waffe jederzeit verteidigen zu können. Ausgestattet mit Kraft und Mut, verehrten die jungen Krieger ihren Körper als heiligen Tempel. Dank ihres weisen und weitsichtigen Häuptlings, tauschten diese Indianer ihre Felle ausschließlich nur gegen Eisengeräte, Feuerwaffen, Tuchstoffe, Blecheimer und andere nützlichen Dinge, die sie in der Wildnis gut gebrauchen konnten. Da sie sich nicht mit einem Fässchen Rum, dem verderblichen Gift und Zaubertrank übers Ohr hauen ließen, war dieser Stamm sicher kein idealer und bevorzugter Partner der Pelzhändler. Das war bestimmt auch der Grund, warum sie nicht in jedem Sommer in dieser Siedlung erschienen.

Schwarzer Pfeil hatte Waldemar inzwischen den Umgang und die lautlose Schleichjagd mit Pfeil und Bogen beigebracht. Um Elche anzulocken, benutzte er eine Trompete aus Birkenrinde. Er war nicht nur der Zielsicherste im Schuss, sondern auch der Geschickteste des Stammes auf Kundschaftergängen. Doch es dauerte noch lange, bis Waldemar annähernd die Treffsicherheit beherrschte, die dem Roten Mann angeboren zu sein schien. „Lausche mit deinem Herzen, dann wirst du die leisen Pfoten der Wölfe und Kojoten hören."

Schwarzer Pfeil war der unbestrittene Anführer der Krieger und sollte irgendwann die Nachfolge des alten Häuptlings antreten. Er hatte Ehrfurcht vor der Weisheit eines Grauhaares, achtete seine Eltern, verachtete Lügen, hielt Falschheit für Schwäche und glaubte an Frieden und Bruderschaft. Doch höher als all das, stand bei ihm die Ehre und das Wort eines Mannes. Bei feierlichen Anlässen und Zeremonien saß er ohne jegliche Bewegung seiner Züge im Kreise der Krieger, während Adlerfedern sein stolzes Haupt schmückten. Wenn er zu ihnen redete, tat er es ruhig und bedächtig, aber mit Nachdruck, und kaum jemand wagte es, ihm zu widersprechen. Er hatte alle Eigenschaften, um ein guter Häuptling zu werden, der am Abend noch wusste, was er am Morgen versprochen hatte. Aber auch der Wilde Büffel hatte den Ältestenrat durch viele mutige Taten überzeugt und sich dadurch für dieses hohe Amt empfohlen. Sobald eine Einigung im Ältestenrat erzielt wäre, sollte noch in diesem Jahr die feierliche Wahl stattfinden.

Schwarzer Pfeil war ein mutiger, stolzer Krieger, der auf die jüngste Tochter des Häuptlings ein Auge geworfen hatte. Yahawentha, das Mädchen mit den blauschwarzen Haaren, den schlanken, schnellfüßigen Beinen, dem geschmeidigen Gang einer Katze und dem glutäugigen Blick, war eine außergewöhnliche Schönheit. Sie machte die besten Mokassins, flocht aus Karibusehnen die stärksten Stricke und hatte von ihrer Mutter gelernt, dass Männer das Gesetz machen und Frauen stets gehorchen müssen. Ihre beiden Geschwister waren längst verheiratet. Nach dem Willen beider Eltern sollte sie noch in diesem Jahr mit dem tapferen Krieger Schwarzer Pfeil verheiratet werden.

Doch sie zögerte, war für eine Heirat mit dem Auserwählten noch nicht bereit. Seitdem der fremde, großgewachsene weiße Mann mit dem blonden Haarschopf aufgetaucht war, der langsam seinen athletischen Körper wiedererlangt hatte, blieb es Waldemar nicht verborgen, dass ihm Yahawentha heimlich feurige Blicke zuwarf.

Als er eines Tages zum träge dahinfließenden Keele über das bröcklige, steile Ufer hinabstieg, stand sie nicht weit davon in einem weißen Gewand aus Karibufell auf einem Felsen, das blauschwarze Haar nur von einem Stirnband gehalten, den Blick auf die unendliche Einsamkeit gerichtet und schien zu meditieren. Am Stand der schläfrig glühenden Sonne erkannte er, dass es um die Mittagszeit sein musste. Nachdem er sich von seinem Platz im hohen Gras der Uferböschung erhoben hatte und langsamen Schrittes auf eine Hügelkette zuging, hinter der die Indianersiedlung lag, folgte ihm Yahawentha in einigem Abstand. Wie aus dem Boden gestampft, querte sie plötzlich seinen Weg. Nur ein paar Schritte vor ihm – ein Traumbild. Sein Blick glitt über die goldbraun schimmernde Haut ihres makellosen Körpers und begegnete den schwarzen Augen einer Katze. Welch eine jugendliche Schönheit, welch heikle, unwiderstehliche Verlockung. Doch ein Techtelmechtel mit der jungen Wilden kam für ihn nicht in Frage, denn inzwischen waren Schwarzer Pfeil und er Blutsbrüder geworden und hatten sich uneingeschränkte Freundschaft geschworen, die er auf gar keinen Fall verletzen wollte. Ein Freundschaftsgelöbnis galt als heilig und unverbrüchlich.

Doch Yahawentha suchte immer wieder einen Anlass, um ihm zu gefallen. Drei Tage später wurden die alljährlich stattfindenden Wettkämpfe ausgetragen, ein ehrenvolles Kräftemessen unter den jungen Kriegern. Zu den Hauptkämpfen gehörten Ringkämpfe und ein Wettlauf durch ein schwieriges Gelände. Da Schwarzer Pfeil sein Blutsbruder war, erwarteten alle, dass er auch an diesen Kämpfen teilnehmen würde.

Als er am nächsten Morgen auf dem dafür hergerichteten Gelände erschien, wurde er von den Zuschauern mit lautem Gejohle empfangen. Alle Kämpfer hatten den Körper mit Kiefernnadelöl eingerieben und ihr Gesicht mit Zinnober rot gefärbt. Als Schwarzer Pfeil zu ihm trat und mit ihm redete, ging ein Raunen durch die Reihen der Zuschauer. Alle waren gespannt, was nun geschehen würde. Nachdem dann noch Wilder Büffel dazu kam, hatte der weiße Mann keine andere Wahl mehr und stellte sich auf die Seite der Kämpfer, was von den Zuschauern wiederum mit lauten Rufen bedacht wurde.

Es war ein Entschluss, den er später noch bereuen sollte. Auch er wurde entsprechend den anderen mit Öl und Farbe für die Kämpfe hergerichtet. Begonnen wurde mit dem Geländelauf, der vier Stunden durch dichtestes Buschwerk, durch Bäche, kleine Flüsse, Sümpfe und Moore führte, wobei den Läufern Millionen von aufgescheuchten Moskitos folgten. Diese verdammten, blutsaugenden Plagegeister setzten den Männern arg zu. Schließlich erreichte völlig erschöpft auch er als Zweiter das Ziel. Sieger wurde Schwarzer Pfeil.

Nach kurzer Pause begannen die Ringkämpfe. Hier standen sich zwölf Männer gegenüber, die durch Losentscheid in zwei Gruppen geteilt wurden. Im Endkampf trafen dann die Gruppensieger aufeinander. Der Gewinner wurde in einer feierlichen Zeremonie geehrt und genoss im Stamm hohes Ansehen. Die nachfolgenden Geschicklichkeitsspiele waren eigentlich Nebensache und galten mehr der Unterhaltung und Belustigung.

Alle Kämpfe wurden hart und verbissen, aber äußerst fair ausgetragen. Die Unterlegenen verbeugten sich vor den Siegern, traten zurück in die Reihen der Zuschauer und erwarteten nun gespannt den Endkampf. In diesem standen sich Schwarzer Pfeil und Waldemar gegenüber. Es bahnte sich eine verdammt heikle Situation an, denn jetzt musste er gegen seinen Blutsbruder kämpfen. Ein Sieg wäre eine große Schmach für den Roten Krieger. Schwarzer Pfeil musste in diesem Kampf durch Kraft und Mut beweisen, dass er der richtige Nachfolger des scheidenden Häuptlings Okaringa ist. Für ihn als Fremdling wäre der Sieg nichts mehr, als ein vergänglicher Triumph, denn er würde irgendwann diesen Stamm wieder verlassen. So betraten nun unter dem Gejohle der Zuschauer die beiden Kämpfer den abgegrenzten, staubigen Platz, reichten sich die Hand und warteten auf ein Zeichen zum Kampf durch den Stammeshäuptling. Als dieser seine rechte Hand erhob, verstummten augenblicklich die lauten Zurufe und das Gejohle in der Menge.

Der Kampf hatte begonnen. Im Schein der hellen Mittagssonne stürzten sich jetzt die mit Öl und Farbe eingeschmierten Männer aufeinander und wälzten sich schon gleich danach im Staub des Kampfplatzes. Nach den seit Urzeiten geltenden Stammesregeln hatte derjenige gewonnen, der den Gegner in eine vollständig aussichtslose Rückenlage brachte und ihn danach solange kampfunfähig festhalten konnte, bis der Häuptling zum Zeichen des Sieges wieder seine rechte Hand erhob. Doch in diesem äußerst harten Ringkampf, der bereits mehr als eine halbe Stunde dauerte, war es weder der Rothaut noch dem Bleichgesicht gelungen, den Kampf für sich zu entscheiden. Inzwischen hatten die Kämpfenden eine Menge Blessuren davongetragen. Beide Männer waren sichtbar erschöpft und am Ende ihrer Kräfte.

Doch dann geschah etwas Seltsames, womit keiner der Zuschauer gerechnet hatte. Häuptling Okaringa erhob sich würdevoll von seinem Ehrenplatz, worauf der Lärm und die Anfeuerungsrufe abrupt verstummten: „Ihr tapferen Krieger dieses Stammes. Jeder von euch war Zeuge eines überaus harten, aber fairen Kampfes, der nach den überlieferten Regeln unserer Ahnen stattgefunden hat, jedoch bisher keinem der Kämpfenden den Sieg brachte. Wir zweifeln nicht am Mut der beiden Kämpfer. Der Große Geist hat in seiner Weisheit und geheimnisvollen Kraft entschieden, dass es in diesem Kampf keinen Verlierer geben soll. Seinem Willen beugen wir uns und erklären diesen Kampf für beendet. Möge das Bleichgesicht und alle Roten Brüder die weise Entscheidung Manitus respektieren, denn schon bald werden sich ihre Wege trennen."

Nach diesen Worten Okaringas murrten einige der jungen Krieger, die sicher lieber einen Kampf bis zum bitteren Ende, bis zur Aufgabe eines Kämpfers, gesehen hätten. Da ergriff Schwarzer Pfeil das Wort: „Wann immer auf diesem Platz und gegen wen meiner Roten Brüder ich bisher gekämpft habe – dieser Kampf war mein längster und schwerster. Es ist durch den Großen Geist so bestimmt, dass es keinen Sieger gibt, und das ist gut so. Der weiße Mann hat ehrenvoll gekämpft. Sein Roter Bruder wird viele Monde um ihn trauern, wenn er unseren Stamm verlassen hat. Vergessen wird er ihn nie. Lasst uns nun das friedliche Fest feiern, wie es uns unsere Ahnen lehrten."

Nach dieser Rede reichten sich die beiden Kämpfer freundschaftlich die Hand und setzten sich jeder an eine Seite des Häuptlings, der sie vorher durch ein Handzeichen dazu aufgefordert hatte. Es war still geworden in den Reihen der Krieger. Erst nachdem Häuptling Okaringa erneut zu seinem Stamm gesprochen hatte, fanden die weiteren Spiele statt. Nach heiligen Gesängen und wilden Tänzen um das hell lodernde Lagerfeuer endete spät in der Nacht das jährlich stattfindende Fest der

Indianer. Yahawentha hatte schon vor dem Ende des Festes den Platz verlassen.

Bisher hatte er vergeblich auf die Ankunft der Pelzhändler gewartet, um bei denen endlich Munition für sein Gewehr kaufen zu können, doch es sah so aus, als ob sie in diesem Sommer nicht mehr kommen würden. Daher war es jetzt allerhöchste Zeit aufzubrechen, um noch vor Einbruch des langen Winters einen der Handelsposten am Mackenzie zu erreichen. Mit diesen Rothäuten am Keele hatte er sich verbrüdert und viel von ihrem einfachen Leben in der Wildnis dazugelernt. Es fiel ihm schwer, diesen Stamm zu verlassen, doch es musste sein.

Dann war es so weit. Im Halbdunkel eines schon recht kühlen Spätsommermorgens, als noch alle Rothäute im tiefen Schlaf in ihren Tipis schlummerten, näherten sich schweigend vier Männer dem noch in dichten Nebel gehüllten Fluss. Auch als sie ein Kanu unmittelbar in Ufernähe absetzten und die mitgebrachten Gegenstände darin verstaut hatten, redete niemand ein Wort. Nachdem alles im Boot verzurrt war, stiegen die vier seltsamen Gestalten wieder die Uferböschung empor und setzten sich in einer Reihe in das noch vom Nebel und Tau triefende Büffelgras, wobei ihre ernsten Gesichter alle nach Osten ausgerichtet waren. Erst als die aufgehende Sonne gespenstig durch die Nebelschwaden brach, erhob sich Häuptling Okaringa, entzündete die Heilige Pfeife, reichte sie Waldemar und begann zu beten: „Großer Geist, wir bitten dich, bei uns zu sein. Höre uns im blauen Himmel und erhöre unser Gebet. Winde tragen meine Worte durch die schlafenden Täler. Wir, die wir uns an dieser Stelle versammelt haben, trennen uns jetzt von einem Freund des Friedens unter den Völkern. Gib, dass der von uns scheidende weiße Mann den Herausforderungen, die auf ihn zukommen werden, gewachsen sein wird.“ Nach diesem Gebet setzte er sich wieder und schwieg.

Als jeder der vier Männer fünf Züge aus der Heiligen Pfeife genommen hatte, stimmten Okaringa, Schwarzer Pfeil und Wilder Büffel eines ihrer monotonen Lieder an und hörten mit dem Gesang erst auf, als die Kraft der Sonne die Nebelschwaden vollends verdunsten ließ. Wortlos stiegen nun die Männer das steile Ufer hinab und bewegten sich langsam in die Richtung des am Ufer liegenden Birkenrindenkanus. Hier trennten sich ihre Wege. Waldemar hatte diesem Stamm viel zu verdanken.

Auf dem Mackenzie

Der mächtige Too-Cha-Tes führte Hochwasser. Gewaltige, angsteinflößende Wassermassen, die dem fernen Eismeer zuströmten, auf deren meterhohen Wellenbergen sein Birkenrindenkanu wie eine Nussschale tanzte. Im dichten Nebel waren die meilenweit entfernten Ufer kaum zu erkennen. Vor ihm lagen nun die endlosen Weiten der kanadischen Subarktis, ein vollkommen unbekanntes Land.

Erst 1789 gelang es dem Schotten Alexander Mackenzie, dem größten Entdecker des Nordwestens, den damals noch völlig unbekannten Strom bis zum Nordpolarmeer zu befahren, der später nach ihm benannt wurde. Hunderte von Meilen davor verweigerte ihm die indianische Mannschaft die Weiterfahrt. Seine Chipewyans vom Athabasca See glaubten an böse Geister, die am Ende der Welt hausen und jeden Menschen töten würden, der sich so weit nach Norden in ihr Reich wagen würde. Für sie war das Gebiet der Baumgrenze, „das Land der kleinen Stöcke", wo man das Wild nicht nach der üblichen Art beschleichen konnte. Es kostete ihn viel Mühe, um sie zur Weiterfahrt zu bewegen. Erst als er ihnen versprach, spätestens nach sieben Tagen umzukehren, auch wenn man das Eismeer noch nicht erreicht hätte, ruderten sie weiter. Sein Bericht über diese Expedition in die menschenleeren, unendlichen Weiten des kanadischen Nordens ging um die Welt.

Nun befand Waldemar sich auf diesem nicht nur in Europa kaum bekannten mächtigen Strom. Tagelang war er schon unterwegs, den rauen Elementen ausgesetzt, ohne einem Menschen zu begegnen. In gleichmäßiger Eintönigkeit schob der breite Strom die gewaltigen Fluten durch endlos flaches Land. Nur selten tauchten Hügel auf. Die Einsamkeit zerrte an seinen Nerven. Waren die Angaben der Indianer über die Siedlungen der Weißen am Mackenzie unzuverlässig – nur ein Gerücht?

Am Morgen des vierten Tages entdeckte er in weiter Ferne Rauchfahnen. Gegen Mittag machte er sein Kanu in einer ruhigen Bucht fest und stieg die steile Böschung hoch. Nicht weit vom Ufer standen ärmliche Blockhütten der Indianer und davor ein alter Toboggan, cin kufenloser Indianerschlitten. In der Mitte der Siedlung eine alte Kirche oder besser gesagt, eine schmucklose kleine Kapelle. Endlich wieder Menschen! Ein Uniformierter kam ihm entgegen und fragte nach kurzer Begrüßung, woher er denn käme und wohin er wolle. Danach führte er ihn in ein Fort mit hohen Palisaden, dessen Tor aber weit offen stand. „Hier im Indianernest Tulita, das wir Fort Norman nennen, lässt man niemanden vor der Tür stehen. Inzwischen haben sich einige Weiße bei uns angesiedelt, meistens Fallensteller und Pelzhändler. In diesem Fort sind nur noch ein Dutzend Soldaten stationiert. Mittlerweile herrscht Frieden unter den Stämmen, die sich früher erbarmungslos bekämpften. Übrigens, ich heiße Ted und komme aus Toronto. Vor zwei Jahren sollten wir schon abgelöst werden, aber es passierte nichts. In dieser gottverlassenen Weite hat man uns wohl vergessen. Hier gehst du ein! Die Winter sind bitterkalt und dunkel, und im Sommer wirst du von den Moskitos aufgefressen. Wir leben hier auf vorgeschobenem Posten, so einfach in den Tag hinein, immer das Gleiche, und warten auf die Ablösung. Die Zeit vertreiben wir uns mit ein paar Indianermädchen, aber jetzt erzähl mal deine Geschichte."

Während sie sich langsamen Schrittes einem alten Blockhaus näherten, erzählte Waldemar ihm von seinem langen Weg bis hierher. „Da hast du ja einiges hinter dir." Ted führte ihn in einen Raum, in dem ein bärtiger Uniformierter mit heruntergelassenen Hosenträgern ein Buch lesend an einem grobgezimmerten Schreibtisch saß und sich offensichtlich dabei von den eintretenden Männern nicht stören ließ. „Der Sergeant ist der Älteste unserer Einheit. Er war von Anfang an hier, als das Fort gebaut wurde." Der Bärtige schaute grimmig auf, erwiderte kurz den Gruß und vertiefte sich sogleich wieder in seine Lektüre. „Ein Becher heißer Kaffee wird dir sicher guttun." Ted holte die verbeulte Kanne von einem gusseisernen Ofen und füllte die Becher randvoll. Viele Jahre hatte Waldemar den Geruch von duftendem Kaffee nicht mehr in der Nase gehabt und genoss jetzt sichtlich jeden Schluck davon.

„Lass uns dort an dem anderen Tisch Platz nehmen, und dann erzählst du mir noch mehr von dir." Nachdem sie auf groben Schemeln Platz genommen hatten, bemerkte Waldemar erst jetzt, dass sein Gegenüber eine breite Narbe quer über der oberen Stirn hatte. „Ja, da gibt es natürlich viel zu erzählen", begann er dann, redete von seiner Heimat, dem harten Anfang in Amerika, den turbulenten Tagen während des Goldrausches in Dawson City und den Begegnungen mit Trappern und

Indianern, doch von der Goldsuche am Nahanni erwähnte er zunächst kein Wort.

„Verdammt noch mal, dazu gehört eine gute Portion Mut und Abenteuerlust. Über Germany hatte ich in jungen Jahren schon mal was gelesen. Muss irgendwo jenseits des großen Wassers mitten in Europa liegen. Als ich noch im Osten Kanadas, in Labrador stationiert war, hatten wir mal einen in meiner Kompanie, der Paul hieß, der aus Deutschland kam, aber der blieb dort, während ich mich freiwillig zum Dienst in den unbekannten Norden meldete."

Ted holte erneut die Kaffeekanne und füllte die Becher. „Aber sag mal, wer hat dir denn die hässliche Narbe an der Stirn zugefügt?"

„Tja, das ist auch so eine Geschichte. Als ich damals als junger, unerfahrener Bursche hierherkam, erwischte mich bereits auf einem ersten Kundschaftergang so ein verdammter Pfeil einer Rothaut. Es hätte bös ausgehen können, doch zum Glück streifte dieser nur meinen Skalp. In jenen Tagen waren die meisten Stämme sehr aggressiv, denn sie glaubten, der weiße Mann würde nicht nur ihr Land rauben, sondern auch ihren Besitz und ihre Weiber. Es war ein Aufeinanderprallen zweier Kulturen. Dabei versuchten wir ihnen bei jeder Gelegenheit zu erklären, dass es in diesem weiten Land genügend Raum zum Leben für jeden geben würde. Es dauerte lange, bis sich das einigermaßen normalisierte. Heute steht die Tür des Forts für jede Rothaut offen."

„Ich habe euch beiden mit einem Ohr zugehört", knurrte der Bärtige, holte sich einen Schemel und setzte sich zu ihnen. „Wer harte Jahre auf sich allein gestellt in der Wildnis überlebt hat, der muss ein zäher Bursche mit einer robusten Gesundheit sein. So einen könnten wir hier als Scout gut gebrauchen, nachdem ein Halbblut im letzten Jahr seinen Dienst für uns quittiert hat."

Der Vierschrötige blickte grinsend zu Waldemar hinüber, doch der schüttelte nur mit dem Kopf, und erzählte lieber von seiner abenteuerlichen Goldsuche in den schwarzen Bergen. „In meinem Dickschädel spukt immer noch das Gold des Nahanni. Dorthin werde ich zurückkehren, sobald sich dazu eine Gelegenheit bietet." Den geheimnisvollen Fluss kannten die Uniformierten nicht und hatten bisher auch noch nichts über das unzugängliche Gebirge zwischen Mackenzie und Yukon gehört.

„Hier an dem großen Strom, an der Mündung des Great Bear Rivers, bist du unter Weißen, wirst von der Regierung verpflegt und erhältst sogar noch ein paar Dollar. Wenn wir eines Tages abgelöst werden, hast du die Möglichkeit, mit uns zu gehen und bist wieder in der Zivilisation.“ Der Sergeant hoffte sein Interesse geweckt zu haben, doch Waldemar wiederholte nur seine Ablehnung und schüttelte sein Haupt.

„Aber vielleicht könnt ihr mir mit Munition aushelfen, oder einen Tipp geben, bei wem ich Patronen für mein Gewehr kaufen könnte?“

„Das wird hier kaum möglich sein.“ Ted füllte erneut die Becher voll. „Aber eine halbe Meile flussabwärts wohnt ein Trapper, der mit der Hudson Bay Company handelt. Möglich, dass er dir helfen kann, wenn du Glück hast und ihn in seiner Hütte antriffst. Aber Vorsicht, er ist ein eigensinniger Kauz.“

Inzwischen betraten drei weitere Militärangehörige in ziemlich verschmutzten Uniformen den Raum. „Diese Männer und noch sieben, die sich irgendwo herumtreiben, das ist der übriggebliebene Rest von unserer einstigen Einheit.“ Verächtlich spuckte der Sergeant den scheußlichen Kautabak auf den staubigen Boden vor der Baracke, nachdem er die Bude fluchend verlassen hatte. Ted stellte den Fremden kurz vor, die nun am Tisch Platz genommen hatten und ihn sofort mit vielen Fragen überhäuften. „Das unbekannte Kanu am Ufer hat uns neugierig gemacht. Es sind ja unglaubliche Dinge, die du hinter dir hast.“ Die Männer waren fasziniert von seinem langen, abenteuerlichen Weg. „Wir haben den Fallensteller vor seiner primitiven Hütte gesehen“, sagte einer von ihnen, nachdem sie vernommen hatten, dass der Fremde keine Patronen mehr für sein Gewehr hatte. „Bei ihm kriegst du sicher Munition, doch Vorsicht bei dem alten Schlitzohr, dass du nicht übers Ohr gehauen wirst.“

Nun gut, er würde wachsam sein. Wenig später verabschiedete er sich von den Armeeangehörigen, bedankte sich für die Gastfreundschaft und eilte zu seinem Kanu.

Als ob er schon auf den Fremden gewartet hätte, fand er den Trapper hoch oben auf der steilen Böschung stehend. Doch als er sein Kanu am Ufer festgemacht hatte, stand der Einsiedler nicht mehr dort, sondern mit einem Gewehr in der Hand an einer anderen Stelle. Von dort hatte er einen guten Blick auf den Trampelpfad, der zu seiner Hütte führte.

„Was führte dich hierher, Fremder?“, fragte er barsch aus sicherer Distanz und richtete dabei die Waffe auf ihn.

„Man sagte mir im Fort, dass du mir vielleicht mit Munition für mein Gewehr helfen könntest.“

Der Trapper fixierte ihn von oben bis unten, bevor er antwortete. „Komm erst mal herein.“ Der Waldmensch führte ihn zu seiner Hütte, die gut versteckt im dichten Buschwerk lag. „Seitdem es im Fort nur noch ein paar Soldaten gibt, treibt sich hier wieder ungebetenes Indianergesindel herum. Ich habe nicht sofort erkannt, dass du ein Weißer bist, denn mein Augenlicht hat verdammt nachgelassen.“

Im Inneren der geräumigen Blockhütte lagen zu Bündeln zusammengeschnürte, sorgfältig gestapelte Biberfelle, aber auch einige von Marder, Fuchs, Wolf, Karibu und Elch. „Die sollten längst von den Händlern der Hudson Bay Company abgeholt worden sein, aber das war schon immer so, mal tauchen sie bereits im Frühsommer auf, mal aber auch erst im Herbst, und in manchen Jahren überhaupt nicht. Sie werden schon noch kommen, und wenn nicht, dann eben erst im nächsten Sommer. Man kann sich nicht darauf verlassen, muss Geduld haben, und die gehört eben zum Leben eines Trappers. Zweihundert Meilen weiter liegt Fort Good Hope. Dort ist eine Handelsstation der Hudson Bay, in der du sicherlich Munition für dein Schießeisen kaufen kannst. Aber pass gut auf. Auf halbem Weg zu dieser Siedlung versperren gewaltige Stromschnellen den Mackenzie auf seiner gesamten Breite. Es sind die Sans Sault Rapids, die schon manch einem zum Verhängnis wurden. Nicht allzu weit danach durchbricht der ‚Mächtige‘ ein breites Felsmassiv, wird verdammt eingeengt und von hohen Steilwänden in die Zange genommen. Du nimmst durch die Strömung mächtig an Fahrt auf, aber es gibt dort keine Stromschnellen. Doch nun erzähl mal, wie kommt ein junger Kerl überhaupt auf die Idee und treibt sich hier allein am Ende der Welt herum?“

Waldemar begann von seinem abenteuerlichen Leben zu berichten. Der alte Mann unterbrach ihn erst, als er vom strengen Winter am Yukon mit dem Trapper Yoshua und dem Indianer Thenaka erzählte.

„Einen, der so viel hinter sich hat, den kann ich ohne dieses verdammt überlebenswichtige Zeug nicht weiterziehen lassen.“ Nach diesen Worten ging er in die äußerste Ecke der Hütte und holte unter einem Stapel von Fellen eine kleine Kiste hervor. „Die sind für dich.“ Als

Waldemar den Alten fragte, was er dafür haben wollte, winkte er nur ab. „Wenn dich dein Weg irgendwann wieder hierherführen sollte, dann kannst du mir die gleiche Anzahl Patronen zurückgeben.“ Dabei grinste er verschmitzt und schob die Kiste zu ihm über den groben Holztisch. „Du wirst eines Tages wieder auf dem gleichen Weg zurückkommen, wie schon einige vor dir, denn weiter stromabwärts ist die Welt zu Ende. Da gibt es nichts mehr, als Milliarden Moskitos und brutale Winterstürme, die wochenlang über die kahle Tundra fegen.“

Waldemar bedankte sich. „Ich werde mein Glück in der Handelsstation der Hudson Bay Company in Fort Good Hope versuchen und mit den Pelzhändlern vielleicht eines Tages wieder zurück nach Süden reisen.“

Der Mann lachte. „Das kann sehr, sehr lange dauern. Ob ich dann überhaupt noch am Leben bin?“

Danach trennten sich ihre Wege. Der alte Trapper stand noch winkend auf der hohen Uferböschung, als Waldemars Kanu bereits von der Strömung mitgerissen wurde und im aufkommenden Flussnebel verschwand. Er hatte wieder Patronen für sein Gewehr, das Wichtigste zum Überleben in unbekannter Wildnis.

Nun ließ er sich in der leichten Strömung treiben, ein winziger Punkt in einer schier unendlichen Wasserwüste. Langsam wurden die Tage kürzer und die Nächte immer kälter. Dann wechselte plötzlich der Wind. Tagelang blies ihm jetzt schon ein strammer Nordwester entgegen. Durch den starken Gegenwind türmten sich tückische Wellenberge auf, die von der Strömung gefährlich unterlaufen wurden. Mehrmals drohte sein vollbeladenes Birkenrindenkanu in den anrollenden Wellen zu kentern. Dem stark zunehmenden Gegenwind suchte er in Ufernähe ein wenig auszuweichen. Doch als dann aus dem Wind ein orkanartiger Sturm wurde, rettete er sich buchstäblich in letzter Minute auf eine bewaldete Insel, zog das vollgeschlagene Kanu auf eine Anhöhe, baute dort im dichten Busch sein Zelt auf und fiel völlig erschöpft in einen tiefen Schlaf.

Während der Dunkelheit tobte sich der Sturm mit heftigen Regenschauern so richtig aus. Auch der nächste Morgen war grau und kalt. Der nordische Winter kündete sich schon früh mit vereinzelten Schneeschauern an. Durch die Nässe und den Mangel an trockenem Holz, ließ sich ein wärmendes Feuer kaum entzünden. So blieb ihm nichts anderes übrig, als widerwillig aus seiner feuchten Behausung zu kriechen und in sein Kanu zu steigen, denn die Zeit drängte. Zum Glück ließ auch der Nordwind etwas nach, und hier und da kam zwischen dem wolkenverhangenen Himmel auch die Sonne durch.

Je weiter er nach Norden kam, umso kälter wurde es. Aber er kannte ja harte Lebensbedingungen, wusste damit umzugehen, mit der Einsamkeit und Totenstille, die nur schwer zu ertragen ist. Er liebte dieses Land.

Tagelang trieb er nun schon durch die unendlichen Weiten der kanadischen Subarktis und lebte fast ausschließlich von Dörrfleisch und getrocknetem Fisch. Nur einmal gelang es ihm, einen fetten Biber zu erlegen, der an der Mündung eines kleinen Flusses direkt vor seinem Kanu auftauchte und den Fehler zu spät gemerkt hatte.

Als der mächtige Strom durch eine große Insel in zwei kilometerbreite Arme getrennt wurde, entschloss er sich für die linke Durchfahrt. Ungefähr fünf Meilen weiter, an der Mündung eines Nebenflusses, errichtete er im breitgefächerten Flussdelta auf einer Kiesbank sein Nachtlager. Deutlich vernahm er jetzt in der Ferne ein tiefes Grollen, das nur gewaltige Wassermassen verursachen, wenn ihnen Felsen im Flussbett den Weg versperren. Stromschnellen! Selbst bei Tageslicht hätte er sie von seiner Position noch nicht sehen können, denn an dieser Stelle machte der Strom eine Biegung. Dies mussten die berüchtigten und gefährlichen San Sault Rapids sein, vor denen ihn der alte Trapper in Fort Norman gewarnt hatte.

Nach unruhigem Schlaf stieg er am nächsten Morgen mit einem recht mulmigen Gefühl im Bauch wieder in sein Kanu. Er ahnte, was auf ihn zukam, blieb mit seinem Kanu in Ufernähe und hatte sich fest vorgenommen, lieber die Schnellen zu portagieren, zu umtragen, als in dem brodelnden und kochenden Wasser zu kentern und alles zu verlieren. Selbst wenn er nach einer Kenterung und Bootsverlust sein Leben retten könnte, würde er ohne Ausrüstung, Proviant und Gewehr in diesem riesigen, menschenleeren Land elendig verhungern.

So hielt er sein Kanu in den immer schneller werdenden Wassermassen in der Nähe des linken Ufers. Das anfangs nur dumpf vernehmbare Grollen nahm ständig zu und entwickelte sich rasch zu furchterregendem Brüllen. Doch er hatte das rechtzeitige Anlegen am Ufer zu lange hinausgezögert und wurde jetzt von der gewaltigen Strömung mitgerissen. Ehe er sich versah, befand er sich mit seinem winzigen Boot inmitten von brodelnden Wirbeln und riesigen Wasserbergen. Irgendwie schaffte er es immer wieder die Spitze seines Kanus gegen die anrollenden meterhohen Wellen auszurichten und nicht zu kentern. Wie lange dieser Höllenritt dauerte, konnte er hinterher nicht genau sagen. Als die Wellenberge immer flacher wurden und schließlich ganz ausliefen, wusste er, dass er diese gefährlichen Stromschnellen am Mackenzie unbeschadet überstanden und hinter sich gebracht hatte.

Nach dieser geglückten Durchfahrt, nach diesem Ritt auf den furchterregenden Wellenbergen, schöpfte er das Spritzwasser aus seinem Kanu, streckte seine Glieder der warmen Sonne entgegen und gönnte sich auf einer Sandbank eine Pause. An diesem recht kühlen, aber sonnigen Tag, ließ er sich danach in seinem Kanu in der nun kaum spürbaren Strömung treiben und beobachtete am stahlblauen Himmel die letzten Nachzügler der Zugvögel auf ihrem Weg nach Süden. Der Strom hatte sich ausgetobt und floss nun wieder in vielen langgestreckten Windungen.

Vielleicht fünfzig Meilen weiter verlor der bis dahin meilenbreite Mackenzie weit mehr als die Hälfte seiner Breite und bahnte sich in Jahrmillionen ein tiefes Bett durch eine Felsbarriere. Durch die starke Strömung mitgerissen, nahm sein Kanu zusehends an Fahrt durch diese Engstelle mit vierzig Meter hohen senkrechten Felswänden auf. Das mussten die Ramparts, die Felsenwälle sein, vor denen ihn der Trapper in Fort Norman noch gewarnt hatte, schoss es ihm durch den Kopf. Nach tagelanger Reise durch ein flaches Land, ein aufregendes Erlebnis, eine rasante Fahrt durch steile, von der Mittagssonne in glühendes Rot verwandelte Gesteinswände. Als die Felsenufer flacher wurden und schließlich ganz ausliefen, beruhigte sich der Strom und nahm wieder seine ursprüngliche Breite ein.

Endlich erblickte er gegen Mittag in der Ferne in den stahlblauen Himmel aufsteigende Rauchsäulen. Es musste Fort Good Hope sein, wenn er nicht schon in diesem viele Meilen breiten Strom und einem Labyrinth von Inseln an dieser Siedlung vorbeigetrieben war. Es hätte fatale Folgen, denn niemand konnte ihm bisher sagen, ob weiter nördlich, in den endlosen Weiten der Arktis und an der Mündung des Mackenzie in das Polarmeer, noch menschliche Siedlungen existieren.

Als er sein Kanu in einer seichten Bucht gegenüber einer großen Insel festmachte und die steile Uferböschung emporstieg, war es bereits später Nachmittag. Auf den ersten Blick, schien diese auf einer Halbinsel errichtete Siedlung nahe dem Polarkreis weiträumiger und mehr bewohnt zu sein als Fort Norman. Sogar eine kleine Kirche gab es hier. Nicht weit von der Stelle, an der er sein Kanu an Land gezogen hatte, stand ein schiefes Blockhaus, an dem an der Frontseite ein unübersehbares Schild angebracht war, auf dem in großen Buchstaben „Hudson Bay Trading Post“ stand. Dorthin führte ihn der Weg.

Noch bevor er eintreten konnte, öffnete sich die schwere Holztüre, aus der ein hünenhafter Kerl mit einem Vollbart trat. „Ich habe dich oben auf dem Ufer stehen gesehen und mir gedacht, dass du gleich bei mir aufkreuzen würdest. Willkommen in Fort Good Hope, dem am weitesten von der Zivilisation entfernten Vorposten der Hudson Bay. Schon viele Jahre hat sich hier ein Fremder nicht mehr blicken lassen. Aber komm erst mal in den Laden, du suchst doch bestimmt was, oder?“

Er wurde natürlich wie stets, wenn er als Fremdling irgendwo auftauchte, mit vielen Fragen regelrecht überfallen. Während sie redeten, summte bereits der Kaffeekessel auf einem primitiven Yukonofen und verströmte verführerischen Duft in den Raum, der von oben bis unten mit Fellen, Fallen und anderen Handelsartikeln vollgestopft war. Wonach er aber besonders Ausschau hielt, lag sorgfältig in Kisten und Schachteln gestapelt hinter der Theke.

Dem Händler war sofort aufgefallen, was den Fremden hauptsächlich interessierte. „Du kannst bei mir so viel du brauchst davon kaufen. Im Frühjahr hat uns die Hudson Bay Company damit ausreichend versorgt, vorausgesetzt, du hast etwas zum Tausch anzubieten, oder zahlst du mit harten Dollars?“ Dabei musterte er Waldemar von oben bis unten.

„Nun ein paar Scheine kann ich lockermachen, oder dir einige Nuggets anbieten, die ich bei einer Kenterung gerade noch retten konnte. Für meinen Weg in das kaum bekannte Nordland, benötige ich natürlich dringend die Munition. Ich denke, wir werden schon handelseinig, denn ich glaube, du bist sicher nicht einer der Halsabschneider, der die Notlage eines Mannes in schändlicher Weise ausnützen würde. Um nicht zu kentern, kann ich mein Kanu ohnehin nicht überladen.“

Der Hüne lachte laut auf. „Gute Worte, Fremder. Leben und leben lassen. Wir werden uns schon einig.“

Und sie wurden sich handelseinig. Waldemar kaufte eine Menge Patronen und was er sonst noch so brauchte, war damit wieder hinreichend versorgt und wollte sich in dieser Siedlung eigentlich nicht allzu lange aufhalten. „Kennst du das Nordland, das vor mir liegt?“ Waldemar wartete gespannt auf seine Antwort.

„Junge, wenn du klug bist, dann überwinterst du in diesem Ort und schaust dich hier ein bisschen um. Du bist bei uns gut aufgehoben und kannst auch was für dein Seelenheil tun.“

Während er redete, goss er beide Tassen wieder randvoll. „Die katholische Kirche wurde bereits im vorigen Jahrhundert gebaut und in ihrem Innenraum von den Indianern farbenprächtig gestaltet. Man erzählt sich, dass es sieben Jahre gedauert hätte, bis die bunten Kirchenfenster aus Frankreich endlich im Fort Good Hope ankamen. Pierre Gralier, der Kirchengründer, begann schon 1859 mit der Bekehrung der Rothäute. Auf dem Friedhof kannst du das Grab dieses ersten Missionars finden. Sein Nachfolger wurde Pater Brown, der schon mehr als vierzig Jahre hier lebt, aber diesen Außenposten am Ende der Welt noch nie verlassen hat.“

Inzwischen hatte man auf einer Bank vor der Handelsstation Platz genommen. „Im nächsten Jahr hast du sicher Gelegenheit, mit den Händlern der Company zurück nach Süden zu reisen, denn weiter stromabwärts ist nichts, gar nichts, als eine verdammt trostlose Wassereinöde und danach das Eismeer, an dem weit verstreut ein paar Rohfleischesser, ein paar Eskimos leben. Höre auf meinen Rat, wenn du nicht irgendwo elendig in den unermesslichen Weiten umkommen willst. Der Winter steht vor der Tür.“

„Ich werde mich ein wenig in eurer Siedlung umsehen und über deine Ratschläge nachdenken. Vielleicht finde ich hier jemand, der sich mir anschließt.“

„Du wirst vergeblich danach suchen. Die Trapper, die hier leben, werden Fort Good Hope nicht verlassen, denn in dieser Gegend gibt es eine Menge Pelztiere, und die wenigen Männer, die hier im Laufe der Jahre mal auftauchten und weiter nach Norden zogen, von denen wurde nie mehr einer wiedergesehen.“

Außer Samuel, der die Handelsstation der Hudson Bay Company seit vielen Jahren betrieb, siedelten ganz in der Nähe ein paar Indianer. Im Fort selbst gab es noch einige Soldaten, die aber in den nächsten Jahren durch die „Royal Canadian Mounted Police“, die berittene kanadische Polizei, ausgetauscht werden sollten. Es war wirklich kein Platz, an dem er sich lange aufhalten wollte. Er blieb dann doch, denn Samuel hatte ihm in der Handelsstation einen Raum angeboten, in dem er überwintern konnte. „Mein Lieber, hier bist du besser aufgehoben, als in den flachen, unendlichen Weiten der baumlosen Tundra, wo schon bald orkanartige Winterstürme und die gefürchteten Blizzards toben werden. Manchmal verirren sich am Ende des Winters sogar Pelztierjäger bis in diese Gegend, wenn es nicht mehr so fürchterlich kalt ist. Es sind meistens Rothäute, die mit ihren Hundegespannen auf die Jagd gehen, denen du dich anschließen könntest, wenn sie danach wieder auf dem Eis des Mackenzie zu ihren Siedlungen am Großen Sklavensee zurückkehren. Oder du wartest auf die Voyageure, die jeden Sommer zu uns kommen. In der Zwischenzeit kannst du mir behilflich sein, meine Trapline zu erweitern, denn schon in den nächsten Tagen wird das weite Land in makellosem Weiß erstrahlen. Einer wie du kennt sich ja mit dem Fallenstellen aus. Wir teilen den Erlös beim Verkauf der Felle. Was hältst du davon?" Waldemar war von diesem Angebot mehr als überrascht. Es war verdammt verlockend. Das konnte er einfach nicht ausschlagen. „Das Angebot klingt gut, deine Argumente haben mich überzeugt – einverstanden, ich werde hier überwintern."

Samuel wollte sofort nach dem ersten ergiebigen Schneefall in einem weiträumigen Kreis von mehr als fünfzig Meilen eine große Anzahl Fallen aufstellen, die nach dem Bestücken mit Ködern in regelmäßigen Zeitabständen mit einem Schlittenhundegespann abgefahren und kontrolliert werden mussten. Nun zu zweit, plante er die Trapline hauptsächlich entlang von Flüssen und Wasserläufen bis weit ins Hinterland auszudehnen. Dabei mussten sie beim Aufstellen der Fangeisen sorgfältig darauf achten, dass sie keinem der anderen Trapper in die Quere kamen, denn diese lieferten Sam jedes Jahr ihre Felle, die er in seinem Handelsposten lagerte und später dann an die Hudson Bay Company verkaufte. Die Gebrüder Murdoch hatten ihre Fangeisen hauptsächlich im Sumpfgebiet des stark meandernden Rampart Rivers aufgestellt, denn dort gab es viele Biber, während Joe Winter und Pat Morrison weiter südlich das Land am Hume River für sich beanspruchten, in dem es unzählige kleine und größere Seen gibt. Aber in diesen Weiten, den unendlichen Wäldern und unzähligen Seen, war auch noch viel Platz für ihre Fallen. „Wir wollen hoffen, dass der Winter nicht allzu streng und zu lang wird. Nach der Schneeschmelze verwandeln sich Taiga und

Tundra in eine amphibische Landschaft, die dann Brutplatz und Lebensraum für Abermillionen Wasservögel ist. Also, verlieren wir keine Zeit."

Und sie legten richtig los. Schon in den nächsten Tagen wurden zwei Huskygespanne zusammengestellt. Es waren stämmige, starke Tiere, deren Verwandtschaft mit den Wölfen wohl kaum einer bestreiten kann. Samuel war ein erfahrener Hundeschlittenführer, der genau wusste, welche Tiere miteinander auskamen und im Team die höchste Leistung brachten. „Der Umgang mit den verdammt eigensinnigen Gesellen wird anfangs etwas schwierig für dich sein. Behalte Charly, den Leithund immer im Auge. Der Bursche hat einen Dickschädel und bricht gerne mal aus, aber wenn er dich akzeptiert hat, zeigt er gute, ja sogar außergewöhnliche Führungsqualitäten." Ganz unerfahren war Waldemar nicht, aber es war jetzt schon einige Jahre her, dass er mit einem Schlittenhundegespann, gemeinsam mit dem Trapper Joshua und dem Indianer Thenaka im Yukongebiet auf die Jagd gegangen war.

Über Nacht fiel das Thermometer auf fast minus zwanzig Grad. Gleichzeitig zogen dunkle Wolken auf, aus denen es beinahe zwei Tage ununterbrochen schneite. Als dann das weite Land meterdicker Schnee zudeckte, war die Huskymeute kaum noch zu halten. Die für die Hundeschlittenfahrt benötigte Verpflegung bestand hauptsächlich aus dem bei allen Nordmännern beliebten Pemmikan, einem haltbaren Dauerproviant aus zu Pulver verriebenem Trockenfleisch, das mit Fett vermengt wurde. Bei der Zubereitung einer warmen Mahlzeit fügte man dann noch Bohnen dazu. Für die Huskymeute, die stets hungrigen, aber zuverlässigen Kameraden, wurden einige Säcke mit getrocknetem Fisch und einer von Samuel ganz speziell zusammengemischten Trockenfutterkraftnahrung auf dem Schlitten verstaut. „Wir müssen allerhand Sachen und Krempel mitnehmen, bleiben ja wochenlang draußen. Die Hunde wollen fressen und wir natürlich auch."

Über dem winterlich verschneiten Fort Good Hope mit den beiden Wachtürmen, den meterhohen Palisaden und rustikal gebauten Blockhütten wölbte sich strahlendblauer Polarhimmel. Es war Zeit zum Aufbruch.

Zehn Meilen nördlich der Siedlung verließen sie den Strom, zogen danach über einen Bergrücken in das Tal des Tchaneta Rivers und begannen mit dem Beködern und Aufstellen der Fangeisen. Für diese Arbeit hatten sie mittlerweile nicht mehr als vier Stunden Tageslicht. Der

Vollmond, in dessen Schein sie hätten ebenfalls arbeiten können, versteckte sich hinter dicken Schneewolken. Samuel kannte die Gegend aus vergangenen Jahren sehr gut, doch nun wollte er in diesem Winter mit Waldemars Hilfe die Trapline weiter ausdehnen, denn die Nachfrage nach Winterpelzen versprach gute Preise.

Waldemar hatte sein Huskyteam fest im Griff. Die Männer schliefen ganz nahe am wärmenden Lagerfeuer in errichteten Unterständen aus Fichtenzweigen mit überdecktem Schnee nicht weit von der angepflockten Hundemeute. Am nächsten Morgen zogen sie dann weiter über einen breiten, dichtbewaldeten Höhenrücken hinüber zum unteren Teil des Rorey Lakes.

Während Waldemar am Ende des Sees und am Abfluss eines kleinen Baches seine restlichen Fallen aufstellen und danach die Fangeisen im Tal des Tchaneta abfahren sollte, wollte Samuel noch einen hinter einem Bergrücken liegenden namenlosen See in einem Sumpfgebiet aufsuchen. Dort gab es viele Biber.

„Beeil dich, damit uns nicht Wölfe und Vielfraße die gefangenen Tiere aus den Fallen holen und die ganze Arbeit umsonst war. Das Wetter scheint stabil zu bleiben, jedenfalls sieht es nicht nach neuem Schneefall aus. Du brauchst nur unseren Spuren zu folgen, dann findest du den Weg ins Tal des Tchaneta. Diesem Flusslauf folge weiter bis zur Mündung in den Hare Indian River, der ja unterhalb von Fort Good Hope in den Mackenzie mündet. Wir treffen uns dann wieder in ein paar Tagen an der gleichen Stelle am Strom, an der wir diesen vor gut einer Woche verlassen haben. Bei der Bestückung mit neuen Ködern brauchst du dich nicht zu beeilen, denn meine Strecke bis zum vereinbarten Treffpunkt ist fast doppelt so weit.“ Nach diesen Worten Samuels trennten sich die beiden Fallensteller und Hundeteams.

Waldemar hatte seine Fangeisen am Rorey Lake sorgfältig ausgelegt und beködert und machte sich kurze Zeit später auf den Weg zu den vor wenigen Tagen im Tal des Tchaneta aufgestellten Fallen. Während des immer kürzer werdenden Tageslichts folgte er bei windstillem, sonnigen Wetter den alten, nicht zugewehten und noch deutlich erkennbaren Spuren und kam mit seinem mittlerweile eingespielten Schlittenhundeteam rasch voran. Es war höchste Zeit, die aufgestellten Fallen zu kontrollieren. So trieb er seine Huskys immer wieder zu Höchstleistungen, nutzte bei wolkenlosem, sternenklarem Himmel im fahlen Licht des Vollmonds bis spät in die Nacht die Gunst der Stunde und erreichte weit nach Mitternacht das Tal des Tchaneta. Nachdem er einen geschützten Lagerplatz gefunden hatte, entzündete er ein Lagerfeuer, baute sein Zelt auf und versorgte die hungrigen Vierbeiner. Nach einem kräftigen Essen, das er erst in einem Topf über der lodernden Flamme auftauen musste, verkroch er sich im Zelt und schlief sofort ein.

Die klare Nacht war eisig. Erst gegen Mittag zeigte sich die tief über dem Horizont stehende Wintersonne, die aber hier am Polarkreis schon in drei, vier Stunden wieder versank. Diese kurze Zeit des schummerigen Tageslichts und den während der Nacht von der endlosen Schneewüste reflektierenden Schein des Vollmonds galt es jetzt voll auszunutzen. Am Himmel zeigten sich bereits die ersten dunklen Schneewolken, deutliche Zeichen eines kurz bevorstehenden Wetterwechsels.

Nach langer Ruhe und einer Extraportion Fisch strotzten die Hunde vor Kraft und warteten unruhig auf ihren Einsatz. Die wilde Meute ließ sich nach dem Aufbruch nur unter Aufbietung aller Tricks und hartem Durchgreifen in der Spur halten. In fast jeder dritten, vierten Falle hing ein steifgefrorenes Tier, meistens ein Marder oder Fuchs. In einer hingen nur noch Fellreste eines Polarwolfs, der von seinen ausgehungerten Artgenossen aufgefressen wurde, als er verletzt vergeblich versucht hatte, sich aus der tödlichen Falle zu befreien. Es dauerte noch einen Tag und fast eine Nacht, da waren alle Fangeisen kontrolliert, zum größten Teil neu beködert und gut getarnt wieder aufgestellt. Er hatte durchgearbeitet und wollte sich nach einer Mütze voll Schlaf mit seinem vollgepackten Schlitten möglichst früh am nächsten Morgen auf den weiten Weg zu der vereinbarten Stelle am Mackenzie machen.

Doch dann verschlechterte sich das Wetter rapide. Innerhalb von wenigen Stunden fegte ein verheerender Schneesturm über das weite Land, der sich rasch zu einem der gefürchteten Blizzards entwickeln könnte. Er befand sich mitten auf einem langgezogenen Bergrücken, als das Schneetreiben zunahm und der Sturm immer stärker wurde. In dieser äußerst bedrohlichen Situation galt es jetzt so schnell wie möglich eine richtige Entscheidung zu treffen. Bis zu einer von Samuel vor Jahren errichteten primitiven Hütte im Tal des Hare Indian Rivers waren es vielleicht noch acht oder zehn Meilen. Bei diesem dichten Schneetreiben, dem von den Ureinwohnern und den Nordmännern gleichermaßen so gefürchteten „Whiteout“, ohne der geringsten Sicht und Orientierungsmöglichkeit, nicht zu schaffen. Es gab nur noch eine einzige Möglichkeit, dem bald hereinbrechenden Inferno zu entkommen – zurück ins Tal des Tchaneta, zum Lager der letzten Nacht, denn das dürfte nicht mehr als vielleicht anderthalb Meilen sein. Längst aber waren ihre Spuren zugeschneit und nicht mehr erkennbar. Er hoffte, dass ihre noch relativ frische Fährte von den empfindlichen Nasen der Hunde wiederaufgenommen wird. Der Wettlauf mit dem eisigen Tod hatte begonnen.

Es wurden die längsten anderthalb Meilen seines Lebens. Immer wieder band er das Gespann an einem Baum fest, lief dann auf Schneeschuhen ein Stück vor und versuchte sich an irgendeinem Baum oder Busch an den noch vor wenigen Stunden gespurten Weg zu erinnern. Dann wieder zurück zu den Huskys, die unruhig an ihrem Geschirr zerrten und vor Freude laut jaulten, als er wieder bei ihnen war. Neue Hoffnung keimte auf, als er an dem dichter werdenden Wald feststellte, dass er sich dem Tal des Tchaneta näherte. Plötzlich fingen die Hunde wie wild an zu bellen. Im heftigen Schneetreiben und letzten Licht des Tages erkannte er den Platz unter den drei Fichten, an dem sie schon einmal gelagert hatten. Instinktiv hatten die Huskys die richtige Spur aufgenommen.

Doch noch war die Gefahr nicht weniger geworden, denn es tobte mittlerweile ein fürchterlicher Blizzard. Es hätte schlimm enden können, wenn der sie auf dem kahlen Bergrücken erwischt hätte. Im Schutz der Fichten und dichtwucherndem Gebüsch hatten sie jetzt eine gute Überlebenschance. Während der Sturm heulte und die spitzen Eisnadeln in das bis tief an den Boden reichende Astwerk der Fichten prasselte, gelang es ihm, an einem geschützten Platz mit einer Plane einen Unterstand zu bauen und ein Feuer zu entzünden, das er mit herumliegendem toten Gehölz und trockenen Ästen fütterte und am Leben halten musste. Er schaffte es noch die unteren Zweige der Fichten vom Schnee zu befreien, und das war wichtig, denn schon so manchem Waldläufer löschten herabstürzende Schneemassen das lebenswichtige Lagerfeuer mit einem Schlag aus. Seine treuen Begleiter rollten sich nach der Fütterung in der Nähe des Unterstands zusammen, verbargen unter ihrem buschigen Schwanz die empfindlichen Nasen und ließen sich einfach einschneien. Ihr dichtes Fell schützt sie selbst vor grimmiger Kälte.

Dann brachte eine nördliche Strömung furchtbare Kälte ins Land. In der folgenden Nacht zeigte das Thermometer minus zweiundvierzig

Grad, und es schien so, als ob es gegen Morgen noch kälter werden würde. Plötzlich schlugen die Hunde an, zerrten an ihren Leinen und gebärdeten sich immer wilder. Wölfe! – Ein ausgehungertes Rudel hatte den Geruch der Huskys und längst auch den des Menschen wahrgenommen. Im Schutz der Büsche hatten sich die Hetzjäger schon ziemlich nah an ihre Lagerstätte herangeschlichen. Wenn Wölfe sich so verhalten und die angeborene Scheu gegenüber dem Menschen überwinden, dann müssen sie wahnsinnig vor Hunger sein. Auf gar keinen Fall durfte er zulassen, dass der Leitwolf urplötzlich aus dem dichten Gebüsch hervorpreschte, sich auf einen der Huskys stürzte und ihm im Kampf schwere Verletzungen zufügte. Bei diesem meterhohen Schnee einen Schlittenhund zu verlieren wäre fatal.

Mit dem Gewehr im Anschlag wartete er ab. Nichts geschah. Doch die Hunde wurden immer nervöser, fletschten voller Hass und tödlicher Feindschaft knurrend die Zähne, bellten in Richtung der Büsche, aus denen jetzt drei kalte Augenpaare im gespenstigen Licht des Vollmonds vorsichtig das Umfeld beobachteten. Kein Zweifel der Angriff stand kurz bevor. Plötzlich brach der Leitwolf aus der Deckung hervor. Etwa dreißig Schritte trennten ihn noch bis zu seinem starken Leithundrüden. Auf den Überfall gefasst, reagierte Waldemar blitzschnell. Schon von der ersten Kugel tödlich getroffen, überschlug sich der Angreifer und hauchte zuckend sein Leben aus. Die beiden anderen Wölfe kehrten sofort um, und mit ihnen verschwanden noch zwei oder drei, die im Unterholz gelauert hatten. Gegen das Wolfsrudel hätten die angeleinten Huskys nicht die geringste Überlebenschance gehabt. Jetzt aber machte sich die Hundemeute in unbändiger Aggression über den Kadaver her, bis nur noch das Fell und wenige Knochen übrigblieben.

Trotz grimmiger Polarkälte musste er nach einigen Stunden Ruhe weiter. In dem meterhohen Schnee konnten seine Huskys mit dem schwerbeladenen Schlitten kaum noch Strecke machen. Mühsam spurte er mit seinen Schneeschuhen im fahlen Licht des abnehmenden Vollmonds vor seinem Gespann eine Loipe, versank manchmal trotzdem bis zum Knie im frischgefallenen, lockeren Schnee. Zum Glück war der Himmel wolkenfrei. Doch auch während des Tages erwärmte die flachstehende Wintersonne kaum noch die eisige Luft.

In den vor gut einer Woche aufgestellten und neubestückten Fallen ihrer Trapline im Tal des Tchaneta Rivers befanden sich diesmal kaum

Pelztiere in den Fangeisen, denn diese lagen alle unter einer hohen Schneedecke. Sie wiederzufinden, vom Schnee zu befreien, bei diesem Frost erneut zu beködern und richtig zu positionieren, war nicht einfach. Obwohl sein Proviant und das Hundefutter inzwischen ziemlich abgenommen hatten, war sein Schlitten durch die steifgefrorenen Tierkadaver wieder voll bepackt.

Nach mörderischen Tagen im Tiefschnee, erreichte er endlich das Tal des Hare Indian Rivers und war jetzt auf dem direkten Weg zum abgemachten Treffpunkt. Auf dem Eis des breiteren Flusses ging es nun etwas schneller voran, denn der orkanartige Sturm hatte den Schnee an vielen Stellen von der Eisfläche weggeweht. Doch bis zu der vereinbarten Stelle am großen Strom sollte es noch ein harter Weg werden.

Das Unwetter hatte nicht nur viel Schnee und brutale Kälte, sondern auch den abgesprochenen Zeitplan durcheinandergebracht. Samuel hatte nach eigner Einschätzung vielleicht die doppelte Länge gegenüber seiner Strecke durch größtenteils noch völlig unbekannte Wildnis zu bewältigen. Seine Ankunft an der vereinbarten Stelle am Mackenzie würde sich bestimmt um einige Zeit verzögern. Damit musste er rechnen. Dieser erfahrene Trapper und Pelzhändler hauste bereits viele Jahre hier oben im kalten Norden und hatte schon so manche brenzlige Situation im arktischen Winter unbeschadet überstanden. Deswegen machte er sich auch um ihn und sein eingeschworenes Schlittenhundeteam keine großen Sorgen.

Die letzte Etappe bis zu der Treffpunktstelle in einer Bucht am Machenzie bewältigte er in gemäßigtem Tempo. Hier hatte das Hochwasser im Herbst eine Menge Treibholz angeschwemmt. Er wählte eine windgeschützte Stelle am Steilufer, befreite sie vom hohen Schnee, baute sofort einen Unterstand und entfachte ein riesiges Lagerfeuer, denn am Ufer lagen genügend trockene Baumleichen. Zwar reichte das Trockenfutter für die Hunde und sein Proviant noch für gut eine Woche. So kürzte er sicherheitshalber die Tagesrationen für sich und die Huskys um die Hälfte. Im äußersten Notfall waren es nach Fort Good Hope nur noch etwas mehr als zehn Meilen.

Das lange Warten begann. Auch nach fast einer Woche, kein vertrautes Gebell der Schlittenhunde Samuels, die mit ihrer empfindlichen Nase ihre wartenden Artgenossen bereits aus einiger Entfernung gewittert und mit freudigem Gebell begrüßt hätten.

Im Winter halten sich die blassen Farben der Morgen- und Abenddämmerung im diffusen Licht stundenlang am arktischen Himmel. In einiger Entfernung zog eine Karibuherde über einen Hügel, über der gespenstisch schön der weiße Dunst ihres Atems hing, und ganz in der Nähe glitt lautlos eine Schneeeule an seinem Camp vorüber, eine weiße Atemwolke hinter sich herschleppend. Ein vergänglicher Augenblick der Ruhe, nach all den kräftezehrenden Strapazen. Die sprechende Stille ist es, die den Menschen zu sich selber finden lässt. Als nach weiteren eisigen Nächten Samuel immer noch nicht am Treffpunkt erschien, hinterließ er in seinem Unterstand eine Nachricht und machte sich auf den Weg nach Fort Good Hope.

Die beiden Trapper, Joe Winter und Pat Morrison, waren zum Glück einen Tag vor dem gefürchteten Blizzard in der Siedlung eingetroffen, und die Gebrüder Murdoch werden wohl während des Unwetters in einer ihrer Hütten an der Trapline Zuflucht gefunden haben. Im Ort wusste jeder, dass Samuel und der Fremde mit je einem Gespann vor Wochen losgezogen waren, um ihre Fallen an einer Trapline von mehr als fünfzig Meilen aufzustellen. Das war eine enorm weite Strecke, die man besonders bei hohem Schnee kaum regelmäßig abfahren, kontrollieren und neu beködern kann. Selbst mit zwei Schlittenhundegespannen und erfahrenen Männern nur möglich, wenn alles ohne Probleme abläuft. Darüber waren sich die Trapper vor Ort und auch der alte Indianer Elias einig, der die Wildnis hier im weiten Umkreis besser kannte, als manch einer. Hinzu kam, dass sich an der längsten, neuangelegten Strecke der Trapline nicht eine einzige winterfeste Hütte befand. Diese wichtigen Unterkünfte sollten im kommenden Sommer noch errichtet werden. Jeder in diesem Ort kannte Samuel, den wildniserfahrenen Trapper und Pelzhändler, der über die Jahre schon so manche Gefahr bewältigt hatte. Aber den Fremden, der erst vor kurzem hier auftauchte, den hatten Joe Winter und Pat Morrison noch nicht kennengelernt und nur gehört, dass er von weit herkäme.

An diesem frühen Nachmittag standen diese beiden Männer hoch oben auf dem Steilufer und beobachteten schon eine Zeit lang ein Hundegespann auf dem Mackenzie, das sich der Siedlung näherte. Vom zweiten Schlitten weit und breit keine Spur. Aber wer war nun der „Musher“, der Hundeführer, Samuel oder der Fremde?

Als Waldemar am Ufer festmachte, erwarteten ihn dort schon die beiden Trapper. Man machte sich gegenseitig kurz bekannt. Ruhig, aber sehr ausführlich schilderte Waldemar die gemeinsame Arbeit an der Trapline, den Plan Samuels an einem namenlosen See in einem ausgedehnten Sumpfgebiet neue Fallen aufzustellen, die Trennung, die Verabredung sich danach an der gleichen Stelle am Mackenzie wiederzutreffen, und die harten Tage während des fürchterlichen Blizzard. Die erfahrenen Trapper merkten sofort, dass der Mann, dem sie gegenüberstanden, mit dem extremen Leben in der Wildnis bestens vertraut und kein „Greenhorn" war.

„Nun, wir helfen dir erst einmal, deine ausgehungerten Hunde zu versorgen, die knochenhartgefrorenen Pelztiere in Samuels Schuppen zu lagern, und dann überlegen wir mal in aller Ruhe bei einem saftigen Elchsteak und einem guten Schluck Whisky, was zu unternehmen ist. Hier oben im Norden ticken die Uhren bedeutend langsamer. Bevor man etwas Übereiltes, und damit Sinn- und Zweckloses in einer solchen Situation unternimmt, lässt man dem erfahrenen Trapper erst genügend Zeit sich selbst zu helfen." Jeder, der in der rauen Wildnis lebt, kennt diese ungeschriebenen Gesetze. Doch manchmal ist auch schnelles Handeln besser, vielleicht sogar lebensrettend.

Man hatte noch den alten Indianer Elias dazu geholt, saß nun in der warmen Hütte der Trapper, aß und trank reichlich und hatte es anscheinend überhaupt nicht eilig, über Samuels längst überfällige Rückkehr zu beraten. Als Erster ergriff Waldemar das Wort: „Ihr als erfahrene Trapper kennt die Wildnis Hunderte von Meilen um Fort Good Hope. Auch nach mehr als vier Wochen gibt es von Samuel kein Lebenszeichen. Vielleicht braucht er Hilfe. Wir sollten etwas unternehmen." Danach schilderte er ihnen noch einmal die gemeinsame Route mit den beiden Gespannen bis zu dem Tag, an dem sie sich trennten.

Joe Winter schenkte noch einmal ein, bevor er sich wieder setzte. „Nun gut – unser alter Sam scheint tatsächlich Schwierigkeiten zu haben, scheint in der Scheiße zu stecken, oder was meint ihr?"

Pat Morrison nickte. „Sam ist ein zäher Kerl. Ich meine, wir sollten mit unserer Hilfsaktion noch ein paar Tage warten, oder hat jemand einen anderen Vorschlag?"

Alle blickten nun auf Elias, den alten Indianer, der schweigend in einer Ecke kauerte. Man erwartete von ihm einen Rat, denn niemand kannte sich in der Wildnis besser aus als er. Doch dem hatte inzwischen das Feuerwasser ein wenig die Sinne getrübt.

„Tja, das ist schon ein Problem mit den Roten. Sie vertragen nicht viel, trinken zu gierig und zu schnell.“ Pat Morrison grinste. „Wir sollten morgen weiter überlegen, was zu unternehmen ist. Sam ist bestimmt nichts Schlimmes passiert. Er wird mit seinem vollgepackten Schlitten in diesem außergewöhnlich hohen Schnee nur wenige Meilen am Tag schaffen.“

Am nächsten Tag schneite es wieder ergiebig, doch es wurde ein kleines bisschen wärmer. Man traf sich am Nachmittag wieder in der Trapperhütte und wartete auf den alten Indianer. Als er endlich erschien, erzählte er, dass er in der Nacht, in einer Art Zauberschlaf versunken, eine seltsame Vision gehabt hätte. „In diesem Traum erschien mir eine große, ausgestreckte, blutige Hand, die von einem Pfeil durchbohrt war, deren Zeigefinger in eine ganz bestimmte Richtung auf die bleiche Mondsichel zeigte, an die ich mich aber nicht mehr erinnern konnte, als ich aufwachte. Ich legte meine Amulette an, trank einen ganzen Becher voll meines Zauberelixiers aus allerlei Kräutern, vermischt mit Biberfett und dem Saft der Tollkirsche, murmelte in Trance immer wieder meine geheimnisvollen, uralten Beschwörungsformeln und befragte das Orakel.“ Gespannt wartete man nun auf die Deutung seiner Vision, doch Elias schwieg und schielte verstohlen nach einer halbvollen Whiskyflasche, die ihm gegenüber in einem Regal stand.

„Alles Hirngespinste, verdammt noch mal, rede endlich, was bedeutet denn die blutige Hand, der Pfeil und der Zeigefinger in deinem Traum?“ Joe Winter geriet in Rage.

„Die Große Hand ist das weite Land östlich von Fort Good Hope. Der Finger zeigt auf den Stand des Mondes um Mitternacht. In dieser Richtung befindet sich Sam. Der Pfeil in der blutigen Hand könnte eine Verletzung bedeuten. Noch zwei oder drei Tage, dann ist Sam wieder bei uns.“ Die Deutung seiner Vision verblüffte und verwirrte die Männer zugleich.

„Die Befragung des Orakels durch die abergläubischen Rothäute, alles fauler Zauber.“ Nicht jeder teilte Joe Winters Meinung. „Ein erfahrener Mann, der sich allein in die unermesslichen Weiten dieses Landes begibt, kennt die Gefahren. Er wird die harten Gesetze der Natur kennen und respektieren, um zu überleben. Wir sollten nichts übereilen, aber auch nicht zu lange warten, spätestens in drei bis vier Tagen aufbrechen und nach ihm suchen."

„Die Vision des Indianers gibt mir zu denken. Es wäre aus meiner Sicht zu anmaßend, wenn wir einfach grundsätzlich alle uralten Überlieferungen aus dem Aberglauben der Rothäute als völligen Unsinn betrachten." Waldemar deutete auf Elias, der scheinbar teilnahmslos, in einer Ecke auf dem Boden saß. „Es gibt spirituelle Handlungen der Urbewohner dieses Kontinents, die dem Weißen Mann verborgen, ja unbegreiflich bleiben werden. Ich habe viele Monate lang in abgelegenen Siedlungen einiger Stämme gelebt und war oft verblüfft, wenn das wirklich eintraf, wofür der greise Schamane das Orakel in langen Gebeten und Beschwörungen befragt hatte. Zufall? Kann sein. Ihre Medizinmänner besaßen unheimliche telepathische Fähigkeiten. Natürlich gibt es für uns viele Zweifel, und wir schauen immer noch auf die Wilden herab und belächeln ihren Glauben, doch wenn man ehrlich zu sich selbst ist, dann muss man tatsächlich eingestehen, dass ihr Wissen über die uns Weißen verborgenen rituellen Bräuche und Mythen der uralten Völker, kein völliger Quatsch sein können."

Pat Morrison erhob sich. „Gut, man kann so oder so darüber denken. Das hilft uns jetzt aber nicht weiter. Ich schlage vor, dass wir uns auf die Suche nach Sam machen. Lasst uns den Schlitten mit allem bepacken, was wir bei diesem hohen Schnee und der barbarischen Kälte brauchen werden."

Am nächsten Tag traf man sich und beriet weiter. „Wir müssen uns darüber im Klaren sein, dass wir nach der berühmten Nadel im Heuhaufen suchen werden und alles in allem dem Zufall überlassen müssen. Nehmen wir mal an, Sam ist nichts zugestoßen, und es sind nur die außergewöhnlichen Schneeverhältnisse, die seine Heimkehr verzögert hätten. Dann wird er bestimmt zu dem vereinbarten Treffpunkt am Mackenzie fahren und erst danach hierherkommen. Sollte er verunglückt sein, sich dabei aber nicht schwer verletzt haben, dann wird er den kürzesten und weniger schwierigen Weg auf dem Hare Indian River wählen und sich irgendwie zu unserer Siedlung schleppen. Wenn ihm oder den Hunden aber etwas ganz Schlimmes zugestoßen ist, dann kann die Suche sehr, sehr lange dauern und unsere Hilfe zu spät kommen." Das war die logische, nüchterne Einschätzung Joe Winters, der jeder zustimmte. „Welchen Weg schlagen wir also ein?“

„Egal, wofür wir uns entscheiden, der Erfolg hängt vom Zufall ab.“ Pat Morrisons ernste Miene verriet Entschlossenheit und Anspannung zugleich. Schließlich einigte man sich dem Tal des Hare Indian Rivers bis zur Mündung des Bluefish, und danach weiter dem Tchaneta bis zu den Sümpfen zu folgen. Abwechselnd sollten jeweils zwei Männer mit ihren Schneeschuhen vor den Hunden eine breite Spur treten. Im meterhohen Neuschnee, eine äußerst anstrengende Knochenarbeit. Aber nur so konnte man einigermaßen zügig vorwärtskommen.

Dann waren alle wichtigen Vorbereitungen so weit erledigt, und die Suchaktion nach Sam stand unmittelbar bevor. „Vertreibe alle bösen Geister und jeden Schurken, der in unsere Siedlung eindringen will, und vergreif dich nicht an dem kläglichen Rest des verdammten Feuerwassers.“ Es war nicht zu erkennen, ob Elias, Joe Winters Ermahnung ernst nahm. Er stand nur da, erhob die rechte Hand und verzog keine Miene. Bald danach verschwand der Suchtrupp im immer dichter werdenden Schneegestöber.

In den wenigen Stunden des dämmerigen Tageslichts, in denen die Sicht durch das heftige Schneetreiben enorm behindert wurde, schafften sie nur einige Meilen. An einem windgeschützten Platz in einer Mulde im Steilufer des Hare Indian Rivers richteten sie ihr Nachtlager ein und hofften, dass der Himmel bald wieder klar und wolkenfrei wird.

Nach einem Becher heißen Tee und einem kräftigen Frühstück am nächsten Morgen, wurden die Hunde gefüttert und alles für den Aufbruch vorbereitet. Während der langen Polarnacht hatte sich das Wetter zum Glück wieder verändert. Gegen Mittag ließ sich knapp über dem Horizont für wenige Stunden sogar die Sonne blicken, doch brachte Polarluft vom Eismeer neue Kälte ins Land. Nun konnten sie bei klarem Himmel auch während der Nacht das Licht des Vollmonds nutzen und wesentlich länger die Suche fortsetzen. Man redete kaum noch miteinander. Jeder beschäftigte sich mit seinen eignen Gedanken. Waren sie in diesen endlosen Weiten auf der Suche nach Sam überhaupt auf dem richtigen Weg?

Stunde um Stunde verging. Der Wind blies ihnen nicht mehr so heftig entgegen, wie am Tag davor, änderte seine Richtung und verlor schließlich völlig seine Kraft. Doch die Arbeit mit den Hunden und dem

Schlitten war brutal und kostete viel Kraft. Plötzlich blieb Pat Morrison stehen, der in einiger Entfernung vor den Hunden spurte, winkte die beiden Nachfolgenden herbei und deutete auf verwehte, kaum noch erkennbare Schlittenspuren. Es war genau an der Stelle, an welcher der Hare Indian River in mächtigen Windungen durch das Land fließt. Hier musste also jemand vor noch nicht allzu langer Zeit mit seinem Schlitten gewesen sein. Doch die Spuren führten aus dem Flusstal nach Südosten, also in eine Richtung, in die sie eigentlich die Suche nach Sam nicht fortführen wollten.

„Gute fünfzehn Meilen südöstlich von hier liegt der Ontadek Lake, ein ziemlich großer See in einem wasserreichen Gebiet." Pat Morrison deutete in die Richtung. Joe Winter nickte. „Aber warum sollte Sam aus dem Flusstal heraus und dann in die entgegengesetzte Richtung gefahren sein? Nun egal, eine verwehte Spur in dieser menschenleeren Gegend mitten im Winter zu finden, hatte was zu bedeuten. Einer solchen Fährte muss man folgen."

Es mag um Mitternacht gewesen sein, als sie im bleichen, fahlgelben Licht des Vollmonds von einem Hügel aus in der Ferne eine weiße, große Fläche erblickten, die der Ontadek Lake sein musste. Bereits nach einer weiteren Meile glaubten sie eine dünne, senkrecht in den nächtlichen Himmel emporsteigende Rauchsäule zu sehen. Plötzlich wurden die Hunde unruhig, legten sich hart in die Riemen und fingen wie wild zu bellen an. Als ihnen ihre Artgenossen aus einiger Entfernung, aber deutlich vernehmbar antworteten, wussten die Männer, dass sich dort am See menschliches Leben befand.

Es war aber nicht Sam, der die Männer begrüßte, sondern ein Vater mit seinem Sohn, die hier große Löcher in das dicke Eis geschlagen hatten, um sich und ihre Hunde aus dem fischreichen See zu versorgen. Joe und Pat kannten die beiden Indianer, die in der Nähe von Fort Good Hope wohnten, aber mit denen hatten beide Trapper hier nicht gerechnet.

Doch dann war die Überraschung groß, denn die Rothäute berichteten, dass sie vor zwei Tagen, etwa zehn Meilen nördlich des Hare Indian Rivers, Sam begegnet waren. „Sein Schlitten war bis oben hin vollgepackt mit steifgefrorenen Tieren", erzählte nun der Vater, den die Trapper bei der Begrüßung Ratangha genannt hatten. „Ziemlich abgemagert, aber voller Zuversicht, dass er die letzten Meilen bis Fort Good Hope allein schaffen würde, schlug er unsere angebotene Hilfe entschieden aus.

Vor Wochen verlor er während eines tobenden Blizzards seinen Leithund, dem ein umstürzender Baum das Rückgrat gebrochen hatte. Es war ein herber Verlust. Denn nun musste er nicht nur im metertiefen Schnee spuren, sondern sich selbst als Leithund vor den Schlitten spannen. Danach hätte er am Tag nur einige Meilen geschafft, erzählte er uns."

„Typisch Sam, ein ehrgeiziger, sturer Kerl", knurrte Joe.

Ohne Zeit zu verlieren, begaben sich die Männer auf den kürzesten Weg zurück zu ihrer Siedlung. Als hätte er auf sie gewartet, stand Sam breitbeinig vor seinem Lagerschuppen und grinste. Er sah, verwildert und recht abgemagert aus, doch seine Augen strahlten vor Wiedersehensfreude. „Old Samuel werdet ihr nicht so schnell los. Doch diesmal lief einiges schief, aber kommt erst mal in die warme Hütte."

Und dann berichtete er von dem Drama im Schneesturm und den fatalen Folgen danach. „Zum Teufel noch mal, es lief alles nach Plan, ja, bis der verdammte Blizzard uns voll erwischte. Ich hatte an diesem Tag schon so ein ungutes Gefühl, dass sich was am Himmel zusammenbraute. Trotzdem machte ich mich auf den Weg zum Rorey Lake, nachdem meine letzten Fangeisen in dem Sumpfgebiet aufgestellt waren. Diese Entscheidung sollte ich schon recht bald bereuen, denn als ich mich gerade mitten auf dem dazwischenliegenden, breiten, kahlen Bergrücken befand, tobte sich dieser fürchterliche Schneesturm so richtig aus.

Mitten in stockdunkler Nacht stürzte eine entwurzelte Fichte auf die eingeschneiten, schlafenden Huskys, und brach meinem treuen Leithund Jonas das Rückgrat. Ich hatte keine andere Wahl und musste den armen Kerl sofort erschießen. Es ist sehr schmerzvoll, wenn man einen langjährigen, treuen, vierbeinigen Gefährten so urplötzlich verliert." Sam wischte sich verstohlen eine Träne weg und sagte nur: „Jetzt wisst ihr, warum sich alles verzögert hat."

Waldemar litt mit Sam, denn es war noch nicht allzu lange her, da hatte er Adak verloren. Als sich damals in auswegloser Lage das grausame Drama zuspitzte, tötete er aus Mitleid seinen zum Skelett abgemagerten treuen Husky, um dem entsetzlichen Leiden ein Ende zu setzen, aber auch um ihn zu verspeisen. Der grausame Kampf ums Überleben, das harte Gesetz der Wildnis, ließ ihm keine andere Wahl. Es wurde ihm jetzt speiübel, als er sich wieder daran erinnerte.

„Lasst uns einen zur Brust nehmen, die erfrorenen Knochen und die vertrockneten Eingeweide erwärmen, dann sind die vergangenen harten Tage schnell vergessen."

Ja, so waren sie, diese harten Nordmänner. Sie lebten unter extremen klimatischen Bedingungen im großen Land der Einsamkeit am Ende der Welt, im Land der zauberhaften langen Sommernächte, der Unermesslichkeit der Wälder und Seen. Die Sommer waren kurz, und der nordische Winter, Faszination und tödliche Bedrohung zugleich, unendlich lang, dunkel und grausam kalt. Und doch, diese furchtlosen Männer, die sich für das entbehrungsreiche, genügsame, raue Leben in grenzenloser Freiheit entschieden hatten, würden mit niemandem auf der ganzen Welt tauschen.

Es hatte sich schnell herumgesprochen, dass Sam und die Männer, die nach ihm suchten, trotz einiger Probleme wieder in der Siedlung angekommen waren. Als einer der Ersten tauchte Elias auf. „Meilenweit riecht der Bursche den Alkohol." Sam reichte ihm grinsend den halbvollen Becher, den er ohne zu zögern ergriff und gierig entleerte. Als dann das Gespräch auf die Vision kam, von der er vor Tagen den Männern erzählt hatte, genoss er sichtlich Lob und Anerkennung über seine in vielem zutreffende Voraussage. „Nun Joe, die Befragung des Orakels durch den Indianer war wohl doch nicht alles fauler Zauber, oder?" Pat Morrison blickte verschmitzt lächelnd hinüber zum gegenüberliegenden Ende des grobgezimmerten Tisches, an dem sein Partner Platz genommen hatte. „Zufall, nichts als Zufall, aber lasst uns die Becher erheben und Manitu trotzdem danken, dass unser Samuel es mal wieder geschafft hat." Alle nickten zustimmend. Elias genoss nicht nur seine in vieler Hinsicht richtige Prophezeiung, sondern noch mehr den Whisky, Waldemar berichtete von seinem langen, abenteuerlichen Weg, von dem Joe und Pat bisher nur wenig gehört hatten, hielt sich beim Trinken ein wenig zurück, sorgte in dieser bitterkalten Nacht für genügend Feuerholz, und hielt den Yukonofen immer am Glühen.

In den nächsten Wochen und Monaten fuhren Sam und Waldemar in regelmäßigen Zeitabständen die Fallen ab. Anfang April begannen sie die Felle zu gerben, zu Stapeln zusammenzuschnüren und für den Handel mit den Männern der Hudson Bay Company in einem Schuppen zu lagern. Nicht nur die große Anzahl konnte sich sehen lassen, sondern auch die außergewöhnlich gute Winterqualität der Pelze ließen auf einen guten Preis hoffen. „Wir beide werden in einigen Wochen um eine Menge harter Dollars reicher sein. Mit dir als Partner würden wir in den nächsten Jahren gutes Geld verdienen. Schlag dir das verdammte Gold in den Nahannibergen aus deinem Dickschädel und bleib hier.“ Es war nicht das letzte Mal, dass Samuel Waldemar von seinen Plänen abzubringen versuchte.

Ende Mai begann das meterdicke Eis aufzubrechen. Der mächtige Strom, auf dem man mit dem Hundeschlitten gute sieben Monate lang fahren konnte, geriet eines Tages durch ein gewaltiges Eisgeschiebe plötzlich in Bewegung. Die lange Winterstille wurde nun tagelang vom Bersten und Krachen zerrissen, gefolgt von den unheimlichen Geräuschen umstürzender Bäume und brechenden Ästen, wenn die Flussufer von mahlenden Eisschollen unterspült wurden und in die reißenden Fluten stürzten.

Nachdem die Tage nun wieder zusehends länger wurden, und das Hochwasser abgeflossen war, wartete man ungeduldig auf die Ankunft der Pelzhändler der Hudson Bay Company. Längst hatten riesige Schwärme von Graugänsen, Kranichen und vielen anderen Wasservögeln auf ihrem Zug zu ihren arktischen Brutplätzen das Land überflogen. Nahtlos ging wieder der kurze nordische Frühling, in dem die Natur völlig explodierte, in den nur wenige Monate dauernden Sommer über.

Eines frühen Morgens waren sie da, die Händler der Company, auf die man sehnsüchtig gewartet hatte. Schon seit vielen Jahren war Fort Good Hope am großen Strom die nördlichste Handelsstation, die von ihnen regelmäßig aufgesucht wurde. Es gab wieder eine ganze Menge zu berichten und zu erzählen, bevor die Händler anfingen die Qualität der Winterfelle zu begutachten. Sam war ein geschickter, hartnäckiger Verhandlungspartner, der am Ende einen guten Preis für die Felle erzielte. Wie vereinbart, wurde der Erlös nun geteilt. Zwar war die Nachfrage nach Pelzen auf beiden Seiten des Atlantiks, besonders in Mitteleuropa, nicht mehr ganz so stark, wie vor hundert Jahren, als wohlhabende Männer bevorzugt den maßgefertigten Biberhut trugen, doch brachte die Pelztierjagd den Trappern immer noch ein gutes Einkommen.

Die Pelztierhändler blieben etwas mehr als eine Woche, bevor sie sich wieder auf die lange Rückreise zu ihrem Haupthandelsposten nach Fort Chipewyan am Athabasca See aufmachten. Sie versuchten Waldemar immer wieder für die Hudson Bay Company anzuwerben. Doch der interessierte sich mehr und mehr für einen jungen Indianer, dessen Stamm viele Tagesreisen weiter im Norden am Mackenzie lebte, den die Händler aus dem Fort Norman mitgebracht hatten. Der erzählte ihm, dass es dort in den endlosen Weiten von Taiga und Tundra, die noch kaum ein Weißer betreten hat, unschätzbare Mengen Biber, Nerz, Fischotter, Marder, Wiesel, Luchs, Fuchs, Wolf und riesige Karibuherden geben würde.

Wathanga – seine Blutsbrüder hatten ihm den Namen Weißer Biber gegeben – war vielleicht Ende zwanzig. Sein genaues Alter wusste er nicht. Er hatte vor einem Jahr seine Sippe bei Nacht und Nebel verlassen. Eine blutjunge Squaw, die er heiraten wollte, entschied sich kurz vor der Hochzeit für einen anderen Krieger. Diese Kränkung konnte er nicht ertragen und verschwand einfach. Auf seinem Weg nach Süden, stieß er auf die Händler der Hudson Bay Company, die ihn bis zu ihrem letzten Handelsposten hier nach Fort Good Hope mitnahmen. Er hatte Heimweh nach seinen Eltern und Geschwistern und wollte wieder zurück in sein Dorf. Sein Volk, der Stamm der Tetlit-Kutschin Indianer, würde am Tsiigethchic siedeln, den der weiße Mann Arctic Red River nennen würde, genau dort, wo dieser in den Too-Cha-Tes, den mächtigen Mackenzie mündet. Nachdem die Pelzhändler abgereist waren, blieb es Samuel nicht verborgen, dass Waldemar mit dem jungen Indianer häufig zum Fischen ging und irgendetwas im Schilde führte.

Was ihn schließlich dazu bewogen hatte, Fort Good Hope kurze Zeit später zu verlassen, lässt sich nur vermuten. War es einfach die unbändige Abenteuerlust, in das so gut wie unbekannte, kaum erforschte Gebiet im äußersten, arktischen Norden des Kontinents vorzudringen? Möglich, dass er in dem riesigen, amphibischen Mündungsgebiet des Mackenzie mit Hilfe der dort lebenden Indianerstämme die nördlichste Pelzhandelsstation errichten wollte. Aber warum änderte er abrupt seinen Plan und kehrte nicht zu der geheimnisvollen Goldmine am Flat River in den Logan Mountains zurück? Diese und viele andere Fragen werden wohl für immer im geschichtlichen Dunkel bleiben.

Es kam dann der Tag, an dem er den Entschluss seinem Partner Samuel mitteilen musste. „Ich bin kaum überrascht, denn als du nicht mit den Händlern gingst und danach viele Stunden mit der jungen Rothaut verbrachtest, wusste ich, dass sich unsere Wege trennen würden, weil dich das Abenteuer im unbekannten Norden lockt. Deine Pläne sind verwegen und voller Gefahren.“ Es war das letztes Mal, das sich die beiden Männer wortlos umarmten. Dann drückte er Sam einen Brief an seinen Bruder Heinrich in Pommern in die Hand, der aber erst nach zwei Jahren dort ankam und in dem zu lesen war: „Als ich merkte, dass ich dieses Land liebte, wusste ich, dass ich nie wieder in die Zivilisation zurückkehren würde.“

Es muss Ende Juni um 1908 gewesen sein, als Waldemar und der Indianer Fort Good Hope in einem vollgepackten Kanu verließen und sich auf eine gewagte Kanureise auf dem mächtigen Mackenzie durch die unendlichen Weiten der kanadischen Arktis begaben. Eine gefahrvolle Reise von fast dreihundert Meilen durch menschenleeres Land bis zu der Indianersiedlung Tsiigehtchic.

Vermutlich hatte Waldemar wohl in diesem Indianerdorf eine Zeit lang als Pelztierjäger gelebt und mit Weißer Biber Pelzhandel betrieben. Warum er Tsiigehtchic, Wathanga und die Tetlit-Kutschin Indianer wieder verlassen hatte, und weshalb er auch nicht mehr zu seiner Goldmine in den Logan Mountains zurückkehrte, wird wohl nie geklärt werden.

Erst viele Jahrzehnte später sollte ich erfahren, dass mein Großonkel Waldemar in Tuktoyaktuk, einer kleinen Eskimosiedlung am Polarmeer zuletzt gesehen wurde, bevor sich seine Spuren endgültig verloren.

Teil 2

Auf längst verwehten Spuren

Das ruhelose Blut, das durch die Adern meines Großonkels floss, fließt wohl auch durch meine. Damals in Masuren, erzählte mir mein Großvater diese spannende, geheimnisvolle Geschichte, die mich zeitlebens nicht mehr losließ. In seiner gemütlichen Stube, in der ein Regal voller Bücher stand, bewahrte er in einer uralten Truhe einige bereits vergilbte Briefe, die er wie einen kostbaren Schatz hütete. Leider gingen diese verloren, als die Rote Armee im Januar 1945 Ostpreußen eroberte und wir aus unserer Heimat flüchten mussten.

Meine Neugierde, mein Wissensdurst, waren für ihn wohl der Anlass, mir oft geduldig die Briefe meines Großonkels, aber auch aus Büchern großer Entdecker vorzulesen. Besonders beeindruckten mich die tragischen Schicksale furchtloser Männer, die sich um die Jahrhundertwende mit ihren Schiffen in noch völlig unerforschte Nordpolarregionen wagten. Sie besaßen weder genaue Karten noch präzise Navigationshilfen, kämpften gegen arktische Kälte, Hunger, Durst, Skorbut und unberechenbare Elemente. Auch die Suche John Franklins nach einer eisfreien Passage vom Atlantik zum Pazifik, der mit den Schiffen „Erebus" und „Terror" in See stach und Monate später im Lancaster Sund südlich von Devon Island das letzte Mal gesehen wurde, endete 1848 in einer Tragödie. Franklin und alle 129 Seeleute erlitten den Hungertod, als ihre Expeditionsschiffe vor Beechey Island vom Packeis zerdrückt wurden.

Ja, das waren sie, die Abenteurer, die Geschichte schrieben, die unerschrockenen, wagemutigen Männer jener längst vergangenen Zeit. Auf ihren Entdeckungsreisen lebten sie ständig mit tödlichen Gefahren. Viele bezahlten mit ihrem Leben, verhungerten, erfroren, blieben in den unendlichen, menschenleeren Weiten des Nordens und im ewigem Eis der Arktis verschollen.

Viele Jahre waren inzwischen vergangen, als der Krieg meine Heimat Ostpreußen vernichtete, als wir im Januar 1945 in dunkler, eisiger Nacht auf eine lange Reise gingen, von der wir niemals mehr zurückkehren sollten. Auch nach der grauenvollen Flucht, nach fünf Jahren auf der Insel Fehmarn, nach der Umsiedlung in den Hunsrück und später, als wir in die Eifel zogen, waren sie überall gegenwärtig – Erinnerungen an die geheimnisvollen Geschichten meines Großvaters.

Anfang der siebziger Jahre war es dann so weit. Trotz weniger Anhaltspunkte und spärlichen Aufzeichnungen hatte ich mir fest vorgenommen, nach längst verwehten Spuren meines verschollenen Großonkels zu suchen. Voller Erwartung und Abenteuerlust hoffte ich insgeheim, dass ich bei meinen Nachforschungen noch irgendjemand finden würde, dessen Vorfahren Waldemar begegnet waren.

Meine erste Reise führte mich nach Cheyenne, der Hauptstadt von Wyoming am Fuß der Rocky Mountains, in der noch einiges an die guten, alten Tage erinnerte, als so mancher Cowboy in den Saloons seinen Lohn versoff und an den Spieltischen verzockte. In einer dieser Kneipen standen sie wohl damals an der Theke, die beiden deutschen Cowboys der Sweetwater Ranch, in der sie von einem jener streitsuchenden Dreckskerle angepöbelt wurden, in der Gustav mit einem einzigen Schlag seiner mächtigen Faust den schießwütigen Revolverhelden ins Reich der Träume schickte.

In diesem Grasland faszinierten mich nicht nur die endlosen Weiten der Prärie, sondern auch die Black Hills im äußersten Nordosten, die Bighorn Mountains und die Gebirgsketten der Rockys mit dem 4.207 Meter hohen Gannett Peak in der Wind River Range. Jahre später machte ich noch mit Freunden eine unvergessliche Kanureise auf dem Green River, der in der Wind River Range entspringt und in Utah in den Colorado mündet.

Was mich jedoch besonders interessierte, war die Hoffnung, in der Sweetwater Ranch jemand zu finden, der mir vielleicht noch etwas über die beiden Deutschen erzählen könnte. Die Nachfahren der Gebrüder Ettelsburg nahmen mich freundlich auf und gestatteten mir sogar in alten, vergilbten Lohnbüchern zu forschen. Und tatsächlich fand ich eine Lohneintragung aus dem Jahr 1896, hinter der „payed to Wald“ stand. Vermutlich war „Wald“ mein Großonkel Waldemar, an den der Lohn gezahlt wurde. Der so anfangs aufkommende Funken Hoffnung, noch mehr Hinweise zu finden, erfüllte sich leider nicht. Enttäuscht, aber nicht mutlos, verbrachte ich einige Tage in der Westernstadt Laramie, in der noch vieles an längst vergangene Tage erinnert.

In den nächsten Jahren führte mich der Weg immer weiter westwärts nach Montana, nach Boise in Idaho und auf den Snake River. In Spokane im Staate Washington besuchte ich meinen Freund Dave Billings, mit dem ich Jahre danach einige Kanureisen im Norden Kanadas und Alaskas unternahm. Als mir Roland Kiemle begegnete, der in jungen Jahren nach Kanada emigrierte und der als erfahrener Guide eine Gruppe über den schwierigen Chilkoot Pass führte, schloss ich mich den Leuten an. In Skagway, in jenem Ort an einem traumhaften Fjord im südlichsten Zipfel Alaskas, von dem einst Tausende und Abertausende im eisigen Winter den brutalen Anstieg über das Küstengebirge und den berüchtigten Chilkoot Pass wagten, erinnerte noch vieles an jene turbulenten Goldrauschtage. Am Abend vor dem Anstieg besuchten wir das Northern Lights Café, standen lange an der rustikalen Theke im Red Onion Saloon, sprachen über den harten Weg zum Pass, und über die hochexplosive Begegnung meines Großonkels mit der Soapy Smith Gang, jener gesetzlosen Bande, die einst eine ganze Stadt in Angst und Schrecken versetzt hatte.

Am nächsten Tag begann der qualvolle Anstieg zum Chilkoot Pass. Wir folgten entlang des Taiya Rivers mit Campingausrüstung und Verpflegung den Spuren der damaligen Stampede durch die Wildnis des küstennahen Regenwalds und richteten in Canyon City unser erstes Lager ein. Von der damaligen Zeltstadt existiert kaum noch etwas, doch man fand auf dem ganzen Trail viele von den Goldsuchern zurückgelassene, halbverrottete und oft vom Gestrüpp überwucherte Gegenstände. Danach begann der immer steiler werdende Anstieg durch das wildzerklüftete Küstengebirge, durch unwegsames Gelände, reißende Gebirgsbäche, sumpfigen Morast und oft über schneebedeckte, matschige, glatte Felsen und Geröllfelder. Manchmal erkannten wir im dichten Küstennebel erst spät die überall lauernden Abgründe. Es regnete ununterbrochen, und tiefhängende Wolken erschwerten häufig die Sicht und Orientierungsmöglichkeit. Schließlich erreichten wir unmittelbar vor der Passhöhe Sheep Camp, jene letzte im schlammigem Morast gelegene Sammelstelle der Goldsucher vor dem vierzigprozentigen Anstieg zum Pass.

Diesen brutalen und steilsten Teil des Chilkoot Trails, den die Goldsucher verwünschten und verfluchten, nannten sie spöttisch „The Golden Stairs". Über die ins Eis gehauenen Treppenstufen quälten sich im eisigen Winter 1897/98 bis zu sechzigtausend von der Gier nach Gold getriebene Glücksritter. Was muss das für eine Schinderei gewesen sein, während wir im kurzen nordischen Sommer mit wesentlich besserer Ausrüstung und etwa zwanzig Kilo Gepäck heil froh waren, als wir die Gipfelhöhe hinter uns hatten.

Steil bergab ging es dann bei immer noch windigem, nebligem und kaltem Wetter über Schneefelder zum Crater Lake und „Happy Camp", jenem Zeltlager der Goldgräber einige Meilen hinter dem Pass. Ohne ein wärmendes Feuer verbrachten wir hier in unseren nassen Zelten eine stürmische Nacht, mit Schneeregen, Blitz und Donner, denn die wenigen Bäume in dieser kargen Bergregion, fielen einst der Axt der frierenden Glücksritter zum Opfer. Wir folgten weiter den kaum noch erkennbaren Trampelpfaden, auf denen sich damals in eisiger Kälte die Abenteurer mit schweren Lasten zum Long Lake und Deep Lake quälten, durchstiegen den steilen Canyon des Moose Creeks und erreichten über einen langgezogenen, welligen Bergrücken ziemlich ausgepowert Lake Lindemann. Dieser See hat einen Abfluss zum Lake Bennett und ist der Anfang einer Kette von Quellseen, aus denen der Yukon entspringt.

Nicht weit vom Seeufer fanden wir auf einem Hügel inmitten allerlei wildwachsender Blumen einige verwitterte, windschiefe Holzkreuze mit kaum noch lesbaren Namen. Viele, die bereits den mörderischen Chilkoot Pass bewältigt hatten, starben hier damals völlig entkräftet und wurden auf dieser Anhöhe in fremder Erde begraben. Erst als die untergehende Sonne den mystischen Ort in ein eigenartiges, gespenstisches Licht hüllte, verließ ich die Ruhestätte dieser armen Seelen.

Wir liefen noch einige Meilen weiter bis nach Bennet, einer Bahnstation der White Pass & Yukon Railway, der damals noch in Betrieb gewesenen spektakulären Bahnstrecke von Whitehorse nach Skagway am Pazifik. Nach einem historischen Goldgräberessen im alten Bahnhof, nutzten wir die Gelegenheit und fuhren mit dieser Bahn über Carcross bis nach Whitehorse, der Hauptstadt des Yukon Territoriums. Jahre später bin ich diesen historischen Trail im Herbst ein zweites Mal allein gegangen, doch diesmal ließ ich mir mehr Zeit und versuchte mir noch intensiver vorzustellen, wie es wohl Gustav und Waldemar im eisigen Winter 1897/98 mit ihren schweren Lasten und wesentlich schlechterer Ausrüstung ergangen war.

Ich hatte mir in den Kopf gesetzt, nach Waldemar zu forschen und mir vorgenommen, in etwa den gleichen Wegen zu folgen, die mein Großonkel damals gegangen war. So flog ich schon im nächsten Jahr mit meinem Freund Dave wieder nach Whitehorse. Unser bis an den Rand vollgeladenes Kanu setzten wir am Ausfluss des Yukons aus dem Marsh Lakes in die Strömung. Unmittelbar darauf schossen wir auf den Wellenbergen mächtiger Stromschnellen durch die enge Schlucht mit senkrechten Wänden im Miles Canyon, portagierten um das E-Werk vor den Toren von Whitehorse, wurden nach erneutem Einsetzen schon bald wieder von rasanter Strömung mitgerissen und passierten auf den smaragdgrünen Gletscherfluten die Hauptstadt des Yukons. Nach gut zehn Meilen brachte der von links zuströmende Takhini River trübes Wasser und nach ungefähr der gleichen Entfernung erreichten wir den Lake Laberge, durch den der Yukon fließt, und bauten auf einer Insel in der Jackfish Bay unser Zelt. Dieser etwa fünfzig Kilometer lange, aber nur drei bis fünf Kilometer breite See liegt zwischen zwei mächtigen Bergrücken. Plötzlich aufkommende, tückische Fallwinde und meterhohe Wellen wurden schon manchem Kanuten zum Verhängnis. Auf seinem Grund sollen einige der zur Zeit des Goldrausches zwischen Whitehorse und Dawson City verkehrenden Raddampfer liegen.

Am nächsten Morgen erwischten wir einen hier recht selten vorkommenden Südwind, der uns rasch mit Hilfe eines Segels zum Abfluss des Sees blies, das wir am Bug des Kanus konstruiert hatten. An dieser Stelle liegt Lower Laberge Village. Nur noch ein paar alte Hütten und herumliegender Schrott erinnern in dieser alten Indianersiedlung an die Goldrauschzeit.

Schnelles, klares Wasser trug unser Kanu in wenigen Stunden bis zur Einmündung des von rechts zuströmenden Teslin Rivers, der aus dem Teslin Lake kommend eine Menge Wasser brachte. An dieser Stelle liegt Hootalinqua, eine alte Indianersiedlung, in der 1898 die North-West Mounted Police eine Kontrollstation errichtet hatte.

Nach dem Zufluss des Teslin Rivers wird der Yukon wesentlich breiter, behält aber seine rasante Fließgeschwindigkeit. Nicht weit nach Hootalinqua fanden wir auf einer Insel noch Reste des Dampfers Evelin und nur wenige Kilometer stromabwärts die des gesunkenen Raddampfers Klondike. Ungefähr fünfzig Kilometer weiter mündet der Big Salmon River von rechts in den Yukon. An der Einmündung liegt Big Salmon Village, ein verlassenes Indianerdorf, einst eine Handelsstation und Dampferanlegestelle während des Goldrausches.

Little Salmon, wahrscheinlich die älteste Indianersiedlung am oberen Teil des Yukons, vor vielen Jahrzehnten ein Handelsposten, liegt an der Einmündung des Little Salmon Rivers und in der Nähe des Robert Campbell Highways, einer über sechshundert Kilometer langen Schotterstraße von Carmacks nach Ross River und weiter durch kaum berührte Wildnis bis nach Watson Lake am Alaska Highway. 1917 bis 1919 wütete in diesem Ort eine fürchterliche Grippeepidemie, die fast die ganze Bevölkerung dahinraffte. Die wenigen noch vorhandenen Hütten waren unbewohnt, als wir 1976 diesen historischen Ort besichtigten.

Von hier waren es ungefähr noch fünfundvierzig Kilometer bis nach Carmacks, jenem Ort am Klondike Highway, der nach George Carmacks benannt wurde, der mit seinem indianischen Schwager Skookum Jim 1896 am Thorndiuk River eine große Anzahl dicker Nuggets fand und dadurch den größten Goldrausch aller Zeiten ins Rollen brachte. Wir beschlossen, dort einige Tage zu bleiben und hofften, dass uns vielleicht irgendjemand noch etwas von jenen turbulenten Tagen des Goldrauschs erzählen könnte. Am späten Nachmittag zogen wir unser Kanu an Land und bauten unser Zelt auf einem Campingplatz unmittelbar an der Brücke. In diesem, auch von Weißen bewohnten Indianerdorf an einem Straßenknotenpunkt, gibt es inzwischen ein Motel, ein Lebensmittelgeschäft, ein Restaurant, eine Bar und eine Kneipe, in der sich einige Touristen neben Indianern und bärtigen Truckern aufhalten.

Und dort trafen wir Joe, einen ziemlich heruntergekommenen Indianer, der so zwischen sechzig und siebzig gewesen sein durfte. An diesem Abend hatte er schon einiges intus, war sturzbetrunken und kaum noch ansprechbar. Zwei Tage später nutzten wir die Gelegenheit zu einem Gespräch, als wir ihn ziemlich ausgenüchtert wiedersahen und zu einem Bier einluden. Wie sich schnell herausstellte, war er „blank“, hatte die „welfare“, die der kanadische Staat allen Ureinwohnern jeweils am Anfang eines Monats zahlt, innerhalb von fünf Tagen bereits restlos versoffen. Joe wusste von seinem Vater noch einiges über die Tatchun und war bereit, uns zu der Stelle zu führen, an der einst das Indianerdorf seines Stammes gewesen war. Nachdem der Klondike Highway von Whitehorse nach Dawson fertiggestellt war, hatte man beschlossen, das alte Dorf zu verlassen und hier neu zu siedeln. So entstand nach und nach der Ort, den man heute Carmacks nennt. Wir boten ihm fünfzig Dollar, wenn er uns zu dem alten, verlassenen Dorf seiner Ahnen führen würde und verabredeten, dass er uns am nächsten Morgen um acht Uhr auf dem Campingplatz abholen sollte. Er war sofort damit einverstanden und versprach, pünktlich zu sein.

Leider warteten wir mehr als zwei Stunden vergeblich auf sein Erscheinen und entschieden letztendlich, auf eigene Faust und in Erinnerung an die Hinweise, die er uns in der Kneipe am Tag zuvor gegeben hatte, nach den Überresten des alten Indianerdorfs in der Wildnis um Carmacks zu suchen. Doch nach gründlichem Studium der topographischen Karten und allerlei Abwägungen, verwarfen wir diesen Plan wieder.

Nach anfänglicher Ratlosigkeit und allerlei Überlegungen, tauchte Joe plötzlich mit einem schrottreifen Geländewagen in unserem Lager auf und versuchte seine Verspätung mit allerlei fadenscheinigen Ausreden zu erklären und zu rechtfertigen, doch der eigentliche Grund war sicher das Feuerwasser, denn seine Alkoholfahne hätte selbst den stärksten Holzfäller noch in fünf Meter Entfernung umgehauen. Nachdem wir uns am Abend zuvor von ihm getrennt hatten, muss er wohl einen von seinen Saufkumpanen getroffen haben, der noch „flüssig" war. In seinem Zustand wollten wir an diesem Tag auf keinen Fall etwas mit ihm unternehmen. So verabredeten wir nach heiligen Schwüren und langem Hin und Her erneut einen Abholtermin für den nächsten Morgen und schickten Joe zum Ausnüchtern zu seiner Enkeltochter, die hier irgendwo in der Nähe im Busch lebte.

Tatsächlich erschien Joe am nächsten Morgen pünktlich und ziemlich nüchtern zur vereinbarten Zeit, allerdings mit dem letzten Tropfen Benzin im Tank und keinem einzigen Cent in der Tasche. Also betankten wir die alte Schrottkiste, in welcher der Motor wohl das Einzige war, was noch einigermaßen funktionierte.

Kurz nachdem wir getankt und die Brücke überquert hatten, bogen wir unmittelbar dahinter nach links auf einen Weg ab, an dem einige Blockhütten standen. Schon nach wenigen hundert Metern verließen wir wieder diese Schotterstraße und folgten anderthalb Meilen einem kaum noch befahrbaren, fast zugewachsenen Pfad, der uns kreuz und quer durch dichten Busch bis zu einem langgezogenen Höhenrücken führte, an dem in einer Senke ein kleiner See liegt. Hier mussten wir den Wagen stehen lassen und nun einer gerade noch erkennbaren, sumpfigen Trampelfährte folgen, die uns in einem Halbkreis nach vielleicht gut zwei Meilen zu einer Anhöhe führte, von der man deutlich den Yukon und die Brücke in Carmacks sehen konnte. Hinter diesem Hügel marschierten wir vielleicht noch eine halbe Meile durch ein morastiges Gelände und standen plötzlich vor den kaum noch auszumachenden, wenigen Überresten einer längst aufgegebenen Indianersiedlung.

In diesem Dorf hätte sein Vater gelebt. Der sei von hier erst weggegangen, als auch der Letzte der Sippe in die Nähe des Highways nach Carmacks abgewandert war und alle Totempfähle mit den Stammeszeichen und Ahnentafeln mitgenommen wurden, erzählte Joe. Nur noch Reste von zwei Holzhütten, ein Haufen überwucherter, verrotteter Tipis und ausgebleichter Elchgeweihe, erinnerten jetzt an die einstige Siedlung der Tatchun. An diesem verlassenen Ort, stellte ich mir die Zeit jener längst vergangenen Tage vor, als mein Großonkel Waldemar hier mit Sven lebte, dem Schweden, der in diesem Indianerdorf hängen geblieben war und eine blutjunge, hübsche Squaw zu seiner Frau genommen hatte. Für Joe war es eine heilige Stätte, in der die Geister seiner Ahnen wohnen würden, die man nicht zu lange stören sollte, ließ er uns wissen. Er konnte sich noch schwach daran erinnern, dass sein Vater ihm oft von zwei weißen Männern erzählte, mit denen er einst tagelang unterwegs gewesen war, eine Menge Pelztiere erlegt und so manche gefährliche Situation überlebt hatte.

Auf dem Rückweg hatte Joe es auffallend eilig. Wir mussten uns ganz schön anstrengen, um mit ihm im knöcheltiefen Morast Schritt halten zu können. Der alte Indianer verblüffte uns durch seine erstaunliche Kondition. Als wir dann keuchend und ziemlich fertig an dem abgestellten Wagen ankamen, erklärte er uns, dass bei seiner Tochter, die nicht allzu weit von hier wohnen würde, am heutigen Abend eine Party wäre. So ein kleiner Umweg würde sich bestimmt lohnen, denn es gäbe dort frischen Lachs und eisgekühltes Bier. Ich ahnte Böses. Doch Joe ließ nicht locker, bis er uns dazu überredet hatte.

Wieder ging es nach einer Abzweigung vielleicht eine Meile auf einer holprigen Schotterstraße mit unzähligen Schlaglöchern, die an einem Steilhang hoch über dem Yukon endete. Unmittelbar davor standen auf einer Lichtung zwei primitive Hütten, zwischen denen ein rauchendes Feuer brannte, vor dem in einem Kreis ein halbes Dutzend Männer und ebenso viele Frauen auf dem Boden lagerten, die alle sturzbesoffen waren. Nach dem Haufen leerer Flaschen und Bierdosen zu urteilen, war die Party bereits mehrere Stunden zugange. Während wir von einem der

Anwesenden, der sich gerade noch so auf den Beinen halten konnte, freundlich empfangen, zu einer Dose Bier und zu einem gegrillten Lachssteak eingeladen wurden, hatte Joe schon längst eine halbvolle Flasche Wodka im Visier, die vor uns im Gras lag. Wir mussten höllisch darauf achten, dass er von diesem verdammten Feuerwasser nicht zu viel abbekam, denn er musste uns ja noch zurück zum Camp bringen, und nahmen deshalb jeder noch schnell einen kräftigen Schluck aus der Pulle.

Zum Glück gab es dort bald danach keinen Tropfen Alkohol mehr. Während die Kleinsten der Kleinen im Dreck rumwühlten und die Erwachsenen ihren Rausch ausschliefen, machten wir uns unbemerkt davon. In Carmacks erhielt Joe die vereinbarten fünfzig Dollar, versprach in der Kneipe nur noch ein einziges Bier zu trinken, aber nur, weil der Partylachs seiner Meinung nach versalzen gewesen wäre, und er jetzt schrecklichen Durst hätte. So trennten sich gegen Mitternacht nach einem ereignisreichen Tag mit unvergesslichen Eindrücken unsere Wege. Wir hatten uns vorgenommen, unsere Kanureise auf dem Yukon in aller Frühe am nächsten Morgen fortzusetzen.

Joe hatte uns vor mächtigen Stromschnellen gewarnt, die etwa zwanzig Meilen flussabwärts schon so manchem Kanuten zum Verhängnis geworden wären. Die Five Finger Rapids sind eine durch dicke Felsbrocken verblockte Stelle, an welcher der Yukon sich in fünf Arme teilt, auf einen Prallhang zuströmt und dann eine scharfe Biegung nach links macht. Nur durch den rechten Flussarm, in den auch das meiste Wasser strömt, kann man eine Durchfahrt wagen. Wir erkannten früh genug die ideale Strömungslinie und schossen in der Mitte des Arms auf meterhohen Wellen durch diese Stromschnellen. Bereits wenige Meilen stromabwärts erwarteten uns die Rink Rapids, die wir ohne Schwierigkeiten bewältigten. Nun waren es noch ungefähr zweihundertfünfzig Meilen bis Dawson City.

Auf dem Weg nach Norden fanden wir an der Mündung des Pelly Rivers einen idealen Zeltplatz. Hier liegt Fort Selkirk, eine der ältesten Siedlungen am Yukon, 1889 ein wichtiger Handelsposten der Hudson Bay Company, heute so gut wie unbewohnt. Jahre später legte man hier hoch über dem Yukon einen herrlichen Campground an. Von links, mit milchiggrauem Wasser zufließend, mündet hundert Meilen weiter der White, und wenige Meilen danach von rechts der Stewart River. Gleich nach der Einmündung liegt Stewart Island, eine Insel, die lange bevor der weiße Mann Nordamerika entdeckte, von Indianern bewohnt war und später ein Handelsposten wurde.

Unmittelbar nach der Mündung des Klondike Rivers in den mächtigen Yukon erblickten wir Dawson, wo wir nun nach einer unvergesslichen Flussreise unser Kanu an Land zogen. Viele Wochen auf spannender Spurensuche in überwältigender Natur und kaum vorstellbaren Weiten lagen jetzt hinter uns. Wir hatten den legendären Ort erreicht, in dem einst der größte Goldrausch aller Zeiten stattfand.

Dawson City, das ist die in altem Glanz wiedererstandene Goldgräberstadt, die einstige und immer noch heimliche Metropole des Yukon-Territoriums. In diesem historischen Ort erinnerte noch vieles an jene längst vergangenen Tage. Die schiefen Holzhäuser, das Grand Palace Theatre, Diamond Tooth Gertie's Gambling Hall, das Eldorado Hotel, die Oak Hall, das Post Office aus dem Jahre 1901, die Saloons, die staubigen, schlammigen, bürgersteiglosen Straßen – alles historische Überreste aus der Zeit des Goldrausches. Außer einigen Indianern und ein paar vergammelten Weißen, die hier hängenblieben, war die legendäre Goldgräberstadt 1976 noch nicht überlaufen. Doch das sollte sich schon in den nächsten Jahren ändern, als plötzlich der amerikanische Tourismus invasionsartig einsetzte und man die alten Hütten mit grünen, roten, gelben und blauen Farben geschmacklos übertünchte. Danach hatte Dawson viel von seiner geheimnisvollen Goldrauschatmosphäre verloren. Trotzdem zog es mich auch noch viele Jahre später immer wieder dorthin.

Im Westminster Saloon, einer hauptsächlich von Indianern und Einheimischen besuchten Spelunke, genehmigten wir uns wieder ein Bier und wurden nach dem zweiten Zeuge einer handfesten Rauferei zwischen zwei Indianerinnen, die beide ziemlich betrunken waren. Wie sich später herausstellte, gerieten sich die beiden Damen aus Eifersucht buchstäblich in die Haare, weil der Ehemann von der einen von der Rivalin zu lange und zu leidenschaftlich umarmt wurde. Beide hatten ihre Schuhe verloren, sich ineinander verkrallt und versucht zu Boden zu reißen. Als die Bluse der einen Furie in Fetzen hing und der Busen sichtbar wurde, wollten die Gäste wohl Blut sehen, denn nun feuerten sie durch laute Zurufe die Kämpfenden zur entscheidenden Attacke an. Doch plötzlich ließen die wütenden Kontrahentinnen zerkratzt und zerzaust voneinander ab und kehrten zu ihrem Tisch zurück. Sichtlich stolz und geschmeichelt nahm der Ehemann seine Frau wieder in die Arme, lobte ihren Mut und streichelte liebevoll über ihr Haar.

Im kurzen, nordischen Sommer leben in Dawson die ergreifenden Geschichten und tragischen Schicksale aus jener längst vergangenen Zeit weiter. In den Tagen der kaum untergehenden Sonne, der hellen Nächte, lief im altehrwürdigen Grand Palace Theatre allabendlich die heldenhafte Geschichte von Frank Reid über die Bühne. An seine mutige Tat erinnert ein Gedenkstein auf einem schlichten Friedhof in Skagway. Auf seinem Grab lagen immer frische Blumen, auch noch viele Jahre später, als ich diesen legendären Ort am Pazifik noch mehrere Male aufsuchte.

Am Klondike River und an den kleinen Bächen in dieser Gegend wird immer noch nach Gold gesucht, allerdings heute mit Baggern, Raupen und riesigen Goldwaschanlagen. Am späten Abend trafen wir sie wieder in der Sluice Box-Bar im Eldorado, die Bärtigen mit ihren verbeulten Hüten, die harten Typen, die unbeirrbar weiter nach Gold suchen. Jim und Bob kamen aus Montana, erfuhren wir an der Theke. Zweifellos wäre die Goldsuche auch heute noch harte Schufterei und ein immenser Materialaufwand, doch wenn es sich nicht lohnen würde, hätten sie den Job schon längst aufgegeben, erzählte augenzwinkernd Jim und spendierte uns einen Drink. Diese Männer interessierte nur das Gold. So leben und hoffen sie, irgendwann auf ein riesiges Vorkommen, auf eine gewaltige Goldader zu stoßen.

Wir setzten nach einer guten Woche unsere Kanureise auf dem Yukon fort und suchten vergeblich nach Yoshuas alter Trapperhütte, die wohl irgendwann im Laufe der vielen Jahre vom Eisgang und von den gewaltigen Schmelzwasserfluten weggerissen wurde. Auf der Weiterfahrt besichtigten wir das eine oder andere Wrack gestrandeter, halbverrotteter Raddampfers, fanden noch einige Überreste aus der Goldrauschzeit in Forty Mile Creek, passierten unbemerkt die Grenze nach Alaska und gelangten schließlich über Eagle und Circle City nach Fort Yukon, der Endstation einer achtwöchigen, unvergesslichen Kanureise. Es war der Anfang einer langen Spurensuche, die mich fortan beinah vierzig Jahre fast jeden Sommer durch die unendlichen Weiten des kanadischen Nordens und Alaska führte.

In den nächsten Jahren unternahm ich einige Kanutouren im kaum bewohnten Yukon-Territorium. Erneut ging es auf den beiden Schotterstraßen, auf dem Klondike Highway von Whitehorse nach Carmacks, und weiter auf dem Robert Campbell Highway bis nach Ross River. Zwei Jahre zuvor hatten Dave und ich uns schon einige Tage in diesem Indianerdorf aufgehalten. Doch wie damals, so hatte ich auch diesmal bei meinen Nachforschungen wenig in Ross River erfahren. In der einzigen Kneipe im Ort trafen wir einen Indianer, der uns berichtete, dass ihm sein Vater von einem blonden, großen Mann mit hellblauen Augen erzählt hatte, der sich allerdings um 1930 in Ross River eine Zeitlang aufgehalten hätte. Also konnte dieser Fremde unmöglich Waldemar gewesen sein, denn der war Jahrzehnte vorher in diesem Indianerdorf gewesen. Wie sich später herausstellte, war es wohl Albert Johnson, jener „Mad Trapper of Rat River“, dessen Herkunft bis heute im Dunkeln geblieben ist, und dessen Leben in einer dramatischen Tragödie endete. Auch an Bill, den alten Trapper, Weißer Büffel, und an Grey Owl, jene Rothaut, die damals angeblich irgendwo in den Bergen eine Goldader entdeckt hatte, konnte sich niemand mehr erinnern.

Mutig und voller Tatendrang machten Dave und ich uns Anfang der achtziger Jahre zum ersten Mal auf den Weg zu jenem geheimnisvollen, legendenumwobenen Fluss in den entlegenen schwarzen Bergen auf, den die Indianer „Nahanni“ nennen. Zum Glück lief uns noch Ron über den Weg, ein vor Jahren gestrandeter Goldsucher, der mutterseelenallein gute zwei Meilen von Ross River entfernt am Ketza River hauste. Wir besuchten den alten Mann dort in seiner auf einer Anhöhe am Flussufer liegenden Hütte mit einem herrlichen Blick über die Weite des Landes. Ron hatte eine Menge zu erzählen, denn er lebte schon viele Jahre in dieser abgelegenen Gegend. Wie er es denn während des langen Winters von Mitte Oktober bis Ende Mai mutterseelenallein in dieser Einsamkeit überhaupt aushalten würde, fragte ich ihn. Nun, er wäre ja nicht allein, die Bären würden sogar ihren Winterschlaf unterbrechen und ihm Gesellschaft leisten, scherzte er.

Sonne, Wind und Wetter hatten tiefe Spuren in seinem Gesicht hinterlassen. Die Haare auf seinem Schädel und seinen Bart ließ er einfach wachsen. Ein wilder Bursche, der in jedem Western die Rolle eines zwielichtigen Banditen spielen könnte. Dass wir Ron zufällig begegnet waren, grenzte schon an eine seltsame Fügung. Ich erzählte ihm von unserem Plan und die Geschichte meines Großonkels. Ja, wir wollten am Nahanni und am Flat River nach längst verwehten Spuren Waldemars suchen.

„So, so, ihr wollt also die Boote und eure gesamte Ausrüstung den Ross River gegen die Strömung bis ins Quellgebiet schleppen und dann den Nahanni bis zu seiner Mündung in den Liard hinunterfahren? Da habt ihr euch aber was vorgenommen. Wisst ihr überhaupt, worauf ihr euch da eingelassen habt? Zugegeben, es ist der aufregendste, schönste Fluss, den meine Augen je gesehen haben. Aber er ist ein gefährlicher Mörder, dieser Urfluss mit dem höchsten Wasserfall Nordamerikas. Er hat eine düstere Vergangenheit. Vor langer Zeit haben dort schon einige nach Gold gesucht und sind nicht mehr zurückgekehrt. So manches tragische Schicksal muss sich am Nahanni zugetragen haben. Namen wie Deadmen Valley, das Tal der toten Männer, Hell's Gate, das Tor zur Hölle, oder Headless Valley, das Tal der Kopflosen sind mittlerweile Legende geworden."

Ron goss erneut die Whiskygläser voll und stopfte bedächtig seine uralte Pfeife mit irgendeinem entsetzlich riechenden Kraut, um danach die ganze Bude zu verqualmen. Anfangs nahm er das wohl überhaupt nicht wahr, doch dann grinste er und lachte laut los, als wir wie auf Kommando zu husten anfingen. Der Rauch wäre eines seiner besten Mittel gegen die verdammten Moskitos, erklärte er uns augenzwinkernd und begann erneut zu erzählen.

„Was die Leute so von sich geben, wenn der Whisky die Sinne verwirrt, darf man nicht alles glauben. Doch vor etlichen Jahren geschahen mysteriöse Dinge in den finsteren, furchteinflößenden Schluchten des Nahanni Rivers. Was sich dort vor langer Zeit zugetragen hat, waren schwere Schandtaten, die größtenteils nie geklärt wurden. Jahrzehntelang wagte sich kaum ein Indianer in diese verfluchte Gegend, obwohl es dort viel Wild und auch Gold geben soll. Man muss es nur finden." Rons Miene verfinsterte sich. „Dem Aberglauben der Indianer nach, soll es dort den Sasquash, den Naba Cha, den Karibufüßigen geben, der in den tiefen, unzugänglichen Schluchten am Nahanni haust und den Eindringlingen die Köpfe abreißt. Die Ureinwohner glauben an den „Bigfoot", den „Großfuß" wie er auch noch genannt wird, an ein menschenähnliches Wesen, nur viel größer und von Kopf bis Fuß behaart. Ich musste ihnen verdammt gut zureden und sie gut bezahlen, als ich mich vor über dreißig Jahren das erste Mal in diese Gegend wagte. Um die bösen Geister zu vertreiben, durfte das Feuer während der Nacht nicht ausgehen. Die Angst steckte den Indianern im Leib.

Ja, diese schaurigen Geschichten, die Indianer, Trapper und Prospektoren überall in der Gegend erzählten, hatten sich wie ein Lauffeuer verbreitet. Trotzdem gab es nach dem Goldrausch am Klondike immer wieder Männer, die in das wildzerklüftete Gebirge wollten. Und ich sage euch, viele bezahlten mit ihrem Leben, die den Warnungen der Rothäute nicht Glauben schenkten.

Es begann alles im Jahre 1905, als die Brüder Frank und Willie McLeod zu einer sagenhaften Goldmine der Cassiar-Indianer in den Nahanni Bergen aufbrachen. Jahre davor hatte ein alter Indianer dem Vater der McLeod Brüder, dem alte Murdock McLeod, der einen Handelsposten der Hudson Bay Company in Fort Liard betrieb, einen genauen Lageplan dieser geheimen Goldmine gegeben, über die zuvor schon viel spekuliert worden war. Frank und Willie waren erfahrene Kerle, die eine indianische, harte Erziehung genossen hatten, die vor Kraft und Gesundheit nur so strotzten, und als Waldläufer die Fähigkeit besaßen, sich im Notfall aus dem Land zu ernähren. Sie hatten bereits vor Jahren eine monatelange, abenteuerliche Reise in den unbekannten Norden unternommen. Damals sind sie an einem Nebenfluss des Nahanni Rivers, an einem Bach des Flat Rivers auf Gold gestoßen. Erwartungsvoll gaben sie ihm den verheißungsvollen Namen Gold Creek. Sie glaubten, endlich an der richtigen Stelle zu sein. Aber das, was sie nach wochenlanger Arbeit an Gold gefunden und herausgewaschen hatten, war nicht viel mehr, als ein kleines Fläschchen voll. Doch sie hatten entweder an der falschen Stelle gesucht, oder die Indianer waren ihnen zuvorgekommen und hatten dort schon längst das meiste Gold gefunden.

Enttäuscht bauten sich die Brüder ein Boot, um vor dem nahen Winter wieder im väterlichen Handelsposten am Liard River zu sein. Doch sie kenterten mit ihrem primitiven Gefährt in den gefährlichen Stromschnellen im Flat River Canyon, die heute The Cascade of the Thirteen Steps heißen. Außer einem Gewehr und dreißig Schuss Munition, ging bei der Kenterung fast die gesamte Ausrüstung und die Flasche mit Gold verloren. Sie waren noch einmal mit dem Leben davongekommen, kehrten zu ihrer Mine am Gold Creek zurück und bauten aus den zum Goldwaschen benutzten Holzkisten ein neues Boot. Diesmal waren sie vorsichtiger, treidelten die dreizehn Gefällestufen, schafften unbeschadet die drei Canyon im Nahanni und erreichten noch vor dem Winter wieder ihren Handelsposten am Liard River.

Einmal vom Goldfieber befallen, gaben sie nicht auf und versuchten es ein Jahr später nochmals. Diesmal nahmen sie einen Schotten mit, der Wilkinson oder so ähnlich hieß, dessen Name aber bis heute nie richtig geklärt werden konnte. Als sie nicht wie verabredet vor dem Winter wieder im Handelsposten erschienen, machte sich zunächst niemand ernsthafte Gedanken, denn für die Gebrüder McLeod war das Überwintern in der Wildnis nichts Ungewöhnliches. Man vermutete zunächst, dass sie auf eine gute Goldader gestoßen wären, sich eine Blockhütte gebaut hätten und im nächsten Herbst mit einer Menge Gold in Fort Liard auftauchen würden.

Doch als sich keiner der drei Männer auch im folgenden Herbst und Winter blicken ließ, fing ihr Bruder Charlie mit einigen Männern im nächsten Frühjahr nach den Vermissten zu suchen. Schon bald darauf stießen sie auf den letzten Lagerplatz in einem Tal zwischen dem ersten und dem zweiten Canyon des Nahanni und fanden dort zwei Skelette, denen die Köpfe fehlten. Nach den herumliegenden Kleidungsresten und Ausrüstungsgegenständen zu schließen, waren es ohne Zweifel die von William und Frank McLeod. Schon ziemlich verwittert, aber doch noch lesbar entdeckten sie die eingeritzten Worte auf einem abgebrochenen Ruder: ‚We have found a good prospect‘ – ‚wir haben einen guten Claim gefunden‘. Doch von dem dritten Mann, ihrem Partner, fehlte jede Spur.

Über die Todesursache der McLeod Brüder entstanden die wildesten Gerüchte. Was nun aber letztendlich tatsächlich geschah, was auch immer zu ihrem Tode führte, und warum den Leichen die Köpfe fehlten, wird wohl nie geklärt werden. Es gibt einen Haufen Gründe, sein Leben in der abgeschiedenen, menschenfeindlichen Wildnis am Nahanni zu verlieren. So wäre es durchaus möglich gewesen, dass die Gebrüder McLeod in jenem mörderisch kalten Winter erfroren oder verhungerten, als ihnen die Nahrungsmittel ausgingen und sie das Jagdglück verließ. Natürlich könnte auch ihr Partner als Mörder infrage kommen, dessen Leiche nie gefunden wurde, genauso wie die Cassiar Indianer, die Fremde in ihren Jagdgründen nicht gerade freundlich behandelt haben. Es wurde gemunkelt, man habe den Schotten mit viel Gold in Telegraph Creek gesehen. Nach diesem Gerücht, verfolgten die kanadischen

Mounties eine zweifelhafte Spur bis nach Vancouver, doch weder das Gold, noch der Schotte wurde je wiedergesehen. Schließlich stellte man die Suche nach einem Mörder ein, der ohnehin kaum zu finden und kaum zu überführen gewesen wäre.“

Der alte Goldsucher stopfte erneut seine Pfeife und lehnte sich mit todernstem Gesicht auf seinem grobgezimmerten Stuhl zurück. Die Geschichte über den mysteriösen Tod der McLeod Brüder ließ mich hellwach aufhorchen. Jetzt erinnerte ich mich wieder, dass Waldemar den Brüdern und noch einem dritten Mann am Flat River begegnet war. Damals war ihm besonders das recht seltsame Verhalten des Schotten aufgefallen.

„Im Jahre 1906 begegneten meinem Großonkel Waldemar am Flat River die McLeod Brüder und ein fremder Mann mit eiskalten Augen und einem stechenden Blick, die allem Anschein nach in den Logan Mountains Gold gefunden hatten und mit einem Floß zum Nahanni unterwegs waren“, begann ich nun von der überlieferten Geschichte zu erzählen. „Sie hielten sich in seinem Camp nur kurze Zeit auf, waren sehr wortkarg und hatten es eilig. Irgendetwas jedenfalls stimmte nicht. Es sah so aus, als hätte es Streit gegeben. Doch das ist noch nicht alles.“

Danach erzählte ich Ron von der schrecklichen Entdeckung, die Waldemar damals gemacht hatte, als er den Toten in der Hütte auf einer Hochebene im Quellgebiet des Nahanni fand, in dessen Besitz nicht nur eine Blechdose voll dicker Nuggets war, sondern auch ein Gewehr, in dem die Buchstaben WI eingeritzt waren. Allem Anschein nach war der Mann verhungert, als ihn das Jagdglück verlassen hatte und ihm die Munition ausgegangen war.

„Dann könnte der Tote der Mörder der Gebrüder McLeod sein. Die im Gewehrkolben eingeritzten Buchstaben WI und die Menge Nuggets, die dein Großonkel Waldemar in dieser Hütte entdeckte, erhärten jedenfalls den Verdacht. Dass niemand den wirklichen Namen dieses sonderbaren Burschen erfuhr, ist schon sehr merkwürdig. So handelt nur jemand, der etwas Böses vorhat. Auch wenn der Fundort seiner Leiche mehr als zweihundert Meilen von jener Stelle entfernt liegt, an der man die Leichen der McLeods fand, so ist selbst dieser harte Weg durch die zerklüftete Wildnis für einen erfahrenen Waldläufer kein Problem.

Letztendlich konnte nach so vielen Jahren die tatsächliche Todesursache der McLeods nicht mehr geklärt werden. Auch das Schicksal von vielen anderen Opfern, die in den Jahren danach auf mysteriöse Weise am Nahanni umkamen, wird wohl für immer im Dunkeln bleiben.

Die Liste der Toten und Verschollenen ist lang. Im Winter 1910 zog ein Trapper namens Jorgenson in die unzugänglichen Berge und wurde danach nie wiedergesehen. 1926 verschwand die Goldsucherin Annie Laferte, ohne eine Spur zu hinterlassen. 1928 suchte man vergeblich nach einem Prospektor namens Fisher, der am Nahanni eine legendäre Goldmine der Indianer finden wollte. Jahre später fand man im Headless Valley ein Skelett ohne Kopf. Hall, McGilroy und Hay versuchten 1929 ihr Glück. Nachdem sintflutartige Regengüsse den Nahanni in ein unpassierbares Inferno verwandelten, beschlossen die Männer ihr Boot zurückzulassen, um den Gold Creek der McLeod Brüder zu Fuß zu suchen. Doch Hall fand den Weg zu umständlich und zu langsam, den seine beiden Partner durch die vollkommen unerforschte Wildnis mit einem Haufen Gepäck gehen wollten. Er wollte schneller am Ziel sein, schnappte sein Gewehr und verließ seine Partner. Hoch oben auf einem Berg stehend hob sich seine Silhouette noch einmal gegen den roten Ball der untergehenden Sonne ab. Es war das Letzte, was seine Freunde von ihm sahen. Hay und McGilroy fanden kein Gold am Gold Creek, doch trafen sie dort Prospektoren und kehrten mit denen wohlbehalten in die Zivilisation zurück.

Ein weiteres mysteriöses Drama ereignete sich 1931. Als der Pelztierjäger und Goldsucher Phil Powers auch im nächsten Frühjahr nicht im Handelsposten erschien, um seine erbeuteten Felle zu verkaufen, begann man nach ihm zu suchen. Nach Wochen fand man in einer abgebrannten Blockhütte am Flat River einen verkohlten Leichnam. Allen Anzeichen nach war die Hütte bereits im Winter 1931/32 abgebrannt, doch an einem Pfahl hing ein Stück Papier auf dem zu lesen war: ‚Phil Powers starb August 1932.' Außer ihm hielt sich wohl niemand mehr in dieser Zeit am Nahanni und Flat River auf. Wer diesen Zettel geschrieben hatte, konnte später nie festgestellt werden. Doch Phils Fallen und die während des Winters erbeuteten Felle blieben verschwunden.

Auch in den Folgejahren wurde die Goldsuche am Nahanni und Flat River für manch einen eine Fahrt ins Verderben. 1936 verschwanden Eppler und Mulholland und wurden niemals wiedergesehen. 1940 verhungerte der Trapper Holmberg, und 1949 erwischte es Shebbach, dessen Schicksal sich rekonstruieren ließ, weil dieser Mann ein Tagebuch geführt hatte. Diese Geschichte erzähle ich euch gleich. Lasst uns runter zum Ketza gehen und ein paar Forellen fangen und sie dann vor der Hütte grillen.“

Ron wusste, warum er sein Blockhaus ganz in der Nähe des Ketza Rivers gebaut hatte, in dem es nur so von Fischen wimmelte. So hatten wir dann auch aus diesem glasklaren Flüsschen innerhalb kurzer Zeit eine beachtliche Anzahl kapitaler Forellen erbeutet und wenig später heißhungrig verzehrt.

„Ja, was 1949 am Flat River geschah, war ein grauenhaftes Drama. Shebbach hatte den Weg über die Mackenzie Berge gewählt, während sein Partner, dessen Name nie bekannt wurde, ihm in einem Boot mit der gesamten Ausrüstung und Proviant für einige Monate über den Liard und Nahanni zu dem vereinbarten Treffpunkt am Flat River entgegenkommen sollte. Um schneller vorwärts zu kommen, hatte er nur eine Flinte und wenige Nahrungsmittel mitgenommen. Doch als Shebbach nach einem hundertfünfzig Meilen langen Gewaltmarsch durch die unwegsame Gebirgskette dort eintraf, war niemand da.

Nun, er glaubte fest daran, dass sein Partner sicher bald auftauchen würde, baute sich eine primitive Blockhütte und wartete. Nachdem seine wenigen Nahrungsmittel aufgebraucht waren, fing er Fische, erlegte Bisamratten und einige Gänse, die auf dem Weg nach Süden waren. Doch als sein Partner bei Einbruch des frühen Winters immer noch nicht aufgetaucht war, ging seine Munition zu Ende. Ein langes, grausames Verhungern begann. Das qualvolle Sterben dauerte zweiundvierzig Tage. Ein Suchtrupp fand ihn später in seiner Hütte. Doch nichts lag da, wo es normalerweise sein sollte. Was von Shebbach übrig war, lag überall verstreut herum. Bären und andere Raubtiere waren in sein Lager eingebrochen und hatten nur noch wenige Reste von ihm hinterlassen. Sechs lange Wochen hatte dieser Unglückliche bis zum erlösenden Tod um sein Leben gekämpft. Warum sein Partner an der vereinbarten Stelle nicht erschienen war, ist bis heute nicht geklärt.

Das sind keine Schauermärchen, die ich euch erzählt habe, das ist alles wirklich am Nahanni geschehen, am ‚Fluss des Todes im Land des Verderbens‘, wie die Indianer ihn auch nennen. Selbst in den letzten Jahren forderte der Nahanni wieder seine Opfer. 1965 ertranken in den Stromschnellen drei junge Schweizer. Später fand man die Überreste ihres Kanus im Hell’s Gate, und einen nicht zu identifizierenden Leichnam mehr als fünfzig Meilen flussabwärts. Die Körper der beiden anderen wurden nie gefunden. Wer sich in diese unglaublich schöne, atemberaubende Landschaft wagt, sollte sich stets bewusst sein, dass er sich in menschenleerer Wildnis befindet, weitab jeglicher Zivilisation. Wenn jemand leichtsinnig handelt und seine paddlerischen Fähigkeiten überschätzt, kann ihm schon der kleinste Fehler zum Verhängnis werden. Was ihr vorhabt, wird eine brutale Schinderei werden und auch nach dem Abfluss aus den Moose Ponds Lakes nicht einfach sein, denn danach fällt der Nahanni rapide und fließt vierzig Meilen durch ein langes, steiniges Tal mit vielen tückischen Stromschnellen."

Natürlich waren wir von diesen verhängnisvollen Geschichten beeindruckt. Einige von ihnen hatte ich bereits in früheren Jahren von einem Trapper am nächtlichen Lagerfeuer in einer ähnlichen Version gehört. Tatsächlich muss sich aber in düsterer Vergangenheit alles so, oder so ähnlich zugetragen haben. Vieles aber waren und bleiben Spekulationen, die als Legende in der Geschichte dieses großen Landes einen festen Platz haben.

Inzwischen drangen die letzten Strahlen der tiefstehenden Mitternachtssonne durch das einzige Fenster in den Raum, in dem dichte Rauchschwaden das Atmen zur Qual machten. Wir beschlossen noch eine Nacht hier zu bleiben, bauten vor seinem Blockhaus die Zelte auf und krochen leicht beschwipst erst weit nach Mitternacht in unsere Schlafsäcke. Diese Zeit bei dem alten Goldsucher und Trapper, der in rauer Wildnis ein einfaches, aber glückliches Leben führte, diesen Tag, an dem er uns so viel über das weite Land erzählte, werde ich immer in Erinnerung behalten.

Am nächsten Morgen brachte uns Ron mit seinem uralten, klapprigen Truck auf der Canol Road bis zum Sheldon Lake, einer rauen Schotterpiste, die einige Meilen weiter mitten in der Wildnis am MacMillan Pass endet. Er hatte einen weiten Weg zurück, wir versprachen vorsichtig zu sein und verabschiedeten uns von ihm. In diesem unvorstellbar weiten Land sahen wir noch eine Zeitlang eine mächtige Staubwolke am Horizont, die Ron mit seinem Wagen hinterließ, während wir danach die gesamte Ausrüstung und die Boote von der Straße zum nahegelegenen See schleppten, durch den der Ross River fließt.

Was jetzt auf uns zukam, war eine mörderische Quälerei. Um zu den Quellseen des Nahanni zu gelangen, mussten wir die beladenen Faltboote zunächst etwa sechzig Kilometer gegen die starke Strömung bis zum John Lake treideln. Nachdem wir diesen, die Kette der Itsi Lakes und den Wilson Lake am Fuße der mächtigen Itsi Range bewältigt hatten, zogen wir die Boote auf dem nur noch wenig wasserführenden Oberlauf des Ross Rivers hinter uns her. Danach ging nichts mehr. Obwohl wir uns sehr viel Zeit während der langen, harten Portage zu den Quellseen des South Nahanni Rivers gelassen hatten, fanden wir keine Überreste einer verfallenen Hütte, in der mein Großonkel einst Zuflucht suchte und Schreckliches erlebte. Zu lang war es her, zu groß das Gebiet dieser Hochebene.

Es war ein hartes Stück Arbeit, bis wir den auf 1.220 Meter Höhe gelegenen Pass und endlich auch die Moose Ponds Lakes erreicht hatten. Nach all den Qualen gönnten wir uns einen Ruhetag, bestiegen den Mount Wilson und genossen den Rundblick über das unendlich weite Land.

Am nächsten Morgen verließen wir den See auf einem schmalen, mit vielen Windungen und mit hohem Schilf bewachsenen, langsam fließenden Abfluss. Nachdem sich die Wassermenge durch Zuflüsse kleiner Bäche erhöhte, nahm die Fließgeschwindigkeit rasch zu. Bereits am dritten Tag erreichten wir die Steingärten, vor denen uns Ron gewarnt hatte, ein mit gewaltigen Felsbrocken und dicken Steinen verblockter Flussabschnitt.

Drei Tage später hatten wir den wilden Oberlauf des Nahanni hinter uns gelassen und waren heilfroh, dass keiner von uns in dem Labyrinth von Steinen und in den schlimmen Stromschnellen gekentert war. Mit den Faltbooten im reißenden Wildwasser das rettende Ufer zu erreichen, wäre oft äußerst schwierig gewesen, und eine Kenterung hätte bös ausgehen können, da die Wassertemperatur nur fünf Grad betrug. Noch am gleichen Tag ließen wir uns in der guten Strömung bis zur Einmündung des Little Nahanni treiben. Wir hatten von den Moose Ponds Lakes bis zu diesem Nebenfluss einen Höhenunterschied von 455 Metern bewältigt.

An diesem herrlichen Platz blieben wir einige Tage, denn hier hatte sich auf einer Sandbank eine Menge Treibholz angesammelt. Spät am Abend, als wir um ein Lagerfeuer saßen, erzählte ich meinem Freund, dass mein Großonkel Waldemar am Little Nahanni beinah umgekommen wäre, als er mit seinem primitiven Birkenrindenkanu in gewaltigen Stromschnellen kenterte. Nur mit knapper Not rettete er damals sein Leben, aber das Gold, das er irgendwo im Quellgebiet des Flat Rivers gefunden hatte, und auch der größte Teil seiner Ausrüstung gingen dabei verloren. Wir machten uns zu diesen Stromschnellen auf den Weg, schlugen uns entlang des dichtbewachsenen Flussufers durch, bis wir endlich an die Stelle gelangten, an der damals mein Großonkel Waldemar fast ertrunken wäre.

Es war immer noch fast vierundzwanzig Stunden hell. Eines Morgens entdeckten wir unweit des linken Flussufers eine, vor noch nicht allzu langer Zeit errichtete Blockhütte und ganz in der Nähe heiße Quellen. Grund genug erst einmal hier zu bleiben. Jahre später erfuhr ich, wer diese Hütte mitten in der Wildnis erbaut hatte.

Es war schon eine ziemlich verrückte Idee von John Moore gewesen, als er seiner Freundin Joan nach dem Heiratsantrag den Vorschlag machte, an Stelle einer ganz normalen Hochzeitsreise, lieber am South Nahanni in einer Blockhütte ein Jahr lang zu leben und zu überwintern. Manch eine junge Frau hätte diesen Vorschlag sicher abgelehnt. Nicht aber Joan. Begeistert wäre sie gewesen, erzählte man sich.

So bauten sie im Sommer eine recht ordentliche Hütte, legten für den Winter genügend Vorrat an Fisch und Fleisch an, und verbrachten als Jungvermählte die extrem kalten Wintermonate in völliger Abgeschiedenheit in einer großartigen Bergwelt. Nachdem das Eis im nächsten Jahr abgetrieben war, verließen beide die Hütte und kehrten unversehrt in ihrem Kanu wieder in die Zivilisation zurück. Jahre später wird „Moore's Cabin“ in der Nähe der Island Lakes, die nur mit dem Wasserflugzeug erreicht werden können, als besonders schöner Ausgangspunkt für eine außergewöhnliche Flussreise auf dem South Nahanni gehandelt.

Mit jedem Tag wurden nun die Berge mächtiger und das Flusstal enger. Nach der Einmündung des Broken Skull Rivers, an dem man dem schaurigen Namen nach, wohl irgendwann zerbrochene Totenschädel gefunden hatte, fließt der South Nahanni nun durch eine gewaltige Bergkette. In der Ragged Range ist der Mount Harrison Smith mit fast dreitausend Meter der höchste Berg der Northwest Territories und der riesige Brintnell Gletscher in unmittelbarer Nähe beeindruckend. Im Halbkreis mehrerer, mächtiger Gipfel liegt der Cirque of the Unclimbable, das Hochtal der Unbezwingbaren. Die zum Teil über tausend Meter senkrecht abfallenden, schroffen Steilwände, zählen zu den schwierigsten Bergbesteigungen Kanadas.

Wir machten uns durch das enge Tal eines Bachlaufs auf den Weg zum Glacier Lake, den wir auf unserer topographischen Karte ausgemacht hatten. Nach einem mehrere Stunden dauernden mühsamen Marsch in einem äußerst schwierigen Gelände, im knöcheltiefen Moos und über unzählige verkohlte Baumleichen, wurden wir mit einem herrlichen Blick auf eine überwältigende Bergkulisse und einen traumhaften See mit smaragdgrünem Wasser entschädigt.

Gegen Mittag des nächsten Tages banden wir die Boote am Ufer fest und folgten einem Pfad, der uns laut Karte zu einem See und zu heißen Quellen, zu den Rabbitkettle Hot Springs, führte. Die „Tufa Mounds" sind bis zu dreißig Meter hohe Kalksinterterrassen, die im Laufe der Jahre durch Kalkablagerungen im warmen Wasser der heißen Quellen entstanden. Manche dieser bis zu achtzig Meter breiten Pools leuchten in bunten Farben, die durch irgendwelche Algenarten gebildet werden. Der Weg hatte sich gelohnt.

Schnelles Wasser brachte uns jetzt zügig weiter. An manchen Flusspassagen wurde durch Hochwasser und Eisgang das Ufer derart unterhöhlt, dass die Bäume auf der überhängenden Abbruchkante in Schräglage gerieten, bedrohlich weit über das Wasser ragten und jeden Moment in den Fluss zu stürzen drohten. Durch den in diesen Breiten herrschenden Permafrost gefriert die Erde bis zu einer Tiefe von drei Metern und taut im kurzen nordischen Sommer nur wenige Zentimeter an der Oberfläche auf.

Eine bedenklich nah dem unterspülten Ufer stehende, bereits ziemlich verfallene Blockhütte entdeckten wir hinter einer scharfen Flussbiegung. Darin fanden wir neben einem Blechtopf, verrosteten Dosen und anderen verstreut am Boden liegenden Gegenständen, noch ein Blatt einer Zeitung aus dem Jahr 1942. Später erfuhr ich, dass in dieser primitiven, kleinen Hütte ein Goldsucher und Trapper namens Albert Faille jahrzehntelang mutterseelenallein gelebt hatte. Es dauerte sicher nicht mehr lange, bis die bereits zum Teil auf dem überhängenden Ufer stehende Hütte in den Fluss stürzte und vom Hochwasser fortgeschwemmt wurde.

Die nächsten Tage waren sonnig und außergewöhnlich warm. Der South Nahanni fließt nun in vielen Windungen in einem engen Tal zwischen der Sunblood Range auf der linken und einem hohen, namenlosen Bergmassiv auf der rechten Seite. Wir bestiegen einen der höchsten Gipfel, den Sunblood Mountain und hatten von diesem Berg einen weiten Blick auf den River of Fear, den Fluss der Angst, auf die geheimnisvollen, tiefen, dunklen Schluchten in den schwarzen Bergen und auf die in weiter Ferne sichtbaren Virginia Falls.

Nach dem Abstieg wuchs die Spannung von Minute zu Minute, denn nun war es bis zu den höchsten Wasserfällen Kanadas nicht mehr allzu weit, die fernab jeglicher Ansiedlungen mitten in wegeloser Wildnis liegen, und nur mit dem Wasserflugzeug erreicht werden können. Schon viele Flussbiegungen vor den Fällen kündigte ein dumpfes, ständig zunehmendes Rauschen und Grollen die mächtigen Fälle an. Wer mit seinem Boot nicht bereits in einiger Entfernung der mörderischen Stromschnellen an Land geht, die unmittelbar vor den Fällen sind, hat keine Chance mehr dem tödlichen Sog zu entrinnen. Hier entscheiden Bruchteile von Sekunden über Leben und Tod.

Wir hatten unsere Boote früh genug ans Ufer gezogen und festgebunden. Danach bestiegen wir einen Felsen in der Nähe der Abbruchkante der Fälle, über die sich gigantische Wassermassen annähernd hundert Meter donnernd und tosend in den Abgrund stürzen. Beeindruckt standen wir dort und starrten auf einen Regenbogen in leuchtenden Spektralfarben, der sich in einer gewaltigen Gischtwolke gebildet hatte.

Während mein Freund im zerklüfteten Felsenufer herumkletterte und unzählige Fotos von den unterschiedlichen Standorten aus machte, saß ich vor den stürzenden Wassern und versuchte mir vorzustellen, wie es vor vielen Jahren war, als mein Großonkel an gleicher Stelle stand und Zeuge eines religiösen Zeremoniells der Indianer wurde. Was muss das für ein tiefgreifendes Erlebnis für Waldemar gewesen sein. Eine seltsam, melancholische Stimmung verdrängte aufkommende Müdigkeit. Erst als sich zu vorgerückter Stunde sogar die Weiden am Flussufer im Atem der Dämmerung vor dieser gewaltigen Kulisse zu verneigen schienen, verließ ich überwältigt diese heilige Stätte der Indianer.

Das Umtragen der Boote und der umfangreichen Ausrüstung um die Fälle dauerte einige Stunden. Als wir dann endlich alles die steile Böschung zum steinigen Ufer heruntergeschleppt hatten, beschlossen wir noch eine Nacht vor der mächtigen Wand der herabstürzenden Wasser zu lagern und stellten in einer Entfernung von etwa einhundert Metern unsere Zelte am Ufer auf. Im Schlafsack hatte man das Gefühl, als würden die Kräfte der gigantischen Wasserfälle die Erde erbeben lassen. Es dauerte lange, bis ich nach all den gewaltigen Eindrücken endlich eingeschlafen war.

Ein letzter Blick auf die Fälle, dann wurden am nächsten Morgen unsere Boote von der rasanten Strömung mitgerissen. Bereits hinter der ersten Kurve erwarteten uns nun im Five Mile Canyon Stromschnellen mit zum Teil ziemlich hohen Wellen, die uns einiges abverlangten. Um den vielen im Fluss liegenden und aus dem Wasser ragenden Felsblöcken noch rechtzeitig auszuweichen und in den tückischen Kehrwassern nicht zu kentern, mussten wir hart kämpfen. Doch am Ende des Canyons waren wir uns einig, dass wir diese tiefe Schlucht in einer spektakulären Urlandschaft problemlos, aber viel zu schnell durchfahren hatten.

Nach dem Canyon verlor der South Nahanni einiges von seiner Fließgeschwindigkeit. Doch bereits hinter dem Zufluss des Clearwater Creeks nahm die Strömung plötzlich wieder enorm zu. Als sich der Fluss vor einer abrupten Biegung nach rechts verengt, während die Hauptströmung auf das linke Steilufer zuströmt, entschieden wir vorsichtshalber auf der rechten Seite an Land zu gehen, denn hier schien sich was Schlimmes anzubahnen. Die topographische Karte bestätigte unsere Vermutung. Wir standen vor dem „Höllentor“, dem berüchtigten Hell's Gate, den tückischsten Stromschnellen am Nahanni, die schon manchem Flussfahrer zum Verhängnis wurden. Die „Figure 8 Rapids“ oder „des Teufels Kochtopf“, wie die Schnellen heute auch genannt werden, sollte man sich genau ansehen. Nur erfahrene Wildwasserfahrer können es überhaupt wagen, diese äußerst gefährlichen Stromschnellen zu befahren. Wer in den meterhohen Wellen, brodelnden Wasserwirbeln und starken Kehrwassern kentert, wird unweigerlich von den rasenden Wassermassen mitgerissen und gegen eine steile Felswand gedrückt, an welcher der Fluss erneut eine abrupte neunzig-Grad-Wende nach links macht. Wer dort hineingerät, kann dem tödlichen Sog der gewaltigen Strudel nicht mehr entrinnen und hat kaum eine Überlebenschance.

Wir sicherten unsere Boote am Ufer, bestiegen den Prallhang und konnten von oben gut erkennen, mit welchen Urgewalten der Nahanni gegen diese Felsenklippen anprallt. Nach langem Überlegen, nach gründlichem Einprägen des Strömungsverlaufs, entschieden wir uns für die Befahrung des Höllentors. Ein risikoreicher Entschluss. Zunächst zogen wir die Boote wieder flussaufwärts, vertrauten unserer jahrelangen Wildwassererfahrung und ließen uns von der Strömung bis zur

Flussmitte treiben. Nur wenige Sekunden später schoss mein Boot in der Hauptströmung an der ersten Klippe vorbei und geriet unmittelbar danach in tückische Gegenströmungen und gewaltige Strudel. In diesem kreisenden Mahlstrom gibt es keinen Spielraum für Fehler. Das Boot wurde zum Spielball entfesselter Elemente und raste auf die tödliche Prallwand zu. Irgendwie schaffte ich es noch im letzten Moment, der Hauptströmung zu entrinnen und kam nach einigen heftigen Paddelschlägen aus dieser gefährlichen Lage ins ablaufende Wasser. Auch mein Paddelfreund hatte zu kämpfen und einige Schwierigkeiten, bewältigte aber schließlich diese haarige Stelle im Fluss ohne größere Probleme.

Nur wenige Meilen hinter dem Hell's Gate passierten wir den Wrigley Creek und zogen kurz danach die Boote im breiten Mündungsdelta des Flat Rivers auf eine traumhafte Sandbank. Hier campierten wir zwei Tage, bestiegen den im Mündungsdreieck der beiden Flüsse liegenden Direction Mountain und hatten von diesem hohen Berg einen unglaublich schönen Blick auf die endlosen Weiten einer schroffen Bergwelt. An dieser Stelle verweilte ich sehr lange und schaute tief ergriffen auf die zahlreichen Windungen des Flat Rivers. Irgendwo dort unten in einer dieser dunklen Schluchten begegnete einst mein Großonkel den McLeod Brüdern, jenen wortkargen Goldsuchern, die Jahre später auf mysteriöse Weise am Nahanni ums Leben kamen. Damals zog und schleppte Waldemar sein schwerbeladenes Kanu fast zweihundert Kilometer flussaufwärts und erreichte nach mörderischen Strapazen das Quellgebiet des Flat Rivers in den Logan Mountains. Dort musste er auch Gold gefunden haben. Doch es brachte ihm kein Glück, wie die Geschichte uns lehrt. Als die Indianer ihn später fanden, war er so gut wie tot. Die Rothäute waren seine Lebensretter in allerletzter Minute.

Mit einer großen Portion Glück wollte ich mehr über den unendlich weiten Weg dieses Abenteurers erfahren, denn was ich auf meinen Nachforschungen bis jetzt entdeckt hatte, war nicht gerade viel. Doch in diesem unvorstellbar großen, kaum besiedelten Land, längst verwehte Spuren zu finden, war vergleichbar mit der Suche nach der berühmten Nadel im Heuhaufen. Vielleicht sollte ich in den Logan Mountains, im Quellgebiet und in den dunklen Schluchten des Flat Rivers meine Nachforschungen weiterführen. Doch das war in diesem Sommer nicht mehr möglich. So nahm ich mir fest vor, diesen Fluss vielleicht irgendwann vom Quellgebiet bis zu seiner Mündung in den South Nahanni zu befahren. Bis dahin sollten noch Jahre vergehen.

Nach der Einmündung des Flat Rivers wurde das Flusstal immer enger und die Uferberge steiler. Hier hat sich der Nahanni tief in die Funeral Range, eingegraben und einen neunzehn Kilometer langen Canyon mit vertikal abfallenden Kalksteinwänden geformt. Nach unserer topographischen Karte befanden wir uns jetzt im Third Canyon. Als sich der Fluss plötzlich auf kaum mehr als dreißig Meter verengt und zwischen über zweihundert Meter hohen, senkrechten Wänden eine unübersichtliche neunzig Grad Kurve macht, erwarteten wir hinter der Biegung gefährliche Stromschnellen. Doch in diesem schmalen Durchbruch des South Nahanni, der in der topographischen Karte mit The Gate, die Pforte bezeichnet wird, gibt es weder Wildwasser, noch einen Wasserfall, dafür aber einen überwältigenden Blick auf himmelhoch hohe, vertikal abfallende Canyonwände und auf einen gigantischen Felsen an der linken Flussseite, den Pulpit Rock, der die Form einer mächtigen Kanzel hat. Diese Stelle im Fluss muss enorm tief sein.

Noch am selben Tag errichteten wir an einem schönen Platz im Second Canyon in der Headless Range unser Camp. Hier blieben wir einen Tag und bestiegen durch ein ausgetrocknetes Bachbett am Ende des zweiten Canyons die umliegenden Berge, von denen wir einen fantastischen Ausblick auf das weite Deadmen Valley hatten. Dort, in dem Tal der toten Männer, fand man damals auch die Überreste der McLeod Brüder.

Hinter dem Prairie und dem Dry Canyon Creek zwängt sich der South Nahanni erneut in einem engen Flussbett durch den First Canyon, dessen Steilwände nicht ganz so hoch wie die der beiden, die wir bereits flussaufwärts bestaunt hatten, dafür aber noch eindrucksvoller sind. Schon ziemlich am Anfang des ersten Canyons erwarteten uns im George's Riffle wieder Stromschnellen, die wir aber ohne größere Schwierigkeiten befahren konnten. Trotz rasanter Strömung ließen wir uns viel Zeit in dieser atemberaubenden Schlucht und legten öfter auf einer Sandbank an, wo immer es zwischen den Einschnitten vertikal abfallender Wände am Ufer eine Möglichkeit gab. Die Einmündung eines Flüsschens von links ist gleichzeitig das Ende des First Canyons. Lafferty Creek und die Stromschnelle Lafferty Riffle, wurden nach Annie Lafferty benannt, einer mutigen Frau, die sich einst mutterseelenallein in diese Wildnis wagte, an dieser Stelle mit ihrem Kanu kenterte und ertrank.

Nur wenig später waren wir völlig überrascht, als wir im Busch des linken Ufers ein noch gut erhaltenes Hausboot und auf der rechten Flussseite heiße Quellen entdeckten, in denen wir es uns so richtig gut gehen ließen. Wir schlossen daraus, dass hier irgendjemand eine längere Zeit gelebt hat. Jahre später, als ich den South Nahanni, diesen unglaublich faszinierenden Fluss, ein zweites Mal befuhr und jenem Trapper und Goldsucher begegnete, der hier Jahrzehnte in der Einsamkeit hauste, sollte ich mehr über das abgeschiedene Leben dieses Einsiedlers erfahren.

Von diesen Hot Springs bis zu der Indianersiedung Nahanni Butte an der Mündung in den Liard River, waren es vielleicht noch sechzig Kilometer, die es aber in sich hatten. In den sogenannten „Splits“ teilt sich der Nahanni nun in viele Arme und verliert zunehmend an Fließgeschwindigkeit. Ganze Schwärme von blutgierigen Moskitos setzten uns in diesem breiten Tal arg zu, und gestrandete Baumleichen versperrten in vielen Flussarmen oft den Weg, bevor wir Nahanni Butte erreichten. Von den Moose Ponds Lakes bis zu diesem Indianerdorf, war der South Nahanni auf einer Gesamtstrecke von sechshundert Kilometern tausendvierzig Meter gefallen. Nun lagen noch fast zweihundert Kilometer bis nach Fort Simpson auf dem breiten, strömungsarmen Liard River durch das unbesiedelte Land der endlosen Wälder vor uns.

Mehr als sechs Wochen waren wir inzwischen bei Wind und Wetter in menschenleerer Wildnis unterwegs, hatten eine schwierige, aber unvergessliche Strecke von fast tausend Kilometern bewältigt und nun völlig erschöpft unser Ziel erreicht. Viel Zeit blieb uns nicht mehr. Bereits in wenigen Tagen mussten wir in Edmonton in der Provinz Alberta sein, denn von dort aus hatten wir den Rückflug nach Deutschland gebucht.

Wenige Jahre danach lernte ich Urs Schildknecht kennen, einen jungen Schweizer, der mit seiner Frau Marianne nach Kanada ausgewandert war. Damals wohnte er in Fort Nelson im nördlichen Teil von British Columbia, verdiente als Buschpilot sein Geld und hatte an der Mündung des Blackstone Rivers in den Liard eine Landestelle für sein Wasserflugzeug. Nach einem fast drei Stunden langen Flug über atemberaubende, wildzerklüftete und menschenleere Naturlandschaft, landete Urs seine gute, alte Beaver sicher auf den Island Lakes. Mit dabei eine 16-

mm-Kamera und meine Freunde Uli Weiß, Leo Hanke und Bertram Hoffmann. Heute lebt Urs am Muncho Lake am Alaska Highway, betreibt dort mit seiner Frau die Northern Rockies Lodge, besitzt inzwischen mehrere Maschinen und fliegt auch nach über dreißig Jahren Angler, Jäger, Wanderer, Bergsteiger, Geologen und Abenteurer zu den entlegensten Plätzen. Im Laufe der Jahre hat mich Urs viele Male in die Wildnis geflogen und am Ende einer wochenlangen Kanureise dort wieder abgeholt.

Da mir von meiner ersten Befahrung die gefährlichsten und tückischsten Passagen am Nahanni in Erinnerung geblieben waren, wusste ich nun ungefähr immer, was auf uns zukam. So ließen wir uns diesmal mehr Zeit für spektakuläre Filmaufnahmen an den Virginia Falls und während den ausgedehnten Kundschafterwanderungen. Dabei fanden wir am Ende des First Canyons an der Mündung des Lafferty Creeks schließlich auch den versteckten Zugang zu den Valerie Caves, die erst zehn Jahre zuvor durch Zufall entdeckt wurden, von denen mir damals Indianer in Nahanni Butte erzählt hatten. Von ihnen erfuhr ich auch, dass ein Trapper und Goldsucher namens Gus Kraus jahrzehntelang an den heißen Quellen lebte, die inzwischen nach ihm benannt wurden. Die Höhlen wurden für eine Herde von etwa hundert Dallschafen zur Todesfalle, die sich vor zweitausend Jahren in diese völlig vereiste Grotte verirrt hatten. Warum die Tiere dort umkamen, wird wohl nie geklärt werden. Man vermutet, dass die Herde auf dem eisglatten Boden den Höhlenausgang in völliger Dunkelheit nicht mehr fand. Jedenfalls sollen die konservierten und guterhaltenen Skelette der Tiere auch heute noch in dieser Grotte liegen. Leider hatte die kanadische Regierung für weitere wissenschaftliche Untersuchungen den Zugang zu diesen Eishöhlen sperren lassen.

Wir hielten uns in dieser Region einige Tage auf, unternahmen von unserem Lagerplatz viele Wanderungen durch ausgetrocknete Bachbetten bis auf die Höhen der steilen Canyonwände, genossen den weiten Blick über ein einsames, wildes Land und hinterher ausgiebig die wohltuende Wärme der heißen Quellen. Mit einigen hundert Metern Film, mit einzigartigen Landschafts- und Tieraufnahmen im Kasten, quälten wir uns danach bei starkem Gegenwind durch das breitgefächerte Mündungsdelta des South Nahanni und weiter auf dem Liard zu einer verabredeten Stelle an diesem Fluss, von der ein schmaler Waldweg bis zum nahegelegenen Liard Highway führt, an dem wir von Urs abgeholt wurden. Bisher hatte ich schon manch einen Fluss in den unendlichen Weiten der nordamerikanischen Wildnis befahren, aber der South Nahanni übertraf sie alle.

Auch diesmal hatte ich bei der Suche nach längst verwehten Spuren meines Großonkels wenig Erfolg. Bis zur Abholung blieben uns noch zwei Tage. Zeit genug, um mit etwas Glück Gus Kraus zu finden, jenen Menschen, der fast ein halbes Leben an den inzwischen nach ihm benannten „Kraus Hot Springs" am Nahanni verbracht hatte und mittlerweile am Liard River im Camp eines Schiffseigners leben sollte, der während des kurzen Sommers die Indianer in Nahanni Butte mit seinem Lastkahn mit allem Lebensnotwendigen versorgte. Gus Kraus im Buschwald zu finden, war gar nicht so einfach. Wir hatten Glück, denn wir trafen Phil, einen Trapper, der in einer Blockhütte am Flussufer hauste und in den endlosen Wäldern seine Fallen aufstellte. Er gab uns den entscheidenden Hinweis.

Bei unserer Suche scheuchten wir an diesem außergewöhnlich heißen Sommertag ganze Schwärme von blutgierigen Moskitos auf, bis wir endlich zerstochen und verschwitzt vor einem Lattenzelt standen, aus dem durch alle Ritzen fürchterlicher Qualm quoll. Erst nach meinem dritten oder vierten Hello vernahm ich ein schwaches Come in. Beim Eintreten glaubten wir, uns in ein Zelt verirrt zu haben, in dem Indianer normalerweise ihre Fische räuchern. Doch dann konnten wir zwei Pfeife rauchende menschliche Gestalten auf einem mit Fellen belegten Liegegestell ausmachen, die uns durch Handzeichen zu verstehen gaben, dass wir nähertreten sollten.

„Du wirst von diesem wortkargen Goldsucher kaum etwas erfahren", hatte mich Phil schon vorgewarnt – und so war es auch. Denn nach kurzer Begrüßung und Vorstellung, gab es auf meine neugierigen Fragen anfangs immer nur ein knappes *yes* oder *no*. Erst als ich erzählte, dass ich am Nahanni nach längst verwehten Spuren meines Großonkels suchen würde und ausführlich von meinen beiden Flussreisen berichtete, taute langsam das Eis. Als er merkte, dass ich mich am Nahanni gut auskannte, beantwortete er mehr und mehr meine Fragen und begann über sich und sein langes Leben in der Wildnis zu erzählen.

Gustav Kraus, dessen Eltern nach Amerika auswanderten, ist in Chicago geboren, kam 1932 in den Norden Kanadas, heiratete eine Indianerin und lebte mehr als dreißig Jahre in einem Blockhaus am South Nahanni River. Ein hartes, einfaches Leben in völliger Einsamkeit. Genauso wie sein Freund Albert Faille, der in Fort Simpson wohnte und vierzig Jahre lang bis ins hohe Alter jeden Sommer in einem selbstgebauten Kahn mit Hilfe eines Motors bis zu den Virginia Falls flussaufwärts fuhr und die versteckte McLeod-Mine finden wollte, so suchte auch er nach Gold. Doch keiner von ihnen fand weder die geheime Goldmine der McLeods, noch eine wirklich gute Goldader. Die wenigen Nuggets, die Gus mühevoll aus dem Flusskies gewaschen hatte, gab er alle paar Jahre einem Buschpiloten, der ihn ab und zu besuchte und ihm dafür im nächsten Jahr einige Grundnahrungsmittel, eine Axt oder ein neues Sägeblatt mitbrachte. Als 1978 ein Abschnitt des South Nahanni Nationalpark wurde und die ersten Kanuten in seinem Camp auftauchten, verließ er den Fluss.

Der gleiche Buschflieger, der ihn und seine Frau am Nahanni hin und wieder besucht hatte, flog sie dreihundert Kilometer weiter nach Norden zum „Little Doctor Lake“, einem traumhaft schönen, in unendlich einsamer Wildnis liegenden See. Dort fingen sie wieder von Neuem an, bauten eine Blockhütte und lebten weitere zwanzig Jahre von dem, was die Natur hergab. Elch, Karibu, Gänse und Enten, die im Frühjahr und Herbst zu Tausenden hier auf dem Wasser einflogen, lieferten das Fleisch für den acht Monate langen Winter. Allerlei Kräuter, Beeren und Pilze wuchsen reichlich im Busch, und im See gab es zwölf Sorten Fisch. Als seine sechsundsiebzigjährige Mary dringend medizinische Versorgung benötigte und er neunzig wurde, beschlossen beide, den Rest ihres Lebens in der Zivilisation zu verbringen.

Die Begegnung mit Gus Kraus, die beiden Tage in seinem Camp und die langen Gespräche im Schein der Mitternachtssonne am Ufer des ruhig fließenden Liards, waren und bleiben für mich ein tiefgreifendes Erlebnis. Als ich ihn fragte, ob er gern noch einmal zum Little Doctor Lake fliegen würde, huschte ein Lächeln über sein zerfurchtes Gesicht. Ohne lange zu zögern, folgte darauf ein Yes. Mein Angebot freute ihn sichtlich.

Gus saß neben dem Piloten in der Maschine, Uli und ich hatten auf dem hinteren Sitz der Cessna 210 Platz genommen. Während des Fluges über endlose Wälder, Seen und Flüsse sprach niemand ein Wort. Schon der Blick beim Landeanflug auf den Little Doctor Lake, auf ein Fleckchen unberührte Erde, verschlug mir den Atem. Welch ein See in einer menschenleeren, überwältigenden Urlandschaft. Nach dem Festmachen des Wasserflugzeugs begaben wir uns zu seiner Hütte, die auf einer Anhöhe in unmittelbarer Nähe des Ufers stand. Von dort hatten wir einen wunderschönen Blick über den ganzen See, an dessen Ufer mächtige, von Wind und Wetter kahlgefegte Felsen in verschiedenen Farben leuchteten, je nachdem sie von der Sonne angestrahlt wurden.

Während wir vor seiner Hütte saßen und hinterher am sandigen Ufer wanderten, erzählte Gus uns einige Geschichten: „Ja, es war manchmal nicht einfach, wenn das Thermometer in kalten Wintern urplötzlich auf über fünfzig Grad minus sank, furchtbare Schneestürme tobten und durch die barbarische Kälte im Wald die Bäume mit lautem Knall wie Glas zersplitterten. Wer sich bei solchen Temperaturen zu weit von seiner Hütte entfernt befindet, dem friert der Atem, und Eis lähmt ihm die Lunge. Ein einziger Fehler kann dann tödlich sein.“ Gus kannte sich aus in der Wildnis. Im nahen Busch wuchsen Beeren, Kräuter und Pilze, von denen ich bisher nicht wusste, dass man sie bedenkenlos essen konnte. Wir wären gerne noch eine Weile geblieben, doch inzwischen war der Wind so stark geworden, dass ein Start gegen die immer höher anrollenden Wellenberge ein hohes Risiko bedeutet hätte. Für einen erfahrenen Buschpiloten jedoch kein Problem, indem er beim Starten die Wellen seitlich anschneidet.

Nachdem wir „airborne“ waren, drehte der Pilot im Tiefflug noch eine Runde um den traumhaften See. Wir erreichten rasch die nötige Flughöhe und nahmen danach Kurs auf das Camp am Liard. Erst als der Little Doctor Lake außer Sichtweite war, drehte sich der alte Mann zu uns um. Über sein von Wind und Wetter gezeichnetes Antlitz kullerte eine Träne. „I'll never come back here!“ Momente, die man nie vergisst.

Der Abschied war ergreifend. Ich hatte das unvorstellbare Glück in meinem Leben, einen von diesen außergewöhnlichen Menschen kennenzulernen, denen die Natur, die Einsamkeit und die grenzenlose Freiheit mehr bedeutete als Reichtum, Gut und Geld. „Du wirst wiederkommen. Der Gedanke an den Fluss, an das Gold, das irgendwo in dem unzugänglichen, menschenfeindlichen Land nur darauf wartet entdeckt zu werden, lässt dich nicht mehr los. Aber ein Menschenleben reicht nicht aus, um diese gigantische Bergwelt am Nahanni zu erforschen.“ Das waren die letzten Worte, bevor wir auseinandergingen. Es war auch das letzte Mal, dass ich seine ruhige, ja, fast sanfte Stimme hörte. Gus Kraus, die Legende vom South Nahanni, verstarb mit dreiundneunzig Jahren in einem „Senior-Home" in Hay River am Großen Sklaven See.

Doch es sollte nicht das letzte Mal gewesen sein, dass ich in diese Region zurückkehrte. Ich hatte Bruce Allis, meinem Freund aus Denver in Colorado, die Geschichte meines verschollenen Großonkels Waldemar erzählt und über die Spurensuche in den abgelegenen Nahanni-Bergen berichtet. Diesmal wollte ich irgendwo im Quellgebiet des Flat Rivers suchen, schrieb ich ihm. Monate später trafen wir uns in Watson Lake am Alaska Highway. Wir organisierten einen Fahrer, der uns mit einem allradbetriebenen Pick-up auf dem Robert Campbell Highway bis Tuchitua und dann weiter über die Nahanni Range Road durch das Tal des Hyland Rivers nach Tungsten brachte, einer Minenstadt, in deren Umgebung Wolframerze abgebaut werden. Eine staubige, über dreihundert Kilometer lange Fahrt auf einer rauen Schotterstraße. Von hier bis zu den Flat Lakes, in denen der Little Nahanni entspringt, waren es vielleicht noch zwanzig Kilometer. In diesem weiträumigen Quellgebiet des Little Nahanni und Flat River hatte damals Waldemar wohl Gold gefunden.

In der Minenstadt berichtete man uns, dass in den Logan Mountains keine Cassiar-Indianer mehr siedeln und die meisten ihres Stammes inzwischen verstreut in Reservaten oder in Watson Lake leben würden. Wir fragten einen Indianer, der in der Mine arbeitete, doch der schenkte uns nur ein geringschätziges Lächeln, als ich ihm von Waldemars Goldmine erzählte. „Bullshit. Die erfundenen Geschichten längst vergangener Tage von sagenhaften Goldfunden sind alles Märchen. Natürlich gibt es da oben in den unzugänglichen Bergen Gold, aber wo willst du in einem so riesigen Gebiet mit der Suche anfangen, das größer als der Große Sklavensee ist? Einige Schürfgegenstände werdet ihr noch finden, die ein paar Verrückte einfach liegengelassen haben, die qualvoll verhungerten, erfroren oder auf ihrem Rückweg in die Zivilisation irgendwo in den unzähligen Stromschnellen des Flats ertranken", lachte er und verließ uns torkelnd. Verdammter Alkohol! Das war nicht viel, was wir erfahren hatten. So verließen wir schließlich die Minenstadt und machten uns auf den Weg zu den Flat Lakes, die auf einer Wasserscheide in einem Hochtal liegen. Dort bauten wir unser Zelt und begannen nach Spuren längst vergangener Zeit zu suchen.

Und tatsächlich fanden wir im Tal des Zenchuk und Kuskula Creeks eine Menge zurückgelassener Gegenstände, wie sie damals zum Goldwaschen benutzt wurden, jedoch waren einige davon aufgrund des Verwitterungszustands schätzungsweise nicht älter als höchstens vierzig Jahre, während Waldemar vor ungefähr achtzig Jahren in dieser Region gewesen sein muss. Also wurde in diesem Gebiet immer wieder nach Gold gesucht. Tatsächlich stießen wir in den Bergen in einigen Höhlen auf etliche Spuren, die durchaus von Goldschürfern stammen könnten, doch eine alte Goldmine fanden wir auch nach langem Suchen nicht.

So beschlossen wir nach mehr als zweiwöchigem Aufenthalt in der grandiosen, wildzerklüfteten Bergwelt der Logan Mountains den unbekannten Flat River bis zur Mündung in den Nahanni zu befahren. Besonders im oberen Bereich der ersten fünfzig Kilometer ist der Fluss ziemlich schmal, verblockt und fließt sehr schnell. Auch auf den nächsten hundert Kilometern bis zum Seaplane Lake behält er seine rasante Strömung. Nur eine kurze Strecke hinter diesem See mündet in einem breiten Tal der Borden Creek und kurz danach der Bennet und McLeod Creek. In diesem Gebiet soll irgendwo an einem der Zuflüsse die sagenumwobene Goldmine der McLeod-Brüder liegen, die aber bisher niemand entdeckt hat. Trotzdem wir uns in dieser Gegend mehr als eine Woche aufhielten, fanden wir nur einige liegengelassene verrottete und verrostete Schürfgegenstände von Goldsuchern, die vor Jahren die kieshaltigen Schwemmufer der Bäche durchwühlt hatten, aber nirgendwo die Überreste einer verfallenen Goldmine.

Weitere zwanzig Kilometer flussabwärts erwarteten uns brutale, gewaltige Stromschnellen, denen man berechtigterweise den Namen „The Cascade Of The Thirteen Steps“ gegeben hat, denn es sind tatsächlich dreizehn wasserfallähnliche, unbefahrbare Stufen. Das Umtragen dieser Strecke, die einst den McLeod Brüdern zum Verhängnis wurde, dauerte den ganzen Tag. Auch hinter diesem gefährlichen Flussabschnitt gibt es bis kurz vor dem Irvine Creek noch viel Wildwasser. Kurz vor der Einmündung des Jorgenson Creeks entdeckten wir auf der unterspülten Uferböschung die Überreste einer verfallenen Behausung. War das vielleicht Waldemars Hütte, in der er einst überwinterte und an der ihm die McLeod-Brüder begegnet waren? Niemand wird mir je diese Frage beantworten können. Doch allein der Gedanke daran, dass mein Großonkel vor vielen Jahren auf diesem mörderischen Fluss sein primitives Birkenrindenkanu über dreihundert Kilometer gegen die Fließrichtung und um die unzähligen Stromschnellen geschleppt hat, versetzte mich in ehrfurchtsvolles Staunen.

Wenig später campierten wir an der Mündung des Caribou Rivers, unternahmen ausgedehnte Wanderungen durch dieses Flusstal und bestiegen die umliegenden Berge, von denen wir den weiteren Flussverlauf ausmachen konnten. Nach fünf Wochen am Flat River und noch einigen Tagen am Nahanni, nach vielen unvergesslichen Erlebnissen in seinen Canyons, endete unsere abenteuerliche Reise wieder einmal in dem Indianerdorf Nahanni Butte. Dort wurden wir von einem Buschflieger abgeholt und waren wenige Stunden später wieder in der Zivilisation.

Doch der zur Legende gewordene, geheimnisvolle Nahanni – „das Land der Leute von weither", so ungefähr könnte die Übersetzung aus dem Indianischen lauten – hatte mich völlig in seinen Bann gezogen. Er war für mich nicht nur irgendein Fluss in einer gewaltigen, atemberaubenden, weit abgelegenen Wildnis. Er war inzwischen zu einem lebenden Wesen geworden, das zu meinem Geist und zu meiner Seele sprach. Zu wissen, dass er da ist, wild und frei, erfüllte mich jedes Mal mit Aufregung und Erwartung, mit Ehrfurcht und Sehnsucht. Nicht ohne Grund machten die Kanadier einen Teil vom South Nahanni zum Nationalpark, und die UNESCO nahm ihn sogar in ihre World Heritage List auf. Obwohl ich eigentlich ahnte, dass ich nach so vielen Jahren kaum noch eine Chance hatte, Spuren meines Großonkels zu finden, suchte ich in dieser mysteriösen Region unentwegt weiter danach.

Bereits im nächsten Jahr ließen wir uns erneut von Urs Schildknecht zu den Quellseen des South Nahanni, den Moose Ponds Lakes einfliegen. Mit dabei Bernd Busz, Franz Hilker und Bertram Hoffmann, erfahrene und bewährte Paddelfreunde. Wir hatten uns auf einigen gemeinsamen Touren immer gut verstanden, und so wurde auch diese vierwöchige Flussreise wieder ein unvergessliches Erlebnis in einer grandiosen, überwältigenden Urlandschaft. Auch diesmal standen wir auf heiligem Boden der Indianer, an Plätzen, an denen wohl einst auch mein Großonkel gelebt hatte.

Danach folgte ich seinen längst verwehten Spuren immer weiter in den Norden Kanadas und hoffte, mehr über sein Schicksal zu erfahren. Schon im nächsten Sommer ließen wir uns mit einem geländegängigen Allradwagen von Whitehorse nach Ross River bringen. Dann ging es weiter auf der Canol Road bis zum Macmillan Pass, einer vierhundert Kilometer langen mörderischen Schotterpiste, die mitten in endloser Wildnis an einer eingestürzten Holzbrücke über den noch jungen Tsichu River endet. Ursprünglich sollte die Straße bis zu den Erdölraffinerien in Norman Wells am Mackenzie führen, doch als der Zweite Weltkrieg beendet war, baute man sie nicht mehr weiter und ließ einfach die Baumaschinen und Dutzende von Lkws in der Wildnis zurück, die nun verrosten und verrotten.

Vor Jahren machten Dave Billings und ich ab dieser verfallenen Brücke auf dem mittlerweile fast völlig zugewachsenen Canol Heritage Trail einen brutalen über vierhundert Kilometer langen Fußmarsch bis nach Norman Wells am Mackenzie. Stets der Route der einst geplanten Trassenführung folgend, mussten wir den Twitya, den Carajou River und eine Vielzahl von Bächen und kleinen Flüssen watend, schwimmend, oder auf primitiven, selbstgebauten Flößen queren. Abenteuer pur.

Doch nun wollten wir, Leo Hanke, Uli Weiß, Heinz Wieser und ich, von der morschen Holzbrücke über den Tsichu River mit zwei XR-Trekking Expeditionsbooten auf dem recht schmalen und wenig Wasser führenden Gebirgsfluss zum Keele River, der wiederum nach fast fünfhundert Kilometern in den mächtigen Mackenzie mündet. Niemand von uns ahnte, worauf wir uns da eingelassen hatten. Auf einer von mächtigen Steinen im Flussbett total verblockten Strecke von mehr als fünfzig Kilometern, war der Tsichu so gut wie nicht befahrbar. Über eine Woche treidelten wir die Boote um die riesigen, dicht beieinanderliegenden Findlingsblöcke im Flussbett und schleppten in wegeloser Wildnis alles am Ufer entlang, bis wir endlich den Keele River erreicht hatten. „Tsichu – River of Rocks", nannte ich den Film, den wir trotz widriger Umstände während dieser brutalen Schinderei gedreht haben.

Aber auch der Keele hatte bis zum Natla River noch eine Menge schwieriger Passagen. An diesem Zufluss bauten wir unser Camp und begannen in den Delthoro Mountains nach Spuren jenes Indianerlagers zu suchen, in dem Waldemar eine Zeit lang mit den Rothäuten verbracht haben soll. Doch die Suche nach Überresten einer Indianersiedlung in diesem riesigen Bergmassiv gestaltete sich äußerst mühsam. Vielleicht lebte der Stamm der Slaveys, der einst von den Hunderippen besiegt und aus ihrem jahrhundertealten Stammesgebiet am Großen Sklavensee vertrieben wurde, nur kurze Zeit in dieser Region und suchte sich schon bald neue Jagdgründe.

Der Keele River fließt nun zunächst durch ein ziemlich enges Tal im Gebirge nach Norden, macht dann einen weiten Bogen und bahnt sich seinen Weg in östlicher Richtung durch die Tigonankweine Range und Mackenzie Mountains. Hier gerieten wir in riesige Waldbrände, die sich bis zum Flussufers ausgebreitet hatten. Diese verheerend wütenden Buschfeuer vernichten fast in jedem Jahr viele hundert Quadratkilometer Wald und entstehen meistens durch Blitzeinschlag in trockenen Sommern. Zum Glück befanden wir uns jetzt aber in einem weiten Tal, im dem der Keele River inzwischen an Breite gewaltig zugenommen hatte. Trotz allem fiel uns das Atmen zunehmend schwerer, weil an manchen Stellen bis zu fünfzig Meter hohe Flammen der Luft den Sauerstoff raubten.

Nicht so glimpflich verlief eine Kanureise Jahre später, als wir unverhofft in ein Buschfeuer gerieten und stundenlang inmitten eines schmalen Flusses mit nassen Handtüchern über dem Kopf in heißen Rauchwolken um Atem ringen mussten. Doch diesmal wurde es nicht so kritisch, denn nach vier weiteren Tagen in beißendem Qualm erreichten wir vor den gegenüberliegenden Ausläufern der McConnell Range die Mündung des Keele Rivers in den mächtigen Mackenzie und gingen bereits drei Tage danach in der hoch über dem Steilufer liegenden alten Siedlung Fort Norman an Land. Auch hier waren noch am weiten Horizont die schwarzen Rauchwolken zu sehen. Der riesige Brand fraß sich weiter durch die Waldregion und hatte mittlerweile gewaltige Ausmaße angenommen. Ein grausames Sterben für viele Tiere, denen eine Flucht nicht mehr gelingt.

Nur wenige Weiße, aber ungefähr dreihundert Indianer leben heute in dieser alten Siedlung. Hier gibt es inzwischen neben den beiden neueren Kirchen, noch ein uraltes, aus grobbehauenen Baumstämmen gezimmertes Gotteshaus, das einst von den ersten Missionaren erbaut wurde. Wir fanden auch eine Shop der Hudson Bay Company, aber keine Überreste des einstigen Forts. Die Palisadenpfähle hatte man sicher verheizt. Viel mehr gab es hier nicht zu sehen. Als wir am nächsten Morgen den Ort verließen, verdunkelten immer noch schwarze Wolken den westlichen Himmel, und es stank nach Rauch. Zwischen Fort Norman und Norman Wells ist der Mackenzie mindestens fünf Kilometer breit.

In Norman Wells, diesem nach Öl und Qualm stinkenden Ort, in dem neben Weißen noch einige hundert Indianer in den Raffinerien arbeiten, ging unsere Reise zu Ende. Bis zu diesen Ölquellen sollte während des letzten Weltkriegs die Canol Road durch die weglose Wildnis gebaut werden, nachdem die Japaner auf den Aleuteninseln Attu und Kiska in Alaska gelandet waren. Als der Krieg zu Ende war und man wenig später in Alaska riesige Erdölvorkommen entdeckte, die man mit weniger Aufwand ausbeuten konnte, baute man diese Schotterstraße nicht mehr weiter.

Auch in den nächsten Jahren setzte ich die Spurensuche fort. Auf meinem Weg nach Norden nahm ich mir vor, einige wilde, ungezähmte Gebirgsflüsse aus den Mackenzie Mountains zu befahren, die alle in den mächtigen Strom münden, auf dem ich dann das Nordpolarmeer erreichen wollte. Ein wilder, reißender Fluss wäre er, der Mountain River, der durch eine grandiose Landschaft fließen würde, erzählten mir Einheimische.

Mein Freund Dave Billings war begeistert, als ich mit ihm telefonierte. Bereits im nächsten Sommer landeten wir mit einem Buschflieger aus Norman Wells auf dem Dusty Lake in der Nähe der Sayunei Range in den Mackenzie Mountains. Bis zur Mündung in den mächtigen Strom, auf einer Länge von gut vierhundert Kilometern, war nach den Angaben auf der topographischen Karte ein Höhenunterschied von tausendzweihundert Metern zu bewältigen. Auf diesem wilden Gebirgsfluss in einem einzigartigen, unberührten Land waren eine ganze Menge haarige Wildwasserstrecken. In einige Schluchten wagten wir erst die Einfahrt, nachdem wir sie zuvor von oben genau besichtigt und eingeschätzt hatten. Wir ließen uns viel Zeit für ausgedehnte Wanderungen, genossen die Einsamkeit in dieser unberührten Bergwelt und zelteten tagelang an den Zuflüssen von Cache Creek und Gayna River.

Dann hatte er uns wieder, der mächtige, ruhig dahin strömende Mackenzie River, einer der ganz großen Ströme und Lebensadern der Erde. Unmittelbar nach der Mündung des Mountain Rivers erwarteten uns die berüchtigten Sans Sault Rapids, die sich lange bevor wir sie erreichten, durch ein tiefes Grollen ankündigten. Wir hielten uns links in Ufernähe und passierten problemlos einige Querströmungen und beachtlich hohe, stehende Wellen in diesen Stromschnellen mit unseren speziell für diese Reise ausgerüsteten Einerfaltbooten.

Kurz vor Fort Good Hope verliert der gewaltige Strom Dreiviertel seiner Breite, verdoppelt nun aber seine Fließgeschwindigkeit. Es sind die Ramparts, ein enger Durchlass mit fünfzig Meter senkrechten Steilwänden aus Fels und Sandstein und einigen Unterwasserfelsen, denen man aber leicht ausweichen kann. Während unsere Boote auf dem schnellen Wasser dahinglitten, leuchteten die Ufer im Licht der tiefstehenden Sonne in glühend roten Farben. Später berichteten uns Einheimische aus der Siedlung Fort Good Hope, dass sich in den Ramparts in manchen Jahren nach dem Eisaufbruch die meterdicken Schollen bis zur Kante der Steilwände auftürmen würden. Es wäre jedes Mal ein unvorstellbares, atemberaubendes Schauspiel, wenn diese gigantische Barriere durch den mächtigen Druck der gewaltigen Wassermassen mit ohrenbetäubendem Krachen und Bersten gesprengt würde.

Nach dem Ende der Ramparts, die sich plötzlich wie ein aufgestoßenes Tor öffnen, erblickten wir am rechten Ufer die Siedlung Fort Good Hope. In diesem Ort hatte sich Waldemar damals ziemlich lange aufgehalten. Hier hoffte ich noch jemand zu finden, der mir die eine oder andere Geschichte erzählen könnte, die er von seinem Vater oder Großvater gehört hatte, irgendetwas von jenem Weißen Mann, der in dieser Siedlung vor vielen Jahren mit ihren Vorfahren lebte.

Bereits 1825 ließen sich die ersten Pelzhändler in dieser Wildnis nieder. Heute leben in diesem Dorf vielleicht fünfhundert Einwohner, davon etwa vierzig Weiße. Aber auch hier konnte sich nur einer der Alten daran erinnern, dass ihm der Vater von einem weißen Mann erzählte, der von weither kam und nach vielen Monden die Siedlung auf dem Too-Cha-Tes in Richtung Norden wieder verließ. War dieser Mensch tatsächlich mein Großonkel Waldemar?

In diesem Ort gibt es eine alte katholische Kirche, die von den Indianern inzwischen bunt angemalt wurde, und auf dem Friedhof die alten Gräber der ersten Missionare. Der Kirchengründer Pierre Gralier begann schon 1859 mit der Bekehrung der Rothäute. Mit einem alten Indianer, der die einsame Gegend im Hohen Norden noch nie verlassen hatte, verweilte ich lange vor diesem verwitterten Grab. Er hätte in seinem langen Leben so manchen „weißen Sommer" mit Frost und Schnee noch im Juli erlebt, erzählte mir der Rote Mann, wo die Tiere nach Süden abgewandert wären und die Menschen fürchterlich gehungert hätten. Die Sonne brannte heiß, als wir zwei Tage später die Siedlung wieder verließen.

Vorbei an Manitou Island, einer alten Kultstätte der Hasen-Indianer und an der Mündung des Hare Indian Rivers, setzten wir unsere Reise nach einigen Tagen auf dem breiten, träge fließenden Strom weiter nach Norden fort und überquerten bei 66°33 Grad nördlicher Breite den Polarkreis. Ein verhängnisvoller Entschluss, wie es sich später herausstellen sollte, denn bereits während der ersten hellen Nacht änderte sich das Wetter. Als wir nach wenigem Schlaf die Fahrt fortsetzen wollten, blies uns heftiger Nordwind entgegen, der uns nach kurzer Paddelstrecke zur Aufgabe zwang. Es blieb uns nichts anderes übrig, als an einer geschützten Uferstelle erneut ein Lager zu errichten und zu hoffen, dass der starke Wind bald nachließ, denn bis zu der nächsten Siedlung Arctic Red River, waren es jetzt vierhundert Kilometer durch menschenleere, moskitoverseuchte Wildnis, durch die unendlichen Weiten der kanadischen Subarktis, die vor uns lagen. Das große Warten begann.

Doch der starke Nordwind ließ nicht nach, sondern nahm ständig zu und entwickelte sich zu einem Sturm mit heftigen Regenschauern, zu einem der gefürchteten Nordwester, der den mächtigen Strom in eine tobende Wasserwüste verwandelte. An eine Weiterfahrt in meterhohen Wellen, die sich gegen die Strömung gefährlich auftürmten, war überhaupt nicht zu denken. Wir saßen fest. Erst nach fast einer Woche, konnten wir endlich unsere Flussreise fortsetzen. Allerdings geriet unser Zeitplan durch diesen Zwangsaufenthalt völlig durcheinander.

Zwischen Fort Good Hope und der nächsten größeren Siedlung Arctic Red River gibt es nur noch einen einzigen Platz mit drei, vier Indianerhütten an diesem gewaltigen Strom. Little Chicago lasen wir auf unserer topographischen Karte und landeten dort an. Außer einem verrosten Bulldozer, einem verrotteten Boot am Ufer, verfaulten Fischernetzen auf einem windschiefen Gerüst, sahen wir in diesem verwahrlosten Ort keine Menschenseele. Allem Anschein nach war man auf der Jagd und hatte die ganze Familie mitgenommen. Wie dieses einsame Indianerdorf zu dem Namen kam, konnte mir auch später niemand sagen. Als uns an diesem windstillen Tag Schwärme blutgieriger Moskitos fürchterlich zusetzten, machten wir, dass wir schleunigst wegkamen.

Der Tag neigte sich bereits dem Ende zu, als wir nach vielen Paddeltagen im fahlen Licht der tiefstehenden Mitternachtssonne auf einem hohen Steilufer zuerst eine Kirche und wenig später mehrere Hütten erblickten. Wir hatten den kleinen Ort Arctic Red River an der Mündung des gleichnamigen Flusses in den Mackenzie erreicht. Diese Indianersiedlung hieß früher einmal Tsiigehtchic. Sie liegt direkt am Dempster Highway, einer 745 Kilometer langen Schotterstraße von Dawson City am Yukon nach Inuvik im Delta des Mackenzie, die erst 1979 fertiggebaut wurde.

Ich hoffte, von den hier lebenden Indianern irgendeinen entscheidenden Hinweis zu erhalten, der mir bei meinen weiteren Nachforschungen helfen würde. Wir beschlossen, einige Tage zu bleiben, bauten unser Zelt ganz in der Nähe des Dorfes und suchten Kontakt zu den Einheimischen. Besonders die jungen Indianer konnten sich kaum vorstellen, dass wir mit diesen kleinen Booten ohne Motor eine so gewaltige Strecke gepaddelt waren. Mittlerweile besaß hier fast jedes Boot einen Außenbordmotor.

In Windeseile hatte sich unter den Dorfbewohnern die Nachricht verbreitet, dass ich auf der Suche nach Spuren meines Großonkels wäre, der hier einmal vor langer Zeit gelebt haben muss. Dann, an einem unvergesslichen Abend, als wir wieder einmal im Schein der Mitternachtssonne mit einigen Dorfbewohnern am Ufer des Arctic Red Rivers am Lagerfeuer zusammensaßen, gab mir ein junger Indianer den entscheidenden Hinweis. Die Geschichte von dem weißen Mann, der einst hier in Tsiigehtchic lebte, hätte ihm sein fast blinder Großvater öfter erzählt, der sich noch an einiges aus jener Zeit erinnern könnte. Wir verabredeten für den nächsten Morgen ein Treffen an der kleinen Kirche.

Der Weg zur Behausung des Großvaters führte steil bergauf und war sehr steinig. Die Hütte stand bedenklich nah an einer Abbruchkante eines hohen Steilufers. Erst nach mehrmaligem Zurufen seines Enkelsohns erhob sich ein alter Indianer mit schneeweißem Haar von einer mit Fellen ausgelegten Lagerstätte. Nach einer ruhigen, äußerst respektvollen Art der Begrüßung zwischen Großvater und Enkel reichte der alte Mann mir freundlich die Hand und bat uns, vor der Hütte auf einer aus einem Baumstamm grobbehauenen Bank Platz zu nehmen. Mein kleines Gastgeschenk, einen gutgefüllten Beutel mit wohlriechendem Tabak, den ich am Tag davor in dem bescheidenen Dorfladen erworben hatte, nahm er lächelnd entgegen.

Ich wäre auf der Suche nach meinem verschollenen Großonkel, begann ich nach einer Weile behutsam das Gespräch. Aufmerksam hatte sich der alte Indianer meine Geschichte angehört und fing dann bedächtig und mit leiser Stimme an zu erzählen: „Vor langer, langer Zeit, als ich noch sehr jung und Tsiigehtchic eine kleine Indianersiedlung war, tauchte Wathanga, „Weißer Biber", der unser Dorf vor Jahren verlassen hatte, plötzlich wieder hier auf. Es hatte sich unter uns heranwachsenden Männern herumgesprochen, weshalb er damals fortging. Anahareo, eine blutjunge, hübsche Squaw hatte ihm das Herz gebrochen, als sie nicht ihn, sondern einen anderen jungen Krieger heiratete. – Eine tragische Liebesgeschichte. Er war in seinem Stolz verletzt und verschwand über Nacht. Niemand wusste, wohin er ging. Doch dann kam er eines Tages mit einem großgewachsenen weißen Mann wieder hierher.

Die beiden Männer bauten etwas außerhalb der Siedlung eine winterfeste Hütte und fingen an in weitem Umkreis eine Trapline anzulegen. Wathanga hatte die abenteuerliche Geschichte des weißen Mannes im ganzen Dorf verbreitet. Mit aufrichtigem Respekt und uneingeschränkter Hochachtung beschloss man schon nach kurzer Zeit, den Fremden in den Rat der Ältesten aufzunehmen. Man gab ihm den Namen „Falkenauge", zum einen, weil er sich bei der Jagd als hervorragender Fährtenleser und Schütze erwiesen hatte, aber auch, weil der Name Waldemar in unserer Sprache schwer auszusprechen war.

Doch dann geschah eines Tages etwas Schreckliches, was sich aber schon lange vorher angebahnt hatte. Anahareo und Wathanga trafen sich öfter heimlich. Nachdem er von ihr erfahren hatte, dass ihr Mann dem verstandtötenden Feuerwasser verfallen war und sie von ihm furchtbar misshandelt wurde, beschloss er, ihren Mann zur Rede zu stellen. Alle im Dorf ahnten, dass schlimme Dinge geschehen würden, denn Wathanga liebte Anahareo immer noch. Als ihr Mann von einem der heimlichen Treffen erfuhr, lauerte er im Versteck auf die beiden, überfiel Wathanga hinterrücks und spaltete ihm mit seinen Tomahawk den Schädel. Nach dieser hinterhältigen, verruchten, im Suff verübten Tat flüchtete er zunächst in die Tundra, wo er von den Brüdern Wathangas und von einigen jungen Kriegern entdeckt und auf grausame Weise erschlagen wurde, ehe der Ältestenrat sein Urteil gesprochen hatte.

Ich erinnere mich noch, dass Falkenauge lange um seinen Freund getrauert hat. Dann aber übergab er der jungen Witwe den größten Teil seiner Felle und verschwand plötzlich. Später erzählte man sich, dass er unser Dorf in einer hellen Vollmondnacht mit seinem schwerbeladenen Kanu auf dem großen Too-Cha-Tes Richtung Norden verlassen hätte.

Anahareo lebte bis zu ihrem Ende in der verlassenen Blockhütte, in der einst Falkenauge und Wathanga gewohnt hatten. Sie hat nach dieser Tragödie niemals mehr geheiratet.“

Dieser alte Indianer, der jene dramatischen Ereignisse längst vergangener Tage als Jugendlicher erlebt hatte, dieser glaubwürdige Bericht eines noch lebenden Zeitzeugen gab mir neuen Antrieb, weiter nach dem mysteriösen Verschwinden meines Großonkels zu forschen. Endlich hatte ich wieder gute, authentische Anhaltspunkte. Nun hatte ich den Beweis, dass Waldemar tatsächlich im hohen Norden Kanadas in Tsiigehtchic, im heutigen Arctic Red River gelebt hatte.

Als ich mich bedankt und wir uns verabschiedet hatten, zog sich der alte Mann sichtlich erschöpft wieder in seine Hütte zurück. Er wäre weit über neunzig und in der letzten Zeit ziemlich gebrechlich geworden, doch sein wirkliches Alter konnte mir sein Enkel nicht sagen. Der begleitete mich zu unserem Zelt, wo Dave bereits mit leckeren Forellen auf uns wartete.

An diesem Abend versammelte sich das halbe Dorf um unser Lagerfeuer. Jerome, so hieß der junge Indianer, der mich vor wenigen Stunden zu seinem alten Großvater geführt hatte, brachte seinen älteren Bruder und seinen Vater mit. Die Nachricht, dass wir am nächsten Tag nach Inuvik wollten, hatte sich im Ort rasch verbreitet. Von einer Weiterfahrt mit unseren Faltbooten riet man uns ab, denn nach etwa dreißig Kilometern, kurz hinter dem Separation Point, würde der große Too-Cha-Tes kaum noch Strömung haben. Ab diesem Punkt bildet der mächtige Mackenzie bis zur Mündung in das Polarmeer ein über hundert Kilometer breites und fast dreihundert Kilometer langes Delta, ein amphibisches Labyrinth von unzähligen Flussarmen, Seen und Sümpfen. Als Jeromes Bruder sich bereiterklärt hatte, uns mit schon arg in die Jahre gekommenen Truck seines Vaters nach Inuvik zu bringen, gaben wir nach erneutem Studium der topographischen Karte schließlich unser Vorhaben auf.

Zu dieser größten Siedlung im Norden Kanadas war es eine staubige, eintönige Fahrt durch die hügellose Taigalandschaft der wasserreichen Northwest Territories. Hier lebte vor 1956 kein einziger Mensch, und hier endet der Dempster Highway, der endgültig erst 1979 fertig gebaut war. Inuvik, die Stadt der Menschen, wurde von der kanadischen Regierung anfangs für eintausend Bewohner auf einem Gelände geplant und gebaut, das noch nie vom Mackenzie überschwemmt wurde. Mittlerweile leben in dieser Metropole mehr als fünftausend Menschen, meistens Inuit und Indianer, aber auch einige Weiße. Wahrzeichen dieser Siedlung ist eine Kirche, die wie ein Iglu aussieht. Es gibt ein Gymnasium, die „Sir Alexander Mackenzie School", ein Hotel, eine Radiostation, ein Hospital, eine Zeitung und einen Flugplatz. Ansonsten ist hier am Ende der Welt nicht viel los. Arbeit gibt es kaum und wenn, dann meistens nur für Weiße. In den bitterkalten Wintern, wenn sich die Sonne hier nicht blicken lässt und es monatelang dunkel ist, sitzt man in den von der kanadischen Regierung bereitgestellten, gutisolierten Containerbuden vor dem Fernseher oder in irgendeiner der üblen Spelunken und lässt sich volllaufen, solange das Wohlfahrtsgeld reicht, die oberirdische Fernheizung in den beheizten Zinkblechkästen, den Utilidors, nicht ausfällt und der ständiglaufende, stromerzeugende Dieselgenerator nicht streikt.

Da die ersten Siedler in Inuvik erst 1956 auftauchten, hielt ich es für wenig erfolgsversprechend, nach Waldemars Spuren zu suchen. Eines Abends trafen wir in einer dieser vergammelten Kneipen einen Indianer, der aus der Inuitsiedlung Aklavik stammte, die 1912 am West Channel gegründet wurde und bis 1960 Verwaltungssitz der kanadischen Northwest Territories war, bevor man diesen nach Inuvik verlegte. Dessen mittlerweile neunzig Jahre alte Vater hätte ihm einmal von einem Fremden erzählt, der kurz in Aklavik gelebt hätte, doch an den Namen des weißen Mannes konnte er sich nicht mehr erinnern. Da er knapp bei Kasse war, wurden wir rasch handelseinig und heuerten ihn für eine Fahrt mit seinem Außenborder zu dieser im Westen des Deltas liegenden Siedlung an.

Mühsam quälten wir uns mit seinem flachen Motorboot durch ein unüberschaubares Gewirr von schmalen Wasserläufen, blieben häufig in knietiefem Schlamm und Morast stecken, bevor wir endlich in der Nähe der Horseshoe Bend den breiten Middle Channel, den Hauptkanal des Mackenzie erreicht hatten. Diesem folgten wir dann eine ganze Weile in südlicher Richtung bis zu zwei riesigen Sand- und Modderinseln und bogen danach abrupt nach Nordwesten in den wesentlich schmaleren Aklavik Channel ab, den wir zum Teil wegen der geringen Wassertiefe nur mit halber Motorkraft befahren konnten. In diesem Labyrinth unzähliger Tümpel und Wasserläufe stets die richtige Durchfahrt zu finden, hätte er von seinem Vater gelernt, von dem er schon als Kind oft mit auf die Jagd mitgenommen wurde, erzählte der Indianer. Im mächtigen Mündungsdelta des Mackenzie hätten sie früher Unmengen Moschusratten gefangen. Die weichen Felle seien damals bei den Damen als Jacke oder Mantel unter dem Namen Bisam sehr begehrt gewesen. Doch heute würde sich das Fangen dieser Nager nicht mehr lohnen. Fast in jedem Teich und Wasserlauf sahen wir die Tiere ihre Röhren in die Böschungen graben. Da sie sich unter idealen Lebensbedingungen stark vermehren und kaum noch gefangen werden, gäbe es hier inzwischen wieder Millionen und Abermillionen von ihnen.

Aklavik ist ein ziemliches Drecknest in einem schier endlosen amphibischen Mündungsgebiet des mächtigen Mackenzie Rivers. Beinah völlig von der Außenwelt abgeschnitten, leben hier ungefähr sechs- bis siebenhundert Menschen. Man erreicht diesen Ort nur mit dem Flugzeug oder nach stundenlanger Fahrt mit einem Motorboot. Wie fast überall in den Siedlungen des kanadischen Nordens, ist auch hier der Alkohol ein großes Problem. Die ersten Missionare und Pelzhändler kamen vor etwa siebzig Jahren nach Aklavik. Nachdem Inuvik gegründet wurde, beschloss die Regierung aus wirtschaftlichen Gründen das ganze Dorf dorthin umzusiedeln, doch die Aklaviker wehrten sich erfolgreich dagegen und blieben.

Hier leben die Menschen, wie es ihnen gefällt, einfach so in den Tag hinein. Wir kamen bei einem kleinen, wohlbeleibten Inuit unter, den der Indianer kannte. Andy teilte uns ein einigermaßen sauberes Zimmer in seinem Holzhaus zu, erzählte von seiner Frau und den fünf Kindern, die ihn verlassen hätten, um in der „Großstadt“ Inuvik zu leben. Andy wollte nur in Ruhe gelassen werden, sonst nichts. Er hätte wirklich der Erfinder der Langsamkeit sein können. Alle anderen Räume im Haus waren schmuddelig, voll Unrat und stinkendem Müll. Überall lagen leere Flaschen und Bierdosen herum. Mir wurde speiübel, aber wir wollten uns hier ja nicht lange aufhalten. Abgeschnitten von der Außenwelt gelangt zwar einiges via Satellit in diese Eintönigkeit, doch Andy interessierte sich meistens nur für harte Gangsterfilme und heiße Pornos.

Jim, mit dem wir durch das Delta hierher geschippert waren, führte uns zu seinem Vater, der in einer kleinen Hütte am Ortsrand lebte. Der alte Mann freute sich sehr über den unerwarteten Besuch seines Sohnes, begrüßte uns nach Indianerart, indem er seine rechte Hand bis zur Kopfhöhe erhob und lud uns höflich in seine Hütte ein. Nachdem er jedem von uns aus einem verbeulten Teekessel einen Becher Tee eingeschenkt hatte, erzählte Jim seinem Vater, warum wir eigentlich hier wären.

Ja, es gäbe da noch einiges aus jenen Tagen, an das er sich erinnern könnte, begann Vanuatha, der alte Indianer zu erzählen: „Aklavik war damals der größte Ort im kanadischen Norden. Hier siedeln gemeinsam friedlich Inuit und Indianer, obwohl sie einst Todfeinde waren und sich bekämpften, wann immer sie bei ihren Jagdzügen aufeinandertrafen. Aber auch einige Weiße hatte es schon damals in die Unermesslichkeit der amphibischen Deltalandschaft verschlagen. Meistens waren es Missionare, Lehrer, Prediger und Trapper, wie ein Mann namens Bockwächter, der angeblich aus Schwaben kam und hier 1940 im hohen Alter verstarb. Auch der Polarforscher Vilhjalmur Stefansson lebte eine Zeit lang hier, von dem einige Leute behaupten, dass der Forscher ihr Vater wäre. Eines Tages, ich war noch sehr jung, aber ich kann mich genau daran erinnern, begegnete ich auf der Bisamjagd einem Fremden, den ich vorher noch nie gesehen hatte. Der großgewachsene weiße Mann hatte einen blonden Skalp, einen athletischen Körperbau, hellblaue Augen und war sehr freundlich zu mir. Als er nach Aklavik kam, verkaufte er an die Leute der Hudson Bay Company, die erst vor wenigen Jahren hier eine Niederlassung gegründet hatten, eine Menge von seinen Fellen. Er wohnte am Ortsrand in einer bunkerähnlichen Erdhöhle, die er sich aus Treibholzstämmen gebaut hatte und wollte sich bis zum Herbst nach einer winterfesten Hütte umsehen. Aber dann war er eines Tages wieder verschwunden, einfach weg, niemand wusste wohin. Er hieß wohl so, wie ihr ihn eben genannt habt.“

Ich bemühte mich den Namen Waldemar recht deutlich auszusprechen und wiederholte ihn mehrmals. Vanuatha, Jims Vater, der greise Indianer, nickte zustimmend. „Er war ein Einzelgänger, ein sonderbarer Mensch, hatte harte Zeiten hinter sich, war einer der genau wusste, was er zu tun hatte, um in dem großen Land der Einsamkeit zu überleben. Es ist schon so lange her, seit er fortging. Jahre später muss ihm wohl noch eine Gruppe Inuits, begegnete sein, die im Mündungsdelta Belugas, weiße Wale jagten, die nach ihrer Rückkehr von einem großen weißen Mann berichteten, der mit einem Inuit unterwegs gewesen wäre.“

Das war für mich zweifelsfrei der Beweis, dass mein Großonkel Waldemar tatsächlich auch hier in Aklavik eine Zeit lang gelebt hatte. Vielleicht war er auch der Fremde, dem die Inuitjäger am Eismeer begegnet waren. Jedenfalls war das für mich eine heiße Spur, der ich unbedingt weiter folgen wollte. So beschlossen wir unverzüglich mit einem Charter nach Tuktoyaktuk zu fliegen, der nördlichsten Siedlung im Mackenziedelta unmittelbar am Polarmeer. Der kurze nordische Sommer neigte sich langsam dem Ende zu, die Nächte waren inzwischen empfindlich kühl geworden. Nicht nur die Zeit drängte jetzt, sondern auch fieberartige Neugier.

Die Geschichte vom Mad Trapper

Aber vorher erzählte uns Jim noch die Geschichte vom Mad Trapper und führte uns auf dem Friedhof zum Grab jenes üblen Kerls, der nach monatelanger Hetzjagd von den Männern der Royal Canadian Mounted Police am 17. Februar 1932 am Eagle River erschossen wurde. Ein Drama, das einst durch die Weltpresse ging. Auf dem Grab kein Kreuz, nur zwei in die Erde gerammte verblichene Treibholzstämme, auf die jemand in heller Farbe ein „A" auf den einen und ein „J" auf den anderen gemalt hatte. Die Buchstaben stehen für Albert Johnson, doch seinen wirklichen Namen kannte niemand.

„Das ist die Geschichte, die man sich auch heute noch überall und nicht nur im Hohen Norden erzählt", begann Jim. „Einige behaupten, dass er sich Arthur Nelson genannt hätte, als er 1927 das erste Mal im Süden des Yukon Territorium gesehen wurde, wo er eine Zeit in einer Sägemühle arbeitete. Am 21. August 1927 tauchte er in Ross River auf, dem damals letzten Vorposten der Zivilisation, kaufte im Trading Store von Taylor und Drury Ausrüstungsgegenstände, die ein Trapper brauchte und bezahlte bar. Doch den Händlern kam es sonderbar vor, dass er ein Gewehr Kaliber .30-30 und eine Menge Munition, aber keine Fallen kaufte. Ein seltsames Verhalten für einen Trapper. Er erzählte nicht sehr viel von sich, mied jeglichen Kontakt zu den Indianern und verschwand nach neun Tagen in den tiefen Schluchten der Backbone Mountains, nachdem er sein Boot zusammengebaut hatte.

Nach Wochen und Monaten erschien Arthur Nelson wieder in Ross River, doch er sprach mit niemandem darüber, was er in der Zwischenzeit gemacht hatte. Wieder suchte der wortkarge, seltsame Mann keinen Kontakt zu anderen Menschen und campierte außerhalb der Siedlung irgendwo im Busch. Ein unheimlicher Kerl, dem man besser aus dem Weg ging, der seine erbeuteten Felle nicht in Ross River, sondern in einem entfernten Handelsposten am Stewart River verkaufte. Doch wie konnte er ohne Fallen überhaupt Tiere fangen? So plötzlich wie er in diesem Ort auftauchte, verschwand der unheimliche Fremde mit den eiskalten Augen und dem bösen Blick wieder. Es gibt nur ein einziges, unscharfes Bild von diesem blonden, muskulösen, sonderbaren Mann mittleren Alters, das der Sternwheeler Pilot Frank Sleni 1928 in Ross River machte.

Wie ein einsamer, hungriger Wolf streifte Arthur Nelson durch die Wildnis und begegnete vierhundert Meilen weiter im Norden am Peel River zwei jungen Indianern aus Fort McPherson, die später berichteten, dass der blonde, kräftige Fremde hellblaue, gefährliche Augen hatte und kaum mit ihnen geredet hätte. Ob Arthur Nelson bei dieser Begegnung mit den Indianern einen anderen Namen benutzte, oder ob es ein Hörfehler war, konnte später nicht mehr festgestellt werden. Doch nach dieser Begegnung war nur noch von einem Albert Johnson die Rede.

Und Albert Johnson driftete immer weiter nach Norden, kaufte lebensnotwendige Sachen in den Handelsposten, aber seltsamerweise wieder keine einzige Falle oder Tellereisen. Zwanzig Meilen hinter Fort McPherson zog er den Rat River hoch und baute am McDougall Pass eine Hütte, nicht wissend, dass er sich in den Richardson Mountains in den Jagdgründen der Vunta Kutchin Indianer befand. Den Roten gefiel das gar nicht und erst recht nicht, als sie ihre am Rat River aufgestellten Tellereisen zugeschnappt in den Bäumen hängend fanden. Es ist die unter Trappern übliche Aufforderung aus dieser Gegend zu verschwinden, also eine offene Kampfansage. Doch die Indianer wehrten sich nicht, denn es hatte sich inzwischen unter den abergläubischen Rothäuten herumgesprochen, dass dieser Trapper mit dem unheimlichen Blick von bösen Geistern besessen wäre, die nicht nur Tiere, sondern auch Menschen töten könnten. Von nun an sprach man nur noch vom Mad Trapper.

Aber so einfach lassen sich die Ureinwohner nicht aus ihren jahrhundertealten Jagdgründen vertreiben. Kurzerhand machten sich einige Männer ihres Stammes nach Aklavik auf den Weg, um sich bei dem nördlichsten Außenposten der RCMP in Kanada, der Königlich Kanadischen Berittenen Polizei über den unheimlichen weißen Mann, über den Mad Trapper zu beschweren, der nicht nur ihre Fallen zerstörte, sondern auch die gefangenen Tiere gestohlen hätte. So dauert es nicht lange, bis Constable Edgar Millen vor Albert Johnsons Hütte erschien. Doch er erhielt nur kurze, nichtssagende Antworten auf seine höflichen Fragen. Eine Jagdlizenz musste er nicht vorzeigen, da er keine Fallen besaß. Da es in Kanada keine Ausweispflicht gab und gegen einen Albert Johnson nichts vorlag, verabschiedete sich der Vertreter des Gesetzes wieder. Aber was zum Teufel führte dieser seltsame Fremde im Schilde, der seine niedrige Hütte auf einem hohen Felsen über dem Rar River in einer Flussbiegung wie eine Festung mit freiem Schussfeld nach allen Seiten errichtet hatte? Millen beschloss den Fremden im Auge zu behalten.

Doch die Beschwerden der Indianer häuften sich. Immer öfter fanden sie ihre beköderten Tellereisen und Fallen geplündert. Am 27. Dezember 1931, mitten im eisigen Winter, machte sich Special Constable Bernard und Constable King mit ihren Schlittenhunden über den zugefrorenen Rat River auf den Weg, um den „Mad Trapper" zu den Anschuldigungen der Rothäute zu befragen. Endlich standen die beiden Ordnungshüter nach einer harten, hundertdreißig Kilometer langen Schlittenreise vor der tiefverschneiten Blockhütte. Aufsteigender Rauch aus dem Schornstein war ein Zeichen dafür, dass sich der Trapper vor Ort befand. Während Bernard bei den Hunden blieb, bewegte sich King durch den tiefen Schnee langsam auf die Hütte zu, klopfte gegen die schwere Tür, nannte seinen Namen und den Grund des Besuchs. Doch drinnen rührte sich nichts. Mehrmals wiederholte er die Aufforderung die Tür zu öffnen, doch es geschah nichts. King startete einen letzten Versuch, späte durch eine schmale Glasscheibe an der Seite, und starrte direkt in die eiskalten Augen Albert Johnsons. Da die beiden Mounties weder einen Durchsuchungs- noch einen Haftbefehl hatten und sie damit rechnen mussten, dass dieser unheimliche Kerl bei einem gewaltsamen Eindringen seine Schusswaffe rücksichtslos gebrauchen würde, beschlossen sie umzukehren.

Am 31. Dezember 1931 kamen die Mounties mit einem Hausdurchsuchungsbefehl zurück, den Inspector A. N. Eames inzwischen von einem Friedensrichter eingeholt hatte. Sie waren diesmal zu viert. Wieder klopfte Constable King energisch gegen die schwere Tür und rief, dass er Vollmachten besitze, notfalls auch mit Gewalt in die Hütte einzudringen. Da krachte ein Schuss. Aufschreiend und eine Blutspur hinterlassend stürzte King in den Schnee. Sofort feuerten die Kameraden auf die

Hütte, aber Johnson schoss zurück, und seine Schüsse verfehlten nur knapp ihr Ziel. Um bei dieser fürchterlichen Kälte das Leben ihres durch einen Brustdurchschuss und hohen Blutverlust schwerverwundeten Kameraden zu retten, musste Constable King so schnell wie möglich in das Hospital nach Aklavik gebracht werden. Tatsächlich überlebte Constable King, da die Kugel keine wichtigen Organe verletzt hatte. Doch das Drama war noch lange nicht zu Ende.

Inspector Eames holte sich Verstärkung aus Fort Norman, ernannte zwei zuverlässige Indianer zu Special Constables, die als Scouts die Spurensuche übernehmen sollten, falls der „Mad Trapper" inzwischen nicht mehr in der Hütte war und das Weite gesucht hatte. Die Männer wählten diesmal eine andere Route, kamen nur mühsam mit ihren Hundegespannen durch den tiefen Neuschnee weiter, verloren dadurch ein bis zwei Tage, bevor sie sich endlich gegen Mittag vor der Blockhütte in einem Halbkreis aufstellten. Wieder stieg Rauch aus dem schiefen Kamin. Der Kerl hatte inzwischen seine Behausung zu einer kleinen Festung ausgebaut, ignorierte mehrere Aufforderungen herauszukommen und fühlte sich in diesem Bollwerk anscheinend sehr sicher. Eames konnte sich eine lange Belagerung nicht leisten, denn das Thermometer war auf minus fünfzig Grad gefallen, und der größte Teil an Verpflegung und Hundefutter war bereits verbraucht. Als sich die Männer mit entsicherter Waffe langsam der Hütte näherten, knallte es mehrmals hintereinander aus den schmalen Schießscharten des niedrigen Blockhauses. Albert Johnson dachte überhaupt nicht daran, sich zu ergeben.

Trotz der großen Übermacht war die Lage der Männer um Inspector Eames verdammt schlecht, denn sie hatten es hier nicht nur mit einem schießwütigen Verrückten zu tun, sondern kämpften nun auch gegen die brutale, mörderische Kälte. Die Männer waren jetzt gezwungen, rasch zu handeln. Mittlerweile war es Mitternacht und stockdunkel, als der Trapper K. H. ‚Knut' Lang die erste geballte Dynamitladung gegen die schwere Holztür der Hütte schleuderte. Als sich der dichte Rauch verzog, stürmte er auf die eingestürzte Hütte zu, sah im Schein seiner Taschenlampe durch einen Spalt Albert Johnson bewegungslos auf dem Boden liegen und nahm an, dass er tot wäre. Doch als er zurück zu den anderen ging, krachte es hinter ihm, und eine Kugel zischte nur knapp an seinem Ohr vorbei. Verdammt schnell hatte sich der „Mad Trapper" nach dem Schock der gewaltigen Detonation wieder erholt. Dieser Mann war mit dem Teufel im Bunde. Niemand sonst hätte die gewaltige Explosion überlebt. Aber Knut Lang hatte noch etwas gesehen, das er nun seinen Kameraden berichtete. Albert Johnson hatte seine Hütte über einer tiefen Grube errichtet, die Wände mit dicken Balken verstärkt und darin schmale Schießscharten eingebaut, durch die er sich mit einer oder mehreren Waffen hervorragend verteidigen konnte.

Die Lage wurde immer dramatischer, als das Thermometer bis auf minus sechzig Grad fiel. Eames konnte nicht mehr länger warten, denn durch die grausame Kälte gerieten nun Mensch und Tier in akute Lebensgefahr. Während seine Männer aus allen Rohren feuerten, warf er selbst eine geballte Ladung zusammengeschnürter Dynamitstäbe auf das Dach. In Bruchteilen von Sekunden verwandelte eine gewaltige Explosion die bereits stark beschädigte Hütte in ein Inferno. Danach waren sich die Männer absolut sicher, dass niemand eine so furchtbare Explosion überleben kann. Als der Rauch abgezogen war, näherten sich Inspector Eames und Special Constable Gardlund mit entsichertem Gewehr und gezogenem Revolver langsam den Trümmern. Doch womit keiner der Truppe gerechnet hatte, geschah in diesem Moment. Plötzlich krachte aus dem Haufen qualmender Bohlen ein Schuss. Aufschreiend stürzte Special Constable Gardlund hinterrücks in den Schnee. Unglaublich, doch Albert Johnson hatte auch diese ungeheuerliche Explosion überlebt, war kaltblütig bereit, sich hinter den verkohlten Balken der Ruine zu verteidigen und um sein Leben bis zur letzten Patrone zu kämpfen. Für die abergläubischen Indianer gab es nur eine Erklärung: Dieser Mann war unverwundbar, weil er von bösen Geistern besessen war. Die Männer um Inspector Eames suchten die Sache zu Ende zu bringen und wollten nun den Trümmerunterstand Johnsons von drei Seiten angreifen und stürmen, doch Eames entschloss sich zum Rückzug. Zu groß war das Risiko weitere Männer durch den zu allem entschlossenen Mad Trapper und die grimmige, arktische Kälte zu verlieren.

Wenige Tage später kehrten Constable Millen und Special Constable Gardlund zu den Trümmern der Hütte zurück. Von Albert Johnson keine Spur. War er bereits über alle Berge, oder lauerte er irgendwo in der Nähe in einem Hinterhalt? Die Männer mussten mit allem rechnen. Ergiebiger Neuschnee hatte seine Spuren zugedeckt. Aber in welche Richtung war der unheimliche Trapper geflohen und wo in dieser endlosen Wildnis sollte man nach ihm suchen? Eine unter diesen widrigen Verhältnissen normalerweise unauffindbare Spur zu entdecken grenzt an ein Wunder. Doch Gardlund gab nicht auf. Und tatsächlich, als die Männer einen Bach querten, fanden sie am Rand den kaum noch erkennbaren Abdruck eines Schneeschuhes. So schwach, wie die Fährte auszumachen war, war sie doch der erste Hinweis auf Johnsons Fluchtweg. Die beiden Mounties folgten seinen Spuren, entdeckten die Feuerstellen und Schneehöhlen, in denen sich der Gejagte nachts verkrochen hatte. Aber Johnson kannte alle möglichen Täuschungsmanöver, wie man seine Verfolger in die Irre führen kann. Um die Männer auf eine falsche Spur zu leiten, lief er oftmals über schneefreies Eis und versuchte sie abzuschütteln, indem er seine Schneeschuhe umgedreht anzog.

Nach einem heftigen Blizzard waren alle Spuren endgültig verschwunden. Aber die Männer gaben nicht auf, suchten unbeirrt weiter. Plötzlich hatten sie das Gefühl, dass Johnson sie belauerte. Warum aber erledigte dieser skrupellose Kerl sie dann nicht einfach aus dem Hinterhalt? Wollte er sich durch einen Schuss nicht verraten? Fühlte sich der Gejagte gegenüber den Jägern so überlegen, dass er wirklich zu entkommen glaubte? Niemand konnte diese Fragen später beantworten.

Plötzlich stießen Gardlund und Millen auf einen Lagerplatz, den Johnson noch nicht vor allzu langer Zeit verlassen hatte, auf dem sie die Überreste von Kaninchen, Schneehühnern, Eichhörnchen und Hähern fanden. Jetzt waren sie sich sicher dem Mad Trapper dicht auf den Fersen zu sein.

Da meldete ein Scout der Indianer, dass er im Tal des Bear Rivers einen Schuss gehört hätte, der nur von jenem besessenen Kerl sein könnte, von dem, der mit den Dämonen im Bunde wäre. Eames handelte unverzüglich und schickte Millen, Gardlund und zwei weitere Mounties in diese Region. Sollte sich Johnson in dieser Gegend befinden, dann würde die Falle endlich zuschnappen.

Es kann nur der Flüchtende sein, sagten sich die Männer, als sie den frischen Schneeschuhspuren stundenlang folgten und plötzlich ein dünnes Rauchfähnchen an einer steilen Felswand entdeckten. Jedes Geräusch vermeidend näherten sich die Männer einem Felsvorsprung, von dem sie äußerst vorsichtig nach unten schauen konnten. Verdeckt unter einem überhängenden Felsen saß eine Gestalt vor einem Feuer, die gierig ein Stück Fleisch verzehrte. Während seine Kameraden wie gebannt auf den Kerl am Feuer starrten, hob Gardlund bereits die Waffe und legte den Sicherungshebel um. Aufgeschreckt durch das kaum vernehmbare Geräusch des Klickens, ergriff Johnson sein geladenes Gewehr, schoss sofort und suchte blitzschnell Deckung hinter einer mächtigen Baumwurzel. Auch Gardlund und die anderen feuerten mehrmals. Danach wurde es unheimlich still.

Inzwischen fiel das Thermometer wieder auf knapp minus sechzig Grad. Eine mörderische Kälte, die den Atem gefrieren lässt. Constable Millen hielt es nicht mehr länger in seinem sicheren Unterstand aus und näherte sich mit schussbereiter Waffe langsam dem umgestürzten Baum, hinter dem er Johnson tot oder verletzt vermutete. Doch der hatte nur darauf gewartet und feuerte sofort aus der sicheren Deckung. Während die Kugeln der Angreifer ihr Ziel verfehlten, wurde Constable Millen vor den Augen seiner Kameraden tödlich getroffen. Warum nur hatten sie Johnson nicht erledigt, als er nichtsahnend vor dem Feuer saß? Während zwei von ihnen wild auf seine sichere Verschanzung hinter der Wurzel feuerten, zog der dritte den Toten aus dem Schussfeld. Der tragische Tod des Freundes und die grausame Kälte zwangen die Männer erneut zum Rückzug.

Inspector Eames war geschockt, als man ihm den Tod Millens meldete und befahl seinen Männern bei der nächsten Chance den Verbrecher ohne Rücksicht sofort zu töten. Fast täglich berichteten jetzt auf der ersten Seite alle Blätter Nordamerikas in hämischen Artikeln und Kommentaren von der Hetzjagd auf den ‚einsamen Wolf', der mitten im arktischen Winter in der tiefverschneiten Wildnis des kanadischen Nordens um sein Leben kämpft und bereits seit Wochen die Männer der Royal Canadian Mounted Police an der Nase herumführt. Doch die darüber berichteten, saßen irgendwo im Süden in gutbeheizten Büros und hatten keine Vorstellung, was es überhaupt bedeutet mitten im arktischen Winter, in fast völliger Dunkelheit, mörderischer Kälte und furchtbaren Blizzards, in den unendlichen Weiten der menschenleeren Wildnis einen skrupellosen Verbrecher über Hunderte von Meilen zu jagen. Die Verfolger waren harterprobte Mounties, kannten alle Tricks, wie man in furchtbaren Schneestürmen und bei grausamen Minustemperaturen überleben kann. Doch diesmal gerieten selbst diese erfahrenen Männer in Schwierigkeiten, denn der Mann, den sie verfolgten, war ein harter, bösartiger, mitleidloser Bursche, ein Mörder, ein Wahnsinniger, der seinen Verfolgern auf einer kaum vorstellbaren, grausamen Flucht zu entkommen versucht. Aber warum hatte sich Albert Johnson nicht sofort aus dem Staub gemacht, als er Constable King durch einen Schuss schwer verletzte? Hatte die mörderische Kälte inzwischen seine Sinne, seinen Geist verwirrt? Ahnte er bereits zu diesem Zeitpunkt, dass er der gnadenlosen Jagd nicht entkommen würde und am Ende nur der Tod stehen konnte?

Die Jagd auf den Outlaw musste weitergehen. Das waren Inspector Eames und seine Männer ihren Kameraden Millen und King schuldig. Die Flucht über die zerklüftete Kette der Richardson Mountains war im Winter so gut wie unmöglich. Also wird der Mad Trapper weiter nach Westen über die Grenze nach Alaska zu entkommen versuchen.

Eames hatte einen verwegenen Plan, den er unverzüglich seinen Vorgesetzten in Edmonton mitteilte. Er schlug vor den Flüchtenden aus der Luft mit einem Flugzeug suchen zu lassen. Edmonton stimmte dem Vorschlag zu und schickte ein mit Kufen ausgerüstetes Flugzeug, eine einmotorige Bellanca, mit dem erfahrenen Buschpiloten und bekannten Kriegshelden Wop May nach Aklavik.

Doch die Suche aus der Luft gestaltete sich äußerst schwierig und bedrohlich. Anfang Februar hatte der Pilot höchstens zwei bis drei Stunden diffuses Licht für seine Aufklärungsflüge, musste bei dieser Kälte andauernd mit Tragflächenvereisung und immer mit plötzlichen Unwettern bis hin zum Verlust der Orientierung rechnen. Zunächst brachte die Luftaufklärung in den endlosen, unbesiedelten Weiten nichts. Albert Johnson blieb spurlos verschwunden. Aber dann sah Wop May plötzlich unter seiner Maschine deutlich erkennbare Schneeschuhspuren und in der Ferne einen winzigen Punkt, der sich rasch auf ein Flusstal zu bewegte. Was keiner für möglich gehalten hatte: Der Mad Trapper hatte tatsächlich den mörderischen Weg über die Richardson Mountains geschafft und befand sich jetzt zwischen dem Eagle und Bell River in Richtung Alaska. Eine unglaubliche Leistung, die unter diesen fürchterlichen äußeren Bedingungen nur ein außergewöhnlich harter Mensch schafft. Nun war die Gunst der Stunde auf der Seite der Verfolger, denn in dieser baumlosen Schneewüste ist ein sich fortbewegender Mensch aus der Luft gut erkennbar.

Wieder einmal zwang die hereinbrechende Dunkelheit den Piloten zur Umkehr. Unverzüglich meldete Wop May den Sucherfolg Inspector Eames. Die Nachricht über die Entdeckung des Flüchtigen wurde in

Aklavik mit großer Erleichterung wahrgenommen. Den letzten Akt des Dramas im Hohen Norden konnten nun die Menschen täglich im Radio mit verfolgen.

Endlich wieder gutes Flugwetter. Wop May flog im Tiefflug in vielen Schleifen über Bell und Eagle River, folgte dann einer breiten Karibufährte und entdeckte plötzlich unter sich einen dunklen Punkt im unendlichen Weiß. Es konnte nur der Flüchtende sein, der sich zügig nach Westen bewegte. Doch schon bald darauf war die Sicht nach unten nicht mehr möglich, da plötzlich dichter Nebel aufzog. Der erfahrene Pilot kannte die tödliche Gefahr der Orientierungslosigkeit, änderte den Kurs und flog zum verabredeten Basislager am Lapierre House, wo Inspector Eames und seine Männer auf den neuesten Bericht warteten.

Trotz schlechter Sicht machten sich Eames, Gardlund, Ridell und Carter sofort mit ihrem Hundeschlitten auf den Weg. In kurzem Abstand folgten ihnen vier weitere Männer mit ihrem Huskygespann. Durch den Bericht des Piloten wussten jetzt die Mounties, wo sie den Flüchtenden zu suchen haben. Das Ende des arktischen Dramas nahm seinen Lauf.

Westlich der Richardson Mountains schlängelt sich der Eagle River in unzähligen Windungen durch eine unvorstellbar weite Ebene. Wob May hatte bei seinem Aufklärungsflug am Tag davor den ‚Mad Trapper' in einer der langgezogenen Flusskurven entdeckt. Auf dieses Gebiet konzentriert sich jetzt die Suche.

Als Erster sah Staff Sergeant H. F. ‚Earl' Hersey den Gejagten, warf sich in den Schnee und begann sofort zu schießen. Während Johnson auf das Steilufer zu lief, drehte er sich plötzlich um und schoss zurück. Die Kugel traf Herseys Knie, prallte vom Knochen ab und blieb in seiner Brust stecken. Jetzt feuerten auch Inspector Eames und Joe Verville, doch die Kugeln verfehlten ihr Ziel. Johnson rannte zur Flussmitte, warf sich hinter seinen Packsack und feuerte auf die Verfolger. Aber auf dem Eis in der Mitte des Flusses hatte er keine Deckung und kaum eine Chance, lebend davonzukommen, denn die Männer um Eames feuerten nun von beiden Uferseiten auf ihn. Als ein Schuss die Munition in Johnsons Hosentasche traf, die Explosion seine Hüfte zerfetzte, ein weiterer in seine Schulter drang und der dritte Treffer in seinem Rücken stecken blieb, gab er immer noch nicht auf und schoss weiter.

Doch während Wob May mit seiner Bellanca über dem grausamen Schauplatz der Tragödie eine weite Schleife flog, hatte Albert Johnson das Schießen eingestellt und lag nun bewegungslos auf dem Eis. Langsam und äußerst vorsichtig, die schussbereite Waffe im Anschlag, näherte sich Constable Gardlund dem Regungslosen, drehte den Körper auf die andere Seite und sah ein Gesicht, das zu einer teuflisch grinsenden Grimmasse erstarrt war. Albert Johnson – wie immer auch sein wirklicher Name ist – war tot.

Die Männer fanden keine Identifikationshinweise in seinen wenigen Habseligkeiten, wohl aber Zahngold aus dem Kiefer eines Toten, ein Röhrchen mit Perlen und Nuggets, eine Axt, eine Savage 30-30, ein 6mm Kleinkalibergewehr, eine Schrotflinte mit abgesägtem Lauf, zehn US und fast dreitausend kanadische Dollar. Es ließ sich nur vermuten, dass der geheimnisumwitterte Trapper John schon vor seinem Auftauchen am Rat River Verbrechen begangen hatte, doch das sind Spekulationen. Ungeklärt bleiben die Herkunft des Zahngolds, der Goldnuggets, der Perlen und die hohe Geldsumme. Wahrscheinlich nahm die Tragödie ihren Lauf, als Albert Johnson glaubte, dass man ihn verhaften wollte und jenen ersten Schuss durch die Tür feuerte, der Constable King schwer verletzte. Tragischer Weise leitete er damit selbst sein Ende ein. Albert Johnson, der geheimnisvolle Fremde, dessen richtiger Name und Herkunft für immer im Dunkel bleiben wird, der die Elite der Royal Canadian Mounted Police des Nordwestens in Atem hielt, nahm sein Geheimnis mit ins Grab. Er wurde zum Mörder, als er bei der ersten Begegnung mit den Mounties völlig durchdrehte."

Ein bewegendes Schicksal. Jims ruhige Art zu erzählen hatte uns tief beeindruckt. Ich hatte die Geschichte von der gnadenlosen Jagd auf den mysteriösen Trapper, den man Albert Johnson nannte, schon vor etlichen Jahren von einem Deutschen gehört, der 1956 ins Yukon Territorium nach Kanada ausgewandert war. Es gab später auch einen Film über dieses Drama im Hohen Norden mit Charles Bronson in der Hauptrolle. Erneut hatte mich die Story so in den Bann gezogen, dass ich noch auf dem Friedhof beschloss, schon im nächsten Sommer ungefähr der gleichen Fluchtroute Albert Johnsons zu folgen.

Dann verabschiedeten wir uns von Jim und einigen seiner Freunde, die wir bei unserem Aufenthalt in Alkavik kennengelernt hatten, und flogen noch am gleichen Tag mit einem Buschflieger in einer Cessna 182 über die schier endlose amphibische Landschaft des Mackenzie-Deltas nach Tuktoyaktuk. Im äußersten Norden Kanadas, in den menschenleeren Northwest Territories, sind die Dimensionen für uns Europäer kaum vorstellbar. Allein das Mündungsdelta des gewaltigen Stroms ist größer als Belgien.

Tuktoyaktuk, „der Ort, wo es immer viele Karibus gibt.“ Eine Siedlung der Inuvialuit, die an der Mündung des Mackenzie Rivers in das Nordpolarmeer liegt. Nach der Landung führte uns der erste Weg zu einem katholischen Missionar, der vor Jahren hierhergekommen war, um die heidnischen Eskimos zum Christentum zu bekehren. Pater Father Robert Lemur war ein selbstloser Mensch, der sich an das Leben unter den Inuit in völliger Isolation gewöhnt hatte. Den Eindruck hatten wir sofort, als er uns in seine bescheidene Hütte zu einer Tasse Tee einlud. Natürlich waren wir für ihn in dieser Weltabgeschiedenheit willkommene Gesprächspartner. So dauerte es auch nicht allzu lange, bis wir auf meinen verschollenen Großonkel Waldemar zu sprechen kamen.

Doch zuvor servierte Father Lemur noch jedem ein großes Stück „Muktuk“, getrockneten Walspeck, eine Delikatesse, die er aus seinem natürlichen Kühlschrank vor der Hütte, einem mehrere Meter tiefen, senkrechten Schacht im permanent gefrorenen Boden geholt hatte. „Ja, hier soll mal ein Weißer aufgetaucht sein, auf den die Beschreibung zutreffen könnte, doch das war lange bevor ich nach Tuktoyaktuk kam.“ Father Lemur, dessen Gesundheit nicht mehr die allerbeste zu sein schien, hatte inzwischen in einem verschlissenen Ohrensessel Platz genommen. „Zu jener Zeit lebte hier auch ein Deutscher namens Gruben, der sich eine Inuit zur Frau genommen hatte. Roger, einer ihrer Söhne, wohnt nicht weit von hier. Der erzählte mir, dass sein Vater vor langer Zeit mit einem fremden Weißen oft zur Jagd ging. Den solltet ihr gleich aufsuchen. Er ist daheim, denn sein Boot liegt angebunden auf dem Kiesstrand in der Nähe von seinem Haus.“ Er erhob sich aus seinem Sessel, schritt langsam zum Fenster und deutete auf ein kleines Fertighaus in der Nähe einer Bucht, in der noch Mitte Juli viele dicke Eisschollen in den Wellen schaukelten.

„Für die Menschen, die hier am äußersten Rand der Welt leben, ist dieses Land ein raues Paradies. Auch wenn es oft im arktischen Winter mehr als fünfzig Grad kalt werden kann, heftige Schneestürme über die flache, amphibische Gegend fegen und es fast drei Monate dunkel bleibt. Dann huschen Polarlichter in allen Spektralfarben wie wallende Vorhänge geisterhaft über das Firmament. Eskimos glauben seit uralten

Zeiten, dass die kalten Feuer die Geister ihrer Toten sind. Je weiter man nach Norden kommt, desto weniger Sterne sind da, und der Sommermond ist so blass, dass man ihn kaum bemerkt. In der Arktis gibt es auch keine Sommergewitter mit Blitz und Donner.“ Father Lemur füllte erneut die leeren Teebecher.

„Die Nachfahren der Thule-Menschen, die Völkergruppe der Inuvialuit, die in dieser Region unter extremen klimatischen Bedingungen leben, wohnen nicht mehr in Iglus, sondern in gut isolierten Wohncontainern und Fertighäusern, die ihnen die Regierung zur Verfügung gestellt hat. Längst vorbei sind die Tage der Vorfahren, wo einst die Männer in flachen, einsitzigen Kajaks jagten, während die Frauen in einem Umiak, einem zehn Meter langen mit Walrosshaut bespannten ‚Frauenboot‘, den Jägern auf ihren Reisen folgten. Jene Menschen, die hier in Iglus überleben konnten, waren Nomaden, deren Mütter noch den Hintern ihrer Kinder mit ihrem eignen Haar abputzten und deren Väter oft von der gefahrvollen Waljagd nicht mehr heimkehrten. Während der Wanderschaft ließen sie damals meistens die Kranken und Alten zurück und setzten sie nur dann auf ihre Schlitten, wenn noch Platz war. Das war bei dieser Völkergruppe so, und die Kinder wussten, dass es ihnen im Alter genauso ergehen würde. Der Tod durch Erfrieren soll schmerzlos sein.

Heute leben hier Eskimos und Indianer zusammen, aber das war nicht immer so. In alten Zeiten herrschte tödliche Feindschaft zwischen den beiden Völkerstämmen. Wenn man sich auf der Jagd begegnete, gab es stets ein grausames Gemetzel bis zur völligen Vernichtung der schwächeren Gruppe. Selbst Kinder und wehrlose Frauen wurden bei diesen furchtbaren Massakern nicht verschont. Als ich zu missionieren anfing, war es nicht mehr so schlimm. In den langen, dunklen Wintern ist es sehr einsam hier. Doch die Einsamkeit ist die Mutter der Weisheit, in der der Mensch zu sich selbst findet.“ Die freundliche Aufnahme durch den überaus bescheiden lebenden Gottesmann hatte uns stark beeindruckt. Pater Father Robert Lemur verstarb 1985, nur ein Jahr nach dieser unvergesslichen Begegnung.

Es war bereits zu vorgeschrittener Stunde, als wir im Schein der Mitternachtssonne das Haus von Roger Gruben betraten. „Es hat sich schon herumgesprochen, dass sich in unsere Siedlung Fremde verirrt haben.

Willkommen in Tuktoyaktuk, willkommen am Ende der Welt.“ Vor die geöffnete Haustür trat ein hünenhafter Mann, der uns in akzentfreiem Englisch freundlich begrüßte. „Ihr kommt gerade richtig, just in time. Meine beiden Ältesten grillen hinter unserem Haus Fischfilets und Karibusteaks. Da legen wir einfach noch ein paar mehr auf den Grill.“

Wenige Augenblicke später befanden wir uns mitten unter lärmenden Kindern, die aber augenblicklich verstummten, als wir eintraten. Roger stellte uns seine Frau vor und erklärte allen, dass ich aus dem Land des verstorbenen Großvaters käme. Während wir uns unterhielten, filetierte seine Frau drei Weißfische mit einem Uluit, einem halbrunden Messer mit scharfgeschliffener Klinge und einem Griff aus Karibuknochen.

Er, Roger Gruben, der allein durch seine Körpergröße und hellere Hautfarbe nicht typisch wie ein Inuvialuit aussah, wäre nur ein „halber Eskimo“. „Mein Vater stammt aus Deutschland. Er kam vor 1900 mit einem Pelzhändler der Hudson Bay Company nach Tuktoyaktuk und verliebte sich in meine Mutter, eine junge Inuvialuit. Sie heirateten und bekamen fünf Kinder, drei Jungen und zwei Mädchen. Wir hatten eine liebevolle Mutter und einen guten Vater, der ein geschickter Jäger und guter Handwerker war, der stets für die Familie sorgte. Er verstarb hochbetagt. Auch unsere Mutter lebt nicht mehr.“

Nach dem üppigen Essen erzählte ich Roger, dass ich auf der Suche nach Spuren meines Großonkels Waldemar wäre. Während ich noch redete, öffnete er eine alte Truhe und kramte aus einem Karton zwei vergilbte Bilder hervor, auf denen ein kleiner Junge zwischen zwei großgewachsenen weißen Männern zu erkennen waren. „Der kleine Junge auf den beiden Bildern bin ich. Links von mir steht mein Vater. Der Fremde mit dem Gewehr in der Hand ist Waldemar. Die beiden redeten öfter in der Sprache ihrer Heimat miteinander und gingen auch gemeinsam zur Jagd. Ich weiß noch, dass er nicht allzu weit von Tuktoyaktuk in der kleinen Siedlung Kittigazuit an der Mündung des East Channels lebte.

Doch im Winter 1925/1926 hörten wir dann von der furchtbaren Geschichte. Die Diphtherie hatte fast alle Einwohner Kittigazuits hingerafft. Es gab damals weit und breit keinen Doktor. Niemand konnte helfen. Wegen der hohen Ansteckungsgefahr machte sich mein Vater und einige Männer erst Monate später auf den Weg zu diesem Dorf, aber da war die kleine Siedlung so gut wie ausgestorben. Die wenigen Überlebenden verscharrten ihre Toten und verließen den Ort des Grauens. Vergeblich suchte mein Vater nach seinem Freund und Landsmann und hoffte, dass Waldemar die Siedlung noch vor der schrecklichen Epidemie verlassen konnte. Aber vielleicht war er in jenem außergewöhnlich kalten Winter bereits infiziert, schaffte nicht mehr den Weg bis Tuktoyaktuk und ist einer der Toten, die hier einfach verscharrt wurden? Erst viele Jahre später fanden Jäger in einem Sumpfgebiet ein Skelett, das man für Waldemar hielt."

Rogers Worte hatten mich innerlich aufgewühlt. Immer wieder betrachtete ich die beiden alten Bilder. Für mich eindeutige Beweise, dass Waldemar hier gelebt hatte. Ohne sich von Rogers Vater zu verabschieden, hätte Waldemar niemals seinen Landsmann und diese Region wieder verlassen.

Als wir am nächsten Morgen in Rogers Außenborder saßen und zu der verlassenen und nie mehr bewohnten Siedlung Kittigazuit fuhren, blies uns vom Packeis kalter Nordwind entgegen. Bereits Mitte August kündigten die ersten Nachtfröste das Ende des kurzen arktischen Sommers an. Schon in wenigen Wochen wird sich die himmlische Wärmequelle hier monatelang nicht mehr sehen lassen.

Durch eine Wand von dichtem Eisnebel betraten wir ein Stück Land von großer Würde, in dem vor vielen Jahren eine furchtbare Seuche fast alle Bewohner grausam dahinraffte. Ein paar verfallene Hütten und ein uraltes Totenfeld erinnern daran, dass hier einmal Menschen gelebt haben. Neben kaum noch auszumachenden Gräbern ein ausgebleichter Schädel, der uns aus dunklen Augenhöhlen anstarrte. Überall herumliegende Knochen der Toten, die Bären aus der sandigen Erde gescharrt hatten. Endloses Schweigen – hin und wieder unterbrochen vom schaurigen Schrei des Eistauchers –, und irgendwo in der Ferne heulten hungrige Polarwölfe.

Und hier am nördlichen Rand der Erde, an der arktischen Küste, in der Totenstille der unendlichen Weiten, wo sich Land, Meer und Himmel treffen, verloren sich auch die allerletzten Spuren Waldemars, der in jungen Jahren sein Elternhaus verließ und nie mehr in seine Heimat Ostpreußen zurückkehrte. War der Tote, den Jäger in einem Sumpfgebiet fanden, mein Großonkel? Oder liegen seine Gebeine irgendwo hier in der kalten Erde dieser verlassenen Inuitsiedlung am arktischen Meer?

Jahrzehntelang folgte ich den längst verwehten Spuren meines Großonkels Waldemar – doch sein mysteriöser Tod wird wohl für immer im Dunkeln bleiben. Ich fühlte mich wie ein Träumer, der mit angehaltenem Atem über Zeit und Raum flog. Der Hohe Norden Kanadas, das große Land der Einsamkeit unter dem Polarstern, hat mich geprägt und beschenkt. Unzählige abenteuerliche Erlebnisse haben sich tief in meine Seele eingegraben. Eine verdammt aufregende Zeit.

Der Autor

Als die Rote Armee im Januar 1945 in Ostpreußen einfiel, konnte der Autor als Zehnjähriger noch in allerletzter Minute über das Eis des Frischen Haffs fliehen. Er verlor die geliebte Heimat, seine Schwester, viele seiner Freunde, konnte nur das retten, was er gerade am Leib trug, und erreichte nach dreimonatiger, grausamer Flucht die Insel Fehmarn. Krank und bettelarm, war ihm nur die Erinnerung an eine sorglose, friedliche Kindheit in einem verträumten Fleckchen Erde – und an eine wahre Begebenheit geblieben, die ihn zeitlebens nicht mehr loslassen sollte.

Damals in Masuren in Ostpreußen, im Land der dunklen Wälder und kristall'nen Seen, erzählte ihm der Großvater viele geheimnisvolle Geschichten von seinem Großonkel Waldemar, der im Jahre 1890 nach Amerika ausgewandert war. Als die Briefe an die Familie in der Heimat ausblieben, verloren sich seine Spuren in den unendlichen Weiten des kanadischen Nordens.

Auf abenteuerlichen Extremreisen im Kajak und Kanu in arktischem, menschenleeren Land und endloser Wildnis, folgte der Autor fast vierzig Jahre lang den längst verwehten Spuren seines Großonkels. Erst in Tuktoyaktuk, einer kleinen Eskimosiedlung im gewaltigen Mündungsdelta des mächtigen Mackenzie Rivers, traf er einen Inuit, der ihm den entscheidenden Hinweis gab. Sein Vater – berichtete dieser –, wäre Waldemar damals begegnet. Der Beweis war ein vergilbtes Foto, auf dem zwei Weiße abgelichtet waren, die einen Grizzlybären erlegt hatten. Auf dem Bild stand neben seinem Vater ein kräftiger Mann mittleren Alters – eindeutig Waldemar. Er hätte in der weit abgelegenen Eskimosiedlung Kittigazuit am Eismeer gelebt, dessen Bewohner fast alle von der im Winter 1925/26 wütenden Seuche Diphtherie dahingerafft wurden. Und dort an der arktischen Küste, im kalten Land der Einsamkeit, stieß der Autor auf letzte Spuren des Verschollenen.

Nach vielen Exkursionen und Expeditionen durch Wildnis, Wüste, Urwald und Eis, getrieben von unbändiger Lebensfreude und Abenteuerlust, nach einem weiten Weg in einem langen Leben, wohnt der Autor heute zurückgezogen in einem Blockhaus in der Eifel.